# Bernd Spillner

# Die perfekte Anrede

Bernd Spillner

# Die perfekte Anrede

Schriftlich und mündlich, formell und informell,
national und international

verlag
moderne industrie

**Die Deutsche Bibliothek – CIP-Einheitsaufnahme**

Spillner, Bernd:
Die perfekte Anrede : schriftlich und mündlich, formell und informell, national und
international / Bernd Spillner. – Landsberg/Lech : Verl. Moderne Industrie, 2001
  ISBN 3-478-38600-4

© 2001 verlag moderne industrie, 86895 Landsberg/Lech
http://www.mi-verlag.de
Umschlaggestaltung: Farenholtz-Büro für Gestaltung, Landsberg
Satz: Fotosatz Reinhard Amann, Aichstetten
Druck: Himmer, Augsburg
Bindearbeiten: Thomas, Augsburg
Printed in Germany 38600/070101
ISBN 3-478-38600-4

# Inhaltsverzeichnis

# 1. Was bei der Anrede zu beachten ist

Eine Anrede ist nicht irgendeine beliebige sprachliche Formulierung. Wenn Sie eine fachliche Bezeichnung nicht exakt treffen, wenn Sie beim Reden zögern oder sich selbst korrigieren, wenn Ihnen beim Fremdsprachengebrauch ein kleiner grammatischer Fehler unterläuft, dann bleibt dies alles ohne Folgen. Niemand erwartet von Ihnen, dass Sie Experte in allen Fachgebieten sind oder dass Sie rhetorisch perfekt reden wie der Fürst von Bismarck. Auch wenn Sie sich im Deutschen einmal versprechen oder im Englischen über eine Ausspracheschwierigkeit stolpern, erntet dies allenfalls ein freundliches Lächeln.

Wählen Sie aber unbedacht eine falsche Anrede oder irren Sie sich beim Titel einer Persönlichkeit, kann dies ungeahnte Folgen haben. Langjährige Geschäftsbeziehungen können abrupt enden; man kann als Tölpel eingestuft werden, Angeredete können sich beleidigt fühlen, Feindschaften können entstehen. Woran liegt das? Knapp formuliert: Anreden sind Handlungen. Und Handlungen haben Folgen.

Und noch ein Grund: Bei einem kleinen grammatischen Fehler oder einer nicht ganz korrekten Aussprache wird jeder Hörer dieses Missgeschick sofort auf die Sprache schieben – und verzeihen. Schließlich versprechen wir uns alle einmal, und die englische Aussprache beherrscht ohnehin kaum jemand, nicht einmal die meisten Engländer. Bei einer unkorrekten Anrede aber denkt kein Hörer an sprachliche Ursachen, sondern fühlt sich persönlich betroffen. Was denkt sich denn mein Kollege dabei, mich ohne Namen anzusprechen? Und weiß er denn nicht, dass ich einen Doktortitel führe? Hat er denn keine Umgangsformen? Und was fällt einem Ausländer, der mich auf der Straße nach dem Weg zum Bahnhof fragt, ein, mich einfach zu duzen? Will er mich womöglich beleidigen?

Solche Konflikte entstehen sofort, wenn man sich in den Anredekonventionen vergreift. Wir lernen im Deutschunterricht mit viel Aufwand die korrekte Orthographie, aber oft viel zu wenig über die angemessenen sprachlichen sozialen Konventionen. Im Fremdsprachenunterricht werden – dagegen ist nichts zu sagen – mit wachsender Begeisterung die Verbformen geübt, aber im Ausland weiß man dann nicht, wie man einen Polizisten oder ein junges Mädchen korrekt anzureden hat. Und man lernt im Fremdsprachenunterricht meistens nicht, wie man im Ausland telefoniert (nämlich ganz anders als in Deutschland).

Sprachliche Umgangsformen, Anredekonventionen, Begrüßungen, Titel, korrekte Amtsbezeichnungen sind also sehr wichtig. Und wenn man im Einzelfall Zweifel über die angemessenen Konventionen hat, schlägt man am besten nach.

# 1.1 Handeln durch Anreden

Warum die Anrede für den gesellschaftlichen Umgang und für die zwischenmenschliche Kommunikation so wichtig ist, lässt sich leicht aus dem situativen Handeln ableiten, das alle Anredeformen begleitet.

- Eine Anrede steht immer am Anfang einer kommunikativ-sozialen Beziehung. Sie ist verbunden mit einer ersten Kontaktaufnahme, oft der ersten persönlichen Wahrnehmung. Aus eigenen Erfahrungen und aus Untersuchungen der Wahrnehmungspsychologie wissen wir, wie entscheidend gerade die ersten Eindrücke für menschliche Einschätzungen sind. In den ersten Sekunden wird oft über Sympathie, Wertschätzung, Bereitschaft zu Kooperation entschieden. Um so wichtiger ist es, den verbalen Einstieg in eine soziale Beziehung nicht durch ein Missgeschick zu belasten, sondern positiv zu gestalten. Und dazu gehört entscheidend die richtig gewählte Anrede.
- Durch die Anrede wird sprachliche Kommunikation initiiert. Zu unseren gesellschaftlichen Konventionen gehört es, dass

man nicht unvermittelt zu irgendeinem Thema auf jemanden einredet. Man muss erst wissen, wer mit wem spricht. Man muss sich also auf irgendeine – konventionell festliegende – Weise miteinander bekannt machen. Bevor man dies tun kann, wird man sich anreden und begrüßen. Und erst dann kann man miteinander vereinbaren, möglicherweise in ein Gespräch einzutreten, wenn beide Kommunikationspartner dazu bereit sind. Dabei bleibt immer auch die Möglichkeit, dass einer der beiden Kommunikationspartner diskret oder deutlich signalisiert, dass er kein Gespräch beginnen möchte. Aber bevor solche Entscheidungen kommunikativ ausgehandelt werden können, muss zunächst – vornehmlich mündlich, aber auch schriftlich – ein kommunikativer Kontakt durch Anrede und Begrüßung hergestellt werden. Anredehandlungen sind also ein erster wichtiger Schritt zur Anbahnung sprachlicher Kommunikation.

■ Durch Anrede wird aber auch eine soziale Beziehung zwischen den Kommunikationspartnern hergestellt und eine gesellschaftliche Rangordnung etabliert bzw. vereinbart. Schon durch die Anrede „Herr" oder „Frau" wird die oder der Angeredete einer sozialen Gruppe zugeordnet. In manchen Kulturen bzw. Sprachen kann – ähnlich wie früher durch die deutsche Bezeichnung „Fräulein" – der angeredete Kommunikationspartner in die Gruppe der unverheirateten weiblichen Personen eingestuft werden. Durch Anreden wie „Durchlaucht" werden soziale Unterschiede ausgedrückt, durch Anreden wie „Herr Kollege" soziale Gleichberechtigung und Zugehörigkeit zu einer gemeinsamen Berufsgruppe. So tragen Anredeformen dazu bei, die sozialen Positionen der Kommunikationspartner festzulegen und sprachlich erkennbar zu machen.

■ Anrede ist meist gekoppelt an Begrüßung, oft auch an gute Wünsche für den Angeredeten. Sie drückt Aufmerksamkeit aus und Interesse für den Kommunikationspartner. Dies gilt, obwohl viele Anredeformen solche kommunikativen Funktionen verloren haben und reine Formeln geworden sind.

Wenn man „Guten Morgen" sagt, muss man dabei nicht mehr an einen Wunsch für einen positiven Verlauf des Vormittags denken. Mit dem englischen „How do you do?" meint man keineswegs eine Erkundigung nach dem physischen und psychischen Wohlbefinden des Angesprochenen. Die Frage ist längst eine bloße Floskel geworden. Dies ändert aber nichts an der prinzipiellen Begrüßungsfunktion einer Anrede.

■ Anreden sind Ausdruck der sozialen Tugend Höflichkeit. Wichtig ist bereits, wer den anderen zuerst anredet und begrüßt. Auch die sprachliche Form der Anrede sollte Höflichkeit und Wertschätzung ausdrücken. Die in manchen bürokratischen Verwaltungsstuben übliche Anrede „Mahlzeit" ist ein abschreckendes Beispiel dafür, wie man Takt und Höflichkeit missachten kann.

■ Anrede ist häufig mit Namensnennung verbunden. Ein Name bezieht sich immer auf eine einzelne Person (das stimmt auch dann, wenn viele Menschen „Meier" heißen). Die oder der Angeredete wird personalisiert, individualisiert. Man gibt sprachlich zu erkennen, dass man nur sie oder ihn meint und niemand sonst. Und das ist eine ganz wichtige sprachliche Handlung. „Ich habe Dich bei Deinem Namen genannt", heißt es schon in der Bibel. Und von Dale Carnegie stammt der Ausspruch: „Für jeden Menschen ist sein Name das schönste und bedeutungsvollste Wort in seinem Sprachschatz." Jemanden durch Anrede bei seinem Namen nennen heißt also, ihn als Individuum ernst zu nehmen und ihn als Persönlichkeit auszuzeichnen.

■ Eine angemessene Anrede erkennt nicht nur wertschätzend den Angeredeten an, sondern sie gibt auch Aufschluss über den Anredenden. Er gibt damit zu erkennen, dass er sprachliche und gesellschaftliche Normen beherrscht, anerkennt und respektiert. Eine korrekte Anrede ist dadurch auch eine soziale Visitenkarte dessen, der sie formuliert.

■ Anreden können auch solidarisierende Funktionen haben. Wenn sich Mitglieder einer Gruppe gegenseitig duzen oder mit Anreden wie „Genosse" oder „Bruder" titulieren, betonen sie Zusammengehörigkeit und Identifizierung mit der Gruppe. In der Geschichte der Arbeiterbewegung haben solche Anredeformen ebenso eine Rolle gespielt wie etwa in religiösen Gemeinschaften.

■ Eine Anrede kann auch die Anerkennung des sozialen Ranges eines Angeredeten zum Ausdruck bringen. Durch eine Anrede wie „Hoheit" wird einer adligen Familientradition Respekt erwiesen, durch Anreden wie „Herr Professor" oder „Herr Generaldirektor" werden berufliche Leistungen anerkannt. Auch hier geht es also nicht nur um sprachliche Formulierung, sondern um gesellschaftliches Prestige.

■ Im fremdsprachlichen Bereich gibt ein Anredender durch zielsprachige Anrede zu verstehen, dass er Sprache und Kultur des Adressaten wenigstens teilweise kennt und angemessen verwenden kann. Selbst wenn Sie kaum Grundkenntnisse im Japanischen haben (was auch niemand erwarten kann), wird jeder japanische Geschäftspartner oder Kollege anerkennend vermerken, wenn Sie in seiner Muttersprache einige Höflichkeitsfloskeln wie „Guten Tag", „Danke", „Auf Wiedersehen" beherrschen und wenn Sie ihn statt mit „Herr Watanabe" mit „Watanabesan" anreden. Sie geben damit unauffällig zu verstehen, dass Sie sich im kommunikativ sensiblen Bereich der Anrede ein wenig mit japanischen kulturellen Konventionen auskennen. Eine solche Geste wird in vielen Ländern aufmerksam und dankbar registriert.

# 1.2 Pronominale und nominale Anrede

Prinzipiell gibt es in allen Sprachen zwei unterschiedliche Arten, sich durch Anrede an einen oder mehrere Adressaten zu wenden. Einmal ist dies durch Personalpronomen wie „du" möglich, zum anderen durch nominale Wörter oder Wortgruppen, in denen Namen, Titel, Verwandtschaftsbezeichnungen usw. vorkommen. Meistens werden Gespräche oder Schriftstücke mit nominaler Anrede begonnen und dann mit pronominalen Anredeformen fortgeführt, also z. B.:

> **Sehr geehrter Herr Dr. Meier,**
> in der Anlage finden **Sie**.....

oder:

> **Lieber Joseph**, weißt **Du** eigentlich, wie spät es ist?

In einigen Sprachen gibt es nur eine pronominale Anredeform wie z. B. im Englischen, nämlich „you" (abgesehen von alten Pronominalformen wie „thou", „thee", die in der kirchlichen und poetischen Sprache, insbesondere für die Anrede an Gott, verwendet werden). Die meisten Sprachen verfügen über zwei oder mehrere pronominale Anredeformen. Im Gegenwartsdeutschen gibt es prinzipiell zwei Anredepronomen, die jedoch jeweils in vier Fällen und in Einzahl und Mehrzahl vorkommen:

| | | |
|---|---|---|
| Nominativ Singular | *du* | *Sie* |
| Genitiv Singular | *deiner* | *Ihrer* |
| Dativ Singular | *dir* | *Ihnen* |
| Akkusativ Singular | *dich* | *Sie* |
| | | |
| Nominativ Plural | *ihr* | *Sie* |
| Genitiv Plural | *euer* | *Ihrer* |
| Dativ Plural | *euch* | *Ihnen* |
| Akkusativ Plural | *euch* | *Sie* |

Die Unterscheidung zwischen Pronomen wie „du" und „Sie" wird in vielen Sprachen zur Differenzierung von „vertraulicher Anrede" und „förmlicher Anrede" oder zur Differenzierung von „normaler Anrede" und „offizieller Anrede" verwendet. Die Gebrauchsbedingungen solcher unterschiedlicher pronominaler Anredeformen sind aber von Sprache zu Sprache sehr unterschiedlich. Hier werden von Fremdsprachensprecher häufig Fehler gemacht. Man muss sich daher hüten, den Anwendungsgebrauch von deutsch „Sie" und „du" auf Sprachen mit einer ähnlichen Unterscheidung zu übertragen. Eine Person, die man auf Deutsch mit „Sie" anspricht, wird im Spanischen nicht unbedingt mit „Usted" angeredet.

Die nominale Anredeform kann aus verschiedenen Namen bestehen (Vorname, Familienname, Vatername etc.), aus Verwandtschaftsbezeichnungen (Tante, Onkel etc.), akademischen Graden (z. B. Doktor), Amtsbezeichnungen (Ministerialrat, Generalstaatsanwalt etc.), Adelstiteln (z. B. Graf), generische Bezeichnungen (Frau, Herr usw.). Es können auch Adjektive hinzutreten (liebe..., sehr geehrter...). Die Anrede kann auch auf alte Anredeprädikate beschränkt sein (Exzellenz, Eminenz, Durchlaucht usw.).

Es ergeben sich sehr komplizierte Anredeformen. Teils sind sie streng protokollarisch festgelegt, teils gibt es mehr oder weniger eingespielte und befolgte gesellschaftliche Konventionen, teils ist der Gebrauch von Anredeformen gar nicht festgeschrieben. Manchmal gibt es – oft subjektive – Empfehlungen in Knigge-Ratgebern und Etikette-Handbüchern. Meistens besteht über die Wahl der angemessenen Anrede Ratlosigkeit bei den Sprachverwendern.

# 1.3 Auswahl der passenden Anredeform

Wenn es für die Anrede sehr viele unterschiedliche Formen gibt, stellt sich natürlich die Frage, für welchen Adressaten man welche angemessene Anrede wählen soll. Nach den Überlegungen zum Handeln durch Anreden ist klar, dass für eine Entscheidung nicht nur sprachliche Kriterien eine Rolle spielen. Man kann die passende Anrede also nicht einfach in einem Wörterbuch nachlesen. Für die Auswahl spielen Gegebenheiten der objektiven Umwelt eine Rolle, vor allem aber soziale Gesichtspunkte.

Ist die anzuredende Person eine Frau oder ein Mann? Ist sie bereits erwachsen oder noch nicht? Ist mir die betreffende Person persönlich bekannt oder nicht? Nimmt diese Person einen gesellschaftlichen Rang ein, den es zu berücksichtigen gilt? Ist es angezeigt, diese Person in der betreffenden Situation eher ungezwungen-vertraulich anzureden oder offiziell-förmlich? Haben die anzuredende Person und ich irgendwann verabredet, dass wir uns fortan duzen wollen? Welchen oder welche Namen trägt der Adressat? Hat er einen akademischen Grad erworben?

In manchen Fällen ergeben sich noch viel speziellere Entscheidungsfragen. Besteht zwischen der anzuredenden Person und mir ein bestimmter Verwandtschaftsgrad? Gehören wir gemeinsam einer bestimmten Gruppe (Partei, Gewerkschaft, Korporation, Kongregation etc.) an, in denen festgelegte Anredekonventionen gelten?

In manchen Sprachen bzw. Kulturen gelten noch viel subtilere gesellschaftliche Voraussetzungen, um die adäquate Anrede herauszufinden. Ist mein Verwandtschaftsverhältnis zum Adressaten mütterlicherseits oder väterlicherseits? Wie alt ist der Anzuredende und welchen Rang nimmt er in der beruflichen Hierarchie seiner Firma ein?

Zu bedenken ist auch, dass das Anredeverhalten zwischen den Kommunikationspartnern nicht unbedingt gleichberechtigt sein muss. Kinder werden üblicherweise von Erwachsenen geduzt, siezen aber umgekehrt Erwachsene. In früheren Zeiten wurden Gutsherren von Untergebenen, Dienstpersonal mit „Herr Baron" und „Sie" tituliert; die „Herrschaft" duzte aber das Personal und sprach es mit dem Vornamen an. Kommunikationswissenschaftler sprechen bei solchen Konstellationen von „asymmetrischer Kommunikation": Die Anrederechte sind ungleich verteilt. In vielen Kulturen werden Kinder von Ihren Eltern in der „Nähe"-Form angesprochen (entsprechend dem deutschen „du"), die Kinder reden ihre Eltern jedoch in der „Distanz"-Form an (entsprechend dem deutschen „Sie"). Asymmetrische Kommunikation unter Gleichaltrigen gilt als Zeichen für soziale Herrschaftsverhältnisse, die in demokratischen Gesellschaftssystemen vermieden werden sollten. In Teilbereichen bestehen sie aber fort. So gibt es im Profi-Fußball Vereine, in denen der Trainer die Spieler duzt, während die Spieler den Trainer mit „Sie" anreden. Hier gibt es viele ungeschriebene Regeln und Gewohnheiten – und schwer durchschaubare Kriterien für die Wahl der üblichen kommunikativen Form.

Über solche Kriterien und die zugehörigen Anredeformen geben Wörterbücher sehr wenig und Benimm-Handbücher unvollständig und unsystematisch Auskunft. Die Daten für solche Kriterien muss man meist mühselig aus Visitenkarten und biografischen Nachschlagewerken zusammensuchen. Und dann weiß man aber noch lange nicht, welche Anredeform angemessen ist.

Den Versuch, in einem kleinen Teilbereich die Auswahlprozeduren zu systematisieren, hat im Jahre 1972 die amerikanische Soziolinguistin Susan Ervin-Tripp unternommen. Sie stellte ein (vereinfachtes) Auswahlschema für die Anredeformen des amerikanischen Englischen auf. Die Darstellung zeigt ein Flussdiagramm mit Entscheidungsfragen wie bei einem Computerprogramm. Um zur richtigen Anredeform zu gelangen, beginnt man seinen Weg beim Start und beantwortet im weiteren Verlauf Fragen nach sozialen Kriterien mit „ja"(+) oder „nein"(–).

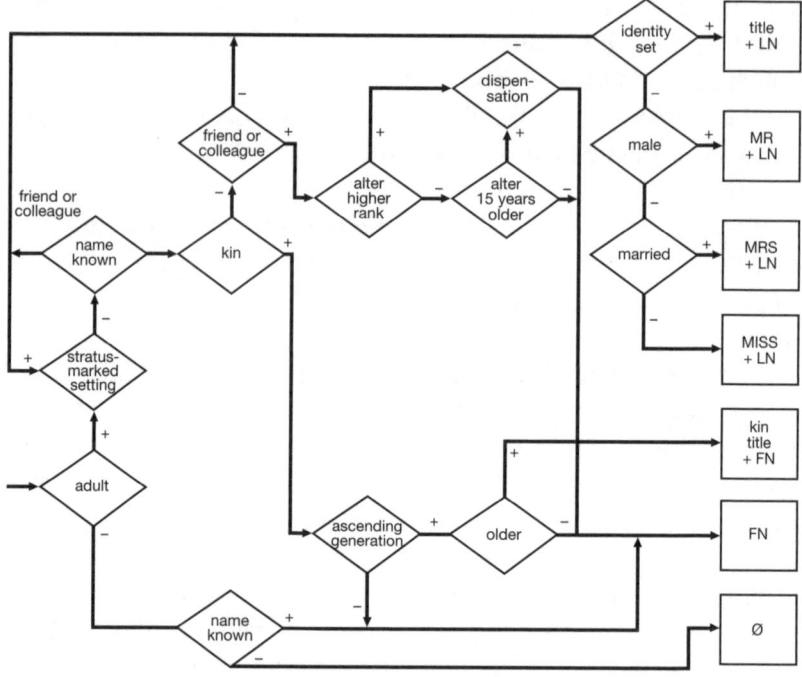

Quelle: Ervin-Tripp, 1972

Handelt es sich beim Adressaten um einen Erwachsenen oder nicht, befindet man sich in einer „statusgeprägten", d.h. offiziellen, amtlichen Situation oder nicht, ist der Anzuredende ein Verwandter oder nicht, ist der Adressat männlich oder nicht, ist der weibliche Adressat verheiratet oder nicht usw. In der rechten Spalte findet man als Ergebnis die angemessenen Anredeformen, z.B. „Miss + *Nachname"* oder *„Vorname".* Ein Nachteil dieses formalisierten Schemas ist, dass keine alternativen Anredemöglichkeiten vorgesehen sind (z.B. mündlich – schriftlich, Anrede mit Vornamen – Anrede mit Nachnamen). Manche Entscheidungsfragen sind auch nicht immer klar mit „ja" oder „nein" zu beantworten. So ist das Kriterium „erwachsen" nicht eindeutig zu entscheiden. Man wird nicht von einem Tag auf den anderen erwachsen. Das Kriterium ist also eine Ermessensfrage. Sie wird auch oft im Gespräch zwischen den Kommunikationspartnern ausgehandelt. Im Deutschen fragt man einen Heranwachsenden im Zweifelsfall: „Darf ich noch „Du" sagen?"

Das Schema ist also nicht perfekt. Im Alltag verfahren wir auch nicht wie ein Computer mit binären Entscheidungsoptionen. Aber die Skizze zeigt doch deutlich, welche Kriterien auf komplizierte Weise bei der Wahl einer Anredeform eine Rolle spielen.

Anredeformen sind sprachlich und gesellschaftlich sehr schwierig auszuwählen. Sie tragen dazu bei, ein kompliziertes und sensibles System sozialer Beziehungen zu steuern. Anredesysteme sind von Sprache zu Sprache, von Kultur zu Kultur unterschiedlich. Und natürlich sind sie innerhalb einer Kultur dem sozialen Wandel unterworfen.

## 1.4 Einige Ratschläge

- Schlagen Sie stets in diesem Buch die korrekte Anschrift und Anrede nach.

- Auch wenn Sie Ihrer Sekretärin stets blind vertrauen und die Geschäftskorrespondenz nicht Korrektur lesen, sollten Sie doch immer die Anrede überprüfen.

- Wenn Sie über akademische Grade, Dienstgrad, Anredekonventionen eines Geschäftspartners oder einer Persönlichkeit des öffentlichen Lebens nicht genau Bescheid wissen, lassen Sie diskret im betreffenden Sekretariat nachfragen.

- Oft genügt es aber schon, allgemein zugängliche Nachschlagewerke zu konsultieren (Who's who, Marquis Who's who in the World, Kürschners Deutscher Gelehrten-Kalender, Dictionary of International Biography etc.), vorausgesetzt, Sie benutzen eine aktuelle Ausgabe (siehe Literaturhinweise).

- Wenn Sie den exakten Dienstrang eines Adressaten beim besten Willen nicht ermitteln können, verwenden Sie im Zweifelsfall die ranghöhere Bezeichnung. Kein „Amtsrat" wird Ihnen böse sein, wenn Sie ihn versehentlich als „Oberamts-

rat" titulieren. Aber Sie machen sich mit einiger Wahrschein-
lichkeit unbeliebt, wenn Sie einen „Generalstaatsanwalt" mit
„Staatsanwalt" anreden.

- Wenn Sie bei einem Empfang oder einem anderen gesellschaftlichen Ereignis den Namen eines wichtigen Bekannten
vergessen haben, erkundigen Sie sich vor der Begrüßung unauffällig beim Gastgeber.

# 2. Anrede im deutschen Sprachraum

## 2.1 Duzen und Siezen: von den sozialen Anredefunktionen

Im Deutschen ist der wichtigste Unterschied in der pronominalen Anrede der Gegensatz zwischen „Du" und „Sie" (und den jeweils zugehörigen Deklinationsformen). Üblicherweise erklärt man die Anrede „Du" als Form der Vertraulichkeit, der persönlichen Nähe, des informellen Gespräches, des lockeren sozialen Umgangs. Dagegen wird die Anrede „Sie" als Form des offiziellen Umgangs, der persönlichen Distanz, der förmlichen Kommunikation, des offiziellen gesellschaftlichen Verkehrs eingestuft. Dies ist nicht falsch, aber tatsächlich sind die Zusammenhänge etwas komplizierter.

Zunächst einmal ist festzuhalten, dass es Fälle von obligatorischem Sprachgebrauch gibt, ganz unabhängig davon, ob es um ungezwungene oder förmliche Kommunikation geht. Kinder und Jugendliche duzen sich untereinander – ganz gleich, in welchem Förmlichkeitsgrad sie miteinander umgehen. Ähnlich werden Kinder im Deutschen von Erwachsenen prinzipiell mit „Du" angeredet. Dabei kann man natürlich trefflich darüber streiten, von welchem Alter an ein Heranwachsender das Recht auf die „Sie"-Anrede erwirbt. In Schulverwaltungen, wo man offenbar nichts Besseres zu tun hat, gab es vor Jahren bürokratische Regelungen und Anredeverfügungen. Danach durften Schüler von den Lehrern bis zum Ende der Mittelstufe geduzt werden, und sollten ab Beginn der Oberstufe mit „Sie" angeredet werden. Allenfalls wurden halbvertrauliche Übergangslösungen erlaubt, wie die Anrede mit Vornamen und „Sie". Inzwischen haben sich die Konventionen an den Schulen sehr gelockert. Man nimmt den Unterschied nicht mehr so genau. Man verfährt weniger nach bürokratischen Erlassen, eher nach persönlichem Konsens. Der Gebrauch der Anredeform „Du" nimmt zu.

Üblich ist die Anrede „Du" im Familien- und Verwandten- kreis. Bei einigen Verwandtschaftsbeziehungen wird sie mit Ver- wandtschaftsbezeichnungen (Onkel, Papa usw.) kombiniert.

Es gibt auch soziale Gruppen, in denen sich die Mitglieder auf- grund einer tradierten Norm prinzipiell duzen, ob sie sich nun persönlich kennen oder nicht. Dies betrifft politische Parteien, besonders jene, die sich historisch der Tradition der Arbeiterbe- wegung verpflichtet fühlen. Hier ist die Anrede „Du" Ausdruck von Gemeinsamkeit, Solidarität, gleicher Gesinnung, womöglich des gemeinsamen Kampfes gegen Ausbeutung. Die vertrauliche Anrede unterstreicht die Zugehörigkeit zur vertrauten Gruppe: man hat spöttisch vom „Stallgeruchs-Du" gesprochen. Die pro- nominale Anrede geht oft einher mit nominalen Anredeformen wie „Genosse" oder „Parteifreund". Auch in Gewerkschaften gibt es noch solche solidarischen Anredeformen. Der Gebrauch des solidarischen „Du" scheint jedoch (im Gegensatz zum ju- gendlichen „Du") zurückzugehen. Vom früheren Bundeskanzler Schmidt wurde kolportiert, dass er als einer der Ersten seiner Partei sich geweigert habe, sich von unbekannten Parteimitglie- dern mit „Du" anreden zu lassen.

Auch ohne Bezug zur Arbeiterbewegung gibt es in vielen ge- sellschaftlichen Gruppen den gemeinschaftsbetonenden Ge- brauch der Anrede „Du". Dazu gehören Vereine, kleinere reli- giöse Gemeinschaften, Stammtische, Fußballmannschaften, Schützenbruderschaften, Karnevalsgesellschaften usw. Auch in akademischen Verbindungen/Korporationen gibt es meistens ei- nen die Generationen übergreifenden Gebrauch des „Du".

Weniger gruppenbezogen, dafür eher situativ bestimmt ist die Verwendung der formlosen „Du"-Anrede bei manchen Frei- zeitbeschäftigungen. So gibt es eine Art „Bergsteiger-Du", das mit Sprüchen begründet wird wie „Über 2000 Höhenmeter wird „Du" gesagt". Auch bei Ferienaufenthalten, insbesondere in Clubanlagen gehört es oft zur Ideologie (die Ideologen sagen: zur Club-Philosophie), dass alle Urlauber sozial gleich sind, sich mit Vornamen anreden und sich duzen. Dafür sorgen die Club-Animateure. Man könnte von einem „All inclusive-Du" sprechen. Kennzeichen dieser situationsbezogenen Anrede ist, dass sie nach der gemeinsamen Aktivität endet.

Problematischer als in Vereinen, wo ein allgemeines „Du" entweder aus Tradition besteht oder frei und grundsätzlich verabredet werden kann, ist die Wahl zwischen „Sie" und „Du" in der Berufswelt. Natürlich gibt es auch hier viele Fälle, in denen sich Abteilungen von Firmen, Behörden, Kaufhäusern ganz natürlich duzen. Aber dies spielt sich vor allem und ungezwungen auf horizontaler Ebene ab, also unter Angestellten etwa gleichen Ranges. Weniger naheliegend ist die vertrauliche Anredeform in der vertikalen Richtung, also zwischen Mitarbeitern auf unterschiedlichen Stufen der dienstlichen Hierarchie. Angehörige der jungen Generation haben zunehmend kaum Probleme mit dem Duzen ohne Rücksicht auf die Hierarchie. Sie finden, dass die Anrede „Du" freier, ungezwungener, unproblematischer ist als das förmliche „Sie". Für etwas ältere Menschen gilt nach wie vor das Siezen als die neutrale Form, die „normale" Anrede unter Erwachsenen, solange nicht irgendeine nähere persönliche Beziehung besteht. Sie gehen davon aus – oft aufgrund konkreter Erfahrungen –, dass ein vertrauliches „Du" oft zu Konflikten führen kann in dienstlicher Umgebung, wo es Vorgesetzte und Untergebene gibt, wo Hierarchien gelten, Anweisungsbefugnisse und Arbeitsrecht. Und existieren denn wirklich viele Pförtner in den Betrieben, die ihren Generaldirektor oder Prokuristen duzen?

Das größte Problem im Arbeitsleben ist aber offensichtlich nicht die Frage, ob eine Sachbearbeiterin der Versandabteilung den Aufsichtsratsvorsitzenden duzen sollte. Die Frage stellt sich aus Mangel an Kontakten sehr selten. Das Hauptproblem scheint der mögliche Übergang vom (bisher üblichen) „Sie" zum (neu zu vereinbarenden) „Du" zu sein. Sollte man sich duzen oder nicht? Wer darf wem das „Du" anbieten und wer nicht? Traditionell gibt oder gab es hierzu (meist ungeschriebene) Regeln und Konventionen. Nur der Ältere durfte nach diesen Regeln einer jüngeren Person ein „Du" antragen (dazu musste man also den Geburtsjahrgang recherchieren oder erfragen). Nur ein Mann durfte nach diesen Konventionen einer Frau das „Du" anbieten (Was sagt dazu die Frauenbeauftragte?). Und nur der dienstlich Höherstehende hatte das Recht zu einer solchen Initiative. Obendrein war und ist der Übergang zum „Du" mit allerlei Ritualen verbunden (Sich die Hand reichen, Anstoßen, „Brüderschaft trinken" usw.). Kein Wunder, dass junge Mitarbeiter sich kommentarlos untereinander duzen oder ohne Zeremonie fragen: „Sollen wir ‚Du' sagen?".

Noch schwieriger als der Übergang zum „Du" scheint die Rückkehr zum „Sie" zu sein. Tatsächlich ist bei Beratungsstellen für gute Umgangsformen eine der meistgestellten Fragen: „Seit gestern duze ich meinen Chef. Was kann ich tun, um wieder „Sie" zu sagen?" Der Statuswechsel vom „Du" zum „Sie" geschieht ja nicht irgendwann im Büro oder in der Kantine. In der Regel ist der Anlass ein Betriebsausflug, eine Geburtstagsfeier des Abteilungsleiters, die Weihnachtsfeier der Filiale. Man ist in guter Stimmung, hat ein paar Gläschen (oder auch mehr) getrunken. Am nächsten Morgen ist man nicht so fröhlich. Man stellt fest, dass man fortan zum Bürovorsteher „Du" und „Otto" sagen soll. Das kann dem Betriebsklima womöglich nützen, kann im Arbeitsablauf aber auch Konflikte bringen. Wenn mit solchen Schwierigkeiten zu rechnen ist (Peinlichkeiten bei vertraulicher Anrede gegenüber Dienstvorgesetzten, unerwünschte Vertraulichkeiten von Männern gegenüber Kolleginnen), sollte man zurückhaltend gegenüber dem „Du" am Arbeitsplatz sein.

Natürlich kann einem ein „Du" angeboten werden, das man nicht annehmen möchte. Dem Antrag kann man sich mit Charme entziehen, ohne jemanden vor den Kopf zu stoßen, indem man etwa sagt: „Ja, gerne, aber bitte nur für heute Abend, weil wir in so guter Stimmung sind." Im Jargon der Soziologen formuliert: das situationsbedingte „Brüderschafts-*Du*" ist nach Beendigung der Situation problemlos reversibel.

Die Anrede „Du" auch in beruflicher Umgebung ist in der jüngeren Generation im Vormarsch. Dagegen ist nichts zu sagen, solange andersdenkende Kollegen dazu nicht genötigt werden. Und solange man sich nicht einredet, dass die Anrede „Du“ alle Fragen der Zusammenarbeit löst. Es gibt Kollegen, die sich duzen und bis aufs Blut bekämpfen. Und es gibt Mitarbeiter, die sich jahrzehntelang siezen und im besten Einvernehmen leben.

Einigen volkstümlichen Berufsgruppen, wie Marktfrauen und Bergbauern, sieht man es in der Regel nach, wenn sie jeden duzen, der ihnen über den Weg läuft. Ansonsten kann es in Deutschland als Beleidigung eingestuft werden, wenn man eine unbekannte erwachsene Person mit „Du“ anredet. Vor einigen Jahren wurde eine Marktfrau vom Münchener Viktualienmarkt vor den Amtsrichter zitiert, weil sie eine Amtsperson, nämlich einen Polizisten, geduzt hatte. Vom unüberlegten Gebrauch der Anrede „Du“ ist also – auch im Straßenverkehr – abzuraten. Andererseits behaupten Sommerfrischler, die in abgelegenen bayrischen Bergdörfern Urlaub machen, dass die dortigen Eingeborenen im Wirtshaus ungestraft die deftig-herzliche Anrede „Du Sau!“ verwenden dürfen, während die Titulierung „Sie Schwein!“ eine Beleidigung sei. Der deutsche Anredeunterschied „Sie“: „du“ entbehrt also nicht einer Portion regionaler Folklore.

## 2.2 „Ihro Durchlaucht vom ergebenen Diener“: Wie unsere Vorfahren sich titulierten

Als Systeme sozialer kommunikativer Beziehungen können sich Anredeformen in dem Maße verändern, in dem sich gesellschaftliche Strukturen historisch wandeln. Wenn man sich über die Anredegewohnheiten zu früheren Zeiten informieren möchte, gibt es für die mündliche Anrede einige Schwierigkeiten. Schließlich verfügen wir für zurückliegende Jahrhunderte nicht über Tonbandaufzeichnungen von Gesprächen und Begrüßungssituationen. Oft lassen sich die mündlichen Anredeformen aber aus schriftlichen Anreden erschließen oder aus Beschreibungen von Grammatikern, Höflingen, Reisenden und Kaufleuten. Von ihnen wissen wir, wie sich der deutsche Kaiser Otto oder der türkische Großwesir im ottomanischen Reich anreden ließen. Oft geben auch alte Sprachbücher durch ihre Musterkonversationen Aufschluss. Schließlich lassen sich alte Anredeformen auch aus alten literarischen Texten, insbesondere Theaterstücken, entnehmen.

Für die schriftliche Anrede sieht die Quellenlage besser aus. Zumindest für die briefliche Anrede sind zahlreiche Korrespondenzsammlungen bedeutender Persönlichkeiten überliefert, aber auch Geschäfts- und Handelskorrespondenz.

Vor allem aber gibt es seit der Antike und im deutschen Sprachraum seit dem 12. Jahrhundert Arbeiten zur Diktier- und Briefschreibkunst. Dabei handelt es sich um Briefsteller, Schreibratgeber, in denen genaue Anweisungen enthalten sind, wie man welche Brieftypen perfekt verfertigt. Und dazu gehören auch sehr ausführliche Instruktionen, wen man wie angemessen anzureden und zu titulieren hat.

Eine gute Quelle für mittelalterliche mündliche Anredeformen ist das um 1200 entstandene Epos „Parzival" von Wolfram von Eschenbach. Aus den dargestellten Dialogen geht hervor, dass die Ritter sich untereinander mit „ir" anreden. Aber es gibt auch eine „Du"-Form und asymmetrische Kommunikation bei sozialen Standesunterschieden. Dies wird sehr deutlich an einem kurzen Dialog, den König Artus mit einem seiner Knappen führt:

> Hin zem knappen sprach er dô
> „nu sage mir, ist Gâwân vrô?"
> „jâ, hêrre, ob ir wellet, ....."

Der Knappe wendet sich also in der Distanzanrede „ir" an den König, während Artus die vertrauliche Anrede verwendet. Auch über nominale Anredeformen am mittelalterlichen Hofe gibt das

Epos Aufschluss, zum Beispiel dann, wenn Artus seinen Knappen mit „trûtgeselle mîn“ anredet (neuhochdeutsch etwa „mein lieber vertrauter Gefährte“). Auch Anredewechsel lässt sich aus der zitierten Quelle erschließen. Der Gralskönig Anfortas und Parzival kommunizieren zunächst in der distanzierten förmlichen Anredeform:

> Anfortas sprach ze Parzivâl
> „hêr, **iwer** bruoder hât den grâl, ….

Später, nachdem sich herausgestellt hat, dass Anfortas der Onkel von Parzival ist, wird in einem neuen Gespräch auf die unter Verwandten angemessene vertrauliche Anredeform umgeschwenkt. Parzival formuliert nämlich in seiner berühmten Erlösungsfrage an den leidenden Anfortas:

> „œheim, waz wirret **dier**?“
> (neuhochdeutsch etwa: „Onkel, was fehlt dir, woran leidest du?“)

Gleichzeitig fällt an diesem Zitat auf, dass der Sprecher um 1200 natürlich die Verwandtschaftsanrede „Oheim“ verwendet. Tatsächlich sind die deutschen Anredeformen „Onkel“ und „Tante“ erst zu Beginn des 18. Jahrhunderts aus dem Französischen entlehnt worden und haben nach und nach die alten Anreden „Oheim“ und „Muhme“ verdrängt. Auch die jetzigen Anredeformen „Mama“ und „Papa“ stammen aus dieser Zeit. Der junge Goethe hat die Frau seines Vaters noch mit „Mutter“ angeredet. Anredeformen ändern sich also im Laufe der historischen Entwicklung.

Dies kann natürlich durch politischen Regimewechsel oder historischen Umsturz geschehen. Ein Beispiel für politisch verordneten Anredewechsel ist die Französische Revolution. Hier wurden schlagartig alle privilegierten Anredeformen für den Adel und die Geistlichkeit abgeschafft. Stattdessen wurde im Sinne sozialer Gleichheit die allgemeine Anrede „Citoyen“ verordnet. Auch im 20. Jahrhundert, anlässlich der Perestroika in sozialistischen Ländern, verschwanden sehr schnell die solidarischen Anreden für Mitglieder kommunistischer Parteien, wie „Genosse", „Tovarišč", „Drugarju" etc. Auch in der Bundesrepublik Deutschland gab es – politisch bedingt – in der Zeit nach 1968 einen verblüffend schnellen Wandel in den mündlichen Anredekonventionen. Bis um 1968 galt unter Studierenden – sofern sie sich nicht aus der Schulzeit kannten oder befreundet waren – die obligatorische Anrede „Sie". Aufgrund des politischen Aufbruchs der studentischen Jugend, gemeinsamer Protestbewegungen und emotional-egalitärer Tendenzen um 1970/71 setzte sich binnen ein bis zwei Semestern das solidarische „Du" durch. Bis heute ist „Du" die Normanrede unter gleichaltrigen Studenten.

In der schriftlichen Anrede, belegt durch Briefmaterial, lässt sich besonders deutlich der Anredewandel von einer hierarchisch-feudalen Epoche bis in die heutige weitgehend demokratisierte Gesellschaftsform ablesen. Im deutschsprachigen Raum geschah die offizielle Korrespondenz bis ins 19. Jahrhundert weitgehend auf Französisch. Es ist wenig bekannt, dass Gottsched die Korrespondenz an seinen Fürsten in französischer Sprache durchführte und dass auch Goethe französische Briefe an seine Schwester sandte. Natürlich korrespondierte Friedrich der Große auf Französisch. Die Anredeformen, „Titulaturen" genannt, waren fast ausschließlich französisch. Daher findet man in Deutschland empfohlene Anreden meistens im Anhang an französische Grammatiken für Deutsche. Auch später, etwa ab 1815, als die Briefanreden mehr und mehr auf Deutsch formuliert werden, findet man die Anredenormen zunächst noch in französischen Grammatiken, dann zunehmend in deutschen Briefstellern.

In einer französischen Grammatik von Pepliers von 1741 kann man nachlesen, wie umständlich sich ein Untertan an den König von Preußen in schriftlicher Anrede zu wenden hatte:

A très-haut & très-puissant Prince, *Frederic*, Roi de Prusse, Marggrave de Brandenbourg, Archi-Chambellan du Saint

Empire & Electeur, Souverain Prince d'Orange, de Neufcha-
tel, de Valengin, Duc de Magdebourg, de Cleve, de Juliers, de
Bergue, de Stetin, de Pomeranie, des Cassubes, des Vandales
& de Mecklembourg, comme aussi de Crossne en Silesie,
Bourggrave de Nuremberg, Prince de Halberstadt, de Minde,
de Camin, de Vandalie, de Suerin, de Razebourg & de Moers,
Comte de Hohenzollre, de Ruppin, de la Marc, de Ravens-
berg, de Hohenstein, de Tecklenbourg, de Lingue, de Buren &
de Leerdam, Marquis de la Vehre & de Vlissingue, Seigneur
de Ravenstein, de Rostock, de Stargard, de Lauenbourg, de
Butow, d'Arlay & de Breda etc.

Glücklicherweise wird im selben Werk auch eine – weniger offizielle – Kurzfassung dieser Briefanrede aufgeführt:

A très-haut & très-puissant Prince *Frederic*, Roi de Prusse &
Electeur de Brandenbourg etc.

Die dann erscheinenden deutschsprachigen Titulaturen sind oft
weniger aufwändig, aber nicht weniger unterwürfig. So kann man
einer 1826 in 15. Auflage erschienenen französischen Grammatik
von Johann Friedrich Sanguin entnehmen, dass man einen Kaiser schriftlich am Briefanfang wie folgt anredet:

Allerdurchlauchtigster, Großmächtiger und Unüberwindlichs-
ter Kaiser,
Allergnädigster Kaiser und Herr

Bei den im Brieftext folgenden Anreden tituliert man:

Ew. Kaiserliche Majestät

In derselben Quelle erfährt man gesellschaftlich Wissenswertes
über die Anrede der Gemahlinnen:

Die verheiratheten Frauenzimmer bekommen den Titel ihrer

Gatten, außer wenn derselbe geistlichen Standes ist; denn es würde lächerlich seyn, eine junge Pastorsfrau *Wohlehrwürdige Frau*, etc. zu betiteln. In diesem Fall gibt man ihr einen weltlichen Titel; z.B. *Wohlgeborne, Hochedelgeborne*, oder *Hochedle, insonders hochgeehrteste*, etc. Ein adeliches unverheirathetes Frauenzimmer nennt man *Hochwohlgebornes Fräulein*, und ein unverheirathetes bürgerliches Frauenzimmer *Mademoisell* oder *Jungfer*.

Die politischen und sozialen Veränderungen machen aber auch vor den in Briefratgebern empfohlenen Anreden nicht halt. In einem Briefratgeber von Johann Valentin Meidinger aus dem Jahre 1799 wird zwar für Geschäftsbriefe die Anrede „*Hochgeehrtester Herr*", empfohlen, aber auch unter Einfluss der französischen Revolution die Form „*Bürger*".

Ein anonym 1802 (also auch zur Revolutionszeit) in Straßburg erschienener Briefsteller listet zwar noch die – für den deutschen Sprachraum ja unveränderten – adligen Anredeformen auf. Er übt aber im Kapitel zur Geschäftskorrespondenz Kritik am übertriebenen Anredeaufwand:

Einer Person vom höhern Bürgerstande.
*Hochedelgeborner*, (oder, *Hochedler*,) *Hochgeehrtester Herr!*
....
Manche Kaufleute bedienen sich noch in ihren Briefen des Titels:
*Hochgeehrtester Herr!* Im Kontext zuweilen: *Ew. Hochedeln.*
Die meisten Handlungshäuser aber enthalten sich aller Titulatur.
Verwandte und Freunde erlassen sich alle Titulatur.
Hoffentlich wird das eitle Titulaturwesen in Deutschland auch bald zu Ende gehen.

Dieser Beleg von 1802 ist sehr bedeutsam, weil er den Beginn einer Bewegung gegen den feudalistischen Anredeschwulst und die nach französischem Vorbild protokollarisch festgeschriebe-

nen, hochdifferenzierten und komplizierten Titulaturen markiert. Das Titulaturwesen ist in Deutschland zwar auch heute
noch nicht beendet. Aber die Anredeformen haben sich für den
größeren Teil des gesellschaftlichen Verkehrs auf ein überschau-
bares Maß gewandelt und vereinfacht.

## 2.3 Alter Prokurist und junge Chefin: Worauf man beim Anreden achten sollte

Auch heute noch kann in der Anredeform die soziale Stellung
zwischen den Kommunikationspartnern ausgedrückt werden.
Alter, dienstliche Rangfolge, soziales Prestige, Geschlecht können dabei eine Rolle spielen. Ein Herr wird die schriftliche Anrede „Sehr verehrte/r…" nur gegenüber einer Dame (von ent-
sprechendem sozialen Ansehen und/oder Alter) verwenden und
möglicherweise gegenüber einem betagten Herrn mit anerkann-
ten Leistungen oder Verdiensten. Eine Dame wird sich kaum
mit einer solchen Anrede an einen Herrn wenden, es sei denn,
er sei bedeutend älter und habe ganz außerordentliche Ver-
dienste. Daraus lässt sich ableiten, dass die Kriterien für besonders wertschätzende Anredeformen miteinander konkurrieren
können.

Welches Kriterium geht dabei vor: Altersunterschied, Geschlecht von Anredendem und Angeredetem, Dienstgrad oder
Sozialprestige? Soll ein älterer Mitarbeiter seine sehr viel jüngere Dienstvorgesetzte besonders respektvoll anreden oder umgekehrt?

Für diese Fragen gibt es keine Lösung für alle Fälle. Takt, Zu-
rückhaltung und Höflichkeit können die Maximen für die Wahl
im Einzelfall sein. Im Zweifel sollte die förmliche Anredeform
immer der vertraulichen Variante vorgezogen werden. Es liegt
dann beim besonders respektvoll titulierten Kommunikationspartner eine weniger förmliche Anrede vorzuschlagen und den
Anredenden zu bitten, Adelsprädikate, akademische Grade

31

oder ehrende Adjektive fortzulassen. Unterbleibt eine solche Einladung, kann man davon ausgehen, dass der oder die Angeredete Wert auf entsprechend förmliche Titulierung legt.

## 2.4 Regionale Unterschiede von Nord nach Süd

Anredekonventionen im deutschen Sprachraum können bis zu einem gewissen Grade regional variieren. Dies gilt für die Anrede „Hochwürden" an katholische Geistliche, die trotz einer eingetretenen Anrede-Liberalisierung in der römisch-katholischen Kirche in einigen Gegenden Deutschlands noch praktiziert wird. Dies gilt auch für die Kombination Anrede und Gruß in den Formen

> Guten Tag, Frau Meier (Norddeutschland bzw. Gemeindeutsch)
> Grüß Gott, Frau Maier (Süddeutschland, z.T. Österreich)
> Grüezi (alemannische Schweiz)

Hier ist es angeraten, die landschaftlich unterschiedlichen Sitten zu kennen und zu respektieren. Auch in den norddeutschen Stadtstaaten werden noch einige Anredeformen aus der hanseatischen Tradition gepflegt. Dem Sprachgebrauch in Österreich schreibt man eine besondere Vorliebe für die Verwendung von Titeln, Amtsbezeichnungen und honorigen Titulierungen zu. Tatsächlich gibt es dafür Beispiele. An den Universitäten wird der (unterste) akademische Grad „Magister" sehr geschätzt und in der mündlichen wie schriftlichen Anrede stets verwendet. An deutschen Universitäten wäre dies undenkbar. Auch die Anrede „Gnädige Frau" ist in Österreich noch in der Gegenwart verbürgt. Der Grund für eine mögliche Vorliebe für allerlei Titulierungen könnte darin liegen, dass in Wien lange das Spanische Hofprotokoll galt, von dem Teile alle historischen und politischen Veränderungen überstanden haben. Das Gerücht allerdings, dass in Wiener Kaffeehäusern noch heute alle halbwegs gestandenen männlichen Gäste mit „Herr Baron" oder wenigstens doch mit „Herr Doktor" angeredet werden, mag wohl aus dem Bereich der anekdotischen Folklore oder gar der Fremdenverkehrswerbung stammen.

## 2.5 Wie sich das Anreden und das Grüßen ändern

Auf möglichen historischen Wandel von Anredekonventionen ist bereits hingewiesen worden. Unsicherheiten darüber, welche Anrede richtig und angemessen ist, gibt es aber auch heute, ebenso wie Tendenzen zu Veränderungen, denen wir täglich begegnen. Dies hängt unter anderem mit Modeerscheinungen zusammen, wie sie uns auch in anderen Lebensbereichen entgegentreten. Modische Entwicklungen aber werden in der Gegenwart begünstigt durch den Einfluss neuer technischer Kommunikationsmedien (Fernsehen, Internet, Werbemedien, SMS usw.) und – damit z.T. zusammenhängend – durch internationale Kultur-, Informations- und Wirtschaftskontakte, oft zusammengefasst unter dem Schlagwort der Globalisierung. Davon werden auch Kommunikationsgewohnheiten und Anredekonventionen beeinflusst.

Eine dieser Tendenzen ist die bereits erwähnte Ausweitung der „Du"-Anrede in der jüngeren Generation. Soweit sich beobachten lässt, sind dadurch aber die Anredegewohnheiten älterer Gesellschaftsschichten bislang nicht beeinflusst worden. Bisher lässt sich auch nicht feststellen, dass dadurch konventionelle Anredeformen im Berufsleben oder protokollarisch festgelegte Titulierungen tangiert werden. Allerdings haben jugendlich-modische Tendenzen dazu beigetragen, dass „locker-coole" nominale Anredeformen wie „Mädels" oder „Jungs" aufgekommen sind.

Im Arbeitsleben haben Gleichstellungsbestrebungen dazu geführt, dass Berufs- und Funktionsbezeichnungen konsequenter als früher feminisiert wurden. Bezeichnungen und Anredeformen wie „Lehrerin" oder „Direktorin" gibt es schon lange. Aber erst in den letzten Jahren setzen sich Anredeformen wie „Frau Präsidentin", „Frau Justitiarin Meier" (früher: „Frau Präsident", „Frau Justitiar Meier") wirklich durch. Ob man jedoch grammatisch falsche Anredeformen wie „Frau Magistra Meier" übernehmen sollte, muss jeder für sich selbst entscheiden.

In den letzten beiden Jahren verbreitet sich unter jungen Leuten sehr schnell die generalisierende mündliche Anrede „Hallo". In Situationen, in denen man bislang angemessen „Guten Morgen" sagt oder „Guten Tag, Herr Doktor Schröder", wird jetzt „Hallo" verwendet.

Das Wort „Hallo" ist im Deutschen eigentlich nur üblich als Zuruf zwischen räumlich entfernten Sprechern oder bei Kommunikationsstörungen am Telefon. Sein Vordringen im Deutschen in Anredefunktion ist mitbedingt durch andere Sprachen, insbesondere des Englischen. „Hallo" ist „globalisierend", da es mit geringen Ausspracheunterschieden für viele Sprachen „passt". Es ist auch generell verwendbar, ob man einen Adressaten kennt oder nicht, ob er männlich ist oder weiblich, erwachsen oder nicht. Jeder ist „Hallo". Man muss den begleitenden Gruß auch nicht nach der Tageszeit differenzieren. Mit „Hallo" braucht man auch nicht mehr zu unterscheiden, ob man den Onkel vor sich hat oder den Opa. Die Antwort auf die Anrede „Hallo" heißt „Hallo". Anerkennen muss man immerhin, dass dieser Ausdruck die Anredelücke der deutschen Sprache für erwachsene Adressaten füllt, deren Namen man nicht kennt. Davon abgesehen, lässt die modische Hallo-Form alle Anredekonventionen von Höflichkeit und individueller Zuwendung vermissen. Zumindest als Anrede für bekannte Personen ist „Hallo" deplaziert.

# 2.6 Anrede und Gruß im Privatbereich

Mögen die Anredeformen in Öffentlichkeit und Arbeitswelt auch noch so wichtig sein: die weitaus häufigste Anredetätigkeit geschieht im Alltagsleben. Die Anrede an Angehörige, Nachbarn, Kaufleute der Umgebung, Teilnehmer am Straßenverkehr ist für uns bedeutsam, weil davon der soziale Frieden und unsere tagtägliche Zufriedenheit abhängt. Korrekte und angemessene Anredeformen – auch als Ausdruck gesellschaftlicher Wertschätzung – sind also auch hier bedeutsam.

Im Familien- und Verwandtschaftsbereich geschieht die Anrede an die ältere Generation in direkter Linie mit einem Verwandtschaftsnomen, oft auch in einer Koseform:

Mutter/Mutti/Mama…
Vater/Vati/Papa….
Großmutter/Oma/Omi…
Großvater/Opa/Opi…

In indirekter Linie ist die Anredeform aus Verwandtschaftsnomen und Vornamen üblich:

Tante Bertha
Onkel Ludwig

In gleicher Generation (Bruder, Schwester, Cousin, Cousine) wird mit dem Vornamen angeredet. Regionale Varietäten sind möglich.

Anredeprobleme ergeben sich bei Einheirat. Die Anrede von Schwiegereltern an Schwiegersohn bzw. Schwiegertochter und umgekehrt wird in der Regel individuell ausgehandelt. Üblicherweise wird von den Schwiegereltern das „Du" angeboten. Traditionell reden dann Schwiegertochter bzw. Schwiegersohn die Schwiegereltern wie die eigenen Eltern an oder so, wie der neue Ehepartner die eigenen Eltern anredet. Die Schwiegereltern verwenden den Vornamen. Neuerdings gibt es Tendenzen, in beide Richtungen den Vornamen als Anrede zu verwenden. Das heißt, auch die Schwiegereltern werden jeweils mit ihrem Vornamen angeredet. Es gibt keine festen Konventionen, dagegen Unterschiede je nach Familie und Region.

In der schriftlichen familiären Anrede verwendet man das Adjektiv „Liebe/r" (liebe Mama, lieber Opa, lieber Fritz). Amtsbezeichnungen, akademische Grade, Dienstgrade werden allenfalls in der Briefanschrift, aber nie in der Anrede verwendet.

Bekannte Personen außerhalb des Familienkreises redet man im Deutschen mit „Sie" und dem Familiennamen an:

Sehr geehrte Frau Schmitz     Guten Tag/Morgen/Abend,
                              Herr Meier

Akademische Grade werden eingefügt.

Anreden ohne Nennung des Familiennamens sind sehr unhöflich.

Wenn ein Duz-Verhältnis mit diesem Personenkreis verabredet ist, lauten die Anredeformen:

Liebe Elisabeth          Guten Tag/Morgen/Abend, Fritz

Wenn der Familienname einer anzuredenden Person nicht bekannt ist, gibt es im Deutschen Anredeschwierigkeiten. Es fehlt eine neutrale Anrede wie englisch „Sir" oder französisch „Madame". Notlösungen wie „Guten Tag, mein Herr", „Junger Mann", „Gnädige Frau" sind nicht akzeptiert oder wirken heute lächerlich. Man behilft sich in der mündliche Rede, indem man notgedrungen nur „Guten Tag" sagt, oder eine neutrale Form wie „Frau Kollegin" wählt. Umgangssprachlich und kumpelhaft wird die sprachliche Lücke auch durch Anreden wie „Chef" oder „Meister" ausgefüllt.

Schriftsprachlich wählt man entweder eine Amtsbezeichnung:

Sehr geehrter Herr Direktor

Sehr geehrte Frau Vorsitzende

oder man wählt die neutrale Anrede

Sehr geehrte Damen und Herren.

Diese klassische Briefanrede bezieht sich eigentlich auf mehrere namentlich unbekannte Adressaten. Sie kann aber unbedenklich selbst dann verwendet werden, wenn man nur mit einem einzigen Leser rechnet. Statt der genannten Anrede werden neuerdings auch Doppeladressierungen verwendet:

| | |
|---|---|
| Sehr geehrte Damen, | Sehr geehrte Dame, |
| Sehr geehrte Herren, | Sehr geehrter Herr, |

Ausländer, die vielleicht noch ältere Deutschlehrwerke verwenden, seien darauf hingewiesen, dass die Form „Fräulein" seit vielen Jahren nicht mehr als Anrede für Mädchen oder junge Damen existiert. Allenfalls könnte man die Form noch in einer Briefanschrift verwenden, wenn man nicht „Schülerin" vorzieht. Die z.T. noch gebräuchliche mündliche Anrede „Fräulein" für weibliches Bedienungspersonal in Gaststätten ist verpönt. Daran ändert auch die Tatsache nichts, dass der Hotel- und Gaststättenverband trotz vieler Bemühungen keine akzeptable Anredeform hat finden können.

# 2.7 Beruflich-geschäftliche Anredeformen

Im Bereich der geschäftlichen Anrede gelten prinzipiell die gleichen Anredekonventionen wie bei der privaten Anrede erwachsener Personen. Bei individueller Anrede wird nach Möglichkeit der Name genannt. Bei persönlich oder namentlich unbekannten Adressaten wird schriftlich die Standardanrede

Sehr geehrte Damen und Herren

verwendet. Nur wenn man mit Sicherheit weiß, dass der Adressat eine namentlich unbekannte Einzelperson ist, kann man Anredeformen wie

Sehr geehrte Frau Direktorin
Sehr geehrter Herr Geschäftsführer

wählen. Für die mündliche Anrede machen sich namentlich unbekannte Geschäftspartner zunächst miteinander bekannt (ggf. durch Austausch der Visitenkarten) und reden sich dann namentlich an.

Die Anredeformen in Wirtschaft und Industrie sind in geringem Maße protokollarisch festgelegt. Daher genügen als Muster einige Beispiele. Es ist allerdings darauf zu achten, dass die Firmenbezeichnung und die rangmäßige Stellung und Funktion des Adressaten exakt angegeben werden.

| Adressat | Anschrift | Anrede schriftlich | Anrede mündlich |
|---|---|---|---|
| Direktorin einer Firma | Frau (+Akademischer Grad) *Vorname Name* Direktorin der Firma *Firmenname* | Sehr geehrte Frau Direktorin | Frau Direktorin |
| | | *oder* Sehr geehrte Frau (+Akademischer Grad) *Name* | *oder* Frau (+Akademischer Grad) *Name* |

| Adressat | Anschrift | Anrede schriftlich | Anrede mündlich |
|---|---|---|---|
| Direktor einer Firma | Herrn (+Akademischer Grad) *Vorname Name* Direktor der Firma *Firmenname* | Sehr geehrter Herr Direktor | Herr Direktor |
| | | *oder* Sehr geehrter Herr (+Akademischer Grad) *Name* | *oder* Herr (+Akademischer Grad) *Name* |
| Geschäftsführerin einer Firma | Frau (+Akademischer Grad) *Vorname Name* Geschäftsführerin der Firma *Firmenname* | Sehr geehrte Frau (+Akademischer Grad) *Name* | Frau (+Akademischer Grad) *Name* |
| Geschäftsführer einer Firma | Herrn (+Akademischer Grad) *Vorname Name* Geschäftsführer der Firma *Firmenname* | Sehr geehrter Herr (+Akademischer Grad) *Name* | Herr (+Akademischer Grad) *Name* |
| Vorstandsvorsitzende einer GmbH | Frau (+Akademischer Grad) *Vorname Name* Vorstandsvorsitzende der Firma *Firmenname* | Sehr geehrte Frau (+Akademischer Grad) *Name* | Frau (+Akademischer Grad) *Name* |
| Vorstandsvorsitzender einer GmbH | Herrn (+Akademischer Grad) *Vorname Name* Vorstandsvorsitzender der Firma *Firmenname* | Sehr geehrter Herr (+Akademischer Grad) *Name* | Herr (+Akademischer Grad) *Name* |
| Aufsichtsratsvorsitzende einer GmbH | Frau (+Akademischer Grad) *Vorname Name* Aufsichtsratsvorsitzende der Firma *Firmenname* GmbH | Sehr geehrte Frau (+Akademischer Grad) *Name* | Frau (+Akademischer Grad) *Name* |
| Aufsichtsratsvorsitzender einer GmbH | Herrn (+Akademischer Grad) *Vorname Name* Aufsichtsratsvorsitzender der Firma *Firmenname* GmbH | Sehr geehrter Herr (+Akademischer Grad) *Name* | Herr (+Akademischer Grad) *Name* |

| Adressat | Anschrift | Anrede schriftlich | Anrede mündlich |
|---|---|---|---|
| Prokuristin | Frau (+Akademischer Grad) *Vorname Name* Prokuristin in der Firma *Firmenname* | Sehr geehrte Frau (+Akademischer Grad) *Name* | Frau (+Akademischer Grad) *Name* |
| Prokurist | Herrn (+Akademischer Grad) *Vorname Name* Prokurist in der Firma *Firmenname* | Sehr geehrter Herr (+Akademischer Grad) *Name* | Herr (+Akademischer Grad) *Name* |
| Bankdirektorin | Frau (+Akademischer Grad) *Vorname Name* Direktorin der . . . . Bank | Sehr geehrte Frau Direktorin  *oder* Sehr geehrte Frau (+Akademischer Grad) *Name* | Frau Direktorin  *oder* Frau (+Akademischer Grad) *Name* |
| Bankdirektor | Herrn (+Akademischer Grad) *Vorname Name* Direktor der . . . . Bank | Sehr geehrter Herr Direktor  *oder* Sehr geehrter Herr (+Akademischer Grad) *Name* | Herr Direktor  *oder* Herr (+Akademischer Grad) *Name* |
| Abteilungsleiterin | Frau (+Akademischer Grad) *Vorname Name* Abteilungsleiterin in der Firma *Firmenname* | Sehr geehrte Frau (+Akademischer Grad) *Name* | Frau (+Akademischer Grad) *Name* |
| Abteilungsleiter | Herrn (+Akademischer Grad) *Vorname Name* Abteilungsleiter in der Firma *Firmenname* | Sehr geehrter Herr (+Akademischer Grad) *Name* | Herr (+Akademischer Grad) *Name* |

# 2.8 Protokollarische Normen

Im Privatbereich sind die Anredeformen eher ungezwungen. Hier achtet man meist nur dann auf eine besondere Etikette, wenn es um offizielle Anlässe geht, um Einladungen zu würdigen, um Familienfeste, um Ansprachen, Toasts und Grußworte oder um Glückwunsch-, Kondolenz- und Dankesbriefe. In diesen Fällen werden althergebrachte Spielregeln förmlicher Anrede beachtet. Im Alltag geht es lockerer zu. Hier gibt es weniger Vorschriften, solange man die Grenzen zwischen den Anreden „Du" und „Sie" beachtet und solange man bekannte Personen tunlichst mit dem Namen anredet.

Im Geschäftsverkehr sind die – geschriebenen und meist ungeschriebenen – Regeln schon sehr viel strikter. Wenn ein Angestellter seinen Abteilungsleiter anredet oder wenn ein Firmenchef an einen guten Kunden schreibt, kommt es sehr auf angemessenen Umgang an. Hier drückt die Anredeform auch Wertschätzung, Respekt und soziale Hierarchie aus. Da liegt es durchaus im Berufsinteresse, die üblichen Konventionen der sozialen Höflichkeit genau einzuhalten.

Darüber hinaus gibt es aber Bereiche, in denen feste Anredeformen mehr oder weniger protokollarisch normiert sind. Einige davon sind sogar rechtlich fixiert. In Deutschland ist zum Beispiel der Doktorgrad juristisch Teil des Familiennamens. Die Abkürzung „Dr." steht im Personalausweis, im Pass und in offiziellen Schriftstücken. Der Inhaber des Doktorgrades hat ein Recht darauf, mit diesem Titel angeredet zu werden. Auch bei adligen Namensträgern sind das Wörtchen „von" und Adelstitel wie Freiherr, Gräfin usw. Teil des Namens und geben damit Recht zur Namensführung. Dies gilt übrigens nicht für die alten Adelsprädikate wie „Durchlaucht", „Hoheit" usw. Sie existieren juristisch nicht, und es gibt kein Anrecht zur Namensführung. Natürlich ist aber nirgends untersagt, solche alten Anredeformen im sozialen Umgang zu verwenden.

Streng normativ festgelegt sind vor allem die Anredeformen in hierarchisch gegliederten Institutionen, in denen die Rangfolge durch Dienstgrade und entsprechende Titulatur festgelegt ist. Das klassische Beispiel für eine hierarchische Institution und differenzierte Anredeformen ist das Militär. Hier dient das Grüßen mit Nennung des Dienstgrades geradezu zur Aufrechterhaltung von Disziplin und vertikaler Befehlsstruktur. Dienstgrade spiegeln Hierarchie und Kommandogewalt wider. Aber auch in anderen Institutionen sind Anredeformen ein Ausdruck der Hierarchie, wo es um Richtlinienkompetenz, Anordnungsbefugnisse, Dienstweg und die Institution von Vorgesetzten und nachgeordneten Funktionsträgern geht. Verwaltungsbehörden, Regierungen und Ministerien, Kirchen sind mehr oder weniger hierarchisch nach Dienstgraden strukturiert und konservieren in ihren Anredeformen – historisch gesehen – ein Stück absolutistischen Geistes. Dadurch sind sie verwandt mit jenen Bereichen, die in besonderem Maße ein kompliziertes System feudaler Anredeformen bis ins 21. Jahrhundert tradiert haben: dem Adel und der Diplomatie. Kein Wunder, dass sich in diesen Bereichen Protokollabteilungen und spezielle Nachschlagewerke gehalten haben, die sich mit den korrekten und angemessenen Anredeformen befassen. Und wer Umgang mit Bereichen normierter Anredeformen hat, mag gut daran tun, sich über die gängigen Konventionen zu informieren.

Nun haben sich in den letzten Jahren die Umgangsformen des guten Tons in vielen Bereichen liberalisiert und gelockert. Selten noch reden Studenten ihre Professoren stets mit den akademischen Titeln an. In den Universitäten wird großer Wert auf die Anrede mit dem Doktortitel allenfalls noch in der Fakultät gelegt, deren Doktorgrad den wissenschaftlich geringsten Wert hat, nämlich in der medizinischen Fakultät. Und viele adlige Namensträger winken heute schmunzelnd ab, wenn man sie etwa als „Herr Freiherr" tituliert.

Warum also sich noch mit protokollarischer Anrede befassen?

Nun, einerseits sind durchaus nicht alle Bereiche liberalisiert. Kirchliche Würdenträger verstehen in der Regel keinen Spaß mit lockeren Anredeformen. Im internationalen diplomatischen

Verkehr kann eine als herabsetzend empfundene Anrede zu einem zwischenstaatlichen Konflikt führen. Auch im amtlichen Schriftverkehr ist man gut beraten, die Anrede mit exaktem Dienstgrad peinlich genau zu formulieren.

Andererseits legen viele Persönlichkeiten großen Wert auf die ihnen zustehende angemessene Anrede und die dadurch zum Ausdruck kommende Wertschätzung. Letztendlich hat man viel Zeit und Mühen investiert, bevor man einen akademischen Grad erwerben konnte. Schließlich hat man jahrelang hart arbeiten müssen, bevor man den Posten in einem Betrieb einnehmen, den Dienstrang in einer Behörde erklimmen, die Funktion in einem Verein ergattern konnte. Soziales Ansehen im Beruf ist vielen Menschen wichtiger als überdurchschnittliche Bezahlung. Und mancher Adlige mag stolz sein auf historisches Ansehen und politische Leistung seiner Familie, die sich in Namen und Titel widerspiegeln.

Es gibt also Grund genug, die protokollarisch normierten Anredeformen zu kennen und bei Bedarf im gesellschaftlichen Umgang zu verwenden.

## 2.8.1 Universitäten/Akademische Anredekonventionen

| Adressat | Anschrift | Anrede schriftlich | Anrede mündlich |
|---|---|---|---|
| Präsidentin einer Universität/Hochschule | An die Präsidentin der Universität/ Hochschule... Frau (Prof.). (Dr.) *Vorname Name* | Sehr geehrte Frau Präsidentin | Frau Präsidentin |
| Präsident einer Universität/Hochschule | An den Präsidenten der Universität/ Hochschule.... Herrn (Prof.) (Dr.) *Vorname Name* | Sehr geehrter Herr Präsident | Herr Präsident |

| Adressat | Anschrift | Anrede schriftlich | Anrede mündlich |
|---|---|---|---|
| Rektorin einer Universität/ Hochschule | An die Rektorin der Universi- tät/ Hochschule... Frau Prof. Dr. *Vorname Name* | Sehr geehrte Frau Rektorin  oder: Magnifizenz (sehr förmlich, eher veraltet) | Frau Professorin (*Name*)  oder: Magnifizenz (sehr förmlich, eher veraltet, gelegent- lich bei Begrüßungen in Reden) |
| Rektor einer Universität/ Hochschule | An den Rektor der Universität/ Hochschule... Herrn Prof. Dr. *Vorname Name* | Sehr geehrter Herr Rektor  oder: Magnifizenz (sehr förmlich, eher veraltet) | Herr Professor (*Name*)  oder: Magnifizenz (sehr förmlich, eher veraltet, gelegent- lich bei Begrüßungen in Reden) |
| Kanzlerin einer Universi- tät/ Hoch- schule | An die Kanzlerin der Universi- tät/ Hochschule... Frau (Prof.) (Dr.) *Vorname Name* | Sehr geehrte Frau (Professorin) (Dr.) Name | Frau (Professorin) Name |
| Kanzler einer Universität/ Hochschule | An den Kanzler der Universität/ Hochschule... Herrn (Prof.) (Dr.) *Vorname Name* | Sehr geehrter Herr (Professor) (Dr.) *Name* | Herr (Professor) *Name* |
| Dekanin einer Fakultät/ eines Fachbe- reiches | An die Dekanin der Fakultät.../ des Fach- bereiches...der Univer- sität.../ der Hochschule... Frau Prof. Dr. *Vorname Name* | Sehr geehrte Frau Professorin Dr. *Name*  oder: Spectabilis (sehr förmlich, veraltet) | Frau Professorin *Name*  oder: Spektabilität (sehr förmlich, ver- altet, gelegentlich bei Begrüßungen in Reden) |

| Adressat | Anschrift | Anrede schriftlich | Anrede mündlich |
|---|---|---|---|
| Dekan einer Fakultät/ eines Fachbereiches | An den Dekan der Fakultät.../ des Fachbereiches... der Universität .../ der Hochschule... Herrn Prof. Dr. *Vorname Name* | Sehr geehrter Herr Professor Dr. *Name* *oder:* Spectabilis (sehr förmlich, veraltet) | Herr Professor *Name* *oder:* Spektabilität (sehr förmlich, veraltet, gelegentlich bei Begrüßungen in Reden) |
| Institutsdirektorin | An die Direktorin des Institutes... der Universität..../ der Hochschule.. Frau Prof. Dr. *Vorname Name* | Sehr geehrte Frau Professorin Dr. *Name* | Frau Professorin *Name* |
| Institutsdirektor | An den Direktor des Institutes... der Universität.../der Hochschule... Herrn Prof. Dr. *Vorname Name* | Sehr geehrter Herr Professor Dr. *Name* | Herr Professor *Name* |
| Professorin an einer Universität | Frau Universitätsprofessorin Dr. *Vorname Name* *oder:* Frau Univ.-Prof. Dr. *Vorname Name* | Sehr geehrte Frau Professorin Dr. *Name* | Frau Professorin *Name* |
| Professor an einer Universität | Herrn Universitätsprofessor Dr. *Vorname Name* *oder:* Herrn Univ.-Prof. Dr. Dr. *Vorname Name* | Sehr geehrter Herr Professor Dr. *Name* | Herr Professor *Name* |
| Außerplanmäßige Professorin | Frau apl. Professorin Dr. *Vorname Name* | Sehr geehrte Frau Dr. *Name* | Frau Dr. *Name* |

| Adressat | Anschrift | Anrede schriftlich | Anrede mündlich |
|----------|-----------|--------------------|-----------------|
| Außerplanmäßiger Professor | Herrn apl. Professor. Dr. *Vorname Name* | Sehr geehrter Herr Dr. *Name* | Herr Dr. *Name* |
| Privatdozentin | Frau Privatdozentin Dr. *Vorname Name*<br><br>oder:<br>Frau PD Dr. *Vorname Name*<br>oder:<br>Frau Dr. + **Fakultät** + habil. *Vorname Name* | Sehr geehrte Frau Privatdozentin Dr. *Name* | Frau Doktor *Name* |
| Privatdozent | Herrn Privatdozenten Dr. *Vorname Name*<br>oder:<br>Herr PD Dr. *Vorname Name*<br>oder:<br>Herrn Dr. + **Fakultät** + habil. *Vorname Name* | Sehr geehrter Herr Privatdozent Dr. *Name* | Herr Doktor *Name* |
| Akademische Rätin/ Oberrätin/ Direktorin | Frau Akademische Rätin/Oberrätin/Direktorin (Dr.) *Vorname Name*<br><br>oder:<br>Frau ARin/AORin/ADin (Dr.) *Vorname Name*<br>oder:<br>Frau AR'/AOR'/AD' (Dr.) *Vorname Name* | Sehr geehrte Frau (Dr.) *Name* | Frau (Doktor) *Name* |
| Akademischer Rat/ Oberrat/Direktor | Herrn Akademischen Rat/Oberrat/Direktor (Dr.) *Vorname Name*<br><br>*oder:*<br>Herrn AR/AOR/AD (Dr.) *Vorname Name* | Sehr geehrter Herr (Dr.) *Name* | Herr (Doktor) *Name* |

| Adressat | Anschrift | Anrede schriftlich | Anrede mündlich |
|---|---|---|---|
| Studienrätin im Hochschuldienst/ Oberstudienrätin im Hochschuldienst/ Studiendirektorin im Hochschuldienst | Frau Studienrätin/Oberstudienrätin/Studiendirektorin i. H. (Dr.) *Vorname Name*<br><br>oder:<br>Frau StRin/OStRin/StDin i. H. (Dr.) *Vorname Name*<br>oder:<br>Frau StR'/OStR'/StD' i. H. (Dr.) *Vorname Name* | Sehr geehrte Frau (Dr.) *Name* | Frau (Doktor) *Name* |
| Studienrat im Hochschuldienst/Oberstudienrat im Hochschuldienst/Studiendirektor im Hochschuldienst | Herrn Studienrat/Oberstudienrat/Studiendirektor i. H. (Dr.) *Vorname Name*<br>oder:<br>Herrn StR/OStR/StD i. H. (Dr.) *Vorname Name* | Sehr geehrter Herr (Dr.) *Name* | Herr (Doktor) *Name* |
| Magister | Herrn/Frau *Vorname Name*, MA<br><br>*in Österreich:* Herrn Magister *Vorname Name* | Sehr geehrte(r) Herr/Frau *Name*<br><br>*in Österreich:* Sehr geehrter Herr Magister *Name* | Herr/Frau *Name*<br><br>*in Österreich:* Herr Magister *Name* |
| Wissenschaftliche Mitarbeiterin | Frau *Vorname Name* | Sehr geehrte Frau *Name* | Frau *Name* |
| Wissenschaftlicher Mitarbeiter | Herrn *Vorname Name* | Sehr geehrter Herr *Name* | Herr *Name* |
| Honorarprofessorin | Frau (Dr.) *Vorname Name* | Sehr geehrte Frau (Dr.) *Name* | Frau (Doktor) *Name* |
| Honorarprofessor | Herrn (Dr.) *Vorname Name* | Sehr geehrter Herr (Dr.) *Name* | Herr (Doktor) *Name* |

| Adressat | Anschrift | Anrede schriftlich | Anrede mündlich |
|---|---|---|---|
| Studentin | Frau *Vorname Name*<br><br>oder:<br>*(förmlich, offiziell)* Frau stud.+ **Fakultät** *Vorname Name* (*in den ersten Studiensemestern*)<br>oder:<br>*(förmlich, offiziell)* Frau cand.+ **Fakultät** *Vorname Name* (*nach dem Vordiplom/nach der Zwischenprüfung bzw. vor dem Abschlussexamen*) | Sehr geehrte Frau *Name* | Frau *Name* |
| Student | Herrn *Vorname Name*<br><br>oder:<br>*(förmlich, offiziell)* Herrn stud.+ **Fakultät** *Vorname Name* (*in den ersten Studiensemestern*)<br>oder:<br>*(förmlich, offiziell)* Herrn cand.+ **Fakultät** *Vorname Name* (*nach dem Vordiplom/nach der Zwischenprüfung bzw. vor dem Abschlussexamen*) | Sehr geehrter Herr *Name* | Herr *Name* |

**Anmerkungen:**

Träger des Professorentitels oder des Doktorgrades verwenden Titel und Grad niemals, wenn sie untereinander kommunizieren. Professoren reden sich also je nach Förmlichkeitsgrad wie folgt an:

| **schriftlich** | **mündlich** |
|---|---|
| Sehr verehrter<br>Herr Kollege Meier | Verehrter Herr Kollege |
| Sehr geehrter<br>Herr Kollege Meier | Sehr geehrter<br>Herr Kollege Meier |
| Sehr geehrter Herr Meier | Sehr geehrter Herr Kollege |
| Lieber Herr Meier | Lieber Herr Meier |
| Sehr verehrte Frau<br>Kollegin Müller | Verehrte Frau Kollegin |
| Sehr geehrte<br>Frau Kollegin Müller | Sehr geehrte<br>Frau Kollegin Müller |
| Sehr verehrte<br>liebe Frau Müller | Sehr verehrte Frau Müller |
| Sehr geehrte Frau Müller | Sehr geehrte Frau Müller |
| Liebe Frau Müller | Liebe Frau Müller |
| etc. | etc. |

Der akademische Grad *Doktor* ist in Deutschland Teil des Namens und wird „*Dr.*" abgekürzt. Ausgenommen davon ist der (sehr seltene) Doktorgrad in der evangelisch-theologischen Fakultät: er kann auch als „*D.*" abgekürzt werden.

Bei förmlicher Anrede kann nach den Bezeichnungen *Dr. stud.* und *cand.* die Fakultät abgekürzt hinzugefügt werden. Dies kann auch bei den Doktortiteln erfolgen (siehe unten).

Der Magistergrad wird in Deutschland hinter dem Namen mit Komma und der Abkürzung *MA* geführt.(z. B. *Hans Meier, MA*).

Bei Frauen kann statt der Anrede „Frau Doktor *Name*" auch die Anrede „Frau Doktorin *Name*" verwendet werden.

Anstatt der in Deutschland inzwischen üblichen Anrede „Frau Professorin *Name*" wird in Österreich eher die Anrede „Frau Professor *Name*" verwendet.

Einige Universitäten verleihen an Frauen den Doktor- bzw. Magistertitel in der Form „*Doktora*" bzw. „*Magistra*". In diesen Fällen kann die Anrede (unabhängig von der Frage, ob eine solche Form überhaupt grammatisch richtig ist) lauten:

Frau Doktora *Name*
Frau Magistra *Name*

Üblicherweise wird in der mündlichen Anrede die Form „Doktor" verwendet (z. B. *Frau Doktor Meier, Herr Doktor Müller*). Die schriftliche Form lautet abgekürzt „*Dr.*".

Bei sehr offizieller schriftlicher Anrede kann die ausführliche lateinische Bezeichnung vor den Namen gesetzt werden. Bei förmlicher Anrede wird die lateinische Bezeichnung abgekürzt. Dazu ist es erforderlich, die genauen lateinischen Bezeichnungen der von den unterschiedlichen Universitäten verliehenen Doktortitel zu kennen.

### 2.8.1.1 Doktorgrade in der Bundesrepublik Deutschland

An deutschen Universitäten (oder anderen deutschen Hochschulen mit Promotionsrecht) werden folgende Doktorgrade verliehen:

| | |
|---|---|
| Doctor agronomiae | Dr. agr. |
| Doctor biologiae hominis | Dr. biol. hom. |
| Doctor disciplinae politicarum | Dr. disc. pol. |
| Doctor iuris | Dr. iur. |
| Doctor iuris canonici | Dr. iur. can. |
| Doctor iuris utriusque | Dr. iuris. utr. |
| Doctor medicinae | Dr. med. |
| Doctor medicinae dentariae | Dr. med. dent. |
| Doctor medicinae veterinariae | Dr. med. vet. |
| Doctor oeconomiae | Dr. oec. |
| Doctor oeconomiae publicae | Dr. oec. publ. |
| Doctor oecotrophologiae | Dr. oec. troph. |
| Doctor paedagogiae | Dr. paed. |
| Doctor philosophiae | Dr. phil. |
| Doctor philosophiae naturalis | Dr. phil. nat. |
| Doctor Public Health | Dr. P. H. |

| Doctor rerum securitatis | Dr. rer. sec. |
|---|---|
| Doctor rerum silvestrium | Dr. rer. silv. |
| Doctor rerum sociologicae | Dr. rer. soc. |
| Doctor rerum agriculturarum | Dr. rer. agr. |
| Doctor rerum biologicarum humanarum | Dr. rer. biol. hum. |
| Doctor rerum curae | Dr. rer. cur. |
| Doctor rerum horticulturarum | Dr. rer. hort. |
| Doctor rerum medicinalium | Dr. rer. medic. |
| Doctor rerum naturalium | Dr. rer. nat. |
| Doctor rerum oeconomicarum | Dr. rer. oec. |
| Doctor rerum politicarum | Dr. rer. pol. |
| Doctor rerum publicarum | Dr. rer. publ. |
| Doctor scientiarum agriculturae | Dr. sc. agr. |
| Doctor scientiarum educationis | Dr. sc. ed. |
| Doctor scientiarum humanarum | Dr. sc. hum. |
| Doctor scientiarum politicarum | Dr. sc. pol. |
| Doctor theologiae (kath.) | Dr. theol. (kath.) |
| Doctor theologiae | Dr. theol. |
| Doctor theologiae (evang.) | Dr. theol. (evang.) |
| Doktor der Erziehungswissenschaft | Dr. sc. paed. |
| Doktor der Forstwissenschaft | Dr. forest. |
| Doktor der Humanbiologie | Dr. rer. physiol. |
| Doktor der Ingenieurwissenschaften | Dr.-Ing. |
| Doktor der Mathematik | Dr. math. |
| Doktor der Sportwissenschaften | Dr. Sportwiss. |
| Philosophical Doctor | Ph.D. |

## 2.8.1.2 Akademische Grade der früheren DDR

In der früheren Deutschen Demokratischen Republik (DDR) konnten die folgenden akademischen Grade erworben werden.

## Diplom eines Wissenschaftszweiges

Der Abschluss des betreffenden Studienganges berechtigt zum Führen des akademischen Grades „*Dipl.-.....*" (z. B. *Diplom-Mediziner*, abgekürzt *Dipl.-Med.*).

### Promotionsrecht A: Akademischer Grad „*Doktor eines Wissenschaftszweiges*"

Dieser akademische Grad wurde von den Wissenschaftlichen Räten bzw. Fakultäten der Universitäten und anderen Hochschulen mit Promotionsrecht u. a. aufgrund einer „Dissertation A" verliehen. Er entspricht etwa dem Doktorgrad in der Bundesrepublik Deutschland.

Folgende Doktorgrade wurden verliehen:

| | |
|---|---|
| Doctor agriculturarum | Dr. agr. |
| Doctor juris | Dr. jur. |
| Doctor medicinae | Dr. med. |
| Doctor medicinae veterinariae | Dr. med. vet. |
| Doctor rerum militarium | Dr. rer. mil. |
| Doctor paedagogicae | Dr. paed. |
| Doctor philosophicae | Dr. phil. |
| Doctor rerum naturalium | Dr. rer. nat. |
| Doctor oeconomicae | Dr. oec. |
| Doctor rerum politicarum | Dr. rer. pol. |
| Doctor rerum silvaticarum | Dr. rer. silv. |
| Doctor theologiae | Dr. theol. |
| Doktor-Ingenieur | Dr.-Ing. |

### Promotionsrecht B: Akademischer Grad „*Doktor der Wissenschaften*"

Dieser akademische Grad wurde vom Senat einer Universität oder einer anderen berechtigten Hochschule u. a. aufgrund einer „Dissertation B" verliehen. Er entspricht in etwa einer Habilitation an einer Universität in der Bundesrepublik Deutschland.

Folgende Doktorgrade wurden verliehen:

| | |
|---|---|
| Doctor scientiae agriculturarum | Dr. sc. agr. |
| Doctor scientiae juris | Dr. sc. jur. |
| Doctor scientiae medicinae | Dr. sc. med. |
| Doctor scientiae medicinae veterinariae. | Dr. sc. med. vet. |
| Doctor scientiae militarium | Dr. sc. mil. |
| Doctor scientiae paedagogicae | Dr. sc. paed. |
| Doctor scientiae philosophiae | Dr. sc. phil. |
| Doctor scientiae naturalium | Dr. sc. nat. |
| Doctor scientiae oeconomicae | Dr. sc. oec. |
| Doctor scientiae politicarum | Dr. sc. pol. |
| Doctor scientiae silvaticarum | Dr. sc. silv. |
| Doctor scientiae theologiae | Dr. sc. theol. |
| Doctor scientiae technicarum | Dr. sc. techn. |

## 2.8.1.3 Doktorgrade in Österreich

In Österreich werden folgende Doktorgrade verliehen:

| | | |
|---|---|---|
| Doktorin/Doktor der Rechtswissenschaften | Doctor iuris | Dr. iur. |
| Doktorin/Doktor der Zahnmedizin und der medizinischen Wissenschaft | Doctor dentalis et scientiae medicae | Dr. med. dent. et scient. med. |
| Doktorin/Doktor der gesamten Heilkunde und der medizinischen Wissenschaft | Doctor medicinae universae et scientiae medicae | Dr. med. univ. et scient. med. |
| Doktorin/Doktor der Veterinärmedizin | Doctor medicinae veterinariae | Dr. med. vet. |

| Doktorin/Doktor der montanistischen Wissenschaften | Doctor rerum montanarum | Dr. mont. |
| Doktorin/Doktor der Bodenkultur | Doctor rerum naturalium technicarum | Dr. nat. techn. |
| Doktorin/Doktor der Philosophie | Doctor philosophiae | Dr. phil. |
| Doktorin/Doktor der Philosophie einer Katholisch-Theologischen Fakultät | Doctor philosophiae facultatis theologicae | Dr. phil. fac. theol. |
| Doktorin/Doktor der Naturwissenschaften | Doctor rerum naturalium | Dr. rer. nat. |
| Doktorin/Doktor der Sozial- und Wirtschaftswissenschaften | Doctor rerum socialium oeconomicarumque | Dr. rer. soc. oec. |
| Doktorin/Doktor der medizinischen Wissenschaft | Doctor scientiae medicae | Dr. scient. med. |
| Doktorin/Doktor der technischen Wissenschaften | Doctor technicae | Dr. techn. |
| Doktorin/Doktor der Theologie | Doctor theologiae | Dr. theol. |

## 2.8.1.4 Doktorgrade in der Schweiz

In der Schweiz gibt es je nach Landesteilen und Sprachen einige Unterschiede bei den akademischen Konventionen. Auch je nach Universitäten/Fakultäten werden z.T. unterschiedliche Doktorgrade verliehen. Die folgende Liste versucht eine zusammenfassende Übersicht:

| Doctorat en études du développement | DO |
| Dottorato in architettura | Dr. arch. USI |

| | |
|---|---|
| Doctorat ès sciences techniques/doctorat ès sciences | Dr. ès sc. tech./ Dr. ès sc. |
| Doktorat [Wirtschaftswissenschaftliche Fakultät] | Dr. inform. |
| Doctorat en droit/Doktorat der Rechtswissenschaft/Doktor der Rechte/Doktorat der Rechts- u. Wirtschaftswissenschaftlichen Fakultät | Dr. iur. |
| Doktor der Medizin/Doctorat en médecine | Dr. med. |
| Doktor der medizinischen Biologie | Dr. med. biol. |
| Doktor der Zahnmedizin/ Doctorat en médecine dentaire | Dr. med. dent. |
| Interfakultäres Doktorat [Humanmedizin] | Dr. med. et phil.-nat. / Dr. phil.-nat. et sci. med. |
| Doktorat [Veterinärmedizinische Fakultät] | Dr. med. vet. |
| Doktor der Wirtschaftswissenschaften | Dr. oec. |
| Doktorat [Wirtschaftswissenschaftliche Fakultät] | Dr. oec. publ. |
| Doktor der Philosophie/Doctorat ès lettres/Doktorat der Philosophischen Fakultät/Doktorat der Philosophisch-historischen Fakultät | Dr. phil. |
| Doktorat [Philosophisch-naturwissenschaftliche Fakultät] | Dr. phil. nat. |
| Doctorat en sciences naturelles/Doktorat in Naturwissenschaften | Dr. rer. nat. |
| Doctorat en sciences sociales/Doktorat in Sozialwissenschaften | Dr. rer. pol. |
| Doctorat ès sciences économiques et sociales/Doktorat in Wirtschafts- und Sozialwissenschaften | Dr. rer. pol. |
| Doktor der Staatswissenschaften | Dr. rer. pol. |

| | |
|---|---|
| Doktorat [Diplom für Handelslehrer] | Dr. rer. pol. |
| Doktorat [Wirtschaftswissenschaften] | Dr. rer. pol. |
| Doktor der Staatswissenschaften | Dr. rer. publ. |
| Doktorat [Schwerpunkt Politikwissenschaften] | Dr. rer. soc. |
| Doktorat [Schwerpunkt Soziologie] | Dr. rer. soc. |
| Dottorato in scienze della comunicazione | Dr. sc. com. |

## 2.8.2 Politik/Regierung/Verwaltung

### 2.8.2.1 Bund/Bundespräsidialamt

| Adressat | Anschrift | Anrede schriftlich | Anrede mündlich |
|---|---|---|---|
| Bundespräsidentin | Frau Bundespräsidentin (+ **nur** *im internationalen Schriftverkehr: ...* der Bundesrepublik Deutschland) (+Akademischer Grad) *Vorname Name* | Hochverehrte/ Sehr verehrte Frau Bundespräsidentin | Frau Bundespräsidentin |
| Bundespräsident | Herrn Bundespräsidenten (+ **nur** *im internationalen Schriftverkehr: ...* der Bundesrepublik Deutschland) (+Akademischer Grad) *Vorname Name* | Hochverehrter/ Sehr verehrter Herr Bundespräsident | Herr Bundespräsident |
| Ehemalige Bundespräsidentin | Frau (+Akademischer Grad) *Vorname Name* Bundespräsidentin a. D. | Sehr verehrte Frau (+Akademischer Grad) *Name* | Frau (+Akademischer Grad) *Name* |
| Ehemaliger Bundespräsident | Herrn (+Akademischer Grad) *Vorname Name* Bundespräsident a. D. | Sehr verehrter Herr (+Akademischer Grad) *Name* | Herr (+Akademischer Grad) *Name* |

## 2.8.2.2 Bund: Legislative

| Adressat | Anschrift | Anrede schriftlich | Anrede mündlich |
|---|---|---|---|
| Präsidentin des Deutschen Bundestages | Präsidentin des Deutschen Bundestages Frau (+Akademischer Grad) *Vorname Name* | Sehr verehrte/ Sehr geehrte Frau Bundestagspräsidentin | Frau Bundestagspräsidentin/Frau Präsidentin |
| Präsident des Deutschen Bundestages | Präsidenten des Deutschen Bundestages Herrn (+Akademischer Grad) *Vorname Name* | Sehr verehrter/ Sehr geehrter Herr Bundestagspräsident | Herr Bundestagspräsident/Herr Präsident |
| Ehemalige Präsidentin des Deutschen Bundestages | *(falls im öffentlichen Leben stehend die hieraus folgende Bezeichnung, z. B.)* Mitglied des Deutschen Bundestages Frau (+Akademischer Grad) *Vorname Name*<br><br>*oder:*<br>*(falls nicht mehr im öffentlichen Leben stehend)* Frau (+Akademischer Grad) *Vorname Name* Präsidentin des Deutschen Bundestages a. D. | *(falls im öffentlichen Leben stehend die hieraus folgende Bezeichnung, z. B.)* Sehr geehrte Frau Abgeordnete<br><br>*oder:*<br>*(falls nicht mehr im öffentlichen Leben stehend)* Sehr geehrte Frau (+Akademischer Grad) *Name* | *(falls im öffentlichen Leben stehend die hieraus folgende Bezeichnung, z. B.)* Frau Abgeordnete<br><br>*oder:*<br>*(falls nicht mehr im öffentlichen Leben stehend)* Frau (+Akademischer Grad) *Name* |

| Adressat | Anschrift | Anrede schriftlich | Anrede mündlich |
|---|---|---|---|
| Ehemaliger Präsident des Deutschen Bundestages | *(falls im öffentlichen Leben stehend die hieraus folgende Bezeichnung, z. B.)* Mitglied des Deutschen Bundestages Herrn (+Akademischer Grad) *Vorname Name*<br><br>*oder:*<br>*(falls nicht mehr im öffentlichen Leben stehend)* Herrn (+Akademischer Grad) *Vorname Name* Präsident des Deutschen Bundestages a. D. | *(falls im öffentlichen Leben stehend die hieraus folgende Bezeichnung, z. B.)* Sehr geehrter Herr Abgeordneter<br><br>*oder:*<br>*(falls nicht mehr im öffentlichen Leben stehend)* Sehr geehrter Herr (+Akademischer Grad) *Name* | *(falls im öffentlichen Leben stehend die hieraus folgende Bezeichnung, z. B.)* Herr Abgeordneter<br><br>*oder:*<br>*(falls nicht mehr im öffentlichen Leben stehend)* Herr (+Akademischer Grad) *Name* |
| Vizepräsidentin des Deutschen Bundestages | Vizepräsidentin des Deutschen Bundestages Frau (+Akademischer Grad) *Vorname Name* | Sehr verehrte/ Sehr geehrte Frau Präsidentin | Frau Präsidentin |
| Vizepräsident des Deutschen Bundestages | Vizepräsidenten des Deutschen Bundestages Herrn (+Akademischer Grad) *Vorname Name* | Sehr verehrter/ Sehr geehrter Herr Präsident | Herr Präsident |

| Adressat | Anschrift | Anrede schriftlich | Anrede mündlich |
|---|---|---|---|
| Fraktionsvor-sitzende | Vorsitzende der Frak-tion der ... im Deut-schen Bundestag (+Akademischer Grad) *Vorname Name* | Sehr geehrte Frau Vorsitzende *oder:* Sehr geehrte Frau Abgeord-nete *oder:* Sehr geehrte Frau (+Akademi-scher Grad) *Name* | Frau Vorsitzende (+Akademischer Grad) *Name* *oder:* Frau Abgeordnete *oder:* Frau (+Akademi-scher Grad) *Name* |
| Fraktionsvor-sitzender | Vorsitzender der Frak-tion der ... im Deut-schen Bundestag (+Akademischer Grad) *Vorname Name* | Sehr verehrter Herr Vorsitzen-der *oder:* Sehr verehrter Abgeordneter *oder:* Sehr verehrter Herr (+Akademi-scher Grad) *Name* | Herr Vorsitzender *oder:* Herr Abgeordneter *oder:* Herr (+Akademi-scher Grad) *Name* |
| Parlamen-tarische Geschäfts-führerin | Parlamentarische Ge-schäftsführerin der Fraktion der ... im Deutschen Bundestag Frau (+Akademischer Grad) *Vorname Name* | Sehr geehrte Frau Abgeord-nete *oder:* Sehr geehrte Frau (+Akademi-scher Grad) *Name* | Frau Abgeordnete *oder:* Frau (+Akademi-scher Grad) *Name* |

| Adressat | Anschrift | Anrede schriftlich | Anrede mündlich |
|---|---|---|---|
| Parlamentarischer Geschäftsführer | Parlamentarischer Geschäftsführer der Fraktion der ... im Deutschen Bundestag Herrn (+Akademischer Grad) *Vorname Name* | Sehr geehrter Herr Abgeordneter *oder:* Sehr geehrter Herr (+Akademischer Grad) *Name* | Herr Abgeordneter *oder:* Herr (+Akademischer Grad) *Name* |
| Ausschussvorsitzende | Vorsitzende des ... ausschusses/des Ausschusses für ... des Deutschen Bundestages Frau (+Akademischer Grad) *Vorname Name* | Sehr geehrte Frau Vorsitzende *oder:* Sehr geehrte Frau Abgeordnete *oder:* Sehr geehrte Frau (+Akademischer Grad) *Name* | Frau Vorsitzende *oder:* Frau Abgeordnete *oder:* Frau (+Akademischer Grad) *Name* |
| Ausschussvorsitzender | Vorsitzender des ... ausschusses/des Ausschusses für ... des Deutschen Bundestages Herrn (+Akademischer Grad) *Vorname Name* | Sehr geehrter Herr Vorsitzender *oder:* Sehr geehrter Herr Abgeordneter *oder:* Sehr geehrter Herr (+Akademischer Grad) *Name* | Herr Vorsitzender *oder:* Herr Abgeordneter *oder:* Herr (+Akademischer Grad) *Name* |

| Adressat | Anschrift | Anrede schriftlich | Anrede mündlich |
|---|---|---|---|
| Mitglied des Deutschen Bundestages (weibl.) | Mitglied des Deutschen Bundestages Frau (+Akademischer Grad) *Vorname Name* oder: Frau (+ Akademischer Grad) *Vorname Name*, MdB | Sehr geehrte Frau Abgeord- nete oder: Sehr geehrte Frau (+Akademi- scher Grad) *Name* | Frau Abgeordnete oder: Frau (+Akademi- scher Grad) *Name* |
| Mitglied des Deutschen Bundestages (männl.) | Mitglied des Deutschen Bundestages Herrn (+Akademischer Grad) *Vorname Name* oder: Herrn (+Akademischer Grad) *Vorname Name*, MdB | Sehr geehrter Herr Abgeord- nete oder: Sehr geehrter Herr (+Akademi- scher Grad) *Name* | Herr Abgeordneter oder: Herr (+Akademi- scher Grad) *Name* |
| Direktorin beim Deut- schen Bun- destag | Direktorin beim Deut- schen Bundestag Frau (+Akademischer Grad) *Vorname Name* | Sehr geehrte Frau Bundes- tagsdirektorin oder: Sehr geehrte Frau (+Akademi- scher Grad) *Name* | Frau Bundestags- direktorin oder: Frau (+Akademi- scher Grad) *Name* |
| Direktor beim Deutschen Bundestag | Direktor beim Deut- schen Bundestag Herrn (+Akademischer Grad) *Vorname Name* | Sehr geehrter Herr Bundes- tagsdirektor oder: Sehr geehrter Herr (+Akademi- scher Grad) *Name* | Herr Bundestags- direktor oder: Herr (+Akademi- scher Grad) *Name* |

| Adressat | Anschrift | Anrede schriftlich | Anrede mündlich |
|---|---|---|---|
| Wehrbeauf-tragte des Deutschen Bundestages | Wehrbeauftragte des Deutschen Bundesta-ges Frau (+Akademischer Grad) *Vorname Name* | Sehr geehrte Frau Wehrbeauf-tragte *oder:* Sehr geehrte Frau (+Akademi-scher Grad) *Name* | Frau Wehrbeauf-tragte *oder:* Frau (+Akademi-scher Grad) *Name* |
| Wehrbeauf-tragter des Deutschen Bundestages | Wehrbeauftragter des Deutschen Bundesta-ges Herrn (+Akademischer Grad) *Vorname Name* | Sehr geehrter Herr Wehrbeauf-tragter *oder:* Sehr geehrter Herr (+Akademi-scher Grad) *Name* | Herr Wehrbeauf-tragter *oder:* Herr (+Akademi-scher Grad) *Name* |

## 2.8.2.3  Bund: Exekutive

| Adressat | Anschrift | Anrede schriftlich | Anrede mündlich |
|---|---|---|---|
| Bundeskanz-lerin | Frau Bundeskanzlerin (+ **nur** *im internationa-len Schriftverkehr:* ... der Bundesrepublik Deutschland) (+Akade-mischer Grad) *Vorname Name* | Sehr verehrte/ Sehr geehrte Frau Bundes-kanzlerin | Frau Bundeskanz-lerin |
| Bundeskanz-ler | Herrn Bundeskanzler (+ **nur** *im internationa-len Schriftverkehr:* ... der Bundesrepublik Deutschland) (+Akade-mischer Grad) *Vorname Name* | Sehr verehrter/ Sehr geehrter Herr Bundes-kanzler | Herr Bundeskanz-ler |

| Adressat | Anschrift | Anrede schriftlich | Anrede mündlich |
|---|---|---|---|
| Ehemalige Bundeskanzlerin | *(falls im öffentlichen Leben stehend die hieraus folgende Bezeichnung, z. B.)* Mitglied des Deutschen Bundestages Frau (+Akademischer Grad) *Vorname Name*<br><br>*oder:*<br>*(falls nicht mehr im öffentlichen Leben stehend)* Frau (+Akademischer Grad) *Vorname Name* Bundeskanzlerin a. D. | *(falls im öffentlichen Leben stehend die hieraus folgende Bezeichnung, z. B.)* Sehr geehrte Frau Abgeordnete<br><br>*oder:*<br>*(falls nicht mehr im öffentlichen Leben stehend)* Sehr geehrte Frau (+Akademischer Grad) *Name* | (falls im öffentlichen Leben stehend die hieraus folgende Bezeichnung, z. B.) Frau Abgeordnete<br><br>*oder:*<br>*(falls nicht mehr im öffentlichen Leben stehend)* Frau (+Akademischer Grad) *Name* |
| Ehemaliger Bundeskanzler | *(falls im öffentlichen Leben stehend die hieraus folgende Bezeichnung, z. B.)* Mitglied des Deutschen Bundestages Herrn (+Akademischer Grad) *Vorname Name*<br><br>*oder:*<br>*(falls nicht mehr im öffentlichen Leben stehend)* Herrn (+Akademischer Grad) *Vorname Name* Bundeskanzler a. D. | *(falls im öffentlichen Leben stehend die hieraus folgende Bezeichnung, z. B.)* Sehr geehrter Herr Abgeordneter<br><br>*oder:*<br>*(falls nicht mehr im öffentlichen Leben stehend)* Sehr geehrter Herr (+Akademischer Grad) *Name* | (falls im öffentlichen Leben stehend die hieraus folgende Bezeichnung, z. B.) Herr Abgeordneter<br><br>*oder:*<br>*(falls nicht mehr im öffentlichen Leben stehend)* Herr (+Akademischer Grad) *Name* |
| Bundesministerin | Bundesministerin des/der/für ... Frau (+Akademischer Grad) *Vorname Name* | Sehr geehrte Frau Bundesministerin | Frau Ministerin |

| Adressat | Anschrift | Anrede schriftlich | Anrede mündlich |
|---|---|---|---|
| Bundesminister | Bundesminister des/der/für... Herrn (+Akademischer Grad) *Vorname Name* | Sehr geehrter Herr Bundesminister | Herr Minister |
| Ehemalige Bundesministerin | *(falls im öffentlichen Leben stehend die hieraus folgende Bezeichnung, z. B.)* Mitglied des Deutschen Bundestages Frau (+Akademischer Grad) *Vorname Name*<br><br>*oder:*<br>*(falls nicht mehr im öffentlichen Leben stehend)* Frau (+Akademischer Grad) *Vorname Name* Bundesminister a. D. | *(falls im öffentlichen Leben stehend die hieraus folgende Bezeichnung, z. B.)* Sehr geehrte Frau Abgeordnete<br><br>*oder:*<br>*(falls nicht mehr im öffentlichen Leben stehend)* Sehr geehrte Frau (+Akademischer Grad) *Name* | *(falls im öffentlichen Leben stehend die hieraus folgende Bezeichnung, z. B.)* Frau Abgeordnete<br><br>*oder:*<br>*(falls nicht mehr im öffentlichen Leben stehend)* Frau (+Akademischer Grad) *Name* |
| Ehemaliger Bundesminister | *(falls im öffentlichen Leben stehend die hieraus folgende Bezeichnung, z. B.)* Mitglied des Deutschen Bundestages Herrn (+Akademischer Grad) *Vorname Name*<br><br>*oder:*<br>*(falls nicht mehr im öffentlichen Leben stehend)* Herrn (+Akademischer Grad) *Vorname Name* Bundesminister a. D. | *(falls im öffentlichen Leben stehend die hieraus folgende Bezeichnung, z. B.)* Sehr geehrter Herr Abgeordneter<br><br>*oder:*<br>*(falls nicht mehr im öffentlichen Leben stehend)* Sehr geehrter Herr (+Akademischer Grad) *Name* | *(falls im öffentlichen Leben stehend die hieraus folgende Bezeichnung, z. B.)* Herr Abgeordneter<br><br>*oder:*<br>*(falls nicht mehr im öffentlichen Leben stehend)* Herr (+Akademischer Grad) *Name* |

| Adressat | Anschrift | Anrede schriftlich | Anrede mündlich |
|---|---|---|---|
| Staatsministerin | Staatsministerin beim ... Frau (+Akademischer Grad) *Vorname Name* | Sehr geehrte Frau Staatsministerin | Frau Staatsministerin |
| Staatsminister | Staatsminister beim ... Herrn (+Akademischer Grad) *Vorname Name* | Sehr geehrter Herr Staatsminister | Herr Staatsminister |
| Ehemalige Staatsministerin | *(falls im öffentlichen Leben stehend die hieraus folgende Bezeichnung, z. B.)* Mitglied des Deutschen Bundestages Frau (+Akademischer Grad) *Vorname Name*<br><br>*oder:*<br>*(falls nicht mehr im öffentlichen Leben stehend)* Frau (+Akademischer Grad) *Vorname Name* Staatsministerin a. D. | *(falls im öffentlichen Leben stehend die hieraus folgende Bezeichnung, z. B.)* Sehr geehrte Frau Abgeordnete<br><br>*oder:*<br>*(falls nicht mehr im öffentlichen Leben stehend)* Sehr geehrte Frau (+Akademischer Grad) Name* | *(falls im öffentlichen Leben stehend die hieraus folgende Bezeichnung, z. B.)* Frau Abgeordnete<br><br>*oder:*<br>*(falls nicht mehr im öffentlichen Leben stehend)* Frau (+Akademischer Grad) Name* |

| Adressat | Anschrift | Anrede schriftlich | Anrede mündlich |
|---|---|---|---|
| Ehemaliger Staatsminister | *(falls im öffentlichen Leben stehend die hieraus folgende Bezeichnung, z. B.)* Mitglied des Deutschen Bundestages Herrn (+Akademischer Grad) *Vorname Name*<br><br>*oder:*<br>*(falls nicht mehr im öffentlichen Leben stehend)* Herrn (+Akademischer Grad) *Vorname Name* Staatsminister a. D. | *(falls im öffentlichen Leben stehend die hieraus folgende Bezeichnung, z. B.)* Sehr geehrter Herr Abgeordneter<br><br>*oder:*<br>*(falls nicht mehr im öffentlichen Leben stehend)* Sehr geehrter Herr (+Akademischer Grad) *Name* | (falls im öffentlichen Leben stehend die hieraus folgende Bezeichnung, z. B.) Herr Abgeordneter<br><br>*oder:*<br>*(falls nicht mehr im öffentlichen Leben stehend)* Herr (+Akademischer Grad) *Name* |
| Parlamentarische Staatssekretärin | Parlamentarische Staatssekretärin beim ... Frau (+Akademischer Grad) *Vorname Name* | Sehr geehrte Frau Parlamentarische Staatssekretärin | Frau Staatssekretärin |
| Parlamentarischer Staatssekretär | Parlamentarischer Staatssekretär beim ... Herrn (+Akademischer Grad) *Vorname Name* | Sehr geehrter Herr Parlamentarischer Staatssekretär | Herr Staatssekretär |

| Adressat | Anschrift | Anrede schriftlich | Anrede mündlich |
|---|---|---|---|
| Ehemalige Parlamentarische Staatssekretärin | *(falls im öffentlichen Leben stehend die hieraus folgende Bezeichnung, z. B.)* Mitglied des Deutschen Bundestages Frau (+Akademischer Grad) *Vorname Name*<br><br>*oder:*<br>*(falls nicht mehr im öffentlichen Leben stehend)* Frau (+Akademischer Grad) *Vorname Name* Parlamentarische Staatssekretärin a. D. | *(falls im öffentlichen Leben stehend die hieraus folgende Bezeichnung, z. B.)* Sehr geehrte Frau Abgeordnete<br><br>*oder:*<br>*(falls nicht mehr im öffentlichen Leben stehend)* Sehr geehrter Frau (+Akademischer Grad) *Name* | *(falls im öffentlichen Leben stehend die hieraus folgende Bezeichnung, z. B.)* Frau Abgeordnete<br><br>*oder:*<br>*(falls nicht mehr im öffentlichen Leben stehend)* Frau (+Akademischer Grad) *Name* |
| Ehemaliger Parlamentarischer Staatssekretär | *(falls im öffentlichen Leben stehend die hieraus folgende Bezeichnung, z. B.)* Mitglied des Deutschen Bundestages Herrn (+Akademischer Grad) *Vorname Name*<br><br>*oder:*<br>*(falls nicht mehr im öffentlichen Leben stehend)* Herrn (+Akademischer Grad) *Vorname Name* Parlamentarischer Staatssekretär a. D. | *(falls im öffentlichen Leben stehend die hieraus folgende Bezeichnung, z. B.)* Sehr geehrter Herr Abgeordneter<br><br>*oder:*<br>*(falls nicht mehr im öffentlichen Leben stehend)* Sehr geehrter Herr (+Akademischer Grad) *Name* | *(falls im öffentlichen Leben stehend die hieraus folgende Bezeichnung, z. B.)* Herr Abgeordneter<br><br>*oder:*<br>*(falls nicht mehr im öffentlichen Leben stehend)* Herr (+Akademischer Grad) *Name* |

| Adressat | Anschrift | Anrede schriftlich | Anrede mündlich |
|---|---|---|---|
| Staatssekretärin (beamtet) | Staatssekretärin des Bundesministeriums ... *(falls mehrere Staatssekretärinnen oder Staatssekretäre in einem Ministerium:* **im** *Bundesministerium)* Frau (+Akademischer Grad) *Vorname Name* | Sehr geehrte Frau Staatssekretärin | Frau Staatssekretärin |
| Staatssekretär (beamtet) | Staatssekretär des Bundesministeriums ... *(falls mehrere Staatssekretäre oder Staatssekretärinnen in einem Ministerium:* **im** *Bundesministerium)* Herrn (+Akademischer Grad) *Vorname Name* | Sehr geehrter Herr Staatssekretär | Herr Staatssekretär |
| Staatssekretärin im Ruhestand | Frau (+Akademischer Grad) *Vorname Name* Staatssekretärin a. D. | Sehr geehrte Frau (+Akademischer Grad) *Name* | Frau (+Akademischer Grad) *Name* |
| Staatssekretär im Ruhestand | Herr (+Akademischer Grad) *Vorname Name* Staatssekretär a. D. | Sehr geehrter Herr (+Akademischer Grad) *Name* | Herr (+Akademischer Grad) *Name* |
| Ministerialdirektorin | Bundesministerium des/der/für ... Frau Ministerialdirektorin (+Akademischer Grad) *Vorname Name* | Sehr geehrte Frau (+Akademischer Grad) *Name* | Frau (+Akademischer Grad) *Name* |
| Ministerialdirektor | Bundesministerium des/der/für ... Herrn Ministerialdirektor (+Akademischer Grad) *Vorname Name* | Sehr geehrter Herr (+Akademischer Grad) *Name* | Herr (+Akademischer Grad) *Name* |

| Adressat | Anschrift | Anrede schriftlich | Anrede mündlich |
|---|---|---|---|
| Ministerialdi-rektorin im Ruhestand | Frau (+Akademischer Grad) *Vorname Name* Ministerialdirektorin a. D. | Sehr geehrte Frau (+Akademi-scher Grad) *Name* | Frau (+Akademi-scher Grad) *Name* |
| Ministerialdi-rektor im Ru-hestand | Herrn (+Akademischer Grad) *Vorname Name* Ministerialdirektor a. D. | Sehr geehrter Herr (+Akademi-scher Grad) *Name* | Herr (+Akademi-scher Grad) *Name* |

## 2.8.2.4 Bund: Judikatur/Bundesgerichte

| Adressat | Anschrift | Anrede schriftlich | Anrede mündlich |
|---|---|---|---|
| Präsidentin des Bundes-verfassungs-gerichtes | Frau (+Akademischer Grad) *Vorname Name* Präsidentin des Bun-desverfassungsgerich-tes | Sehr geehrte Frau Präsidentin (+Akademischer Grad) *Name* | Frau Präsidentin (+Akademischer Grad) *Name* |
| Präsident des Bundesver-fassungsge-richtes | Herrn (+Akademischer Grad) *Vorname Name* Präsident des Bundes-verfassungsgerichtes | Sehr geehrter Herr Präsident (+Akademischer Grad) *Name* | Herr Präsident (+Akademischer Grad) *Name* |
| Richterin am Bundesver-fassungsge-richt | Frau (+Akademischer Grad) *Vorname Name* Richterin des Bundes-verfassungsgerichtes | Sehr geehrte Frau Bundesver-fassungsrichte-rin | Frau Bundesver-fassungsrichterin |
| Richter am Bundesver-fassungsge-richt | Herrn (+Akademischer Grad) *Vorname Name* Richter des Bundesver-fassungsgerichtes | Sehr geehrter Herr Bundesver-fassungsrichter | Herr Bundesverfas-sungsrichter |

| Adressat | Anschrift | Anrede schriftlich | Anrede mündlich |
|---|---|---|---|
| Präsidentin der Bundesgerichte und Bundesgerichtshöfe | Frau (+Akademischer Grad) *Vorname Name* Präsidentin des (Bundesgerichtshofes, Bundesverwaltungsgerichts, Bundesfinanzhofes, Bundesarbeitsgerichts, Bundessozialgerichts, Bundesoberseeamtes, Bundespatentgerichtes) | Sehr geehrte Frau Präsidentin | Frau Präsidentin |
| Präsident der Bundesgerichte und Bundesgerichtshöfe | Herrn (+Akademischer Grad) *Vorname Name* Präsident des (Bundesgerichtshofes, Bundesverwaltungsgerichts, Bundesfinanzhofes, Bundesarbeitsgerichts, Bundessozialgerichts, Bundesoberseeamtes, Bundespatentgerichtes) | Sehr geehrter Herr Präsident | Herr Präsident |
| Senatspräsidentin der Bundesgerichte und Bundesgerichtshöfe | Frau (+Akademischer Grad) *Vorname Name* Senatspräsidentin des (Bundesgerichtshofes, Bundesverwaltungsgerichts, Bundesfinanzhofes, Bundesarbeitsgerichts, Bundessozialgerichts, Bundesoberseeamtes, Bundespatentgerichtes) | Sehr geehrte Frau Senatspräsidentin | Frau Senatspräsidentin |

| Adressat | Anschrift | Anrede schriftlich | Anrede mündlich |
|---|---|---|---|
| Senatspräsident der Bundesgerichte und Bundesgerichtshöfe | Herrn (+Akademischer Grad) *Vorname Name* Senatspräsident des (Bundesgerichtshofes, Bundesverwaltungsgerichts, Bundesfinanzhofes, Bundesarbeitsgerichts, Bundessozialgerichts, Bundesoberseeamtes, Bundespatentgerichtes) | Sehr geehrter Herr Senatspräsident | Herr Senatspräsident |
| Bundesrichterin | Frau (+Akademischer Grad) *Vorname Name* Bundesrichterin am (Bundesgerichtshof, Bundesverwaltungsgericht, Bundesfinanzhof, Bundesarbeitsgericht, Bundessozialgericht, Bundesoberseeamt, Bundespatentgericht) | Sehr geehrte Frau Bundesrichterin | Frau Bundesrichterin |
| Bundesrichter | Herrn (+Akademischer Grad) *Vorname Name* Bundesrichter am (Bundesgerichtshof, Bundesverwaltungsgericht, Bundesfinanzhof, Bundesarbeitsgericht, Bundessozialgericht, Bundesoberseeamt, Bundespatentgericht) | Sehr geehrter Herr Bundesrichter | Herr Bundesrichter |

## 2.8.2.5 Bundesbehörden

Die Bundesbehörden sind je nach Bedeutung und Funktion in drei Klassen eingeteilt: Oberste Bundesbehörden, Bundesoberbehörden und Bundesmittelbehörden. Je nach Zugehörigkeit zu einer dieser Kategorien gibt es einige Unterschiede in der Leitung und in der Beamtenhierarchie und damit in den zu beachtenden Anredekonventionen.

### Oberste Bundesbehörden

Zur Klasse der Obersten Bundesbehörden zählen
- Das Bundeskanzleramt
- Das Bundespräsidialamt
- Das Presse- und Informationsamt der Bundesregierung
- Der Bundesrechnungshof
- Alle Bundesministerien
  (Bezeichnung: Bundesministerium der/des.......
  *oder:* Bundesministerium für.....
  *oder:* Auswärtiges Amt)

Die Ministerien werden von einem Minister geleitet, die übrigen Obersten Bundesbehörden von einer Präsidentin oder einem Präsidenten.

### Bundesoberbehörden

Zu den (im Jahre 2001 genau 80) Bundesoberbehörden gehören Ämter und Verwaltungszentren des Bundes wie z. B.:

- Amt für den Militärischen Abschirmdienst (MAD)
- Bildungszentrum der Bundesfinanzverwaltung
- Biologische Bundesanstalt für Land- und Forstwirtschaft
- Bundesamt für Bauwesen und Raumordnung
- Bundesamt für den Zivildienst
- Bundesamt für die Anerkennung ausländischer Flüchtlinge
- Bundesamt für Strahlenschutz

- Bundesarchiv
- Bundesaufsichtsamt für den Wertpapierhandel
- Bundesfinanzhof
- Bundeskartellamt
- Bundeskriminalamt
- Bundesmonopolverwaltung für Branntwein
- Bundessozialgericht
- Bundessprachenamt
- Bundesverwaltungsamt
- Luftfahrt-Bundesamt
- Physikalisch-Technische Bundesanstalt
- Robert-Koch-Institut. Bundesinstitut für Infektionskrankheiten und nicht übertragbare Krankheiten
- Statistisches Bundesamt
- Umweltbundesamt

### Bundesmittelbehörden

Zu den (im Jahre 2001 existierenden 36) Bundesmittelbehörden zählen insbesondere die Oberfinanzdirektionen, die Grenzschutzpräsidien, die Wasser- und Schifffahrtsdirektionen und die Wehrbereichsverwaltungen.

Die Bundesoberbehörden und die Bundesmittelbehörden haben eine im Prinzip gleiche Verwaltungsstruktur:

| | |
|---|---|
| Präsident | Gruppenleiter |
| Vizepräsident | Referatsleiter |
| Abteilungspräsident | ........ |

Je nach Größe der Behörde können Stufen in der Hierarchie (z.B. die Abteilungspräsidenten) ausgespart sein. Die jeweiligen Anredeformen können anhand der folgenden Beispiele abgeleitet werden.

| Adressat | Anschrift | Anrede schriftlich | Anrede mündlich |
|---|---|---|---|
| Präsidentin des Bundes-rechnungsho-fes | Frau (+Akademischer Grad) *Vorname Name* Präsidentin des Bun-desrechnungshofes | Sehr geehrte Frau Präsidentin | Frau Präsidentin |
| Präsident des Bundesrech-nungshofes | Herrn (+Akademischer Grad) *Vorname Name* Präsident des Bundes-rechnungshofes | Sehr geehrter Herr Präsident | Herr Präsident |
| Präsidentin des Bundes-kriminalamtes | Frau (+Akademischer Grad) *Vorname Name* Präsidentin des Bun-deskriminalamtes | Sehr geehrte Frau Präsidentin | Frau Präsidentin |
| Präsident des Bundeskrimi-nalamtes | Herrn (+Akademischer Grad) *Vorname Name* Präsident des Bundes-kriminalamtes | Sehr geehrter Herr Präsident | Herr Präsident |
| Abteilungs-präsidentin im Bundesamt für die Aner-kennung aus-ländischer Flüchtlinge | Frau (+Akademischer Grad) *Vorname Name* Abteilungspräsidentin im Bundesamt für die Anerkennung ausländi-scher Flüchtlinge | Sehr geehrte Frau Präsidentin | Frau Präsidentin |
| Abteilungs-präsident im Bundesamt für die Aner-kennung aus-ländischer Flüchtlinge | Herrn (+Akademischer Grad) *Vorname Name* Abteilungspräsident im Bundesamt für die An-erkennung ausländi-scher Flüchtlinge | Sehr geehrter Herr Präsident | Herr Präsident |
| Gruppenleite-rin in der Oberfinanzdi-rektion Berlin | Frau Regierungsdirek-torin/Oberregierungsrä-tin *Vorname Name* Gruppenleiterin in der Oberfinanzdirektion Berlin | Sehr geehrte Frau (+Akademi-scher Grad) *Name* | Frau (+Akademi-scher Grad) *Name* |

| Adressat | Anschrift | Anrede schriftlich | Anrede mündlich |
|---|---|---|---|
| Gruppenleiter in der Oberfinanzdirektion Berlin | Herrn Regierungsdirektor/ Oberregierungsrat *Vorname Name* Gruppenleiter in der Oberfinanzdirektion Berlin | Sehr geehrter Herr (+Akademischer Grad) *Name* | Herr (+Akademischer Grad) *Name* |
| Referatsleiterin im Bundesamt für.... | Frau Regierungsdirektorin/Oberregierungsrätin/Regierungsrätin (+Akademischer Grad) *Vorname Name* Referatsleiterin im Bundesamt für.... | Sehr geehrte Frau (+Akademischer Grad) *Name* | Frau (+Akademischer Grad) *Name* |
| Referatsleiter im Bundesamt für... | Herrn Regierungsdirektor/ Oberregierungsrat/Regierungsrat (+Akademischer Grad) *Vorname Name* Referatsleiter im Bundesamt für ... | Sehr geehrter Herr (+Akademischer Grad) *Name* | Herr (+Akademischer Grad) *Name* |

**Anmerkung:**

Für eine korrekte Anrede ist es oft wichtig, die Beamtenhierarchie zu kennen. Mit geringen Varianten ist ein Bundesministerium nach Funktionen wie folgt gestuft (in absteigender Hierarchie; in Klammern die amtsüblichen Abkürzungen):

Minister (Min)
Parlamentarischer Staatssekretär
Staatssekretär (StS)

Ministerialdirektor (MinDir)
Ministerialdirigent (MinDirig)
Ministerialrat (MinR)
Regierungsdirektor (RegDir)

Oberregierungsrat (ORR)
Regierungsrat (RR)

Oberamtsrat (OAR)
Technischer Amtsrat (TAR)
Amtsrat (AR)
Regierungsamtmann (RA) / Regierungsamtfrau (RAFr)
Regierungsoberinspektor (ROI)
Regierungsinspektor (RI)

Amtsinspektor (AI)
Regierungshauptsekretär (RHS)
Regierungsobersekretär (ROS)
Regierungssekretär (RS)
Regierungsassistent (RAS)

Oberamtsmeister (OAM)
Amtsmeister (AM)
Hauptamtsgehilfe (HAG)
Oberamtsgehilfe (OAG)
Amtsgehilfe (AG)

## 2.8.2.6 Länder

| Adressat | Anschrift | Anrede schriftlich | Anrede mündlich |
|---|---|---|---|
| Bundesrats-präsidentin | Frau Ministerpräsiden-tin (*Berlin*: Regierende Bürgermeisterin; *Bremen und Hamburg*: Präsidentin des Senats) (+Akademischer Grad) *Vorname Name* Präsidentin des Bundesrates | Sehr geehrte/ Sehr verehrte Frau Bundes-ratspräsidentin | Frau Präsidentin |

| Adressat | Anschrift | Anrede schriftlich | Anrede mündlich |
|---|---|---|---|
| Bundesrats-präsident | Herrn Ministerpräsiden-ten (*Berlin*: Regieren-den Bürgermeister; *Bremen und Hamburg*: Präsidenten des Se-nats) (+Akademischer Grad) *Vorname Name* Präsident des Bundes-rates | Sehr geehrter/ Sehr verehrter Herr Bundes-ratspräsident | Herr Präsident |
| Vizepräsiden-tin des Bun-desrates | Frau Ministerpräsiden-tin (*Berlin*: Regierende Bürgermeisterin; *Bremen und Hamburg*: Präsidentin des Senats) (+Akademischer Grad) *Vorname Name* Vizepräsidentin des Bundesrates | Sehr geehrte/ Sehr verehrte Frau Präsidentin | Frau Präsidentin |
| Vizepräsident des Bundes-rates | Vizepräsident des Bun-desrates Herrn Ministerpräsiden-ten (*Berlin*: Regieren-den Bürgermeister; *Bremen und Hamburg*: Präsidenten des Se-nats) (+Akademischer Grad) *Vorname Name* | Sehr geehrter/ Sehr verehrter Herr Präsident | Herr Präsident |
| Direktorin des Bundesrates | Frau (+Akademischer Grad) *Vorname Name* Direktorin des Bundes-rates | Sehr geehrte Frau Bundes-ratsdirektorin | Frau Direktorin |
| Direktor des Bundesrates | Herrn (+Akademischer Grad) *Vorname Name* Direktor des Bundesra-tes | Sehr geehrter Herr Bundes-ratsdirektor | Herr Direktor |

| Adressat | Anschrift | Anrede schriftlich | Anrede mündlich |
|---|---|---|---|
| Ehemalige Direktorin des Bundesrates | Frau (+Akademischer Grad) *Vorname Name* Direktorin des Deutschen Bundesrates a. D. | Sehr geehrte Frau (+Akademischer Grad) *Name* | Frau (+Akademischer Grad) *Name* |
| Ehemaliger Direktor des Bundesrates | Herrn (+Akademischer Grad) *Vorname Name* Direktor des Deutschen Bundesrates a. D. | Sehr geehrter Herr (+Akademischer Grad) *Name* | Herr (+Akademischer Grad) *Name* |
| Landtagspräsidentin | Frau (+Akademischer Grad) *Vorname Name* Präsidentin des ... Landtags | Sehr geehrte Frau Landtagspräsidentin; *(in Berlin, Bremen, Hamburg:)* Sehr geehrte Frau Präsidentin | Frau Präsidentin |
| Landtagspräsident | Herrn (+Akademischer Grad) *Vorname Name* Präsident des ... Landtags | Sehr geehrter Herr Landtagspräsident; *(in Berlin, Bremen, Hamburg:)* Sehr geehrter Herr Präsident | Herr Präsident |

| Adressat | Anschrift | Anrede schriftlich | Anrede mündlich |
|---|---|---|---|
| Ministerpräsi-dentin | Frau (+Akademischer Grad) *Vorname Name* Ministerpräsidentin des Landes ... *(Baden-Württemberg, Branden-burg, Mecklenburg-Vor-pommern, Nordrhein-Westfalen, Rheinland-Pfalz, Saarland, Sach-sen-Anhalt, Schleswig-Holstein, Thüringen)* | Sehr geehrte Frau Minister-präsidentin | Frau Ministerpräsi-dentin |
| | *bzw.* Frau (+Akademischer Grad) *Vorname Name* Ministerpräsidentin des Freistaates *(Bayern, Sachsen)* | Sehr geehrte Frau Minister-präsidentin | Frau Ministerpräsi-dentin |
| | *bzw.* Frau (+Akademischer Grad) *Vorname Name* Hessische/Niedersäch-sische Ministerpräsi-dentin | Sehr geehrte Frau Minister-präsidentin | Frau Ministerpräsi-dentin |
| | *bzw.* Frau (+Akademischer Grad) *Vorname Name* Präsidentin des Senats der Freien und Hanse-stadt Bremen/Hamburg | Sehr geehrte Frau Bürger-meisterin/Präsi-dentin | Frau Bürgermeiste-rin/Präsidentin |

| Adressat | Anschrift | Anrede schriftlich | Anrede mündlich |
|---|---|---|---|
| Ministerpräsident | Herrn (+Akademischer Grad) *Vorname Name* Ministerpräsident des Landes..... *(Baden-Württemberg, Brandenburg, Mecklenburg-Vorpommern, Nordrhein-Westfalen, Rheinland-Pfalz, Saarland, Sachsen-Anhalt, Schleswig-Holstein, Thüringen)* | Sehr geehrter Herr Ministerpräsident | Herr Ministerpräsident |
| | *bzw.* Herrn (+Akademischer Grad) *Vorname Name* Ministerpräsident des Freistaates Bayern/ Sachsen | Sehr geehrter Herr Ministerpräsident | Herr Ministerpräsident |
| | *bzw.* Herrn (+Akademischer Grad) *Vorname Name* Hessischer/Niedersächsischer Ministerpräsident | Sehr geehrter Herr Ministerpräsident | Herr Ministerpräsident |
| | *bzw.* Herrn (+Akademischer Grad) *Vorname Name* Präsident des Senats der Freien und Hansestadt Bremen/Hamburg | Sehr geehrter Herr Bürgermeister/Präsident | Herr Bürgermeister/Präsident |

| Adressat | Anschrift | Anrede schriftlich | Anrede mündlich |
|---|---|---|---|
| Landesminis-terin | Frau (+Akademischer Grad) *Vorname Name* Ministerin des/der/ für....... des Landes ... (*Baden-Württemberg, Branden-burg, Mecklenburg-Vorpommern, Nieders-achsen, Nordrhein-Westfalen, Saarland, Sachsen-Anhalt, Schleswig-Holstein, Thüringen*) | Sehr geehrte Frau Ministerin | Frau Ministerin |
| | *bzw.* Frau (+Akademischer Grad) *Vorname Name* Staatsministerin des/ der/für... des Landes Rheinland Pfalz | Sehr geehrte Frau Staatsmi-nisterin | Frau Staatsministe-rin |
| | *bzw.* Staatsministerin des Hessischen Ministeri-ums des/der/für... | Sehr geehrte Frau Staatsmi-nisterin | Frau Staatsministe-rin |
| | *bzw.* Staatsministerin des/ der/für... des Freistaa-tes Bayern/Sachsen | Sehr geehrte Frau Staatsmi-nisterin | Frau Staatsministe-rin |
| | *bzw.* Senatorin des/der/ für... des Landes Ber-lin/der Freien Hanse-stadt Bremen | Sehr geehrter Herr Senator | Frau Senatorin |
| | *bzw.* Präses des/der/für... der Freien und Hanse-stadt Hamburg | Sehr geehrte Frau Senatorin | Frau Senatorin |

| Adressat | Anschrift | Anrede schriftlich | Anrede mündlich |
|---|---|---|---|
| Landesminis- ter | Herrn (+Akademischer Grad) *Vorname Name* Minister des/der/ für....... des Landes ... *(Baden-Württemberg, Branden- burg, Mecklenburg- Vorpommern, Nieder- sachsen, Nordrhein- Westfalen, Saarland, Sachsen-Anhalt, Schleswig-Holstein, Thüringen)* | Sehr geehrter Herr Minister | Herr Minister |
| | *bzw.* Herrn (+Akademischer Grad) *Vorname Name* Staatsminister des/der/ für... des Landes Rheinland Pfalz | Sehr geehrter Herr Staatsmi- nister | Herr Staatsminister |
| | *bzw.* Staatsminister des Hessischen Ministeri- ums des/der/für... | Sehr geehrter Herr Staatsmi- nister | Herr Staatsminister |
| | *bzw.* Staatsminister des/der/ für... des Freistaates Bayern/Sachsen | Sehr geehrter Herr Staatsmi- nister | Herr Staatsminister |
| | *bzw.* Senator des/der/für... des Landes Berlin/der Freien Hansestadt Bre- men | Sehr geehrter Herr Senator | Herr Senator |
| | *bzw.* Präses des/der/für... der Freien und Hanse- stadt Hamburg | Sehr geehrter Herr Senator | Herr Senator |

| Adressat | Anschrift | Anrede schriftlich | Anrede mündlich |
|---|---|---|---|
| Vorsitzende eines Landtagsausschusses | Frau (+Akademischer Grad) *Vorname Name* Vorsitzende des Landtagsausschusses für........ | Sehr geehrte Frau Ausschussvorsitzende | Frau Vorsitzende *(in einer Sitzung)* <br><br> *oder:* <br> Frau Abgeordnete <br> *oder:* <br> Frau (+Akademischer Grad) *Name* |
| Vorsitzender eines Landtagsausschusses | Herrn (+Akademischer Grad) *Vorname Name* Vorsitzender des Landtagsausschusses für........ | Sehr geehrter Herr Ausschussvorsitzender | Herr Vorsitzender *(in einer Sitzung)* <br><br> *oder:* <br> Herr Abgeordneter <br> *oder:* <br> Herr (+Akademischer Grad) *Name* |
| Landtagsabgeordnete | Frau (+Akademischer Grad) *Vorname Name* Landtagsabgeordnete <br><br> *oder:* <br> Frau (+Akademischer Grad) *Vorname Name*, MdL | Sehr geehrte Frau Abgeordnete | Frau Abgeordnete <br><br> *oder:* <br> Frau (+Akademischer Grad) *Name* |
| Landtagsabgeordneter | Herrn (+Akademischer Grad) *Vorname Name* Landtagsabgeordneter <br><br> *oder:* <br> Herrn (+Akademischer Grad) *Vorname Name*, MdL | Sehr geehrter Herr Abgeordneter | Herr Abgeordneter <br><br> *oder:* <br> Herr (+Akademischer Grad) *Name* |

## 2.8.2.7 Kommunalverwaltung

| Adressat | Anschrift | Anrede schriftlich | Anrede mündlich |
|---|---|---|---|
| Oberbürger-meisterin | Frau (+Akademischer Grad) *Vorname Name* Oberbürgermeisterin | Sehr geehrte Frau Oberbürger-meisterin | Frau Oberbürger-meisterin |
| | *bzw.* Frau (+Akademischer Grad) *Vorname Name* Präsidentin der Stadt-bürgerschaft der Freien und Hansestadt Ham-burg/der Freien Hanse-stadt Bremen | *bzw.* Sehr geehrte Frau Präsidentin | *bzw.* Frau Präsidentin |
| Oberbürger-meister | Herrn (+Akademischer Grad) *Vorname Name* Oberbürgermeister | Sehr geehrter Herr Ober-bürgermeister | Herr Ober-bürgermeister |
| | *bzw.* Herrn (+Akademischer Grad) *Vorname Name* Präsident der Stadtbür-gerschaft der Freien und Hansestadt Ham-burg/der Freien Hanse-stadt Bremen | *bzw.* Sehr geehrter Herr Präsident | *bzw.* Herr Präsident |

| Adressat | Anschrift | Anrede schriftlich | Anrede mündlich |
|---|---|---|---|
| Bürger-meisterin | Frau (+Akademischer Grad) *Vorname Name* Bürgermeisterin | Sehr geehrte Frau Bür-germeisterin | Frau Bürgermeiste-rin |
| | *bzw. (in Hessen und Bremerhaven):* Frau (+Akademischer Grad) *Vorname Name* Stadtverordnetenvor-steherin | *bzw.* Sehr geehrte Frau Stadtver-ordnetenvorste-herin | *bzw.* Frau Stadtverord-netenvorsteherin |
| | *bzw. (in Gemeinden in Schleswig-Holstein):* Frau (+Akademischer Grad) *Vorname Name* Bürgervorsteherin der Gemeinde... | *bzw.* Sehr geehrte Frau Bürger-vorsteherin | *bzw.* Frau Bürger-vorsteherin |
| Bürgermeister | Herrn (+Akademischer Grad) *Vorname Name* Bürgermeister | Sehr geehrter Herr Bürgermeister | Herr Bürgermeister |
| | *bzw. (in Hessen und Bremerhaven)* Herrn (+Akademischer Grad) *Vorname Name* Stadtverordnetenvor-steher | *bzw.* Sehr geehrter Herr Stadtver-ordnetenvorste-her | *bzw.* Herr Stadtverord-netenvorsteher |
| Oberstadt-direktorin | Frau (+Akademischer Grad) *Vorname Name* Oberstadtdirektorin | Sehr geehrte Frau Oberstadt-direktorin | Frau Oberstadtdi-rektorin |
| Oberstadtdi-rektor | Herrn (+Akademischer Grad) *Vorname Name* Oberstadtdirektor | Sehr geehrter Herr Oberstadt-direktor | Herrn Oberstadtdi-rektor |

# Anrede im deutschen Sprachraum

| Adressat | Anschrift | Anrede schriftlich | Anrede mündlich |
|---|---|---|---|
| Beigeordnete der Stadt/Gemeinde | Frau (+Akademischer Grad) *Vorname Name* Beigeordnete der Stadt/Gemeinde… | Sehr geehrte Frau Beigeordnete *oder:* Sehr geehrte Frau (+Akademischer Grad) *Name* | Frau Beigeordnete *oder:* Frau (+Akademischer Grad) *Name* |
| Beigeordneter der Stadt/Gemeinde | Herr (+Akademischer Grad) *Vorname Name* Beigeordneter der Stadt/Gemeinde… | Sehr geehrter Herr Beigeordneter *oder:* Sehr geehrter Herr (+Akademischer Grad) *Name* | Herr Beigeordneter *oder:* Herr (+Akademischer Grad) *Name* |

| Adressat | Anschrift | Anrede schriftlich | Anrede mündlich |
|---|---|---|---|
| Stadträtin (in kreisfreien Städten) | Frau Stadträtin *Vorname Name* | Sehr geehrte Frau Stadträtin | Frau Stadträtin |
| | *bzw.( im Saarland, in Niedersachsen)* Frau (+Akademischer Grad) *Vorname Name* Ratsherrin der Stadt | *bzw.* Sehr geehrte Frau Ratsherrin | *bzw.* Frau Ratsherrin |
| | *bzw.( in größeren Städten Niedersachsens)* Frau (+Akademischer Grad) *Vorname Name* Senatorin | *bzw.* Sehr geehrte Frau Senatorin | *bzw.* Frau Senatorin |
| | *bzw. (in Hessen und Bremerhaven)* Frau (+Akademischer Grad) *Vorname Name* Stadtverordnete | *bzw.* Sehr geehrte Frau Stadtverordnete | *bzw.* Frau Stadtverordnete |
| | *bzw. (in Schleswig-Holstein)* Frau (+Akademischer Grad) *Vorname Name* Stadtvertreterin | *bzw.* Sehr geehrte Frau Stadtvertreterin | *bzw.* Frau Stadtvertreterin |

| Adressat | Anschrift | Anrede schriftlich | Anrede mündlich |
|---|---|---|---|
| Stadträtin (in kreisfreien Städten) | *bzw. (in Hamburg)* Frau (+Akademischer Grad) *Vorname Name* Mitglied (*oder* Abgeordnete) der Bürgerschaft der Freien und Hansestadt Hamburg | *bzw.* Sehr geehrte Frau Abgeordnete | *bzw.* Frau Abgeordnete |
| | *bzw. (in Bremen)* Frau (+Akademischer Grad) *Vorname Name* Mitglied der Stadtbürgerschaft der Freien Hansestadt Bremen | *bzw.* Sehr geehrte Frau (+Akademischer Grad) *Name* | *bzw.* Frau (+Akademischer Grad) *Name* |
| | *bzw. (in Baden-Württemberg)* Frau (+Akademischer Grad) *Vorname Name* Mitglied des Bürgerausschusses der Stadt... | *bzw.* Sehr geehrte Frau (+Akademischer Grad) *Name* | *bzw.* Frau (+Akademischer Grad) *Name* |
| Stadtrat (in kreisfreien Städten) | Herr Stadtrat *Vorname Name* | Sehr geehrter Herr Stadtrat | Herr Stadtrat |
| | *bzw.( im Saarland, in Niedersachsen)* Herrn (+Akademischer Grad) *Vorname Name* Ratsherr der Stadt | *bzw.* Sehr geehrter Herr Ratsherr | *bzw.* Herr Ratsherr |

| Adressat | Anschrift | Anrede schriftlich | Anrede mündlich |
|---|---|---|---|
| Stadtrat (in kreisfreien Städten) | *bzw.( in größeren Städten Niedersachsens)* Herrn (+Akademischer Grad) *Vorname Name* Senator | *bzw.* Sehr geehrter Herr Senator | *bzw.* Herr Senator |
| | *bzw. (in Hessen und Bremerhaven)* Herrn (+Akademischer Grad) *Vorname Name* Stadtverordneter | *bzw.* Sehr geehrter Herr Stadtverordneter | *bzw.* Herr Stadtverordneter |
| | *bzw. (in Schleswig-Holstein)* Herrn (+Akademischer Grad) *Vorname Name* Stadtvertreter | *bzw.* Sehr geehrter Herr Stadtvertreter | *bzw.* Herr Stadtvertreter |
| | *bzw. (in Hamburg)* Herrn (+Akademischer Grad) *Vorname Name* Mitglied (*oder* Abgeordnete) der Bürgerschaft der Freien und Hansestadt Hamburg | *bzw.* Sehr geehrter Herr Abgeordneter | *bzw.* Herr Abgeordneter |
| | *bzw. (in Bremen)* Herrn (+Akademischer Grad) *Vorname Name* Mitglied der Stadtbürgerschaft der Freien Hansestadt Bremen | *bzw.* Sehr geehrter Herr (+Akademischer Grad) *Name* | *bzw.* Herr (+Akademischer Grad) *Name* |

| Adressat | Anschrift | Anrede schriftlich | Anrede mündlich |
|---|---|---|---|
| Stadtrat (in kreisfreien Städten) | *bzw. (in Baden-Württemberg)* Herrn (+Akademischer Grad) *Vorname Name* Mitglied des Bürgerausschusses der Stadt... | *bzw.* Sehr geehrter Herr (+Akademischer Grad) *Name* | *bzw.* Herr (+Akademischer Grad) *Name* |
| Ratsherrin (in nicht-kreisfreien Städten) | Frau (+Akademischer Rat) *Vorname Name* Ratsherrin der Gemeinde... | Sehr geehrte Frau Ratsherrin | Frau Ratsherrin |
| Ratsherr (in nicht-kreisfreien Städten) | Herrn (+Akademischer Rat) *Vorname Name* Ratsherr der Gemeinde... | Sehr geehrter Herr Ratsherr | Herr Ratsherr |
| Gemeinderätin (in Gemeinden) | Frau (+Akademischer Grad) *Vorname Name* Gemeinderätin der Gemeinde... | Sehr geehrte Frau Gemeinderätin | Frau Gemeinderätin |
| Landrätin | Frau (+Akademischer Grad) *Vorname Name* Landrätin des Kreises ... | Sehr geehrte Frau Landrätin | Frau Landrätin |
| Landrat | Herrn (+Akademischer Grad) *Vorname Name* Landrat des Kreises ... | Sehr geehrter Herr Landrat | Herr Landrat |
| Präsidentin des Kreistags | Frau (+Akademischer Grad) *Vorname Name* Präsidentin des Kreistags des Kreises... | Sehr geehrte Frau Präsidentin | Frau Präsidentin |

| Adressat | Anschrift | Anrede schriftlich | Anrede mündlich |
|---|---|---|---|
| Präsident des Kreistags | Herrn (+Akademischer Grad) *Vorname Name* Präsident des Kreistags des Kreises ... | Sehr geehrter Herr Präsident | Herr Präsident |
| Vorsitzende des Kreistags | Frau (+Akademischer Grad) *Vorname Name* Vorsitzende des Kreistags des Kreises ... | Sehr geehrte Frau Kreistagsvorsitzende *oder:* Sehr geehrte Frau (+Akademischer Grad) *Name* | Frau Kreistagsvorsitzende |
| Vorsitzender des Kreistags | Herrn (+Akademischer Grad) *Vorname Name* Vorsitzender des Kreistags des Kreises ... | Sehr geehrter Herr Kreistagsvorsitzender *oder:* Sehr geehrter Herr (+Akademischer Grad) *Name* | Herr Kreistagsvorsitzender |
| Beigeordnete im Kreisausschuss | Frau (+Akademischer Grad) *Vorname Name* Kreisbeigeordnete des Kreises ... | Sehr geehrte Frau (+Akademischer Grad) *Name* *oder förmlich:* Sehr geehrte Frau Kreisbeigeordnete | Frau (+Akademischer Grad) *Name* *oder förmlich:* Frau Kreisbeigeordnete |
| Beigeordneter im Kreisausschuss | Herrn (+Akademischer Grad) *Vorname Name* Kreisbeigeordneter des Kreises ... | Sehr geehrter Herr (+Akademischer Grad) *Name* *oder förmlich:* Sehr geehrter Herr Kreisbeigeordneter | Herr (+Akademischer Grad) *Name* *oder förmlich:* Herr Kreisbeigeordneter |

## 2.8.2.8 Justiz

| Adressat | Anschrift | Anrede schriftlich | Anrede mündlich |
|---|---|---|---|
| Präsidentin des Verfassungsgerichtshofes des Landes ... | Frau (+Akademischer Grad) *Vorname Name* Präsidentin des Verfassungsgerichtshofes des Landes ... | Sehr geehrte Frau Verfassungsrichterin | Frau Verfassungsrichterin |
| Präsident des Verfassungsgerichtshofes des Landes ... | Herr (+Akademischer Grad) *Vorname Name* Präsident des Verfassungsgerichtshofes des Landes ... | Sehr geehrter Herr Verfassungsrichter | Herr Verfassungsrichter |
| Präsident des Amts-, Kammer-, Land-, (Landes-)Arbeits-, (Landes-)Sozial-, Finanz-, Oberlandes-, (Ober-)Verwaltungsgerichtes | Herrn (+Akademischer Grad) *Vorname Name* ... gerichtspräsident | Sehr geehrter Herr ... gerichtspräsident | Herr ... gerichtspräsident |
| Vizepräsidentin des Amts-, Kammer-, Land-, (Landes-)Arbeits-, (Landes-)Sozial-, Finanz-, Oberlandes-, (Ober-)Verwaltungsgerichtes | Frau (+Akademischer Grad) *Vorname Name* ... gerichtsvizepräsidentin | Sehr geehrte Frau ... gerichtspräsidentin | Frau ... gerichtspräsidentin |

| Adressat | Anschrift | Anrede schriftlich | Anrede mündlich |
|---|---|---|---|
| Vizepräsident des Amts-, Kammer-, Land-, (Landes-)Arbeits-, (Landes-)Sozial-, Finanz-, Oberlandes-, (Ober-)Verwaltungsgerichtes | Herr (+Akademischer Grad) *Vorname Name* ... gerichtsvizepräsident | Sehr geehrter Herr ... gerichtspräsident | Herr ... gerichtspräsident |
| Senatspräsidentin beim Finanz-, Kammer-, Landessozial-, Oberlandes-, Oberverwaltungs-Gericht | Frau (+Akademischer Grad) *Vorname Name* Senatspräsidentin | Sehr geehrte Frau Senatspräsidentin | Frau Senatspräsidentin |
| Senatspräsident beim Finanz-, Kammer-, Landessozial-, Oberlandes-, Oberverwaltungs-Gericht | Herrn (+Akademischer Grad) *Vorname Name* Senatspräsident | Sehr geehrter Herr Senatspräsident | Herr Senatspräsident |
| Amts-, Arbeits-, Finanz-, Land-, Oberlandes-, Kammer-, Sozial-, (Ober-)Verwaltungs-Gerichtsdirektorin | Frau (+Akademischer Grad) *Vorname Name* ... gerichtsdirektorin | Sehr geehrte Frau ... gerichtsdirektorin | Frau (... gerichts)direktorin |

| Adressat | Anschrift | Anrede schriftlich | Anrede mündlich |
|---|---|---|---|
| Amts-, Arbeits-, Finanz-, Land-, Oberlandes-, Kammer-, Sozial-, (Ober-)Verwaltungs-Gerichtsdirektor | Herrn (+Akademischer Grad) *Vorname Name* ... gerichtsdirektor | Sehr geehrter Herr ... gerichtsdirektor | Herr (... gerichts)direktor |
| Ober-, Oberarbeits-, Oberfinanz-, Oberlandes-, Obersozial-, Oberverwaltungs-Gerichtsrätin | Frau (+Akademischer Grad) *Vorname Name* Ober... gerichtsrätin | Sehr geehrte Frau Ober ... gerichtsrätin | Frau Ober... gerichtsrätin |
| Ober-, Oberarbeits-, Oberfinanz-, Oberlandes-, Obersozial-, Oberverwaltungs-Gerichtsrat | Herrn (+Akademischer Grad) *Vorname Name* Ober... gerichtsrat | Sehr geehrter Herr Ober... gerichtsrat | Herr Ober... gerichtsrat |
| Amts-, Arbeits-, Finanz-, Kammer-, Land-, Sozial-, Verwaltungsgerichts-Rätin | Frau (+Akademischer Grad) *Vorname Name* ... gerichtsrätin | Sehr geehrte Frau ... gerichtsrätin | Frau ... gerichtsrätin |
| Amts-, Arbeits-, Finanz-, Kammer-, Land-, Sozial-, Verwaltungsgerichts-Rat | Herrn (+Akademischer Grad) *Vorname Name* .... gerichtsrat | Sehr geehrter Herr ... gerichtsrat | Herr ... gerichtsrat |

| Adressat | Anschrift | Anrede schriftlich | Anrede mündlich |
|---|---|---|---|
| (Ober-)Justiz-rätin | Frau (+Akademischer Grad) *Vorname Name* (Ober-)Justizrätin | Sehr geehrte Frau (Ober-)Jus-tizrätin<br><br>*oder:*<br>Sehr geehrte Frau (+Akademi-scher Grad) *Name* (regional unter-schiedlich) | Frau (Ober-)Justiz-rätin |
| (Ober-)Justiz-rat | Herrn (+Akademischer Grad) *Vorname Name* (Ober-)Justizrat | Sehr geehrter Herr (Ober-)Jus-tizrat<br><br>*oder:*<br>Sehr geehrter Herr (+Akademi-scher Grad) *Name* (regional unter-schiedlich) | Herr (Ober-)Justiz-rat |
| Justiz(ober-) amtsrätin | Frau (+Akademischer Grad) *Vorname Name* Justiz-(ober-)amtsrätin | Sehr geehrte Frau Justiz(ober-)-amtsrätin<br><br>*oder:*<br>Sehr geehrte Frau (+Akademi-scher Grad) *Name* (regional unter-schiedlich) | Frau Justiz(ober)-amtsrätin |

| Adressat | Anschrift | Anrede schriftlich | Anrede mündlich |
|---|---|---|---|
| Justiz(ober-)amtsrat | Herrn (+Akademischer Grad) *Vorname Name* Justiz-(ober-)amtsrat | Sehr geehrter Herr Justiz-(ober-)-amtsrat<br><br>oder:<br>Sehr geehrter Herr (+Akademischer Grad) *Name* (regional unterschiedlich) | Herr Justiz-(ober-)amtsrat |
| Justizverwaltungsrätin | Frau (+Akademischer Grad) *Vorname Name* Justizverwaltungsrätin | Sehr geehrte Frau Justizverwaltungsrätin | Frau Justizverwaltungsrätin |
| Justizverwaltungsrat | Herrn (+Akademischer Grad) *Vorname Name* Justizverwaltungsrat | Sehr geehrter Herr Justizverwaltungsrat | Herrn Justizverwaltungsrat |
| (Ober-)Amts-, (Ober-)Arbeits-, (Ober-)Verwaltungsrichterin | Frau (+Akademischer Grad) *Vorname Name* (Ober-)...richterin | Sehr geehrte Frau (Ober-) ... richterin | Frau (Ober-) ...richterin |
| (Ober-)Amts-, (Ober-)Arbeits-, (Ober-)Verwaltungsrichter | Herrn (+Akademischer Grad) *Vorname Name* (Ober-)...richter | Sehr geehrter Herr (Ober-) ...richter | Herr (Ober-)...richter |
| Bezirksnotarin | Frau (+Akademischer Grad) *Vorname Name* Bezirksnotarin | Sehr geehrte Frau Bezirksnotarin | Frau Bezirksnotarin |
| Bezirksnotar | Herr (+Akademischer Grad) *Vorname Name* Bezirksnotar | Sehr geehrter Herr Bezirksnotar | Herr Bezirksnotar |

| Adressat | Anschrift | Anrede schriftlich | Anrede mündlich |
|---|---|---|---|
| Arbeitsge-richts-, Sozi-algerichts-, Verwaltungs-gerichts-, Ge-richts-, Ju-stiz-, Justiz-verwaltungs-(ober-)amtfrau | Frau *Vorname Name* *Amtsbezeichnung* | Sehr geehrte Frau *Name* | Frau *Name* |
| Arbeitsge-richts-, Sozi-algerichts-, Verwaltungs-gerichts-, Ge-richts-, Jus-tiz-, Justiz-verwaltungs-(ober-)amt-mann | Herrn *Vorname Name* *Amtsbezeichnung* | Sehr geehrter Herr *Name* | Herr *Name* |
| Arbeitsge-richts-, Sozi-algerichts-, Verwaltungs-gerichts-, Gerichts-, Justiz-, Justizverwal-tungs-(ober-)inspek-torin | Frau *Vorname Name* *Amtsbezeichnung* | Sehr geehrte Frau *Name* | Frau *Name* |
| Arbeitsge-richts-, Sozi-algerichts-, Verwaltungs-gerichts-, Ge-richts-, Jus-tiz-, Justizver-waltungs-(ober-)inspek-tor | Herr *Vorname Name* *Amtsbezeichnung* | Sehr geehrter Herr *Name* | Herr *Name* |

| Adressat | Anschrift | Anrede schriftlich | Anrede mündlich |
|---|---|---|---|
| (Erste) Arbeitsge- richts-, Sozi- algerichts-, Verwaltungs- gerichts-, Gerichts-, Justiz-, Justizverwal- tungs-, Vollziehungs- (haupt-/ ober-) sekretärin | Frau *Vorname Name* *Amtsbezeichnung* | Sehr geehrte Frau *Name* | Frau *Name* |
| (Erster) Arbeitsge- richts-, Sozi- algerichts-, Verwaltungs- gerichts-, Ge- richts-, Ju- stiz-, Justiz- verwaltungs-, Vollziehungs- (haupt-/ ober-) sekretär | Herr *Vorname Name* *Amtsbezeichnung* | Sehr geehrter Herr *Name* | Herr *Name* |

## 2.8.2.9 Bundeswehr

Für die korrekte Anrede von Angehörigen der Bundeswehr ist die genaue Kenntnis der Dienstbezeichnungen erforderlich. Diese unterscheiden sich z.T. nach Truppenteilen und Dienstfunktionen. Es wird daher zunächst eine Liste der militärischen Dienstgrade aufgeführt. Sie ist in hierarchisch absteigender Rangordnung gegliedert: vom höchsten bis zum niedrigsten Dienstgrad:

## Dienstgrade der Bundeswehr: Heer und Luftwaffe

### 1. Generale
- General
- Generalleutnant
- Generalmajor
- Brigadegeneral

### 2. Stabsoffiziere
- Oberst
- Oberstleutnant
- Major

### 3. Offiziere
- Stabshauptmann
- Hauptmann
- Oberleutnant
- Leutnant

### 4. Unteroffiziere mit Portepee
- Oberstabsfeldwebel
- Stabsfeldwebel
- Hauptfeldwebel/Oberfähnrich
- Oberfeldwebel
- Feldwebel/Fähnrich

### 5. Unteroffiziere ohne Portepee
- Stabsunteroffizier
- Unteroffizier/Fahnenjunker

### 6. Mannschaften
- Oberstabsgefreiter
- Stabsgefreiter
- Hauptgefreiter
- Obergefreiter
- Gefreiter/OA/UA
- Schütze/Flieger

## Dienstgrade der Bundeswehr: Marine

### 1. Admirale
- Admiral
- Vizeadmiral
- Konteradmiral
- Flottenadmiral

### 2. Stabsoffiziere
- Kapitän zur See
- Fregattenkapitän
- Korvettenkapitän

### 3. Offiziere
- Stabskapitänleutnant
- Kapitänleutnant
- Oberleutnant zur See
- Leutnant zur See

### 4. Unteroffiziere mit Portepee
- Oberstabsbootsmann
- Stabsbootsmann
- Hauptbootsmann/Fähnrich zur See
- Oberbootsmann
- Bootsmann/Fähnrich zur See

### 5. Unteroffiziere ohne Portepee
- Obermaat
- Maat

### 6. Mannschaften
- Oberstabsgefreiter
- Stabsgefreiter
- Hauptgefreiter
- Obergefreiter
- Gefreiter/OA/UA
- Matrose

### Dienstgrade der Bundeswehr: Sanitätsdienst

**1. Heer und Luftwaffe**
- Apotheker im Range eines Oberstabsapothekers
- Veterinär im Range eines Oberstabsveterinärs
- Zahnarzt im Range eines Oberstabsarztes
- Arzt im Range eines Oberstabsarztes

(Aufstiegsmöglichkeiten analog zu den Dienstgraden des Heeres und der Luftwaffe)

**2. Marine**
- Apotheker im Range eines Oberstabsapothekers
- Zahnarzt im Range eines Oberstabsarztes
- Arzt im Range eines Oberstabsarztes

(Aufstiegsmöglichkeiten analog zu den Dienstgraden der Marine)

### Dienstgrade der Bundeswehr: Musikdienst

Im Musikdienst der Bundeswehr gelten je nach dem Truppenteil (Heeresmusikkorps, Luftwaffenmusikkorps, Marinemusikkorps) die entsprechenden Dienstgrade der Teilstreitkräfte. In der Laufbahn der Unteroffiziere gibt es also z.B. den Rang eines Oberfeldwebels bzw. eines Oberbootsmanns, eines Oberstabsfeldwebels bzw. eines Oberstabsbootsmanns usw. Die Musikoffiziere können in den Dienstgraden zum Major bzw. Korvettenkapitän, zum Oberstleutnant bzw. Fregattenkapitän und in Einzelfällen bis zum Oberst aufsteigen.

Für die Anrede von Soldaten im Bereich der Bundeswehr gelten einige einfache Regeln:

1. Frauen, die nicht der Bundeswehr angehören, verwenden den militärischen Dienstgrad nur in der Anschrift, aber nie in der Anrede – weder mündlich noch schriftlich. Sie verwenden in der Anrede also nur den Namen, gegebenenfalls zusätzlich einen akademischen Grad.

2. Ansonsten werden in der Anrede immer Dienstgrad und Name genannt.

3. In der Rangklasse der Generale und Admirale wird in der Anrede durchgängig die Form „General" bzw. „Admiral" verwendet (also **nicht**: „Herr Brigadegeneral", **sondern** „Herr General"; **nicht**: „Herr Flottenadmiral", **sondern**: „Herr Admiral").

4. Bei den Stabsoffizieren der Marine („Kapitän zur See", „Fregattenkapitän", „Korvettenkapitän") wird in der Anrede durchgehend die Bezeichnung „Kapitän" verwendet.

5. In der Anschrift können Abkürzungen hinter dem Dienstgrad verwendet werden:

i.G. (im Generalstab)
OA (Offiziersanwärter)
UA (Unteroffiziersanwärter)
ROA (Reserveoffiziersanwärter)
a.D. (außer Dienst): **nur** in der Anschrift, **nie** in der Anrede

6. Für die Dienstgradbezeichnung und Anrede weiblicher Soldaten gibt es in der Bundeswehr noch keine überzeugende Konvention, obwohl es im Sanitätsdienst bereits eine Soldatin im Generalsrang gibt. Die traditionelle Anrede besteht aus der Bezeichnung „Frau" und dem unveränderten Dienstgrad, z. B. „Frau Feldwebel", „Frau Oberstabsarzt", „Frau Hauptmann" usw. Diese Konventionen entsprechen natürlich nicht mehr den Gepflogenheiten, die sich in Gesellschaft und Behörden für weibliche Berufsbezeichnungen längst durchgesetzt haben. Daher tauchen inzwischen in offiziellen Texten der Bundeswehr Bezeichnungen wie „Offiziersanwärterin" auf.

In einer Dienstanweisung der Bundeswehr vom Frühjahr 2001 wird festgelegt:

„Bei Frauen wird hinter die Dienstgradbezeichnung jeweils ein kleines „w" in Klammern angefügt, z. B. Stabsarzt (w.). Die Anrede lautet: „Frau Stabsarzt".

Es lässt sich leicht vorhersagen, dass eine solche bürokratische

Notlösung nicht lange Bestand haben wird. Auch die Bundeswehr wird sich gesellschaftlich etablierten Anredekonventionen anpassen müssen. Mit zunehmendem Anteil weiblicher Soldaten ist also mit einer Änderung der Anredeformen zu rechnen.

7. Bei Sonderfunktionen innerhalb der Bundeswehr (z. B. beim „Generalinspekteur der Bundeswehr") wird in der Anrede der laufbahnmäßig erreichte Dienstgrad verwendet.

Beispiele für die Anwendung dieser Regeln auf die genannten Dienstgrade:

| Adressat | Anschrift | Anrede schriftlich | Anrede mündlich |
|---|---|---|---|
| General-inspekteur der Bundeswehr | Herrn *Dienstgrad* (+ Akademischer Grad) *Vorname Name* Generalinspekteur der Bundeswehr | Sehr geehrter Herr *Dienstgrad* (+ Akademischer Grad) *Name* | Herr *Dienstgrad* (+ Akademischer Grad) *Name* |
| General | Herrn General (+ Akademischer Grad) *Vorname Name* | Sehr geehrter Herr General (+ Akademischer Grad) *Name* | Herr General (+ Akademischer Grad) *Name* |
| Brigadegeneral | Herrn Brigadegeneral (+ Akademischer Grad) *Vorname Name* | Sehr geehrter Herr General (+Akademischer Grad) *Name* | Herr General (+ Akademischer Grad) *Name* |
| General a.D. | Herrn General a.D. (+ Akademischer Grad) *Vorname Name* | Sehr geehrter Herr (+Akademischer Grad) *Name* | Herr (+Akademischer Grad) *Name* |
| Admiral | Herrn Admiral (+ Akademischer Grad) *Vorname Name* | Sehr geehrter Herr Admiral (+ Akademischer Grad) *Name* | Herr Admiral (+ Akademischer Grad) *Name* |
| Konteradmiral | Herrn Konteradmiral (+ Akademischer Grad) *Vorname Name* | Sehr geehrter Herr Admiral (+Akademischer Grad) *Name* | Herr Admiral (+ Akademischer Grad) *Name* |

| Adressat | Anschrift | Anrede schriftlich | Anrede mündlich |
|---|---|---|---|
| Kapitän zur See | Herrn Kapitän zur See *Vorname Name* | Sehr geehrter Herr Kapitän *Name* | Herr Kapitän *Name* |
| Fahnenjunker | Herrn Fahnenjunker *Vorname Name* | Sehr geehrter Herr Fahnenjunker *Name* | Herr Fahnenjunker *Name* |
| Maat | Herrn Maat *Vorname Name* | Sehr geehrter Herr Maat *Name* | Herr Maat *Name* |
| Oberstabs-apotheker | Herrn Oberstabsapotheker *Vorname Name* | Sehr geehrter Herr Oberstabsapotheker *Name* | Herr Oberstabsapotheker *Name* |

## Militärseelsorge in der Bundeswehr

Die Evangelische und die Katholische Kirche sind innerhalb der Bundeswehr seelsorgerisch für die Soldatinnen und Soldaten tätig. Hierfür sind die folgenden Funktionsträger tätig:

### *Evangelische Militärseelsorge*

- Evangelischer Militärbischof
- Evangelische Standortpfarrerin
- Evangelischer Standortpfarrer
- Deutscher Evangelischer Militärgeistlicher (an Auslandsstandorten der Bundeswehr)

### *Katholische Militärseelsorge*

- Katholischer Militärbischof für die Deutsche Bundeswehr
- Militärgeneralvikar
- Katholischer Standortpfarrer
- Deutscher Katholischer Militärgeistlicher (an Auslandsstandorten der Bundeswehr)

Die Anredeform richtet sich nach den kirchlichen Dienstbezeichnungen (Pfarrerin, Prälat, Bischof, Erzbischof usw.).

## 2.8.2.10 Staatsanwaltschaft und Polizei

| Adressat | Anschrift | Anrede schriftlich | Anrede mündlich |
|---|---|---|---|
| General-staatsanwältin | Frau (+Akademischer Grad) *Vorname Name* Generalstaatsanwältin | Sehr geehrte Frau General-staatsanwältin | Frau Generalstaats-anwältin |
| General-staatsanwalt | Herrn (+Akademischer Grad) *Vorname Name* Generalstaatsanwalt | Sehr geehrter Herr General-staatsanwalt | Herr Generalstaats-anwalt |
| Oberstaats-anwältin | Frau (+Akademischer Grad) *Vorname Name* Oberstaatsanwältin | Sehr geehrte Frau Oberstaats-anwältin | Frau Oberstaats-anwältin |
| Oberstaatsan-walt | Herrn (+Akademischer Grad) *Vorname Name* Oberstaatsanwalt | Sehr geehrter Herr Oberstaats-anwalt | Herr Oberstaatsan-walt |
| Staats-anwältin | Frau (+Akademischer Grad) *Vorname Name* Staatsanwältin | Sehr geehrte Frau Staats-anwältin | Frau Staatsanwältin |
| Staatsanwalt | Herrn (+Akademischer Grad) *Vorname Name* Staatsanwalt | Sehr geehrter Herr Staatsan-walt | Herr Staatsanwalt |
| (Landes-) Polizeipräsi-dentin | Frau (+Akademischer Grad) *Vorname Name* (Landes-) Polizeipräsi-dentin | Sehr geehrte Frau Präsidentin | Frau Präsidentin |
| (Landes-) Polizeipräsi-dent | Herrn (+Akademischer Grad) *Vorname Name* (Landes-) Polizeipräsi-dent | Sehr geehrter Herr Präsident | Herr Präsident |
| Polizeidirekto-rin | Frau (+Akademischer Grad) *Vorname Name* Polizeidirektorin | Sehr geehrte Frau Polizeidirek-torin | Frau Polizeidirekto-rin |
| Polizeidirektor | Herrn (+Akademischer Grad) *Vorname Name* Polizeidirektor | Sehr geehrter Herr Polizeidirek-tor | Herr Polizeidirektor |

| Adressat | Anschrift | Anrede schriftlich | Anrede mündlich |
|---|---|---|---|
| Oberregierungskriminalrätin | Frau (+Akademischer Grad) *Vorname Name* Oberregierungskriminalrätin | Sehr geehrte Frau Oberregierungskriminalrätin | Frau Oberregierungskriminalrätin |
| Oberregierungskriminalrat | Herrn (+Akademischer Grad) *Vorname Name* | Sehr geehrter Herr Oberregierungskriminalrat | Herr Oberregierungskriminalrat |
| Polizei(ober-)rätin | Frau (+Akademischer Grad) *Vorname Name* Polizei(ober-)rätin | Sehr geehrte Frau Polizei(ober-)rätin | Frau Polizei(ober-)rätin |
| Polizei(ober-)rat | Herrn (+Akademischer Grad) *Vorname Name* Polizei(ober-)rat | Sehr geehrter Herr Polizei(ober-)rat | Herr Polizei(ober-)rat |

## 2.8.2.11 Öffentliche Institutionen

| Adressat | Anschrift | Anrede schriftlich | Anrede mündlich |
|---|---|---|---|
| Parteivorsitzende/r | Frau/Herrn (+Akademischer Grad) *Vorname Name* Vorsitzende/r der/des *Parteiname* | Sehr geehrte/r Frau/Herr (+Akademischer Grad) *Vorname Name* | Frau/Herr (+Akademischer Grad) *Name* |
| Abgeordnete des Europäischen Parlamentes | Frau (+Akademischer Grad) *Vorname Name* | Sehr geehrte Frau Abgeordnete *oder:* Sehr geehrte Frau (+Akademischer Grad) *Vorname Name* | Frau Abgeordnete *oder:* Frau (+Akademischer Grad) *Name* |

| Adressat | Anschrift | Anrede schriftlich | Anrede mündlich |
|---|---|---|---|
| Abgeordneter des Europäischen Parlamentes | Herrn (+Akademischer Grad) *Vorname Name* Abgeordneter des Europäischen Parlamentes | Sehr geehrter Herr Abgeordneter *oder:* Sehr geehrter Herr (+Akademischer Grad) *Vorname Name* | Herr Abgeordneter *oder:* Herr (+Akademischer Grad) *Name* |
| Präsident/in der Industrie- und Handelskammer in ... | Frau/Herrn (+Akademischer Grad) *Vorname Name* Präsident/in der Industrie- und Handelskammer in ... | Sehr geehrte/r Frau/Herr Präsident/in | Frau/Herr Präsident/in |
| Vorsitzende/r des Bundesvorstandes des Deutschen Gewerkschaftsbundes | Frau/Herrn *Vorname Name* Vorsitzende/r des Bundesvorstandes des Deutschen Gewerkschaftsbundes | Sehr geehrte Frau Vorsitzende/Sehr geehrter Herr Vorsitzender | Frau Vorsitzende/ Herr Vorsitzender *oder:* Frau/Herr *Name* |
| Erste/r Vorsitzende/r der Deutschen Angestellten-Gewerkschaft | Frau/Herrn *Vorname Name* Erste/r Vorsitzende/r der Deutschen Angestellten-Gewerkschaft | Sehr geehrte Frau Vorsitzende/Sehr geehrter Herr Vorsitzender | Frau Vorsitzende/ Herr Vorsitzender *oder:* Frau/Herr *Name* |
| Präsident/in der Deutschen UNESCO-Kommission | Frau/Herrn (+Akademischer Grad) *Vorname Name* Präsident/in der Deutschen UNESCO-Kommission | Sehr geehrte Frau Präsidentin/ Sehr geehrter Herr Präsident | Frau Präsidentin/ Herr Präsident |
| Präsident/in des Deutschen Roten Kreuzes | Frau/Herrn (+Akademischer Grad) *Vorname Name* Präsident/in des Deutschen Roten Kreuzes | Sehr geehrte Frau Präsidentin/ Sehr geehrter Herr Präsident | Frau Präsidentin/ Herr Präsident |

## 2.8.3 Diplomatisches Corps

| Adressat | Anschrift | Anrede schriftlich | Anrede mündlich |
|---|---|---|---|
| Nuntius des Diplomatischen Corps | Seiner Exzellenz dem Apostolischen Nuntius<br>Monsignore (+Akademischer Grad) *Vorname Name* ((Erz)bischof von …) | Exzellenz<br><br>*oder:*<br>Sehr geehrter Herr Nuntius | Exzellenz<br><br>*oder:*<br>Herr Nuntius |
| Botschafterin | Frau (+Akademischer Grad) *Vorname Name* Botschafterin von/des/ der …<br><br>*oder:*<br>I. E. (+Akademischer Grad) *Vorname Name* Botschafterin von/des/ der … | Sehr geehrte Frau Botschafterin | Frau Botschafterin<br><br>*oder:*<br>Exzellenz |
| Botschafter | Herrn (+Akademischer Grad) *Vorname Name* Botschafter von/des/ der…<br><br>*oder:*<br>S. E. (+Akademischer Grad) *Vorname Name* Botschafter von/des/ der… | Sehr geehrter Herr Botschafter | Herr Botschafter<br><br>*oder:*<br>Exzellenz |
| Botschaftsrätin | Frau (+Akademischer Grad) *Vorname Name* Botschaftsrätin der Botschaft von/des/der… | Sehr geehrte Frau Botschaftsrätin | Frau Botschaftsrätin<br><br>*oder:*<br>Frau (+Akademischer Grad) *Name* |

| Adressat | Anschrift | Anrede schriftlich | Anrede mündlich |
|---|---|---|---|
| Botschaftsrat | Herrn (+Akademischer Grad) *Vorname Name* Botschaftsrat der Botschaft von/des/der ... | Sehr geehrter Herr Botschaftsrat | Herr Botschaftsrat *oder:* Herr (+Akademischer Grad) *Name* |
| Generalkonsulin | Frau (+Akademischer Grad) *Vorname Name* Generalkonsulin von/des/der ... | Sehr geehrte Frau Generalkonsulin | Frau Generalkonsulin *oder:* Frau (+Akademischer Grad) *Name* |
| Generalkonsul | Herr (+Akademischer Grad) *Vorname Name* Generalkonsul von/des/der ... | Sehr geehrter Herr Generalkonsul | Herr Generalkonsul *oder:* Herr (+Akademischer Grad) *Name* |
| Konsulin | Frau (+Akademischer Grad) *Vorname Name* Konsulin von/des/der ... | Sehr geehrte Frau Konsulin | Frau Konsulin *oder:* Frau +(Akademischer Grad) *Name* |
| Konsul | Herrn (+Akademischer Grad) *Vorname Name* Konsul von/des/der ... | Sehr geehrter Herr Konsul | Herr Konsul *oder:* Herr (+Akademischer Grad) *Name* |
| Honorargeneralkonsulin | Frau (+Akademischer Grad) *Vorname Name* Honorargeneralkonsulin von/des/der ... | Sehr geehrte Frau Honorargeneralkonsulin | Frau Honorargeneralkonsulin *oder:* Frau (+Akademischer Grad) *Name* |
| Honorargeneralkonsul | Herrn (+Akademischer Grad) *Vorname Name* Honorargeneralkonsul von/des/der ... | Sehr geehrter Herr Honorargeneralkonsul | Herr Honorargeneralkonsul *oder:* Herr (+Akademischer Grad) *Name* |

| Adressat | Anschrift | Anrede schriftlich | Anrede mündlich |
|---|---|---|---|
| Honorarkonsulin | Frau (+Akademischer Grad) *Vorname Name* Honorarkonsulin von/ des/der ... | Sehr geehrte Frau Honorarkonsulin | Frau Honorarkonsulin *oder:* Frau (+Akademischer Grad) *Name* |
| Honorarkonsul | Herrn (+Akademischer Grad) *Vorname Name* Honorarkonsul von/des/ der ... | Sehr geehrter Herr Honorarkonsul | Herr Honorarkonsul *oder:* Herr (+Akademischer Grad) *Name* |
| Gesandte | Gesandte der Botschaft von/des/der ... Frau (+Akademischer Grad) *Vorname Name* | Sehr geehrte Frau Gesandte | Frau Gesandte *oder:* Frau (+Akademischer Grad) *Name* |
| Gesandter | Gesandter der Botschaft von/des/der ... Herrn (+Akademischer Grad) *Vorname Name* | Sehr geehrter Herr Gesandter | Herr Gesandter *oder:* Herr (+Akademischer Grad) *Name* |
| Vortragende Legationsrätin Erster Klasse | Frau (+Akademischer Grad) *Vorname Name* Vortragende Legationsrätin Erster Klasse | Sehr geehrte Frau Vortragende Legationsrätin | Frau Vortragende Legationsrätin *oder:* Frau (+Akademischer Grad) *Name* |
| Vortragender Legationsrat Erster Klasse | Herrn (+Akademischer Grad) *Vorname Name* Vortragender Legationsrat Erster Klasse | Sehr geehrter Herr Vortragender Legationsrat | Herr Vortragender Legationsrat *oder:* Herr (+Akademischer Grad) *Name* |
| Wirtschaftsattaché (weiblich) | Frau (+Akademischer Grad) *Vorname Name* | Sehr geehrte Frau (+Akademischer Grad) *Name* | Frau (+Akademischer Grad) *Name* |

| Adressat | Anschrift | Anrede schriftlich | Anrede mündlich |
|---|---|---|---|
| Wirtschaftsat-taché (männlich) | Herrn (+Akademischer Grad) *Vorname Name* | Sehr geehrter Herr (+Akademi-scher Grad) *Name* | Herr (+Akademi-scher Grad) *Name* |
| Kulturattaché (weiblich) | Frau (+Akademischer Grad) *Vorname Name* | Sehr geehrte Frau (+Akademi-scher Grad) *Name* | Frau (+Akademi-scher Grad) *Name* |
| Kulturattaché (männlich) | Herrn (+Akademischer Grad) *Vorname Name* | Sehr geehrter Herr (+Akademi-scher Grad) *Name* | Herr (+Akademi-scher Grad) *Name* |
| Militärattaché | Herrn (+Akademischer Grad) *Vorname Name* | Sehr geehrter Herr (+Akademi-scher Grad) *Name* | Herr (+Akademi-scher Grad) *Name* |

# 2.8.4 Kirchen/Klerus/Religionsgemeinschaften

## 2.8.4.1 Evangelische Kirche

### Evangelische Kirche in Deutschland (EKD)

| Adressat | Anschrift | Anrede schriftlich | Anrede mündlich |
|---|---|---|---|
| Vorsitzende des Rates der Evangeli-schen Kirche in Deutsch-land | An die Vorsitzende des Rates der Evangeli-schen Kirche in Deutschland Frau Landesbischöfin/ Bischöfin/... *Vorname Name* | Hochverehrte/ Sehr verehrte/ Sehr geehrte Frau Landesbi-schöfin/Bi-schöfin/.... | Frau Landesbi-schöfin/Bischöfin ... |

| Adressat | Anschrift | Anrede schriftlich | Anrede mündlich |
|---|---|---|---|
| Vorsitzender des Rates der Evangelischen Kirche in Deutschland | An den Vorsitzenden des Rates der Evangelischen Kirche in Deutschland Herrn Landesbischof/Bischof ... *Vorname Name* | Hochverehrter/ Sehr verehrter/ Sehr geehrter Herr Landesbischof/Bischof ... | Herr Landesbischof/Bischof ... |
| Präses der Synode der Evangelischen Kirche in Deutschland | An den Präses der Synode der Evangelischen Kirche in Deutschland Herrn *Vorname Name* | Sehr verehrter/ Sehr geehrter Herr Präses | Herr Präses |

## Gliedkirchen der Evangelischen Kirche in Deutschland (EKD)

Aus historischen Gründen gibt es für die Leitungsfunktionen der einzelnen evangelischen Landeskirchen unterschiedlichen Bezeichnungen. Für die Wahl der richtigen Anredeform ist es daher erforderlich zu wissen, an welche Gliedkirche der EKD man sich wendet. Die folgende Liste nennt in alphabetischer Reihenfolge nach der Bezeichnung der Landeskirche die korrekte Bezeichnung der Leiterin oder des Leiters:

- Kirchenpräsidentin/Kirchenpräsident der Evangelischen Landeskirche Anhalts
- Landesbischöfin/Landesbischof der Evangelischen Landeskirche in Baden
- Landesbischöfin/Landesbischof der Evangelisch-Lutherischen Landeskirche in Bayern
- Bischöfin/Bischof der Evangelischen Kirche in Berlin-Brandenburg
- Landesbischöfin/Landesbischof der Evangelisch-Lutherischen Landeskirche in Braunschweig
- Präsidentin/Präsident der Bremischen Evangelischen Kirche

- Landesbischöfin/Landesbischof der Evangelisch-Lutherischen Landeskirche Hannovers
- Kirchenpräsidentin/Kirchenpräsident der Evangelischen Kirche in Hessen und Nassau
- Bischöfin/Bischof der Evangelischen Kirche von Kurhessen-Waldeck
- Landessuperintendentin/Landessuperintendent der Lippischen Landeskirche
- Landesbischöfin/Landesbischof der Evangelisch-Lutherischen Landeskirche Mecklenburgs
- Bischöfin/Bischof der Nordelbischen Evangelisch-Lutherischen Kirche
- Bischöfin/Bischof der Evangelisch-Lutherischen Kirche in Oldenburg
- Kirchenpräsidentin/Kirchenpräsident der Evangelischen Kirche der Pfalz
- Bischöfin/Bischof der Pommerschen Evangelischen Kirche
- Präses der Evangelisch-reformierten Kirche (Synode ev.-ref. Kirchen in Bayern und in Nordwestdeutschland)
- Präses der Evangelischen Kirche im Rheinland
- Bischöfin/Bischof der Evangelischen Kirche der Kirchenprovinz Sachsen
- Landesbischöfin/Landesbischof der Evangelisch-Lutherischen Landeskirche Sachsens
- Landesbischöfin/Landesbischof der Evangelisch-Lutherischen Landeskirche Schaumburg-Lippe
- Bischöfin/Bischof der Evangelischen Kirche der schlesischen Oberlausitz
- Landesbischöfin/Landesbischof der Evangelisch-Lutherischen Kirche in Thüringen
- Präses der Evangelischen Kirche von Westfalen
- Landesbischöfin/Landesbischof der Evangelischen Landeskirche in Württemberg

## Anredeformen in der Amtskirche

| Adressat | Anschrift | Anrede schriftlich | Anrede mündlich |
|---|---|---|---|
| Landesbi-schöfin/Bi-schöfin | Frau Landesbischöfin/ Bischöfin *Vorname Name* | Hochverehrte Frau Landesbi-schöfin/Bischöfin<br><br>oder:<br>Sehr geehrte Frau Landesbi-schöfin/Bischöfin | Frau Landesbi-schöfin/Bischöfin |
| Landesbi-schof/Bischof | Herrn Landesbischof/ Bischof *Vorname Name* | Hochverehrter Herr Landesbi-schof/Bischof<br><br>oder:<br>Sehr geehrter Herr Landesbi-schof/Bischof | Herr Landesbi-schof/Bischof |
| Präses | Herrn Präses *Vorname Name* | Hochverehrter Herr Präses<br><br>oder:<br>Sehr geehrter Herr Präses | Herr Präses |
| Kirchen-präsidentin | Frau Kirchenpräsidentin *Vorname Name* | Hochverehrte Frau Kirchenpräsi-dentin | Frau Kirchenpräsi-dentin |
| Kirchenpräsi-dent | Herrn Kirchenpräsiden-ten *Vorname Name* | Hochverehrter Herr Kirchenprä-sident | Herr Kirchenpräsi-dent |
| (Landes-) Su-perintendentin | Frau (Landes-) Superin-tendentin *Vorname Name* | Sehr geehrte Frau (Landes-) Superintenden-tin | Frau (Landes-) Su-perintendentin |
| (Landes-) Su-perintendent | Herrn (Landes-) Super-intendent *Vorname Name* | Sehr geehrter Herr (Landes-) Superintendent | Herr (Landes-) Su-perintendent |

| Adressat | Anschrift | Anrede schriftlich | Anrede mündlich |
|---|---|---|---|
| (Ober-) Kirchenrätin | Frau (Ober-) Kirchenrätin *Vorname Name* | Sehr geehrte Frau (Ober-)Kirchenrätin | Frau (Ober-) Kirchenrätin |
| (Ober-)Kirchenrat | Herrn (Ober-) Kirchenrat *Vorname Name* | Sehr geehrter Herr (Ober-)Kirchenrat | Herr (Ober-) Kirchenrat |
| Pröbstin | Frau Pröbstin *Vorname Name* | Sehr geehrte Frau Pröbstin | Frau Pröbstin |
| Probst | Herrn Probst *Vorname Name* | Sehr geehrter Herr Probst | Herr Probst |
| Pfarrerin/Pastorin | Frau Pfarrerin/Frau Pastorin *Vorname Name* | Sehr geehrte Frau Pfarrerin/ Pastorin | Frau Pfarrerin |
| Pfarrer/Pastor | Herr Pfarrer/Herr Pastor *Vorname Name* | Sehr geehrte Herr Pfarrer/ Pastor | Herr Pfarrer |
| Vikarin | Frau Vikarin *Vorname Name* | Sehr geehrte Frau Vikarin | Frau Vikarin |
| Vikar | Herr Vikar *Vorname Name* | Sehr geehrter Herr Vikar | Herr Vikar |
| Diakonin | Frau Diakonin *Vorname Name* | Sehr geehrte Frau *Name* | Frau *Name* |
| Diakon | Herrn Diakon *Vorname Name* | Sehr geehrter Herr *Name* | Herr *Name* |
| Präsidentin des Deutschen Evangelischen Kirchentages | An die Präsidentin des Deutschen Evangelischen Kirchentages Frau (+Akademischer Grad) *Vorname Name* | Sehr verehrte/ Sehr geehrte Frau Präsidentin | Frau Präsidentin |
| Präsident des Deutschen Evangelischen Kirchentages | An den Präsidenten des Deutschen Evangelischen Kirchentages Herrn (+Akademischer Grad) *Vorname Name* | Sehr verehrter/ Sehr geehrter Herr Präsident | Herr Präsident |

| Adressat | Anschrift | Anrede schriftlich | Anrede mündlich |
|---|---|---|---|
| Generalsekretärin des Deutschen Evangelischen Kirchentages | An die Generalsekretärin des Deutschen Evangelischen Kirchentages Frau (+Akademischer Grad) *Vorname Name* | Sehr geehrte Frau (+Akademischer Grad) *Vorname Name* | Frau (+Akademischer Grad) *Name* |
| Generalsekretär des Deutschen Evangelischen Kirchentages | An den Generalsekretär des Deutschen Evangelischen Kirchentages Herrn (+Akademischer Grad) *Vorname Name* | Sehr geehrter Herr (+Akademischer Grad) *Vorname Name* | Herr (+Akademischer Grad) *Name* |

## 2.8.4.2 Römisch-katholische Kirche

### Amtskirche

| Adressat | Anschrift | Anrede schriftlich | Anrede mündlich |
|---|---|---|---|
| Papst | Sr. Heiligkeit Papst *Name* | Euer Heiligkeit<br><br>oder (weniger förmlich): Heiliger Vater | Euer Heiligkeit<br><br>oder (weniger förmlich): Heiliger Vater |
| Kardinal | Sr. E. dem Hochwürdigsten Herrn *Vorname* Kardinal *Name* | (Euer) Eminenz *(veraltet, nur bei hochoffiziellen Anlässen)*<br><br>oder: Sehr verehrter Herr Kardinal | (Euer) Eminenz *(nur bei hochoffiziellen Anlässen)*<br><br>oder: Herr Kardinal |

| Adressat | Anschrift | Anrede schriftlich | Anrede mündlich |
|---|---|---|---|
| Erzbischof | Sr. Exzellenz dem Hochwürdigsten Herrn Erzbischof (+Akademischer Grad) *Vorname Name* Erzbischof von Ortsname | (Euer) Hochwürdigste Exzellenz *(sehr förmlich)*<br><br>oder:<br>(Euer) Exzellenz *(förmlich)*<br>oder:<br>Sehr geehrter Herr Erzbischof | (Euer) Hochwürdigste Exzellenz *(sehr förmlich)*<br><br>oder:<br>(Euer) Exzellenz *(förmlich)*<br>oder:<br>Herr Erzbischof |
| Bischof | Sr. Exzellenz dem Hochwürdigsten Herrn Bischof (+Akademischer Grad) *Vorname Name* | (Euer) Hochwürdigste Exzellenz *(sehr förmlich)*<br><br>oder:<br>(Euer) Exzellenz *(förmlich)*<br>oder:<br>Sehr geehrter Herr Bischof | (Euer) Hochwürdigste Exzellenz *(sehr förmlich)*<br><br>oder:<br>(Euer) Exzellenz *oder:*<br>Herr Bischof |
| Weihbischof | Herrn Weihbischof (+Akademischer Grad) *Vorname Name* | (Euer) Exzellenz *(sehr förmlich)*<br><br>oder:<br>Sehr geehrter Herr Weihbischof | (Euer) Exzellenz *(sehr förmlich)*<br><br>oder:<br>Herr Weihbischof |
| Vorsitzender der Deutschen Bischofskonferenz | Seiner Exzellenz dem Vorsitzenden der Deutschen Bischofskonferenz Herrn *Vorname* Kardinal *Name* (Erz-)Bischof von *Ortsname*<br><br>*bzw.*<br>Herrn (Erz-)Bischof (+Akademischer Grad) *Vorname Name* (Erz-)Bischof von *Ortsname* | (Euer) Eminenz<br><br>oder:<br>Sehr verehrter Herr Kardinal<br><br><br><br>*bzw.*<br>Exzellenz<br>oder:<br>Sehr geehrter Herr (Erz-)Bischof | Eminenz<br><br>oder:<br>Herr Kardinal<br><br><br><br>*bzw.*<br>Exzellenz<br>oder<br>Herr (Erz-)Bischof |

| Adressat | Anschrift | Anrede schriftlich | Anrede mündlich |
|---|---|---|---|
| Leiter des Kommissariats der Deutschen Bischöfe | An den Leiter des Kommissariats der Deutschen Bischöfe Herrn *Amtsbezeichnung* (+Akademischer Grad) *Vorname Name* | Sehr geehrter Herr *Amtsbezeichnung* | Herr *Amtsbezeichnung* |
| Prälat (vom Papst verliehener Ehrentitel) | (Dem Hochwürdigsten) Herrn Prälaten (+Akademischer Grad) *Vorname Name* | Sehr geehrter Herr (+Akademischer Grad) Prälat | Herr Prälat |
| Monsignore (vom Papst verliehener Ehrentitel) | Monsignore (+Akademischer Grad) *Vorname Name* | Sehr geehrter Herr Monsignore (+Akademischer Grad) *Name* | Monsignore (+Akademischer Grad) *Name* |
| Generalvikar | Herrn Generalvikar *Vorname Name* | Sehr geehrter Herr Generalvikar | Herr Generalvikar |
| Offizial | Herrn Offizial *Vorname Name* | Sehr geehrter Herr Offizial | Herr Offizial |
| Domprobst | Herrn Domprobst *Vorname Name* | Sehr geehrter Herr Domprobst | Herr Domprobst |
| Domdekan | Herrn Domdekan *Vorname Name* | Sehr geehrter Herr Domdekan | Herr Domdekan |
| Domkapitular | Herrn Domkapitular *Vorname Name* | Sehr geehrter Herr Domkapitular | Herr Domkapitular |
| Dechant | Herrn Dechant *Vorname Name* | Sehr geehrter Herr Dechant | Herr Dechant |
| Dekan | Herrn Dekan *Vorname Name* | Sehr geehrter Herr Dekan | Herr Dekan |
| Geistlicher Rat | Herrn Geistlichen Rat *Vorname Name* | Sehr geehrter Herr Geistlicher Rat | Herr Geistlicher Rat |

| Adressat | Anschrift | Anrede schriftlich | Anrede mündlich |
|---|---|---|---|
| Priester/Pfarrer | Herrn Pfarrer (+Akademischer Grad) *Vorname Name* | Sehr geehrter Herr Pfarrer<br><br>*oder:*<br>Euer Hochwürden *(selten; veraltet)* | Herr Pfarrer<br><br><br>*oder:*<br>Hochwürden (selten; veraltet) |
| Kaplan | Herrn Kaplan (+Akademischer Grad) *Vorname Name* | Sehr geehrter Herr Kaplan | Herr Kaplan |

## Laienorganisationen

| Adressat | Anschrift | Anrede schriftlich | Anrede mündlich |
|---|---|---|---|
| Pfarrgemeinderatsvorsitzende | Frau *Vorname Name* Pfarrgemeinderatsvorsitzende der Pfarre... /des Pfarrbezirks ... | Sehr geehrte Frau *Name* | Frau *Name* |
| Pfarrgemeinderatsvorsitzender | Herrn *Vorname Name* Pfarrgemeinderatsvorsitzender der Pfarre... /des Pfarrbezirks ... | Sehr geehrter Herr *Name* | Herr *Name* |
| Vorsitzende des Zentralrates der Katholiken Deutschlands | Frau (+Akademischer Grad) *Vorname Name* Vorsitzende des Zentralrates der Katholiken Deutschlands | Sehr geehrte Frau Präsidentin | Frau Präsidentin<br><br>*oder:*<br>Frau (+Akademischer Grad) *Name* |
| Vorsitzender des Zentralrates der Katholiken Deutschlands | Herrn (+Akademischer Grad) *Vorname Name* Vorsitzender des Zentralrates der Katholiken Deutschlands | Sehr geehrter Herr Präsident | Herr Präsident<br><br>*oder:*<br>Herr (+Akademischer Grad) *Name* |

## Klostergenossenschaften/
## Orden/Kongregationen

Es gibt im Bereich der Römisch-katholischen Kirche eine unüberschaubare Anzahl an Klostergemeinschaften, männlichen und weiblichen Klosterorden, Bruderschaften, Kongregationen etc. Struktur, Hierarchie und Anredeformen der Mitglieder und Ordensleiter variieren erheblich.

Mitglieder männlicher Orden fügen ihrem Namen meistens den Ordensnamen in Abkürzung an (abgetrennt durch Komma):

| | |
|---|---|
| C.F.M.A. | Barmherzige Brüder von Maria Hilf |
| C.F.P. | Arme Brüder vom Heiligen Franziskus Seraphikus |
| C.M. | Vinzentiner (Congregatio Missionis) |
| C.M.F. | Claretiner (Congregatio Missionariorum Filiorum Immaculati Cordis Beatae Mariae Virginis) |
| C.M.M. | Missionare von Mariannhill |
| C.M.S.F. | Missionsbrüder vom Heiligen Franziskus von Assisi |
| C.P. | Passionisten (Congregatio Passionis) |
| C.PP.S. | Missionare vom Kostbaren Blut |
| C.S.Sp. | Spiritaner (Missionare vom heiligen Geist) |
| C.SS.R. | Redemptoristen (Congregatio Sanctissimi Redemptoris) |
| F.Alex. | Alexianer |
| F.M.M. | Barmherzige Brüder von Montabaur |
| F.M.S. | Maristen (Gesellschaft Mariens, Societas Mariae) |
| F.S.C. | Brüder der christlichen Schulen |
| M.A. | Gesellschaft der Missionare von Afrika |
| M.F.S.C. | Missionare des Heiligsten Herzens Jesu |
| M.I. | Kamillianer (Regularkleriker vom Krankendienst, Ordo Clericorum Ministrantium Infirmis) |
| M.S.C. | Herz-Jesu-Missionare |
| M.S.F. | Missionare von der Heiligen Familie |
| M.S.J. | Missionare vom Heiligen Johannes dem Täufer |

| | |
|---|---|
| O. | Oratorianer |
| O.C. | Beschuhte Karmeliten |
| O.Carm.Disc. | Unbeschuhte Karmeliten |
| O.Cart. | Kartäuser |
| O.Cist. | Zisterzienser |
| O.C.R. | Trappisten (Ordo Cisterciensium Reformatorum) |
| O.E.S.A. | Augustiner-Eremiten |
| O.F.M. | Franziskaner (Observanten, Ordo Fratrum Minorum) |
| O.F.M.Cap. | Kapuziner (Orden der Minderen Brüder) |
| O.F.M.Conv. | Franziskaner-Konventualen (Minoriten) |
| O.M.I. | Oblaten der Unbefleckten Jungfrau Maria |
| O.P. | Dominikaner |
| O.Praem. | Prämonstratenser |
| O.S.A. | Augustiner (Ordo Fratrum S. Augustini) |
| O.S.B. | Benediktiner (Ordo Sancti Benedeicti) |
| O.S.C. | Kamillianer |
| O.S.Cr. | Kreuzherrn |
| O.S.F.S. | Oblaten des Heiligen Franz von Sales |
| O.S.J.d.Deo | Barmherzige Brüder des Heiligen Johannes von Gott |
| O.S.M. | Serviten (Orden der Diener Mariens, Ordo Servorum Mariae) |
| P.A. | Weiße Brüder (Missionare für Afrika, Patres Albi; siehe: P.B.) |
| P.B. | Weiße Brüder (Missionare für Afrika, Pères Blancs; siehe: P.A.) |
| P.F.J. | Kleine Brüder Jesu |
| P.S.M. | Pallottiner (Pia Societas Missionum; siehe: S.A.C.) |
| S.A.C. | Pallottiner (Gesellschaft des katholischen Apostolats, Societas Apostolatus Catholici; siehe: P.S.M) |
| S.C.J. | Herz-Jesu-Priester |
| S.D.B. | Salesianer Don Boscos |

| S.D.S. | Salvatorianer (Gesellschaft des Göttlichen Heilands, Societas Divini Salvatoris) |
|--------|----|
| S.J. | Jesuiten (Societas Jesu) |
| S.M. | Maristen (Societas Mariae) |
| S.M. | Marianisten (Societas Mariae) |
| S.M.M. | Montfortaner (Societas Mariae Montfortana) |
| S.S.P. | Fromme Gesellschaft vom Heiligen Paulus |
| S.V.D. | Gesellschaft des Göttlichen Wortes |
| T.F.C.S. | Franziskaner-Tertiaren vom Heiligen Kreuz |

Die Anredeformen weiblicher Ordensmitglieder sind relativ einfach:

| Benediktinerinnen: | Anrede: „Chorfrau" |
|----|----|
| Ursulininnen: | Anrede: „Mater" |
| Englische Fräulein: | Anrede: „Mater" |
| Andere Orden: | Anrede meistens: „Schwester". |

Abkürzungen der Ordensnamen werden nur selten verwendet.

Wenn der Orden eines Abtes nicht bekannt ist, sollte man folgende Formulierungen wählen

| Adressat | Anschrift | Anrede schriftlich | Anrede mündlich |
|----|----|----|----|
| Abt | Dem Hochwürdigen Abt von *Name des Klosters* (+Akademischer Grad) *Vorname Name* | Hochwürdiger Herr Abt<br><br>oder:<br>Sehr geehrter Herr Abt | Vater Abt<br><br>oder:<br>Herr Abt |

Die exakten Anredeformen für männliche Ordensmitglieder sind je nach Orden oder Kongregation sehr unterschiedlich. Sie können nur für eine kleine Auswahl wichtiger Orden angegeben werden:

## Benediktiner

| Adressat | Anschrift | Anrede schriftlich | Anrede mündlich |
|---|---|---|---|
| Abtprimas | Dem Hochwürdigsten Herrn Abtprimas (+Akademischer Grad) *Vorname Name*, O.S.B. | Hochwürdigster/ Sehr verehrter/ Sehr geehrter Herr Abtprimas | Vater Abt |
| Abtpräses | Dem Hochwürdigsten Herrn Abtpräses (+Akademischer Grad) *Vorname Name*, O.S.B. | Hochwürdigster/ Sehr verehrter/ Sehr geehrter Herr Abtpräses | Vater Abt |
| Erzabt | Dem Hochwürdigsten Herrn Erzabt (+Akademischer Grad) *Vorname Name*, O.S.B. | Hochwürdigster/ Sehr verehrter/ Sehr geehrter Herr Erzabt | Vater Abt |
| Abt | Dem Hochwürdigsten Herrn Abt (+Akademischer Grad) *Vorname Name*, O.S.B. | Hochwürdigster/ Sehr verehrter/ Sehr geehrter Herr Abt | Vater Abt |
| Prior | Dem Hochwürdigsten Herrn Prior (+Akademischer Grad) *Vorname Name*, O.S.B. | Hochwürdigster/ Sehr verehrter/ Sehr geehrter Herr Prior | Pater Prior |

## Dominikaner

| Adressat | Anschrift | Anrede schriftlich | Anrede mündlich |
|---|---|---|---|
| Generalmagister | Dem Hochwürdigsten Herrn Generalmagister Pater (+Akademischer Grad) *Vorname Name*, O.P. | Hochwürdigster/ Sehr verehrter/ Sehr geehrter Herr Pater Generalmagister | Pater/Herr Generalmagister |

| Adressat | Anschrift | Anrede schriftlich | Anrede mündlich |
|---|---|---|---|
| Provinzial | Dem Hochwürdigsten Herrn Provinzial Pater (+Akademischer Grad) *Vorname Name*, O.P. | Hochwürdigster/ Sehr verehrter/ Sehr geehrter Herr Pater Provinzial | Pater/Herr Provinzial |

## Franziskaner

| Adressat | Anschrift | Anrede schriftlich | Anrede mündlich |
|---|---|---|---|
| Generalminister | Dem Hochwürdigsten Herrn Generalminister Pater (+Akademischer Grad) *Vorname Name*, O.F.M. | Hochwürdigster/ Sehr verehrter/ Sehr geehrter Herr Pater Generalminister | Pater/Herr Generalminister |
| Provinzial | Dem Hochwürdigsten Herrn Provinzial Pater (+Akademischer Grad) *Vorname Name*, O.F.M. | Hochwürdigster/ Sehr verehrter/ Sehr geehrter Herr Pater Provinzial | Pater/Herr Provinzial |

## Jesuiten

| Adressat | Anschrift | Anrede schriftlich | Anrede mündlich |
|---|---|---|---|
| General | Dem Hochwürdigsten Herrn Pater General (+Akademischer Grad) *Vorname Name*, S.J. | Hochwürdigster/ Sehr verehrter/ Sehr geehrter Herr Pater General | Pater General |
| Provinzial | Dem Hochwürdigsten Herrn Pater Provinzial (+Akademischer Grad) *Vorname Name*, S.J. | Hochwürdigster/ Sehr verehrter/ Sehr geehrter Herr Pater Provinzial | Pater Provinzial |

## Frauenorden

| Adressat | Anschrift | Anrede schriftlich | Anrede mündlich |
|---|---|---|---|
| Generaloberin | Der Ehrwürdigen Generaloberin des/der *Name des Ordens* Frau (+Akademischer Grad) *Vorname Name* | Ehrwürdige/Sehr verehrte/Sehr geehrte Frau Generaloberin | Frau Generaloberin |
| Provinzialoberin | Der Ehrwürdigen Provinzialoberin des/der *Name des Ordens* Frau (+Akademischer Grad) *Vorname Name* | Ehrwürdige/Sehr verehrte/Sehr geehrte Frau Provinzialoberin | Frau Provinzialoberin |
| Äbtissin | Der Ehrwürdigen Äbtissin des/der *Name des Ordens* Frau (+Akademischer Grad) *Vorname Name* | Ehrwürdige/Sehr verehrte/Sehr geehrte Frau Äbtissin | Frau Äbtissin |
| Priorin | Der Ehrwürdigen Priorin des/der *Name des Ordens* Frau (+Akademischer Grad) *Vorname Name* | Ehrwürdige/Sehr verehrte/Sehr geehrte Frau Priorin | Frau Priorin |
| Schwester | Der Ehrwürdigen Schwester (+Akademischer Grad) *Vorname Name* | Ehrwürdige/Sehr verehrte/Sehr geehrte Schwester | Schwester |

## Brüderkongregationen

| Adressat | Anschrift | Anrede schriftlich | Anrede mündlich |
|---|---|---|---|
| Generaloberer | Dem Ehrwürdigen Herrn Generaloberen des/der *Name der Kongregation* Bruder (+Akademischer Grad) *Vorname Name* | Ehrwürdiger/ Sehr geehrter Bruder General | Bruder General |

| Adressat | Anschrift | Anrede schriftlich | Anrede mündlich |
|---|---|---|---|
| Provinzial | Dem Ehrwürdigen Herrn Provinzial des/der *Name der Kongregation* (+Akademischer Grad) *Vorname Name* | Ehrwürdiger/ Sehr geehrter Bruder Provinzial | Bruder Provinzial |
| Bruder | Dem Ehrwürdigen Bruder (+Akademischer Grad) *Vorname Name* | Ehrwürdiger/ Sehr geehrter Bruder (+Akademischer Grad) *Name* | Bruder (+Akademischer Grad) *Name* |

## 2.8.4.3 Jüdische Religionsgemeinschaft

| Adressat | Anschrift | Anrede schriftlich | Anrede mündlich |
|---|---|---|---|
| Landesrabbiner | Herrn Landesrabbiner *Vorname Name* | Sehr geehrter Herr Landesrabbiner | Herr Landesrabbiner |
| Rabbiner | Herrn Rabbiner *Vorname Name* | Sehr geehrter Herr Rabbiner | Herr Rabbiner |
| Vorsitzender des Zentralrates der Juden in Deutschland | Herrn *Vorname Name* Vorsitzender des Zentralrates der Juden in Deutschland | Sehr geehrter Herr *Name* | Herr *Name* |

## 2.8.4.4 Islamische Kulturvereine

Die islamische Religion ist in Deutschland nicht in festen kirchenähnlichen Strukturen organisiert. Träger des religiösen Lebens sind in der Regel Vereine, die Bezeichnungen tragen wie

Moscheeverein
Islamischer Kulturverein
Türkisch-Islamischer Kulturverein.

Die Kulturvereine werden von weltlichen Vorsitzenden geleitet. Die geistlichen Amtsträger sind bei den türkischen Muslimen in der Regel vom türkischen Staat entsandte so genannte „Religionsbeauftragte". Islamische Geistliche werden meist als „Imam" angesprochen (türkisch „Ba kan"). Feste Anredekonventionen gibt es nicht. Da es im Islam religiöse Unterschiede gibt (z. B. Sunniten, Schiiten, Alleviten), sollte man sich im Einzelfall nach den korrekten Anredeformen erkundigen.

| Adressat | Anschrift | Anrede schriftlich | Anrede mündlich |
|---|---|---|---|
| Vorsitzender des Islamischen Kulturvereins | An den Vorsitzenden des Islamischen Kulturvereins Herrn *Vorname Name* | Herr *Name* *oder:* Sehr geehrter Herr Vorsitzender | Herr *Name* |
| Imam | An den Imam der Moschee … | Sehr geehrter Herr Imam | Herr Imam |

## 2.8.5 Deutscher Adel

Die Anrede adliger Namensträger ist insofern sehr schwierig, weil hierbei historische, soziale und juristische Aspekte zusammenkommen. Es hat in Deutschland auch nie eine allgemeingültige Norm für Adelsbezeichnungen gegeben, vielmehr regional unterschiedliche Konventionen. Historisch sind auch häufig wechselnd unterschiedliche Regelungen für Adelsnamen getroffen worden. Es gibt daher keine Kodifizierung von Anredeformen, kein Buch, in dem ein verbindliches Regelwerk festgeschrieben wird. Hinzu kommen unterschiedliche Auffassungen im Adel selbst, wem denn bestimmte Adelsprädikate von Rechts wegen zustehen und wer sie eigentlich nicht führen dürfte. So wird zwischen adeligen und nichtadeligen Namensträgern unterschieden. Nichtadelige Namensträger werden nach Möglichkeit in Adelskalendern als solche markiert und vom eigentlichen Adel ausgegrenzt. Mehr noch: im Adel selbst wird unterschieden zwischen unterschiedlichen Arten von Adligen, denen auch verschiedene Adelstitel und Anredeformen zustehen. So differenziert man z.B. zwischen Uradel (Name der Adelsfamilie schon vor dem Jahr 1400 belegt), altem Adel und jüngerem Adel. Auch nach der sozialen Hierarchie wird unterschieden zwischen hohem und niederen Adel.

Der Hauptgrund für solche Differenzierungen liegt vor allem darin, dass Adelsbezeichnungen einerseits vererbt wurden, aber auch von Monarchen verliehen werden konnten. Zwar wurden Adelsnamen im Zeitalter der Monarchie nur vom adligen Mann bei der Heirat auf die Ehefrau übertragen und vom adligen Mann bei ehelicher Geburt auf die Kinder vererbt. Aber die Herrscher in den ganz unterschiedlichen deutschen Fürstentümern sorgten für eine kaum überschaubare Bezeichnungsvielfalt bei Neuverleihungen.

Die Adelsbezeichnungen – und damit die Anredeformen – bestanden in der Monarchie aus Adelsprädikat, Adelstitel und Familienname (und obendrein den Vornamen). Namensführung und damit verbundene Anredeprivilegien wurden, soweit dies überhaupt möglich war, von einem gesonderten Adelsrecht geregelt.

Damit machte die Weimarer Verfassung teilweise ein Ende. Adelsprivilegien wurden abgeschafft. Im Jahre 1919 verschwanden offiziell auch die Adelsprädikate und damit Anredeformen wie „Hoheit", „Durchlaucht" usw. Dagegen wurden die Adelstitel („Herzog", „Freifrau", „Graf" etc.) Teil des Namens. Konsequenterweise geht der „adlige" Name seitdem auch auf uneheliche und adoptierte Kinder über. Neue Adelstitel werden in Deutschland seit 1919 nicht mehr verliehen.

Es gibt also – und dies ist für die Anredekonventionen relevant – seit 1919 in Deutschland standesamtlich eingetragene Namen wie „Hans von Stockhausen", „Prinz Friedrich von Preußen", „Christian Graf von Bohnenfeld" usw.

Daneben aber existieren gesellschaftlich auch noch die – namensrechtlich längst abgeschafften – alten Adelsprädikate. Viele adlige Namensträger legen Wert auf entsprechende Anredeformen. Und auch im monarchischen Sinne „nichtadlige" Namensträger, die ihren Adelsnamen z. B. durch Adoption erworben haben, lassen sich häufig sehr gern mit alten Adelsprädikaten anreden. Darauf sollte man bei der Auswahl unter den zur Verfügung stehenden Anredemöglichkeiten achten.

| Adressat | Anschrift | Anrede schriftlich | Anrede mündlich |
|---|---|---|---|
| Prinzessin | Frau *Vorname* Prinzessin von (zu) *Name* <br><br> oder *(mit altem Adelsprädikat):* Ihrer Hoheit Prinzessin *Vorname* von (zu) *Name* | Sehr geehrte Prinzessin von (zu) *Name* <br><br> oder *(mit altem Adelsprädikat):* Euer Hoheit | Prinzessin *Name* <br><br> oder *(mit altem Adelsprädikat):* Hoheit |
| Prinz | Herrn *Vorname* Prinz von (zu) *Name* <br><br> oder *(mit altem Adelsprädikat):* Seiner Hoheit Prinz *Vorname* von (zu) *Name* | Sehr geehrter Prinz von (zu) *Name* <br><br> oder *(mit altem Adelsprädikat):* Euer Hoheit | Prinz *Name* <br><br> oder *(mit altem Adelsprädikat):* Hoheit |
| Herzogin | Frau *Vorname* Herzogin von (zu) *Name* <br><br> oder *(mit altem Adelsprädikat):* Ihrer Hoheit Herzogin *Vorname* von (zu) *Name* | Sehr geehrte Frau Herzogin von (zu) *Name* <br><br> oder *(mit altem Adelsprädikat):* Euer Hoheit | Herzogin *Name* <br><br> oder *(mit altem Adelsprädikat):* Hoheit |

| Adressat | Anschrift | Anrede schriftlich | Anrede mündlich |
|---|---|---|---|
| Herzog | Herrn *Vorname* Herzog von (zu) *Name* | Sehr geehrter Herzog von (zu) *Name* | Herzog *Name* |
| | *oder (mit altem Adelsprädikat):* Seiner Hoheit Herzog *Vorname* von (zu) *Name* | *oder (mit altem Adelsprädikat):* Euer Hoheit | *oder (mit altem Adelsprädikat):* Hoheit |
| Markgräfin | Frau Markgräfin *Vorname* von (zu) *Name* | Sehr geehrte Markgräfin von (zu) *Name* | Markgräfin *Name* |
| | *oder (mit altem Adelsprädikat):* Ihrer Hoheit Markgräfin *Vorname* von (zu) *Name* | *oder (mit altem Adelsprädikat):* Euer Hoheit | *oder (mit altem Adelsprädikat):* Hoheit |
| Markgraf | Herrn *Vorname* Markgraf von (zu) *Name* | Sehr geehrter Markgraf von (zu) *Name* | Markgraf *Name* |
| | *oder (mit altem Adelsprädikat):* Seiner Hoheit Markgraf *Vorname* von (zu) *Name* | *oder (mit altem Adelsprädikat):* Euer Hoheit | *oder (mit altem Adelsprädikat):* Hoheit |
| Fürstin | Frau *Vorname* Fürstin von (zu) *Name* | Sehr geehrte Fürstin von (zu) *Name* | Fürstin *Name* |
| | *oder (mit altem Adelsprädikat):* Ihrer Durchlaucht Fürstin *Vorname* von (zu) *Name* | *oder (mit altem Adelsprädikat):* Euer Durchlaucht | *oder (mit altem Adelsprädikat):* Durchlaucht |

| Adressat | Anschrift | Anrede schriftlich | Anrede mündlich |
|---|---|---|---|
| Fürst | Herrn *Vorname* Fürst von (zu) *Name* | Sehr geehrter Fürst von (zu) *Name* | Fürst *Name* |
| | *oder (mit altem Adelsprädikat):* Seiner Durchlaucht Fürst *Vorname* von (zu) *Name* | *oder (mit altem Adelsprädikat):* Euer Durchlaucht | *oder (mit altem Adelsprädikat):* Durchlaucht |
| Gräfin | Frau *Vorname* Gräfin von (von der/zu) *Name* | Sehr geehrte Gräfin von (von der/zu ) *Name* | Gräfin *Name* |
| | *oder (mit altem Adelsprädikat):* Ihrer Erlaucht Gräfin *Vorname* von (zu) *Name* | *oder (mit altem Adelsprädikat):* Euer Erlaucht | *oder (mit altem Adelsprädikat):* Erlaucht |
| Graf | Herrn *Vorname* Graf von (von der/zu) *Name* | Sehr geehrter Graf von (von der/zu) *Name* | Graf *Name* |
| | *oder (mit altem Adelsprädikat):* Seiner Erlaucht Graf *Vorname* von (zu) *Name* | *oder (mit altem Adelsprädikat):* Euer Erlaucht | *oder (mit altem Adelsprädikat):* Erlaucht |
| Freifrau (unverheiratet: Freiin) | Freifrau *Vorname* von (von der/ zu) *Name* | Sehr geehrte Freifrau von (von der/zu) *Name* | Frau von (von der / zu) *Name* |
| | | *oder:* Sehr geehrte Frau von (von der/ zu) *Name* | |

| Adressat | Anschrift | Anrede schriftlich | Anrede mündlich |
|---|---|---|---|
| Freiherr | Freiherrn *Vorname* von (von der/zu) *Name* | Sehr geehrter Freiherr von (von der/zu) *Name*<br><br>oder:<br>Sehr geehrter Herr von (von der/zu) *Name* | Herr von (von der/zu) *Name* |
| Baronin (un-verheiratet: Baronesse) | Frau *Vorname* Baronin von *Name* | Sehr geehrte Baronin *Name*<br><br>oder:<br>Sehr geehrte Frau von (von der/zu) *Name* | Frau von (von der/zu) *Name*<br><br>oder:<br>Baronin *Name* |
| Baron | Herrn *Vorname* Baron von *Name* | Sehr geehrter Baron *Name*<br><br>oder:<br>Sehr geehrter Herr von (von der/zu) *Name* | Herr von (von der/zu) *Name*<br><br>oder:<br>Baron *Name* |
| Ritter | Herrn *Vorname* Ritter von *Name* | Sehr geehrter Herr von *Name* | Herr von *Name* |
| Edle | Frau *Vorname* Edle von *Name* | Sehr geehrte Frau von *Name*<br><br>oder:<br>Sehr geehrte Frau Edle von *Name* | Frau von *Name* |

| Adressat | Anschrift | Anrede schriftlich | Anrede mündlich |
|---|---|---|---|
| Edler | Herrn *Vorname* Edler von *Name* | Sehr geehrter Herr von *Name*<br><br>oder:<br>Sehr geehrter Herr Edler von *Name* | Herr von *Name* |
| Nichttitulierter Adel (weiblich) | Frau *Vorname* von *Name* | Sehr geehrte Frau von *Name* | Frau von *Name* |
| Nichttitulierter Adel (männlich) | Herrn *Vorname* von *Name* | Sehr geehrter Herr von *Name* | Herr von *Name* |

**Anmerkungen**

1. Die Adelsprädikate werden gegebenenfalls mit akademischen Titeln kombiniert, z. B.:

Anschrift:
Herrn Prof.
Dr. *Vorname* Edler von *Name*
Frau
Dr. *Vorname* Gräfin zu *Name*

Schriftliche Anrede:
Sehr geehrte
Fürstin Prof. Dr. von *Name*
Sehr geehrter
Graf Dr. von *Name*

Mündliche Anrede:
Graf Dr. *Name*
Professorin von *Name*

Bei der Stellung des Doktortitels innerhalb des mehrgliedrigen adligen Namens gibt es immer wieder Schwankungen und

Unsicherheiten wegen des Konfliktes zwischen juristischem Namensrecht und gesellschaftlich fortbestehenden alten Adelskonventionen. Um solchen Problemen aus dem Weg zu gehen, sollte grundsätzlich die rechtlich verbindliche Form in der Anrede verwendet werden:

- enthält die Anrede einen oder mehrere Vornamen, steht der Doktortitel unmittelbar vor dem ersten Vornamen (.... Dr. *Vorname* ....)
- enthält die Anrede keinen Vornamen, steht der Doktortitel unmittelbar vor dem adligen Namen (..... Dr. von *Name*.... bzw. .... Dr. *Name)*

2. In der schriftlichen Kommunikation von Adligen untereinander wird der Namensteil „von" häufig als „v." abgekürzt, um adelige „von-Namen" von nichtadeligen „von-Namen" zu unterscheiden. Dabei wird die Form „v." für den „echten" Adel verwendet und die Form „von" für nichtadelige Namensträger (deren „von" im Namen z. B. auf eine im 19. Jahrhundert gängige Verdeutschung des niederländischen „van" zurückgeht). Wer in der Briefadresse oder auf der Visitenkarte in seinem Namen die Abkürzung „v." verwendet, gibt damit zu verstehen, dass er Wert darauf legt, dem „echten" Adel anzugehören. Also sollte man in der schriftlichen Anrede diese Abkürzung verwenden, z. B.:

> Sehr geehrter Herr v. Rodenstein
> Sehr geehrte Freifrau v. Grauberg

Wenn der Namensteil „von" abgekürzt „v." geschrieben wird, schreibt man diese abgekürzte Form auch am Satzanfang klein.

3. Bei titulierten Adligen (Trägern von Namensteilen wie „Fürst", „Graf", „Freiherr") ist es in der mündlichen Kommunikation nicht erforderlich, jedesmal die oft komplizierte An-

rede zu wiederholen. Eine praktikable Lösung ist, zunächst die offizielle Anrede zu verwenden und dann mit der vereinfachten Form fortzufahren, z. B.:

> Frau von Steinberg
> Herr von Giesbert
> Baronesse Meinhard
> Graf Holenstein

4. Über den Gebrauch der früheren Adelstitel und heutigen Namensbestandteile „Freiherr"/„Freifrau"/„Freiin" und „Baron"/„Baronin"/„Baronesse" gibt es viel historischen Streit, der aber allenfalls für genealogische Forscher interessant ist. So gibt es das Adelsprädikat „Baron/Baronin/Baronesse" im deutschen Sprachraum rechtlich nur für die Nachfahren der Ritter des Deutschen Ordens (baltischer Adel und die deutschen Zweige). Im gesellschaftlichen Umgang gibt es aber auch die Anrede „Baron" für einen Freiherrn (insbesondere in Süddeutschland). Prinzipiell sind die Adelstitel „Baronin/Baron/Baronesse" und „Freiherrin/Freiherr/Freiin" gleichrangig. Für die Anrede ist zu beachten, dass diese Namensbestandteile in Anredeformen zwischen Vornamen und Nachnamen stehen, z. B.:

> Sehr geehrte Frau Lisa Freiin zu Tiefenstein
> Sehr geehrter Herr Dagobert Freiherr von Schönthal.

Die Anreden „Frau Baronin", „Herr Baron" werden häufig von Untergebenen verwendet. Wegen ihres oft als unterwürfig eingeschätzten Beigeschmacks werden sie daher eher vermieden. Sie haben aber immerhin den Vorteil, dass der Anredende den (mitunter schwierigen oder vergessenen) Namen nicht nennen muss.

5. Der juristisch korrekte Name von Gräfinnen und Grafen lautet „Gräfin von *Name*" bzw. „Graf von *Name*". Daher sind mündliche Anreden wie

Herr Graf von Bosberg
Frau Gräfin von Walden

möglich. Üblich sind jedoch die mündlichen Anreden

Graf Bosberg
Gräfin Walden.

6. In sehr förmlicher privater Korrespondenz werden heute noch in der Briefanschrift alte Abkürzungen von Adelsprädikaten verwendet (die heute juristisch gesehen nicht mehr Namensteil sind):

| | |
|---|---|
| I.K.u.K.H. | Ihrer Kaiserlichen und Königlichen Hoheit |
| S.K.u.K.H. | Seiner Kaiserlichen und Königlichen Hoheit |
| I.K.H. | Ihrer Königlichen Hoheit |
| S.K.H. | Seiner Königlichen Hoheit |
| I.Hoheit | Ihrer Hoheit |
| S.Hoheit | Seiner Hoheit |
| I.D. | Ihrer Durchlaucht |
| I.E. | Ihrer Erlaucht |
| S.E. | Seiner Erlaucht |
| I.H. | Ihrer Hochwohlgeboren |
| S.H. | Seiner Hochwohlgeboren |
| S.H.u.I.H. | Seiner und Ihrer Hochwohlgeboren |
| I.H.u.W. | Ihrer Hoch- und Wohlgeboren |
| S.H.u.W. | Seiner Hoch- und Wohlgeboren |
| I.Hgb. | Ihrer Hochgeboren |
| S.Hgb. | Seiner Hochgeboren |

7. Wer im Einzelnen zum Hochadel, zum Niederen Adel, zum Uradel, zum Alten Adel, zum Briefadel etc. gehört, wem exakt welche Anreden zustehen, für wen welche alten Adelsprädikate und Abkürzungen in der Anschrift angemessen sind, kann konkret nur für jede Persönlichkeit im Einzelfall entschieden werden. Hierüber geben das „Genealogische Hand-

buch des Adels" (Adelslexikon) und die „Gothaischen Genealogischen Taschenbücher" (später: „Adeliges Taschenbuch") Auskunft. In Zweifelsfällen kann beim Deutschen Adelsarchiv nachgefragt werden.

# 3. Anredeformen in der internationalen Kommunikation

## 3.1 Was es zu beachten gilt

Die internationalen Kontakte nehmen durch Handel, Reisen, Zusammenschlüsse zu übernationalen Unternehmen, Zusammenarbeit in internationalen Institutionen und Verbänden, durch Arbeitsmigration, Schüleraustausch, Einsatz von internationalen Militärverbänden, Kommunikation über elektronische Informationssysteme usw. immer mehr zu.

Damit stellen sich auch zunehmend sprachliche Verständigungsprobleme, von der privaten Konversation, der Geschäftskorrespondenz und telefonischen Geschäftsverhandlungen bis hin zu internationalen Konferenzen.

Und damit sind stets auch zwischenmenschliche kommunikative Kontakte mit dem heiklen Problem der angemessenen Anrede verbunden.

Für das Anredeverhalten in der internationalen Kommunikation gilt zunächst einmal all das, was auch für die Anrede innerhalb der Muttersprache wichtig ist. Die Anrede ist der erste kommunikative Kontakt, mit dem die Weichen für das soziale Verhältnis zwischen den Kommunikationspartnern gestellt werden.

Für zwischensprachliche Kontakte gilt aber noch mehr. Zunächst einmal sollte man sich für den Außenhandel an eine alte Kaufmannsweisheit erinnern. „Man muss die Sprache des Kunden sprechen", sagte man früher in den Exportkontoren. Dies galt im doppelten Sinne. Einmal war damit gemeint, dass man nach Möglichkeit die Muttersprache des Kunden und potenziellen Käufers beherrschen sollte. Dann war damit aber auch gemeint, dass man die sprachlichen Gewohnheiten, die Stilebene, die Konventionen des Umgangs beim Adressaten treffen sollte.

Dieser Grundsatz gilt auch heute noch. Es ist ein Irrtum anzunehmen, dass man mit schlechtem Englisch bei allen Kunden auf der Welt Verhandlungserfolge einfahren kann. Auch heute noch freut sich jeder Kunde, wenn man in seiner Muttersprache mit ihm sprechen und verhandeln kann. Und wenn man schon seine Sprache nicht beherrscht, dann zeigen ein paar höfliche Redensarten und Begrüßungsformeln, dass man Sprache und Kultur seines Gesprächspartners in Grundzügen kennt und achtet. Das beste Mittel dafür ist eine angemessene Anrede. Gute internationale Kontakte werden fraglich, wenn man nicht weiß, mit welchem Namensteil man sein Gegenüber anzusprechen hat und welcher Ehrentitel ihm gebührt. Ratschläge für die perfekte Anrede sollen davor bewahren.

Das Gleiche gilt für die Korrespondenz im internationalen Bereich. Die Anrede fällt beim Lesen zuerst ins Auge. Auch wenn ein Chef einen Geschäftsbrief gar nicht liest, sondern sofort an einen Sachbearbeiter weiterleitet, wird er doch die Unterschrift und die Anrede zur Kenntnis nehmen. Auch da stellt also die angemessene Anrede – möglichst in der Muttersprache des Adressaten – den ersten und wichtigen Kontakt her.

Wenn man eine Fremdsprache lernt, erfährt man viel über grammatische Strukturen und Grundwortschatz. Oft kann man damit im Ausland grundlegende Dinge des Alltagslebens ausdrücken. Aber das Wichtigste fehlt fast immer in all den Lehrwerken, Wörterbüchern und Grammatiken. Man lernt nie oder selten, wie man in der Fremdsprache telefoniert, wie man jemanden angemessen begrüßt, wie man sich vorstellt, wie man Geschäftspartner miteinander bekannt macht, wie man ganz unterschiedliche Menschen anredet. Die wichtigsten sprachlichen Handlungen des Alltagslebens werden also meistens gar nicht erwähnt und nicht gelernt. Solche Informationen sind aber grundlegend, wenn man Sprache als Mittel der zwischenmenschlichen Kommunikation versteht. Und zum gesellschaftlichen Umgang miteinander gehören nun einmal Höflichkeit, Ausdruck von Achtung, ehrenvolle Anrede und Begrüßung.

Viele Sprachen haben ähnliche Strukturen, aber diese sind oft nur scheinbar identisch. Zahlreiche Sprachen unterscheiden zwei verschiedene Formen der persönlichen Anrede wie im Deutschen „Du" und „Sie". Aber die Anwendungsbereiche dieser Unterscheidung können ganz unterschiedlich sein. Wenn ein finnischer Schüler Deutsch lernt, dann erfährt er aus seinem Lehrbuch etwa, dass es im Deutschen eine vertrauliche Anrede „Du" gibt und eine förmliche „Sie". Einen ganz ähnlichen Unterschied gibt es im Finnischen. Aber hier ist die „vertrauliche" Anrede die ganz normale Form der Anrede unter Erwachsenen. Der junge Finne, der brav Deutsch gelernt hat, wird also bei seinem ersten Besuch in Deutschland einen Polizisten oder einen Zugschaffner mit „Du" anreden. Er hat ja im Unterricht nicht gelernt, wann man im Deutschen wen wie anredet. Ganz folgerichtig hat er eine Struktur seiner Muttersprache auf das Deutsche übertragen. Das Problem dabei ist: Jedem Ausländer verzeiht man sofort einen grammatischen Fehler oder eine falsche Aussprache. Aber bei einem Missgriff im Bereich des kommunikativen Umgangs, in der Höflichkeit, in der angemessenen Anrede denkt man nicht an den möglichen Fehler, sondern man nimmt die sprachliche Äußerung übel, fühlt sich beleidigt. Darum ist es so wichtig, sich auch im internationalen Bereich mit höflichen Umgangsformen, mit Begrüßung, mit den Namen, mit der angemessenen Anrede auszukennen.

Die Hinweise zur perfekten Anrede in wichtigen Ländern wollen die gängigen Grammatiken, Wörterbücher, Lehrwerke um einen vernachlässigten Bereich ergänzen und dazu beitragen, dass die ersten sprachlichen Kontakte mit Ausländern erfolgreich verlaufen.

# 3.2 Sprachliche und geografische Bereiche

## 3.2.1 Arabisch

### 3.2.1.1 Namen und Anredeformen

Arabisch wird von ca. 170 Millionen Sprechern in zahlreichen Ländern als Muttersprache gesprochen. Dass zwei Sprecher arabisch sprechen, heißt allerdings noch längst nicht, dass sie sich auch verstehen. Zwei einfache Bewohner aus unterschiedlichen arabischen Ländern oder Gegenden verstehen sich in der Regel kaum oder gar nicht. Das liegt daran, dass die arabische Sprache regional und dialektal sehr unterschiedlich ist. Hilfreich kann in vielen Fällen die Schrift sein, sofern die betreffenden Personen lesen und schreiben können.

Als überregionales und überstaatliches Kommunikationsmittel ist das „Moderne Standardarabisch" entwickelt worden (gelegentlich auch „Hocharabisch" oder „Modernes Klassisches Arabisch" genannt). Vereinfacht gesagt, orientiert es sich an der klassischen Schriftsprache des Korans und versucht eine grammatische und lexikalische Standardisierung der dialektalen Unterschiede. Das „Moderne Standardarabisch" wird an den (höheren) Schulen der arabischen Ländern unterrichtet und von den Schülern als eine Art Zweitsprache erlernt. Es ist in fast 20 arabischen Staaten offizielle Sprache und wird von Gebildeten mehr oder weniger gut beherrscht.

Die Hinweise zu arabischen Anredeformen beziehen sich auf das „Moderne Standardarabisch". Da Anredekonventionen sehr stark gesellschaftlich geprägt sind, ist klar, dass diese Hinweise keine Gemeingültigkeit beanspruchen können. Vielmehr gibt es zwischen den einzelnen arabischen Ländern große Unterschiede.

Ähnlich wie im Deutschen gibt es im Arabischen einen geschlechts- und altersbezogenen Anredeteil:

| Sayyid | (Herr) |
| Sayyida | (Frau) |
| Ānissa | (Fräulein) |

Der Gebrauch ist etwa wie früher im Deutschen üblich, d.h. die Anrede „Ānissa" wird für sehr junge Frauen verwendet. Es können auch Kindergärtnerinnen und Grundschullehrerinnen mit „Ānissa" angeredet werden.

Zu den größten Schwierigkeiten bei der Anrede gehört die komplizierte Struktur arabischer Namen. Ein Eigenname besteht zunächst aus Vornamen und Vaternamen, wobei der Vatername der wichtigere ist, z.B.:

| *Vorname* | *Vatername (=Vorname des Vaters)* |
| Mohammed | Abdullah |

Die Verwandtschaftsbeziehung wird häufig durch das Funktionswort „bin" („Sohn von") zusätzlich ausgedrückt:

Mohammed bin Abdullah

In Saudi-Arabien, dem Irak und in den Golfstaaten wird das Wörtchen „bin" eher wie „ibn" ausgesprochen.

Beide Namensvarianten bedeuten „Mohammed, der Sohn des Abdullah". Die gleiche Konstruktion gilt sowohl für Frauen als auch für Männer. Statt nur eines Vornamens oder Vaternamens können auch zwei Namen getragen werden. Und hinter den Vaternamen kann auch der Vorname des Großvaters gesetzt werden, z.B.:

| *Vorname* | *Vatername* | *Großvatername* |
| Mohamed | Abdullah | Ibrahim |

Aber nicht nur auf die Vorfahren kann der Eigenname hinweisen, sondern auch auf die Kinder. Dies geschieht durch die Partikel *„abu"* („Vater von") bzw. *„umm"* („Mutter von"), z.B.:

Mohamed Abdullah abu Mustafa (Mohamed Abdullah, der Vater von Mustafa)

Fatima Abdullah umm Ali (Fatima Abdullah, die Mutter von Ali)

Am Ende der Namenskette folgt der Familienname, der oft die Stammesherkunft bezeichnet (in einigen Ländern durch die vorangestellte Präposition „Al-" oder „El-" angezeigt). Wie sich der Gesamtname zusammensetzt, hängt oft von der jeweiligen Familie und ihrer Namenstradition ab.

Eine Anrede mit dem Vornamen und der Anredeform für Mann/Frau/Fräulein geschieht in den meisten arabischen Ländern unter Erwachsenen nur bei engen Freundschaftsverhältnissen, z. B.:

Sayyid Mohamed

Von solchen Fällen abgesehen, wird in mündlicher Anrede der Familienname verwendet, in schriftlicher Anrede oft der gesamte Name. Es können allenfalls diejenigen Namensteile in der Anrede fortgelassen werden, die zwischen Vaternamen und letztem Namensteil eingeschoben sind. Beim Namensteil der Anrede besteht kein Unterschied zwischen männlichen und weiblichen Adressaten. Titel, auch Berufsbezeichnungen, militärische Dienstgrade und Adelsprädikate (z. B. „Emir", „Sultan") sind sehr wichtig. Besonders in der brieflichen Anrede dürfen sie nicht fehlen. Sie werden der Namenskette vorangestellt.

Der Förmlichkeitsgrad der mündlichen Anrede wird durch folgende vorangestellte Formen gesteuert:

Ya (informelle Anrede; weiblicher oder männlicher Adressat)

Ayyuhā (förmliche Anrede; männlicher Adressat)

Ayyatuha (förmliche Anrede; weiblicher Adressat)

Anredeformen in der Alltagskommunikation können wie folgt
lauten:

| | |
|---|---|
| Herr *Name* | Ya Sayyid *Familienname* |
| Sehr geehrter Herr *Name* | Ayyuhā s-Sayyid *Familienname* |
| Frau *Name* | Ya Sayyida *Familienname* |
| Sehr geehrte Frau *Name* | Ayyatuha s-Sayyida *Familienname* |
| Arzt | Ya Doktūr *Familienname* |
| Ärztin | Ya Doktūra *Familienname* |
| Meine Damen und Herren | Ayyatuha s-Sayyidāt wa-s-Sāda |
| Sehr verehrte Damen und Herren | Ayyatuha s-Sayyidāt wa-s-Sāda l-muchtaramūn |
| Liebe Gäste | Ayyuhā d-duyūf al-a'izzā |
| Verehrte Anwesende | Ayyuhā l-hādirūn al-kirām |
| Verehrte Zuhörer | Ayyuhā l-mustami'ūn al-kirām |

### 3.2.1.2 Protokollarische Anredekonventionen

Die protokollarischen Anredekonventionen sind in den meisten
arabischen Ländern sehr wichtig; sie unterscheiden sich aber teilweise von Land zu Land. Die folgende Beispielliste gibt daher
nur Anhaltspunkte. Im konkreten Fall sollte man recherchieren
und gegebenenfalls bei deutschen Auslandsvertretungen oder
bei diplomatischen Vertretungen des betreffenden Landes in
Deutschland rückfragen.

| Adressat | Anrede |
|---|---|
| Sehr verehrter Herr Staatspräsident! (wörtl. „Präsident der Republik") | Ayyuhā s-Sayyid Ra'is al-Djumhūrīya al-muchtaram |
| Ihre Majestät, König *Name* | Ayyatuha Djalālat al-malik *Name* |
| Ihre Majestät, Königin *Name* | Ayyatuha Djalālat al-malika *Name* |
| Herr Imam *Name* | Ya Sayyid al-Imām *Name* |

| Adressat | Anrede |
|---|---|
| Sehr geehrter Herr Generalsekretär | Ayyuhā s-Sayyid al-Amīn al-āmm |
| Sehr geehrte Frau Generalsekretärin | Ayyatuha s-Sayyida al-Amīna al-āmma |
| Sehr geehrter Herr Ministerpräsident | Ayyuhā s-Sayyid Wazīr al-wuzarā |
| Sehr geehrte Frau Ministerpräsidentin | Ayyatuha s-Sayyida al-Amīna al-āmma |
| Sehr geehrter Herr Innenminister | Ayyuhā s-Sayyid Wazīr ad-ad-dāchilīya |
| Sehr geehrte Frau Innenministerin | Ayyatuha s-Sayyida Wazīrat ad-dāchilīya |
| Sehr geehrter Herr Außenminister | Ayyuhā s-Sayyid Wazīr al-Chāridjīya |
| Sehr geehrte Frau Außenministerin | Ayyatuhā s-Sayyida Wazīrat al-Chāridjīya |
| Sehr geehrter Herr Umweltminister | Ayyuhā s-Sayyid Wazīr al-Bī'a |
| Sehr geehrte Frau Umweltministerin | Ayyatuhā s-Sayyida Wazīrat al-Bī'a |
| Sehr geehrter Herr Informationsminister | Ayyuhā s-Sayyid Wazīr al-I'alām |
| Sehr geehrte Frau Informationsministerin | Ayyatuha s-Sayyida Wazīrat al-I'alām |
| Sehr geehrter Herr Landwirtschaftsminister | Ayyuhā s-Sayyid Wazīr az-Zirā'a |
| Sehr geehrte Frau Landwirtschaftsministerin | Ayyatuha s-Sayyida Wazīrat az-Zirā'a |
| Sehr geehrter Herr Verteidigungsminister | Ayyuhā s-Sayyid Wazīr ad-Difā'a |
| Sehr geehrte Frau Verteidigungsministerin | Ayyatuha s-Sayyida Wazīrat ad-Difā'a |
| Sehr geehrter Herr Parlamentspräsident | Ayyuhā s-Sayyid Ra'īs al-Barlamān* |
| Sehr geehrte Frau Parlamentspräsidentin | Ayyatuha s-Sayyid Ra'īsat al-Barlamān* |
| Sehr geehrter Herr Parlamentsabgeordneter | Ayyuhā s-Sayyid Nā'ib al-Barlamān* |
| Sehr geehrte Frau Parlamentsabgeordnete | Ayyatuha s-Sayyida Nā'ibat al-Barlamān* |
| Sehr geehrter Herr Botschafter | Ayyuhā s-Sayyid as-Safīr |

| Adressat | Anrede |
|---|---|
| Sehr geehrte Frau Botschafterin | Ayyatuha s-Sayyida as-Safīra |
| Sehr geehrter Herr Generalkonsul | Ayyuhā s-Sayyid al-kunsul al-āmm |
| Sehr geehrte Frau Generalkonsulin | Ayyatuha al-kunsula al-āmma |
| Sehr geehrter Herr Konsul | Ayyuhā s-Sayyid al-kunsul |
| Sehr geehrte Frau Konsulin | Ayyatuha al-kunsula |
| Sehr geehrter Herr Attaché | Ayyuhā s-Sayyid al-Mulhak |
| Sehr geehrte Frau Attaché | Ayyatuha al-Mulhaka |
| Sehr geehrter Herr Kulturattaché | Ayyuhā s-Sayyid al-Mulhak ath-thakāfī |
| Sehr geehrte Frau Kulturattaché | Ayyatuha al-Mulhaka ath-thakāfīya |
| Sehr geehrter Herr Presseattaché | Ayyuhā s-Sayyid al-Mulhak as-suchufī |
| Sehr geehrte Frau Presseattaché | Ayyatuha al-Mulhaka as-Suchufīya |
| Sehr geehrter Herr Handelsattaché | Ayyuhā s-Sayyid al-Mulhak at-tidjārī |
| Sehr geehrte Frau Handelsattaché | Ayyatuha al-Mulhaka at-tidjārīya |
| Sehr geehrter Herr Militärattaché | Ayyuhā s-Sayyid al-Mulhak al-askarī |
| Sehr geehrter Herr Generalgouverneur | Ayyuhā s-Sayyid al-hākim al-āmm |
| Sehr geehrte Frau Generalgouverneurin | Ayyatuha al-hākima al-āmma |
| Sehr geehrter Herr General | al-Djinirāl |
| Lieber Herr Generaldirektor | Ya Sayyid al-Mudīr al-āmm al-azīz |

## Anmerkung:

*Statt der allgemeinen Bezeichnung „al-Barlamān"(Parlament)
kann hier die jeweils landesübliche Bezeichnung eingesetzt werden, z.B.:

Madjlis al-Umma
Madjlis asch-Schaab oder
Madjlis asch-Schūrā.

## 3.2.2 Englisch (Großbritannien)

### 3.2.2.1 Anredekonventionen

Im Gegenwartsenglischen gibt es keine pronominalen Anrede-unterschiede. Die einzige pronominale Anredemöglichkeit ist „you". Man kann also im Englischen mit Anredepronomen nicht nach Einzahl oder Mehrzahl, männlich oder weiblich, alt oder jung, vertraulich oder förmlich usw. unterscheiden. Differenzie-rungen nach gesellschaftlichen Beziehungen und Vertraulich-keitsgraden müssen daher mit anderen sprachlichen Mitteln geschehen.

Nach dem Geschlecht wird im britischen Englisch durch fol-gende Nominalformen unterschieden:

| | |
|---|---|
| Anrede für Männer: | Mister (in schriftlicher Anrede ab-gekürzt: Mr) |
| Anrede für Männer ohne Titel: | Esquire (schriftliche Anrede, als Abkürzung Esq., dem Nachnamen angefügt; der Gebrauch geht zu Gunsten von Mister zurück). |
| Anrede für unverheiratete Frauen: | Miss |
| Anrede für verheiratete Frauen: | Mistress (in schriftlicher Anrede abgekürzt: Mrs) |

Wegen der gesellschaftlichen Problematik, zwischen verheirate-ten und unverheirateten Frauen zu unterscheiden, setzt sich in der schriftlichen Anrede immer mehr eine „neutrale" Abkür-zung durch:

| | |
|---|---|
| Schriftliche Anrede für Frauen: | Ms |

Nach Vertraulichkeitsgraden lässt sich im Englischen differenzieren, indem das unmarkierte „you" mit dem Nachnamen, aber auch mit dem Vornamen kombiniert wird. Nachdem man sich namentlich miteinander bekannt gemacht hat, geht man unter Geschäftspartnern oder Kollegen relativ rasch und ohne Zeremoniell zur Anrede mit dem Vornamen über. Auch durch differenzierte nominale Anredeformen und durch Adjektive wie „dear" lässt sich auf der Förmlichkeitsskala abstufen. Eine Reihenfolge der Anredeformen an männliche Adressaten könnte – bei zunehmendem Vertraulichkeitsgrad – etwa wie folgt aussehen:

> Sir
> Dear Sir
> Mr Brown
> Michael
> Dear Michael
> Mike

Ähnlich könnte man eine Skala für die Anrede an weibliche Adressaten aufstellen:

> Madam
> Dear Madam
> Ms Brown
> usw.

In Großbritannien spielt der Doktorgrad in der Anrede keine wichtige Rolle, ausgenommen im medizinischen Bereich. Dagegen werden auf der Visitenkarte hinter dem Namen abgekürzt erworbene Hochschulgrade, absolvierte Universitäten, Colleges, erworbene Diplome, Zugehörigkeit zu renommierten Vereinigungen, Auszeichnungen usw. angeführt. Diese Angaben figurieren auch in der Briefanschrift, bei offiziellen Anlässen gegebenenfalls auch in der schriftlichen Anrede. Eine Auswahl wichtiger Abkürzungen als Namensbestandteile ist als Anhang zu diesem Kapitel aufgeführt.

Die brieflichen Anredeformen sind im britischen Englisch relativ einfach. An persönlich bekannte Adressaten schreibt man:

Dear Mrs Brown,
Dear Miss Wilkins,
Dear Ms Robinson,
Dear Mr Miller,
Dear John,

Wenn der Adressat unbekannt oder nicht namentlich bekannt ist, schreibt man in der Briefanrede:

Dear Sir,
Dear Sirs,
Madam,
Dear Director,
Dear Colleague,
Dear Professor,
Dear Mr President,

Im Gegensatz zum Anredegebrauch in den USA wird hinter die Abkürzungen der Anredeformen kein Punkt gesetzt und hinter die briefliche Anredeformel ein Komma, z. B.:

| Britische Briefanrede | Amerikanische Briefanrede |
|---|---|
| Dear Ms Johnson, | Dear Ms. Johnson: |
| Dear Mr Smith, | Dear Mr. Smith: |
| Dear Sir, | Dear Sir: |
| Dr Halliday, | Dr. Halliday: |

Wegen der im Englischen nicht möglichen pronominalen Anrede-differenzierung kommt es auch nicht von ungefähr, dass die protokollarischen Anredeformen in hohem Maße differenziert sind und in Großbritannien auch in traditioneller Weise befolgt werden. Da Großbritannien eine Monarchie ist, sind insbesondere die Adelstitel und Adelsprädikate kompliziert und stark differenziert. Bei der Anrede an den Hochadel wird sogar unterschieden, ob eine mündliche Anredeform zu Beginn oder im weiteren Verlauf des Gespräches benutzt wird. So redet man die englische Königin zunächst mit „Your Majesty" an und daran anschließend immer mit „Ma'am". Es ist in Großbritannien also sehr wichtig, die angemessene Anrede gemäß dem sozialen Rang zu treffen.

### 3.2.2.2 Protokollarische Anredeformen

**Universitäten**

| Adressat | Anschrift | Anrede schriftlich | Anrede mündlich |
|---|---|---|---|
| Kanzlerin einer Universität/ Hochschule<br><br>Chancellor | Dr *Vorname Name* Chancellor of the University of . . . . . | Madam Chancellor<br><br>*oder:*<br>Dear Dr *Name* | Madam Chancellor |
| Kanzler einer Universität/ Hochschule<br><br>Chancellor | Dr *Vorname Name*, Esq. Chancellor of the University of . . . . . | Sir<br><br>*oder:*<br>Dear Sir<br>*oder:*<br>Dear Mr Chancellor<br>*oder:*<br>Dear Dr *Name* | Sir<br><br>*oder:*<br>Mister Chancellor<br>*oder:*<br>Doctor *Name* |
| Dekanin einer Universität/ Hochschule, einer Fakultät/ eines Fachbereichs<br><br>Dean | Dean *Vorname Name*<br><br>*oder:*<br>Dr *Vorname Name* Dean | Madam | Madam<br><br>*oder:*<br>Doctor *Name* |

| Adressat | Anschrift | Anrede schriftlich | Anrede mündlich |
|---|---|---|---|
| Dekan einer Universität/ Hochschule, einer Fakultät/ eines Fachbereichs<br><br>Dean | Dean *Vorname Name*<br><br>oder:<br>Dr *Vorname Name*<br>Dean | Dear Sir<br><br>oder:<br>Dear Dean *Name* | Doctor *Name* |
| Professorin an einer Universität (Lehrstuhlinhaberin)<br><br>Professor | (The Reverend) Professor *Vorname Name,*<br>*(Abk. des Doktortitels)* | Madam<br><br>oder:<br>Dear Professor *Name* | Professor *Name* |
| Professor an einer Universität (Lehrstuhlinhaber)<br><br>Professor | (The Reverend) Professor *Vorname Name,*<br>*(Abk. des Doktortitels)* | Dear Sir<br><br>oder:<br>Dear Professor *Name* | Professor *Name* |
| Junior/Senior Lecturer | (Dr) *Vorname Name*<br>Junior/Senior Lecturer in *Fachname* | Dear Dr *Name*<br><br>oder:<br>Dear Mr/Ms *Name* | Doctor *Name*<br><br>oder:<br>Mister/Miss/ Mistress *Name* |
| Magister der Freien Künste/ Naturwissenschaften<br><br>Master of Arts/ Science | Mr/Ms *Vorname Name,*<br>M.A./M.Sc. | Dear Mr/Ms *Name* | Mister/Miss/ Mistress *Name* |
| Bachelor der Freien Künste/ Naturwissenschaften<br><br>Bachelor of Arts/Science | Mr/Ms *Vorname Name,*<br>B.A./B.Sc. | Dear Mr/Ms *Name* | Mister/Miss/ Mistress *Name* |

| Adressat | Anschrift | Anrede schriftlich | Anrede mündlich |
|---|---|---|---|
| Studierende Student | Ms *Vorname Name* | Dear Ms *Name* | Miss/Mistress *Name* |
| Studierender Student | Mr *Vorname Name* | Dear Mr *Name* | Mister *Name* |

## Politik

| Adressat | Anschrift | Anrede schriftlich | Anrede mündlich |
|---|---|---|---|
| Premierminis-terin des Verei-nigten König-reichs Prime Minister | The Prime Minister *oder:* The Right Honourable *Vorname Name*, M.P. | Right Honourable Prime Minister *oder:* Dear Prime Mi-nister | Prime Minister *oder:* Miss *Name* |
| Premierminis-ter des Verei-nigten König-reichs Prime Minister | The Prime Minister *oder:* The Right Honourable *Vorname Name*, M.P. | Right Honourable Prime Minister *oder:* Dear Prime Mi-nister | Prime Minister *oder:* Mister *Name* |
| Präsidentin ei-ner Republik President | Her Excellency *Vorname Name* President of *Länder-name* | Excellency *oder:* Madam President | Excellency *oder:* Madam President |
| Präsident einer Republik President | His Excellency *Vorname Name* President of *Länder-name* | Excellency *oder:* Dear Mr Presi-dent | Excellency *oder:* Mister President |
| Ministerin/ Kabinettsmit-glied Minister/Cabi-net Member | The Honourable *Vorname Name* Minister of *Ressort* | Honourable Mi-nister *oder:* Madam *oder:* Dear Minister | Minister *oder:* Miss *Name* |

| Adressat | Anschrift | Anrede schriftlich | Anrede mündlich |
|---|---|---|---|
| Minister/Kabinettsmitglied<br><br>Minister/Cabinet Member | The Honourable *Vorname Name*<br>Minister of *Ressort* | Honourable Minister<br><br>*oder:*<br>Sir<br>*oder:*<br>Dear Minister | Minister<br><br>*oder:*<br>Mister *Name* |
| Vorsitzende des Unterhauses<br><br>House of Commons, Speaker | The Honourable *Vorname Name* | Madam Speaker<br><br>*oder:*<br>Honourable Madam Speaker | Madam Speaker |
| Vorsitzender des Unterhauses<br><br>House of Commons, Speaker | The Honourable *Vorname Name* | Mr Speaker<br><br>*oder:*<br>Honourable Mr Speaker | Mister Speaker |
| Mitglied des Parlamentes/ Abgeordnete<br><br>Member of Parliament | *Vorname Name*, M.P. | Dear Madam | Madam |
| Mitglied des Parlamentes/ Abgeordneter<br><br>Member of Parliament | *Vorname Name*, Esq., M.P.<br>(*nur Canterbury und York:* The Honourable *Vorname Name*, Esq., M.P.) | Dear Sir | Sir |
| Oberste Richterin<br><br>Chief Justice | The Honourable Ms Justice *Name*<br>Chief Justice of . . . . | Madam<br><br>*oder:*<br>(Dear) Ms Chief Justice | Judge<br><br>*oder:*<br>Madam |

| Adressat | Anschrift | Anrede schriftlich | Anrede mündlich |
|---|---|---|---|
| Oberster Richter<br><br>Chief Justice | The Honourable Mr Justice *Name*<br>Chief Justice of . . . . | (Dear) Sir<br><br>*oder:*<br>(Dear) Mr Chief Justice | Judge<br><br>*oder:*<br>Sir<br>(*vor Gericht:* My Lord *oder* Your Lordship) |
| Oberbürgermeisterin (Belfast, Cardiff, Dublin, London, York)<br><br>Lady Mayoress | The Right Honourable/ Worshipful The Lady Mayoress of *Städtename* | My Lady | My Lady |
| Oberbürgermeister (Belfast, Cardiff, Dublin, London, York)<br><br>Lord Mayor | The Right Honourable/ Worshipful The Lord Mayor of *Städtename* | My Lord | My Lord |
| Bürgermeisterin<br><br>Mayoress | Her Worship,<br>The Mayoress of *Städtename/Gemeindename* | Madam Mayoress | Your Worship<br><br>*oder:*<br>Madam Mayoress |
| Bürgermeister<br><br>Mayor | His Worship,<br>The Mayor of *Städtename/Gemeindename* | Dear Mr Mayor | Your Worship<br><br>*oder:*<br>Mister Mayor |
| Oberster Richter<br><br>Lord Chief Justice (immer ein Peer) | The Right Honourable The Lord Chief Justice of England | My Lord<br><br>*oder:*<br>Dear Lord Chief Justice | Lord Chancellor<br><br>*oder Anrede entsprechend dem Adelstitel* |

155

| Adressat | Anschrift | Anrede schriftlich | Anrede mündlich |
|---|---|---|---|
| Richter<br><br>Circuit Court<br>Judge | His Honour Judge *Name* | (Dear) Sir<br><br>*oder:*<br>Dear Judge<br>*oder:*<br>Dear Judge<br>*Name* | Judge *Name*<br><br>*bei Gericht:*<br>Your Honour |

## Adel

Das britische Adelssystem ist sehr kompliziert, dementsprechend auch die Anreden. Alterfahrene Privatsekretäre der königlichen Familie unterscheiden die angemessenen Anreden für die Kinder des ältesten Sohnes eines Herzogs von jenen für die Witwen der jüngeren Söhne eines Herzogs. Und wenn man will, kann man sich nach der korrekten Anrede für die verheiratete Tochter eines Marquess, für wiederverheiratete Witwer von Baronessen oder für die Kinder von Töchtern eines Viscount erkundigen. Und natürlich gibt es eine besondere Anredeform für den Knight des „Most Ancient and Most Noble Order of the Thistle". Kein „normaler" Brite kennt sich in dem verworrenen System aus. Im Zweifelsfall ist zu empfehlen, einen Adelsforscher oder einen Hofsekretär zu konsultieren. Es folgen daher in Listenform nur einige wesentliche Beispiele.

| Adressat | Anschrift | Anrede schriftlich | Anrede mündlich |
|---|---|---|---|
| Königin<br><br>Queen | Her Majesty The Queen<br><br>*oder:*<br>The Private Secretary to<br>Her Majesty The Queen | Your Majesty | Your Majesty<br><br>*nur zu Gesprächs-<br>beginn, dann:*<br>Ma'am |
| König<br><br>King | His Majesty The King<br><br>*oder:*<br>The Private Secretary to<br>His Majesty The King | Your Majesty | Your Majesty<br><br>*nur zu Gesprächs-<br>beginn, dann:*<br>Sir |

| Adressat | Anschrift | Anrede schriftlich | Anrede mündlich |
|---|---|---|---|
| Prinzessin/ Fürstin  Princess | Her Royal Highness The Princess *Vorname* | Your Royal Highness | Your Royal Highness  *nur zu Gesprächsbeginn, dann:* Ma'am |
| Prinz/Fürst  Prince | His Royal Highness The Prince *Vorname* | Your Royal Highness | Your Royal Highness  *nur zu Gesprächsbeginn, dann:* Sir |
| Herzogin  Royal Duchess | Her Royal Highness The Duchess of *Name* | Your Royal Highness | Your Royal Highness  *nur zu Gesprächsbeginn, dann:* Ma'am |
| Herzog Royal Duke | His Royal Highness The Duke of *Name* | Your Royal Highness | Your Royal Highness  *nur zu Gesprächsbeginn, dann:* Sir |
| Herzogin  Duchess ( Mitglied der Peerage) | Her Grace The Duchess of *Name*  *oder:* The Duchess of *Name* | Madam  *oder:* Dear Duchess | Your Grace  *oder:* Duchess |
| Herzog  Duke (Mitglied der Peerage) | His Grace The Duke of *Name*  *oder:* The Duke of *Name* | My Lord Duke  *oder:* Dear Duke | Your Grace  *oder:* Duke |
| Marchioness | (The Most Honourable) The Marchioness of *Name* | Madam  *oder:* Dear Lady *Name* | My Lady |

| Adressat | Anschrift | Anrede schriftlich | Anrede mündlich |
|---|---|---|---|
| Marquess | (The Most Honourable) The Marquess of *Name* | My Lord *oder:* Dear Lord *Name* | My Lord |
| Countess | (The Right Honourable) The Countess of *Name* | Madam *oder:* Dear Lady *Name* | My Lady |
| Earl | (The Right Honourable) The Earl of *Name* | My Lord *oder:* Dear Lord *Name* | My Lord |
| Viscountess | (The Right Honourable) The Viscountess *Name* | Madam | My Lady |
| Viscount | (The Right Honourable) The Viscount *Name* | My Lord *oder:* Dear Lord *Name* | My Lord |
| Baroness | The (Right Honourable) Lady *Name* | Madam *oder:* Dear Lady *Name* | My Lady |
| Baron | The (Right Honourable) Lord *Name* | My Lord *oder:* Dear Lord *Name* | My Lord |
| Baronetess | Lady *Vorname Name*, Btss | Madam *oder:* Dear Madam *oder:* Lady *Name* | Lady *Name* |
| Baronet | Sir *Vorname Name*, Bt | Sir *oder:* Dear Sir *oder:* Dear Sir *Vorname* | Sir *Vorname* |

| Adressat | Anschrift | Anrede schriftlich | Anrede mündlich |
|---|---|---|---|
| Dame<br><br>Dame | Dame *Vorname Name*, Abkürzung des Ordens | (Dear) Madam<br><br>*oder:*<br>Dear Dame *Vorname* | Dame *Name* |
| Ritter<br><br>Knight | Sir *Vorname Name*, Abkürzung des Ordens | (Dear) Sir<br><br>*oder:*<br>Dear Sir *Vorname* | Sir *Name* |

## Wirtschaft/Industrie

| Adressat | Anschrift | Anrede schriftlich | Anrede mündlich |
|---|---|---|---|
| Direktorin einer Firma<br><br>Director/ President | Ms *Vorname Name* Director<br><br>*oder:*<br>The Director *Firmenname* | Madam<br><br>*oder:*<br>Dear Ms *Name* | Madam<br><br>*oder:*<br>Miss/Mistress *Name* |
| Direktor einer Firma<br><br>Director/ President | *Vorname Name*, Esq., Mr *Vorname Name* Director<br><br>*oder:*<br>The Director *Firmenname* | Dear Mr *Name*<br><br>*oder:*<br>Dear Sir | Sir<br><br>*oder:*<br>Mister *Name* |
| Geschäftsführerin einer Firma<br><br>Managing Director/ Executive | Ms *Vorname Name* Managing Director<br><br>*oder:*<br>The Managing Director *Firmenname* | Madam<br><br>*oder:*<br>Dear Ms *Name* | Madam<br><br>*oder:*<br>Miss/Mistress *Name* |

| Adressat | Anschrift | Anrede schriftlich | Anrede mündlich |
|---|---|---|---|
| Geschäftsfüh-rer einer Firma<br><br>Managing Director/ Executive | *Vorname Name*, Esq.,<br>Mr *Vorname Name*<br>Managing Director<br><br>*oder:*<br>The Managing Director<br>*Firmenname* | Dear Mr *Name*<br><br>*oder:*<br>Dear Sir | Sir<br><br>*oder:*<br>Mister *Name* |
| Vorstandsvor-sitzende einer GmbH<br><br>Chairwoman of the Board | Ms *Vorname Name*<br>Chairwoman of the<br>Board<br><br>*oder:*<br>The Chairwoman of the<br>Board<br>*Firmenname* | Madam<br><br>*oder:*<br>Dear Ms *Name* | Madam<br><br>*oder:*<br>Miss/Mistress<br>Chairwoman<br>*oder:*<br>Miss/Mistress<br>*Name* |
| Vorstandsvor-sitzender einer GmbH<br><br>Chairman of the Board | *Vorname Name*, Esq.,<br>Mr *Vorname Name*<br>Chairman of the Board<br><br>*oder:*<br>The Chairman of the<br>Board<br>*Firmenname* | Dear Mr *Name*<br><br>*oder:*<br>Dear Sir | Sir<br><br>*oder:*<br>Mister Chairman<br>*oder:*<br>Mister *Name* |
| Aufsichtsrats-vorsitzende einer GmbH<br><br>Chairwoman of the Board | Ms *Vorname Name*<br>Chairwoman of the<br>Board<br><br>*oder:*<br>The Chairwoman of the<br>Board<br>*Firmenname* | Madam<br><br>*oder:*<br>Dear Ms *Name* | Madam<br><br>*oder:*<br>Miss/Mistress<br>Chairwoman<br>*oder:*<br>Miss/Mistress<br>*Name* |
| Aufsichtsrats-vorsitzender einer GmbH<br><br>Chairman of the Board | *Vorname Name*, Esq.,<br>Mr *Vorname Name*<br>Chairman of the Board<br><br>*oder:*<br>The Chairman of the<br>Board<br>*Firmenname* | Dear Mr *Name*<br><br>*oder:*<br>Dear Sir | Sir<br><br>*oder:*<br>Mister Chairman<br>*oder:*<br>Mister *Name* |

| Adressat | Anschrift | Anrede schriftlich | Anrede mündlich |
|---|---|---|---|
| Prokuristin<br><br>Confidential/<br>Managing<br>Clerk | Ms *Vorname Name*<br>Chairwoman of the<br>Board<br><br>*oder:*<br>The Chairwoman of the<br>Board<br>*Firmenname* | Madam<br><br>*oder:*<br>Dear Ms *Name* | Madam<br><br>*oder:*<br>Miss/Mistress<br>*Name* |
| Prokurist<br><br>Confidential/<br>Managing<br>Clerk | *Vorname Name*, Esq./<br>Mr *Vorname Name*<br>Managing Clerk<br><br>*oder:*<br>The Managing Clerk<br>*Firmenname* | Dear Mr *Name*<br><br>*oder:*<br>Dear Sir | Sir<br><br>*oder:*<br>Mister *Name* |
| Bankdirektorin<br><br>Governor | Ms *Vorname Name*<br>Governor of . . . . . . .<br><br>*oder:*<br>The Governor of . . . . . . .<br>*Firmenname* | Madam<br><br>*oder:*<br>Dear Ms *Name* | Miss/Mistress<br>*Name*<br><br>*oder:*<br>Madam |
| Bankdirektor<br><br>Governor | *Vorname Name*, Esq./<br>Mr *Vorname Name*<br>Governor of . . . . . .<br><br>*oder:*<br>The Governor of . . . . .<br>*Firmenname* | Dear Mr *Name*<br><br>*oder:*<br>Dear Sir | Sir<br><br>*oder:*<br>Mister *Name* |
| Firma (*Briefan-<br>rede*)<br><br>Firm | Messrs. *Firmenname* | Dear Sirs<br><br>*oder:*<br>Gentlemen | |
| Firma (*nur<br>Frauen*)<br>(*Briefanrede*)<br><br>Firm | Mmes. *Firmenname* | Mesdames | |

# Kirchen/Klerus/Religionsgemeinschaften

| Adressat | Anschrift | Anrede schriftlich | Anrede mündlich |
|---|---|---|---|
| Papst<br><br>Pope | His Holiness The Pope<br><br>*oder:*<br>His Holiness Pope *Vorname* | Your Holiness<br><br>*oder:*<br>Most Holy Father | Your Holiness |
| Metropolit (orthodox)<br><br>Metropolitan | His Beatitude The Metropolitan of *Land* | Your Grace | Your Grace |
| Patriarch (orthodox)<br><br>Patriarch | His Holiness the Patriarch | Your Holiness | Your Holiness |
| Präsident der Mormonen<br><br>Mormon President | The President<br>Church of Jesus Christ of Latter-day Saints | My dear President<br><br>*oder:*<br>Dear President *Name* | Dear President |
| Kardinal<br><br>Cardinal | His Eminence *Vorname* Cardinal *Name* | Your Eminence<br><br>*oder:*<br>Dear Cardinal | Your Eminence |
| Erzbischof (katholisch)<br><br>Catholic Archbishop | His Grace The Archbishop of *Diözese*,<br>The Most Reverend The Lord Archbishop of *Diözese*<br><br>*bzw. nur Canterbury und York:*<br>The Most Reverend and Rt. Hon. The Lord Archbishop of *Diözese* | My Lord Archbishop<br><br>*oder:*<br>Your Grace<br>*oder:*<br>Dear Archbishop | Your Grace |

| Adressat | Anschrift | Anrede schriftlich | Anrede mündlich |
|---|---|---|---|
| Erzbischof (anglikanisch)<br><br>Anglican Archbishop | The Most Reverend The Lord Archbishop of *Diözese*<br><br>*bzw. nur Canterbury und York:*<br>The Most Reverend and Right Honourable The Lord Archbishop of *Diözese* | Your Grace<br><br>*oder:*<br>My Lord Archbishop<br>*oder:*<br>Dear Lord Archbishop<br>*oder:*<br>My Dear Archbishop | Your Grace<br><br>*oder:*<br>My Lord |
| Bischof (katholisch)<br><br>Catholic Bishop | The Right Reverend *Vorname Name*<br>Bishop of *Diözese* | My Lord (Bishop)<br><br>*oder:*<br>Dear Bishop | My Lord |
| Bischof (protestantisch)<br><br>Protestant Bishop | The Right Reverend The Lord Bishop of *Diözese* | My Lord (Bishop)<br><br>*oder:*<br>Dear Bishop | My Lord Bishop |
| Monsignore<br><br>Monsignor | The (Right/Very) Reverend Monsignor *Name* | Reverend Sir/<br>Dear Monsignor *Name*<br><br>*oder:*<br>Dear Monsignor *Name* | Monsignore<br><br>*oder:*<br>Monsignor *Name* |
| Äbtissin/Priorin<br><br>Abbess/Prioress | The Lady Abbess,<br>The Mother Superior,<br>The Reverend Mother *Vorname(n), Initialen des Ordens* | Dear Lady Abbess,<br>Dear Reverend Mother<br><br>*oder:*<br>Dear Mother Superior | Reverend Mother |

| Adressat | Anschrift | Anrede schriftlich | Anrede mündlich |
|---|---|---|---|
| Abt<br><br>Abbot | The Right Reverend The Abbot of *Name, Initialen des Ordens* | My Lord Abbot, Right Reverend Abbot/Father<br><br>*oder:*<br>Dear Father Abbot | Father Abbot |
| Ordens-schwester<br><br>Sister/Nun | Sister *Vorname, Initialen des Ordens* | Dear Sister *Vorname* | Sister *Vorname* |
| Ordensbruder<br><br>Friar/Brother | Brother *Vorname, Initialen des Ordens* | Dear Brother *Vorname* | Brother *Vorname* |
| Priester (katholisch)<br><br>Catholic Priest | The Reverend Father *Vorname Name*<br><br>*oder:*<br>The Reverend *Vorname Name* | Dear Reverend Father<br><br>*oder:*<br>Dear Father *Name* | Father *Name* |
| Geistliche (protestan-tisch)<br><br>Protestant Clergywoman | The Reverend *Vorname Name*<br><br>*oder (mit Doktorgrad):*<br>The Reverend Dr *Vorname Name* | Dear Ms *Name*<br><br>*oder (mit Doktorgrad):*<br>Dear Dr *Name* | Miss/Mistress *Name*<br><br>*oder (mit Doktorgrad):*<br>Doctor *Name* |
| Geistlicher (protestan-tisch)<br><br>Protestant Clergyman | The Reverend *Vorname Name*<br><br>*oder (mit Doktorgrad):*<br>The Reverend Dr *Vorname Name* | Dear Mr *Name*<br><br>*oder (mit Doktorgrad):*<br>Dear Dr *Name* | Mister *Name*<br><br>*oder (mit Doktorgrad):*<br>Doctor *Name* |
| Rabbiner<br><br>Rabbi | The Reverend Rabbi *Vorname Name*<br><br>*oder (mit Doktorgrad):*<br>The Reverend Rabbi Dr *Vorname Name* | Dear Rabbi<br><br>*oder (mit Doktorgrad):*<br>Dear Dr *Name* | Rabbi *Name*<br><br>*oder (mit Doktorgrad):*<br>Doctor *Name* |

## Diplomatisches Corps

| Adressat | Anschrift | Anrede schriftlich | Anrede mündlich |
|---|---|---|---|
| Botschafterin<br><br>Ambassador | Her Excellency Ms *Vorname Name*<br>Ambassador of *Land* | | Your Excellency<br><br>*oder:*<br>Madam |
| Botschafter<br><br>Ambassador | His Excellency Mr *Vorname Name*<br>Ambassador of *Land* | My Lord<br><br>*oder:*<br>Dear Mr *Name* | Your Excellency<br><br>*oder:*<br>Sir |
| General-Konsulin<br><br>Consul-General | Ms *Vorname Name*<br>Consul-General of *Ländername* | Madam<br><br>*oder:*<br>Dear Madam<br>*oder:*<br>Dear Ms *Name* | Madam<br><br>*oder:*<br>Miss/Mistress<br>*Name* |
| General-Konsul<br><br>Consul-General | *Vorname Name*, Esq. | Sir<br><br>*oder:*<br>Dear Sir<br>*oder:*<br>Dear Mr *Name* | Sir<br><br>*oder:*<br>Mister *Name* |
| Konsulin<br><br>Consul | Ms *Vorname Name*<br>Consul of *Ländername* | Madam<br><br>*oder:*<br>Dear Madam<br>*oder:*<br>Dear Ms *Name* | Madam<br><br>*oder:*<br>Miss/Mistress<br>*Name* |
| Konsul<br><br>Consul | *Vorname Name*, Esq. | Sir<br><br>*oder:*<br>Dear Sir<br>*oder:*<br>Dear Mr *Name* | Sir<br><br>*oder:*<br>Mister *Name* |

## Militär

In der Briefanschrift sind immer Dienstrang, eventuell Orden und Ehrenzeichen und Abkürzung der Teilstreitkraft/Einheit anzugeben. Bei Adeligen ist die entsprechende Form für den jeweiligen Adelstitel zu wählen, entsprechend auch die schriftlichen und mündlichen Anredeformen.

Die wichtigsten Abkürzungen für die Teilstreitkräfte sind:

| | |
|---|---|
| RAF | Royal Air Force |
| RM | Royal Marines |
| RN | Royal Navy |
| WRAC | Womens Royal Army Corps |
| WRAF | Womens Royal Air Force |
| WRNS | Womens Royal Naval Service |

In der Hierarchie der Teilstreitkräfte gibt es folgende bei der Anrede zu beachtende Offiziers-Dienstgrade:

| **Army** | **Womens Royal Army Corps** |
|---|---|
| Field-Marshal | |
| General | |
| Lieutenant-General | |
| Major-General | Major-General |
| Brigadier | Brigadier |
| Colonel | Colonel |
| Lieutenant-Colonel | Lieutenant-Colonel |
| Major | Major |
| Captain | Captain |
| Lieutenant | Lieutenant |
| Second Lieutenant | Second Lieutenant |

| **Royal Air Force** | **Womens Royal Air Force** |
|---|---|
| Marshal of the Royal Air Force | |
| Air Chief Marshal | |
| Air Marshal | Air Marshal |
| Air Vice-Marshal | |
| Air Commodore | Air Commodore |
| Group Captain | Group Captain |
| Wing Commander | Wing Commander |

Squadron Leader
Flight Lieutenant
Flying Officer
Pilot Officer

Squadron Leader
Flight Lieutenant
Flying Officer
Officer

**Royal Navy**

Admiral of the Fleet
Admiral
Vice-Admiral
Rear-Admiral
Commodore
Captain
Commander
Lieutenant-Commander
Lieutenant
Sub-Lieutenant

**Womens Royal Naval Service**

Chief Commandant
Commandant
Superintendent
Chief Officer
First Officer
Second Officer
Third Officer

**Royal Marines**

Captain-General
General
Lieutenant-General
Major-General
Colonel
Lieutenant-Colonel
Major
Captain
Lieutenant
Second Lieutenant

Beispiele für die korrekte Anschrift:

Captain William F. Johnson, RN
First Officer Mary Miller, WRNS
Wing Commander F. A. Jones, RAF

# Anredeformen in der internationalen Kommunikation

| Adressat | Anschrift | Anrede schriftlich | Anrede mündlich |
|---|---|---|---|
| Feldmarschall<br><br>Field-Marshal | Field-Marshal *(Adelstitel) Name* | Field-Marshal *oder entsprechend dem Titel* | Field-Marshal *oder entsprechend dem Titel* |
| Flottenadmiral<br><br>Admiral of the Fleet | Admiral of the Fleet *(Adelstitel) Name* | Admiral *oder entsprechend dem Titel* | Admiral *oder entsprechend dem Titel* |
| Marschall der Luftwaffe<br><br>Marshal of the Royal Airforce | Marshal of the Royal Air Force *(Adelstitel) Name* | Marshal *oder entsprechend dem Titel* | Marshal *oder entsprechend dem Titel* |
| General<br><br>General | General *Name, evtl. Orden und Ehrenzeichen, dann Abkürzung der Teilstreitkraft* | Sir<br><br>*oder:*<br>Dear Sir<br>*oder:*<br>Dear General *Name* | General *Name,*<br><br>*dann:* Sir |
| Admiral<br><br>Admiral | Admiral *Name, evtl. Orden und Ehrenzeichen, dann Abk.d.T.* | Sir<br><br>*oder:*<br>Dear Sir<br>*oder:*<br>Dear Admiral *Name* | Admiral *Name*<br><br>*dann:* Sir |
| Oberst<br><br>Colonel | Colonel *Name, Abk.d.T.* | Sir<br><br>*oder:*<br>Dear Colonel *Name* | Colonel *Name* |
| Major<br><br>Major | Major *Name, Abk.d.T.* | Sir<br><br>*oder:*<br>Dear Sir<br>*oder:*<br>Dear Major *Name* | Major *Name* |

| Adressat | Anschrift | Anrede schriftlich | Anrede mündlich |
|---|---|---|---|
| Hauptmann<br><br>Captain | Captain *Name, Abk.d.T.* | Sir<br><br>*oder:*<br>Dear Captain *Name* | Captain *Name* |
| Lieutenant | Lieutenant *Name, Abk.d.T.*<br><br>*oder:*<br>Vorname *Name*, Esq., *Abk.d.T.*<br>*oder:*<br>Mr *Name, Abk.d.T.* | Dear Mr *Name* | Mister *Name* |
| Feldwebel<br><br>Seargent | Seargent *Name, Abk.d.T.*<br><br>*oder:*<br>Vorname *Name*, Esq., *Abk.d.T.*<br>*oder:*<br>Mr *Name, Abk.d.T.* | Dear Mr *Name* | Mister *Name* |
| Obergefreiter (Heer)<br><br>Lance Corporal | Lance Corporal *Name, Abk.d.T.*<br><br>*oder:*<br>Mr *Name, Abk.d.T.* | Dear Mr *Name* | Mister *Name* |
| Gefreiter (Luftwaffe)<br><br>Leading Aircraftsman | Leading Aircraftsman *Name, Abk.d.T.*<br><br>*oder:*<br>Mr *Name, Abk.d.T.* | Dear Mr *Name* | Mister *Name* |
| Hauptgefreiter (Marine)<br><br>Leading Rate | Leading Rate *Name, Abk.d.T.*<br><br>*oder:*<br>Mr *Name, Abk.d.T.* | Dear Mr *Name* | Mister *Name* |

### 3.2.2.3 Abkürzungen anrederelevanter englischer Grade und Titel (in Auswahl)

Die Abkürzungen werden an den Namen angehängt, z. B.:
John Spencer, BA
Mary Barclay, FICD

| | |
|---|---|
| BA | Bachelor of Arts |
| Bart or Bt | Baronet |
| BAS | Bachelor in Agricultural Science |
| BASc | Bachelor of Applied Science |
| BBA | Bachelor of Business Administration |
| BBS | Bachelor of Business Studies |
| BCL | Bachelor of Civil Law |
| BcomSc | Bachelor of Commercial Science |
| BDSc | Bachelor of Dental Science |
| BE | Bachelor of Engineering |
| BEc | Bachelor of Economics |
| BJ | Bachelor of Journalism |
| BL | Bachelor of Law |
| BLitt | Bachelor of Letters |
| BM | Bachelor of Medicine |
| Bpharm | Bachelor of Pharmacy |
| BSc | Bachelor of Science |
| | |
| CH | Companion of Honour |
| Cphys | Chartered Physicist |
| CPM | Colonial Police Medal |
| CVO | Commander of the Royal Victorian Order |
| | |
| DappSc | Doctor of Applied Science |
| DBA | Doctor of Business Administration |
| DCL | Doctor of Civil Law |
| DCM | Distinguished Conduct Medal |
| DCS | Doctor of Commercial Sciences |
| DCT | Doctor of Christian Theology |

| | |
|---|---|
| DCVO | Dame Commander of the Royal Victorian Order |
| DDO | Diploma in Dental Orthopaedics |
| DE | Doctor of Engineering |
| DFM | Distinguished Flying Medal |
| DH | Doctor of Humanities |
| Dhc | Doctor honoris causa |
| DipBA | Diploma in Business Administration |
| DipEcon | Diploma in Economics |
| DipM | Diploma in Marketing |
| DipTP | Diploma in Town Planning |
| DM | Doctor of Medicine |
| DPEc | Doctor of Political Economy |
| Dr jur | Doctor of Laws |
| DSc | Doctor of Science |
| DSO | Companion of the Distinguished Service Order |
| DU | Doctor of the University |
| DVM | Doctor of Veterinary Medicine |
| | |
| EdD | Doctor of Education |
| ERD | Emergency Reserve Decoration (Army) |
| | |
| FBA | Fellow, British Academy |
| FBCS | Fellow, British Computer Society |
| FBIM | Fellow, British Institute of Management |
| FBPsS | Fellow, British Psychological Society |
| FCI | Fellow, Institute of Commerce |
| FCIM | Fellow, Chartered Institute of Marketing |
| Feng | Fellow, Fellowship of Engineering |
| FICD | Fellow, Institute of Civil Defence |
| FICE | Fellow, Institution of Civil Engineers |
| FIED | Fellow, Institution of Engineering Designers |
| FIEE | Fellow, Institution of Electrical Engineers |
| FIL | Fellow, Institute of Linguistics |
| FRCP | Fellow, Royal College of Physicians, London |
| FRPharmS | Fellow, Royal Pharmaceutical Society |
| FSBI | Fellow, Savings Banks Institute |
| FSE | Fellow, Society of Engineers |

| GBE | Knight or Dame Grand Cross of the Order of the British Empire |
| GCMG | Knight or Dame Grand Cross of the Order of St Michael and George |
| GM | George Medal |
| GRSM | Graduate of the Royal Schools of Music |
| | |
| HDD | Higher Dental Diploma |
| HdipEd | Higher Diploma in Education |
| HLD | Doctor of Humane Letters |
| | |
| ICD | Juris Canonici Doctor |
| ISO | Imperial Service Order |
| | |
| JCB | Juris Canonici (or Civilis) *Baccalaureus* (Bachelor of Canon [or Civil] Law) |
| JD | Doctor of Jurisprudence |
| JdipMA | Joint Diploma in Management Accounting Services |
| | |
| KBE | Knight Commander Order of the British Empire |
| KC | King's Council |
| KCVO | Knight Commander of the Royal Victorian Order |
| KHC | Hon. Chaplain to the King |
| KHDS | Hon. Dental Surgeon to the King |
| KP | Knight of the Order of St Patrick |
| Kt | Knight |
| | |
| LicMed | Licentiate in Medicine |
| LLB | Bachelor of Laws |
| LLM | Master of Laws |
| LRCP | Licentiate, Royal College of Physicians, London |
| LT | Licentiate in Teaching |
| MA | Master of Arts |
| MBA | Master of Business Administration |
| MBE | Member, Order of the British Empire |
| MCE | Master of Civil Engineering |

| | |
|---|---|
| MCL | Master of Civil Law |
| MCom | Master of Commerce |
| MD | Doctor of Medicine |
| ME | Master of Engineering |
| MHA | Master of the House of Assembly |
| MLitt | Master of Letters |
| MM | Military Medal |
| MME | Master of Mining Engineering |
| MMet | Master of Metallurgy |
| MP | Member of Parliament |
| MPA | Master of Public Administration |
| MVO | Member, Royal Victorian Order |
| | |
| NDA | National Diploma in Agriculture |
| | |
| OBE | Officer, Order of the British Empire |
| OM | Order of Merit |
| OSA | Order of St Augustine (Augustinian) |
| | |
| PC | Privy Counsellor |
| PhB | Bachelor of Philosophy |
| PhmB | Bachelor of Pharmacy |
| PrEng | Professional Engineer |
| | |
| QC | Queen's Counsel |
| QHC | Queen's Honorary Chaplain |
| QHDS | Queen's Honorary Dental Surgeon |
| | |
| RA | Royal Academician |
| RRC | Royal Red Cross |
| | |
| ScD | Doctor of Science |
| SCF | Senior Chaplain to the Forces |
| SGM | Sea Gallantry Medal |
| SJD | Doctor of Juristic Science |

| UJD | Utriusque Juris Doctor, Doctor of Both Laws (Doctor of Canon and Civil Law) |
|---|---|
| VA | Royal Order of Victoria and Albert |
| VC | Victoria Cross |
| VD | Volunteer Officer's Decoration |
| VG | Vicar-General |
| VL | Vice Lord-Lieutenant |
| VRD | Royal Naval Volunteer Reserve Officers' Decoration |
| WS | Writer to the Signet |

# 3.2.3 Englisch (USA)

### 3.2.3.1 Anredekonventionen in alltäglichen und beruflichen Situationen

Die sprachliche Situation der pronominalen Anrede ist identisch mit derjenigen in Großbritannien. Mit der Anrede „you" lässt sich nicht sozial differenzieren. Es gibt also pronominal keine Markierung von Unterschieden des Alters, der sozialen Stellung, der Intimität (Freundschaft). Solche Differenzierungen werden sprachlich durch Wahl von abstufenden Anredenteilen (z.B. „Your Excellency", „Sir", „Mister *Name*" usw.), durch Adjektive („dear", „my dear") und durch die Anrede mit dem Vornamen gelöst.

Die traditionellen Anredeformen in der Alltagskommunikation sind bzw. waren wie im britschen Englisch folgende Formen:

| | |
|---|---|
| Anrede für Männer: | Mister (in schriftlicher Anrede abgekürzt: Mr.) |
| Anrede für Männer ohne Titel: | Esquire (schriftliche Anrede, als Abkürzung Esq. dem Nachnamen angefügt) |

Anrede für
unverheiratete Frauen:     Miss
Anrede für
verheiratete Frauen:       Mistress (in schriftlicher Anrede
                           abgekürzt: Mrs.)

In den USA ist der Gebrauch von Esquire (Esq.) für Männer in
der Anschrift bis auf wenige Ausnahmen zugunsten von Mr. auf-
gegeben worden. Weitgehend wird bei der Anrede von weiblichen Adressaten die frühere Unterscheidung zwischen verheirateten und unverheirateten Frauen nicht mehr vorgenommen.
Schriftlich gibt es also keine Anredeformen *Mrs.* und *Miss* mehr,
sondern nur noch die Form *Ms.* Mündlich setzt sich die neutrale
Anredeform *Madam* durch, die ursprünglich etwas förmlicher
wirkte. Für das gegenwärtige Englisch in Nordamerika lässt sich
also für die normale Alltags- und Berufskommunikation folgen-
des Anredeschema aufstellen:

|                                   | **mündlich**     | **schriftlich** |
|-----------------------------------|------------------|-----------------|
| weiblicher erwachsener Adressat   | *Madam*          | *Ms.*           |
| männlicher erwachsener Adressat   | *Mister + Name*  | *Mr.*           |
|                                   | *Sir*            |                 |

Der modernen schriftlichen Anredeform „Ms." entsprechen also
die beiden mündlichen Anredeformen „*Mistress*" und „*Miss*"
oder – wenn man diese traditionelle Unterscheidung vermeiden
möchte – die neutrale Anredeform „*Madam*".

Wenn man einen männlichen Adressaten nicht kennt, redet
man ihn mündlich am besten (und höflichsten) mit „*Sir*" an;
kennt man seinen Namen, lautet die Anrede z.B. „*Mister Johnson*"; besteht ein vertrauliches Verhältnis wird der Vorname verwendet, z.B. „*Robert*" oder noch vertraulicher in der Kurzform
„*Bob*".

In offizieller Kommunikation kann man Titulierungen hinzu-
fügen. Die Anrede lautet dann am besten und einfachsten:

| | |
|---|---|
| *Mr. + Titel* | (z.B. schriftlich: „Mr. President", mündlich: „Mister President") |
| *Madam + Titel* | (z.B. schriftlich: „Madam Secretary", mündlich: „Madam" oder „Madam Secretary"). |

Bei der Anrede an ein Ehepaar lautet die einfachste Form:

Mr. and Mrs. + *Vorname des Ehemannes + Name.*

Wenn einer der beiden Eheleute wegen seiner Funktion oder seines Titels speziell angeredet wird (z.B. in schriftlichen Einladungen), lauten die Anredeformen z.B.:

The Honorable John W. Smith and Ms. Smith
oder
The Honorable Agatha Smith and Mr. Smith.

In der Briefanrede gibt es gegenüber dem britischen Englisch konventionell einen Unterschied in der Zeichensetzung. Im Gegensatz zum Anredegebrauch in Großbritannien wird hinter die Abkürzungen der Anredeformen ein Punkt gesetzt und hinter die briefliche Anredeformel ein Doppelpunkt, z.B.:

| *Britische Briefanrede* | *Amerikanische Briefanrede* |
|---|---|
| Dear Ms Johnson, | Dear Ms. Johnson: |
| Dear Mr Smith, | Dear Mr. Smith: |
| Dear Sir, | Dear Sir: |
| Dr Parkinson, | Dr. Parkinson: |

Ähnlich wie im britischen Englisch werden in der Anschrift und auf Visitenkarten hinter den Namen (getrennt duch Komma) abgekürzt Hochschulabschlüsse, Zugehörigkeit zu militärischen Teilstreitkräften, Mitgliedschaft in wichtigen Institutionen etc. angegeben.

## 3.2.3.2 Protokollarische Anredeformen

Die protokollarischen Anschriften und Anreden sind in absteigendem Grad der Formalität geordnet, z. B.: *formell:* Your Excellency *oder* Sir; *informell:* Mr. Ambassador *oder* Mr. *Name.*

**Universitäten**

Doktorgrade werden in den USA weniger verwendet als in Deutschland. In der Anschrift werden sie hinter den Namen gestellt, entweder als *Ph.D.* oder als *M.D.* (Medical Doctor). In der Anrede lauten sie *Dr.* (schriftlich) bzw. *Doctor* (mündlich).

| Adressat | Anschrift | Anrede schriftlich | Anrede mündlich |
|---|---|---|---|
| Präsidentin/ Rektorin einer Universität/ Hochschule<br><br>President | *Vorname Name*, Ph.D. President<br><br>*oder:*<br>President *Vorname Name* | Dear Dr. *Name*<br><br>*oder:*<br>Dear President *Name* | Doctor *Name*<br><br>*oder:*<br>Miss/Mistress President |
| Präsident/ Rektor einer Universität/ Hochschule<br><br>President | *Vorname Name*, Ph.D. President<br><br>*oder:*<br>President *Vorname Name* | Dear Dr. *Name*<br><br>*oder:*<br>Dear President *Name* | Doctor *Name*<br><br>*oder:*<br>Mister President |
| Kanzlerin einer Universität/ Hochschule<br><br>Chancellor | *Vorname Name*, Ph.D. Chancellor | Dear Dr. *Name* | Doctor *Name* |
| Kanzler einer Universität/ Hochschule<br><br>Chancellor | *Vorname Name*, Ph.D. Chancellor | Dear Dr. *Name* | Doctor *Name* |

| Adressat | Anschrift | Anrede schriftlich | Anrede mündlich |
|---|---|---|---|
| Dekanin einer Universität/ Hochschule/ einer Fakultät/ eines Fachbereichs<br><br>Dean | Dean *Vorname Name*<br><br>*oder:*<br>*Vorname Name*, Ph.D.<br>Dean | Dear Dr. *Name*<br><br>*oder:*<br>Dear Dean *Name* | Doctor *Name* |
| Dekan/Dekanin einer Universität/ Hochschule, einer Fakultät/ eines Fachbereichs<br><br>Dean | Dean *Vorname Name*<br><br>*oder:*<br>*Vorname Name*, Ph.D.<br>Dean | Dear Dr. *Name*<br><br>*oder:*<br>Dear Dean *Name* | Doctor *Name* |
| Professorin an einer Universität/Lehrstuhlinhaberin<br><br>Full Professor (Tenure) | Professor *Vorname Name*<br><br>*oder:*<br>*Vorname Name*, Ph.D.<br>Professor of *Fach* | Dear Professor *Name*<br><br>*oder:*<br>Dear Dr. *Name* | Professor *Name*<br><br>*oder:*<br>Doctor *Name* |
| Professor an einer Universität/Lehrstuhlinhaber<br><br>Full Professor (Tenure) | Professor *Vorname Name*<br><br>*oder:*<br>*Vorname Name*, Ph.D.<br>Professor of *Fach* | Dear Professor *Name*<br><br>*oder:*<br>Dear Dr. *Name* | Professor *Name*<br><br>*oder:*<br>Doctor *Name* |
| Assistenzprofessorin/Assoziierte Professorin<br><br>Assistant Professor/Associated Professor | *Vorname Name*, Ph.D.<br>Assistant/Associate Professor of *Fach* | Dear Dr. *Name*<br><br>*oder:*<br>Dear Professor *Name*<br>*oder:*<br>Dear Ms. *Name* | Doctor *Name*<br><br>*oder:*<br>Miss/Mistress *Name* |

| Adressat | Anschrift | Anrede schriftlich | Anrede mündlich |
|---|---|---|---|
| Assistenzpro- fessor/Assozi- ierter Professor  Assistant Pro- fessor/Asso- ciated Pro- fessor | *Vorname Name*, Ph.D. Assistant /Associate Professor of *Fach* | Dear Dr. *Name*  *oder:* Dear Professor *Name* *oder:* Dear Mr. *Name* | Doctor *Name*  *oder:* Mister *Name* |
| Magister der Freien Küns- te/Naturwis- senschaften  Master of Arts/ Science | Mr./Ms. *Vorname Name*, M.A./M.Sc. | Dear Mr./Ms. *Name* | Mister/Miss/ Mistress *Name* |
| Bachelor der Freien Küns- te/Naturwis- senschaften  Bachelor of Arts/Science | Mr./Ms. *Vorname Name*, B.A./B.Sc. | Dear Mr./Ms. *Name* | Mister/Miss/ Mistress *Name* |
| Studierende  Student | Ms. *Vorname Name* | Dear Ms. *Name* | Mister/Miss/ Mistress *Name* |
| Studierender  Student | Mr. *Vorname Name* | Dear Mr. *Name* | Mister *Name* |

## Politik

| Adressat | Anschrift | Anrede schriftlich | Anrede mündlich |
|----------|-----------|--------------------|-----------------|
| Präsidentin der Vereinigten Staaten von Amerika<br><br>President | The President<br>The White House<br><br>oder:<br>Her Excellency<br>Mrs. *Name*<br>President of the United States<br>oder:<br>The Honorable *Vorname Name*<br>President of the United States<br>The White House | (Your) Excellency<br><br>oder:<br>Madam President<br>oder:<br>Dear Madam President<br>oder:<br>My dear Madam President | Madam President<br><br>*(bei Gesprächsbeginn,<br>dann:* Madam*)* |
| Präsident der Vereinigten Staaten von Amerika<br><br>President | The President<br>The White House<br><br>oder:<br>His Excellency<br>Mr. *Name*<br>President of the United States<br>oder:<br>The Honorable *Vorname Name*<br>President of the United States<br>The White House | (Your) Excellency<br><br>oder:<br>Mister President<br>oder:<br>Dear Mister President<br>oder:<br>My dear Mister President | Mister President<br><br>*(bei Gesprächsbeginn,<br>dann:* Sir*)* |
| First Lady<br><br>First Lady | The First Lady, Ms. *Name*<br><br>oder:<br>Ms. *Name* | Dear Ms. *Name* | Miss/Mistress *Name*<br><br>oder:<br>Ma'am |

| Adressat | Anschrift | Anrede schriftlich | Anrede mündlich |
|---|---|---|---|
| Vizepräsiden-tin der Verei-nigten Staaten von Amerika<br><br>Vice President | The Vice President of the United States United States Senate<br><br>*oder:*<br>The Honorable *Vorname Name*<br>Vice President of the United States | Madam<br><br>*oder:*<br>Dear Madam Vice President<br>*oder:*<br>My dear Madam Vice President | Miss/Mistress Vice President<br><br>*(bei Gesprächsbe-ginn,*<br>*dann:* Madam*)* |
| Vizepräsident der Vereinig-ten Staaten von Amerika<br><br>Vice President | The Vice President of the United States United States Senate<br><br>*oder:*<br>The Honorable *Vorname Name*<br>Vice President of the United States | Sir<br><br>*oder:*<br>Dear Mr. Vice President<br>*oder:*<br>My dear Mr. Vice President | Mister Vice President<br><br>*(bei Gesprächsbe-ginn,*<br>*dann:* Sir*)* |
| Vorsitzende des Parlamen-tes<br><br>Speaker | The Honorable Speaker of the House of Repre-sentatives<br><br>*oder:*<br>The Honorable *Vorname Name*<br>Speaker of the House of Representatives | Madam<br><br>*oder:*<br>Dear Madam Speaker<br>*oder:*<br>Dear Ms. *Name* | Madam Speaker<br><br>*oder:*<br>Madam |
| Vorsitzender des Parlamen-tes<br><br>Speaker | The Honorable Speaker of the House of Repre-sentatives<br><br>*oder:*<br>The Honorable *Vorname Name*<br>Speaker of the House of Representatives | Sir<br><br>*oder:*<br>Dear Mr.Speaker<br>*oder:*<br>Dear Mr. *Name* | Mister Speaker<br><br>*oder:*<br>Sir |

| Adressat | Anschrift | Anrede schriftlich | Anrede mündlich |
|---|---|---|---|
| Senatorin<br><br>Senator | The Honorable *Vorname Name*<br>United States Senate | Madam<br><br>*oder:*<br>Dear Madam<br>*oder:*<br>Dear Ms. *Name* | Madam<br><br>*oder:*<br>Dear Madam<br>*oder:*<br>Dear Miss/Mistress *Name* |
| Senator<br><br>Senator | The Honorable *Vorname Name*<br>United States Senate | Sir<br><br>*oder:*<br>Dear Senator *Name*<br>*oder:*<br>Dear Mr. *Name* | Sir<br><br>*oder:*<br>Dear Senator *Name*<br>*oder:*<br>Dear Mister *Name* |
| Gouverneurin<br><br>Governor | The Honorable *Vorname Name*<br>Governor of *Bundesstaat*<br><br>(*in einigen Staaten:*<br>Her Excellency, the Governor of *Bundesstaat*) | Madam<br><br>*oder:*<br>Dear Governor *Name* | Your Excellency<br><br>*oder:*<br>Madam<br>*oder:*<br>Governor *Name* |
| Gouverneur<br><br>Governor | The Honorable *Vorname Name*<br>Governor of *Bundesstaat*<br><br>(*in einigen Staaten:*<br>His Excellency, the Governor of *Bundesstaat*) | Sir<br><br>*oder:*<br>Dear Governor *Name* | Your Excellency<br><br>*oder:*<br>Sir<br>*oder:*<br>Governor *Name* |
| Mitglied des Parlamentes/ Abgeordnete<br><br>Representative/Congresswoman | The Honorable *Vorname Name*<br>United States House of Representatives<br><br>oder im Wahlkreis:<br>The Honorable *Vorname Name*<br>Representative in Congress | Madam<br><br>*oder:*<br>Dear Representative *Name*<br>*oder:*<br>Ms. *Name*<br>*oder:*<br>Dear Congresswoman *Name* | Madam<br><br>*oder:*<br>Dear Representative *Name*<br>*oder:*<br>Dear Congresswoman *Name*<br>*oder:*<br>Miss/Mistress *Name* |

| Adressat | Anschrift | Anrede schriftlich | Anrede mündlich |
|---|---|---|---|
| Mitglied des Parlamentes/ Abgeordneter<br><br>Representative/Congressman | The Honorable *Vorname Name*<br>United States House of Representatives<br><br>*oder im Wahlkreis:*<br>The Honorable *Vorname Name*<br>Representative in Congress | Sir<br><br>*oder:*<br>Dear Representative *Name*<br>*oder:*<br>Dear Congressman *Name* | Sir<br><br>*oder:*<br>Dear Representative *Name*<br>*oder:*<br>Dear Congressman *Name*<br>*oder:*<br>Mister *Name* |
| Senatorin eines Bundesstaates<br><br>State Senator | The Honorable *Vorname Name*<br>Senate of the State of *Name des Bundesstaates* | Dear Ms. *Name* | Madam<br><br>*oder:*<br>Dear Madam<br>*oder:*<br>Dear Ms. *Name* |
| Senator eines Bundesstaates<br><br>State Senator | The Honorable *Vorname Name*<br>Senate of the State of *Name des Bundesstaates* | Dear Mr. *Name* | Dear Mister *Name* |
| Ministerin<br><br>Secretary [of State] | The Honorable *Vorname Name*<br>Secretary of State | Madam<br><br>*oder:*<br>Dear Ms. Secretary | Miss/Mistress Secretary<br><br>*oder:*<br>Madam |
| Minister<br><br>Secretary [of State] | The Honorable *Vorname Name*<br>Secretary of State | Sir<br><br>*oder:*<br>Dear Mr. Secretary | Mister Secretary<br><br>*oder:*<br>Sir |
| Stellvertetende Ministerin/Staatssekretärin<br><br>Undersecretary [of State] | The Honorable *Vorname Name*<br>Under-Secretary of State | Dear Ms. *Name* | Dear Miss/Mistress *Name* |

| Adressat | Anschrift | Anrede schriftlich | Anrede mündlich |
|---|---|---|---|
| Stellverteten-der Minister/ Staatssekretär<br><br>Undersecre-tary [of State] | The Honorable *Vorname Name*<br>Under-Secretary of State | Dear Mr. *Name* | Dear Mister *Name* |
| Präsidentin des Obersten Gerichtshofes<br><br>Chief Justice | The Chief Justice of the United States<br>The Supreme Court of the Unites States<br><br>*oder:*<br>The Chief Justice<br>The Supreme Court | Madam<br><br>*oder:*<br>Dear Ms. (Ma-dam) Chief Ju-stice | Madam<br><br>*oder:*<br>Madam Chief Jus-tice |
| Präsident des Obersten Ge-richtshofes<br><br>Chief Justice | The Chief Justice of the United States<br>The Supreme Court of the Unites States<br><br>*oder:*<br>The Chief Justice<br>The Supreme Court | Sir<br><br>*oder:*<br>Dear Chief Ju-stice | Sir<br><br>*oder:*<br>Mister Chief Justice<br>*oder:*<br>Chief Justice |
| Richterin<br><br>Judge | The Honorable *Vorname Name*<br>Judge of the *Instanz* Court of *Bezirk/Bundes-staat* | Dear Judge *Name* | Judge *Name*<br><br>*bei Gericht:*<br>Your Honor |
| Richter<br><br>Judge | The Honorable *Vorname Name*<br>Judge of the *Instanz* Court of *Bezirk/Bundes-staat* | Dear Judge *Name* | Judge *Name*<br><br>*bei Gericht:*<br>Your Honor |
| Generalstaats-anwältin<br><br>Attorney Ge-neral | The Honorable *Vorname Name*<br>Attorney General | Dear Madam At-torney General | Dear Madam Attor-ney General<br><br>*oder:*<br>Madam |

| Adressat | Anschrift | Anrede schriftlich | Anrede mündlich |
|---|---|---|---|
| Generalstaats-anwalt<br><br>Attorney Ge-neral | The Honorable *Vorname Name*<br>Attorney General | Dear Mr. Attorney General | Dear Mister Attor-ney General<br><br>*oder:*<br>Sir |
| Staatsanwältin<br>Attorney | The Honorable *Vorname Name* | Dear Ms. *Name* | Miss/Mistress *Name* |
| Staatsanwalt<br><br>Attorney | The Honorable *Vorname Name* | Dear Mr. *Name* | Mister *Name* |
| Bürgermeiste-rin<br><br>Mayor | The Honorable *Vorname Name*<br>Mayor of *Stadt* | Madam<br><br>*oder:*<br>Dear Mayor *Name* | Mayor<br><br>*oder:*<br>Mayor *Name*<br>*oder:*<br>Madam |
| Bürgermeister<br><br>Mayor | The Honorable *Vorname Name*<br>Mayor of *Stadt* | Sir<br><br>*oder:*<br>Dear Mayor *Name* | Mayor<br><br>*oder:*<br>Mayor *Name*<br>*oder:*<br>Sir |
| Amtsrichter<br><br>County Judge | The Honorable *Vorname Name*<br>*Ortsname* Judge | Dear Judge *Name* | Judge *Name* |
| Sheriff<br><br>County Sheriff | Mr. *Vorname Name*<br><br>*(falls gewählter Sheriff):*<br>The Honorable *Vorname Name*<br>*Ortsname* County She-riff | Dear Sheriff *Name* | Sheriff *Name* |

## Wirtschaft/Industrie

| Adressat | Anschrift | Anrede schriftlich | Anrede mündlich |
|---|---|---|---|
| Direktorin einer Firma<br><br>Director/President | Ms. *Vorname Name*<br>*Firmenname*<br><br>oder:<br>The Director<br>*Firmenname* | Dear Ms. *Name* | Miss/Mistress *Name*<br><br>oder:<br>Madam |
| Direktor einer Firma<br><br>Director/President | Mr. *Vorname Name*<br>*Firmenname*<br><br>oder:<br>The Director<br>*Firmenname* | Dear Mr. *Name* | Mister *Name*<br><br>oder:<br>Sir |
| Geschäftsführerin einer Firma<br><br>Managing Director/ Executive | Ms. *Vorname Name*<br>*Firmenname*<br><br>oder:<br>The Director<br>*Firmenname* | Dear Ms. *Name* | Miss/Mistress *Name*<br><br>oder:<br>Madam |
| Geschäftsführer einer Firma<br><br>Managing Director/ Executive | Mr. *Vorname Name*<br>*Firmenname*<br><br>oder:<br>The Director<br>*Firmenname* | Dear Mr. *Name* | Mister *Name*<br><br>oder:<br>Sir |
| Vorstands- oder Aufsichtsrats-vorsitzende einer GmbH<br><br>Chairwoman of the Board | Ms. *Vorname Name*<br>*Firmenname*<br><br>oder:<br>The Director<br>*Firmenname* | Dear Ms. *Name* | Madam<br><br>oder:<br>Miss/Mistress Chairwoman<br>oder:<br>Miss/Mistress *Name* |

| Adressat | Anschrift | Anrede schriftlich | Anrede mündlich |
|---|---|---|---|
| Vorstands- oder Aufsichtsrats-vor-sitzender einer GmbH<br><br>Chairman of the Board | Mr. *Vorname Name*<br>*Firmenname*<br><br>*oder:*<br>The Director<br>*Firmenname* | Dear Mr. *Name* | Sir<br><br>*oder:*<br>Mister Chairman<br>*oder:*<br>Mister *Name* |
| Prokuristin<br><br>Executive Secretary | Ms. *Vorname Name*<br>*Firmenname*<br><br>*oder:*<br>The Director<br>*Firmenname* | Dear Ms. *Name* | Miss/Mistress *Name*<br><br>*oder:*<br>Madam |
| Prokurist<br><br>Executive Secretary | Mr. *Vorname Name*<br>*Firmenname*<br><br>*oder:*<br>The Director<br>*Firmenname* | Dear Mr. *Name* | Mister *Name*<br><br>*oder:*<br>Sir |
| Bankdirektor/-in<br><br>Bank Manager | Ms./Mr. *Vorname Name*<br>*Firmenname*<br><br>*oder:*<br>The Director<br>*Firmenname* | Dear Ms./Mr. *Name* | Miss/Mistress/ Mister *Name*<br><br>*oder:*<br>Madam/Sir |
| Firma (brieflich)<br><br>Firm | Messrs. *Firmenname* | Dear Sirs<br><br>*oder:*<br>Gentlemen | |
| Firma (nur Frauen) (brieflich)<br><br>Firm | Mmes. *Firmenname* | Mesdames | |

## Kirchen/Klerus/Religionsgemeinschaften

| Adressat | Anschrift | Anrede schriftlich | Anrede mündlich |
|---|---|---|---|
| Papst<br><br>Pope | His Holiness the Pope<br><br>*oder:*<br>His Holiness Pope *Vorname* | Your Holiness<br>*oder:*<br>Most Holy Father | Your Holiness |
| Patriarch (russisch-orthodox)<br><br>Patriarch | His Beatitude the Patriarch of *Ortsname* | Most Reverend Lord | Most Reverend Lord |
| Patriarch, (griechisch-orthodox)<br><br>Patriarch | His All Holiness Patriarch *Vorname* | His All Holiness Patriarch *Vorname* | Your All Holiness |
| Präsident der Mormonen<br><br>Mormon President | Mr. *Vorname Name* President Church of Jesus Christ of Latter-Day Saints | My dear President<br><br>*oder:*<br>Dear President *Name* | President *Name*<br><br>*oder:*<br>Mister *Name* |
| Kardinal (katholisch)<br><br>Cardinal | His Eminence *Vorname* Cardinal *Name* | Your Eminence<br><br>*oder:*<br>Dear Cardinal *Name* | Your Eminence<br><br>*oder:*<br>Dear Cardinal *Name* |
| Erzbischof (katholisch)<br><br>Archbishop | The Most Reverend Archbishop of *Name*<br><br>*oder:*<br>His Excellency The Most Reverend *Vorname Name* Archbishop of *Ortsname* | Your Excellency<br><br>*oder:*<br>Dear Archbishop *Name* | Your Excellency<br><br>*oder:*<br>Archbishop *Name* |

| Adressat | Anschrift | Anrede schriftlich | Anrede mündlich |
|---|---|---|---|
| Bischof (katholisch)<br><br>Catholic Bishop | The Most Reverend *Vorname Name*<br>Bishop of *Ortsname* | Your Excellency<br><br>*oder:*<br>Dear Bishop *Name* | Your Excellency<br><br>*oder:*<br>Bishop *Name* |
| Bischöfin (protestantisch)<br><br>Protestant Bishop | The Reverend *Vorname Name* | Reverend Madam<br><br>*oder:*<br>Dear Bishop *Name* | Reverend Madam |
| Bischof (protestantisch)<br><br>Protestant Bishop | The Reverend *Vorname Name* | Reverend Sir<br><br>*oder:*<br>Dear Bishop *Name* | Reverend Sir |
| Bischof der Mormonen<br><br>Mormon Bishop | Mr. *Vorname Name*<br>Church of Jesus Christ of Latter-Day Saints | Dear Mr. *Name* | Mister *Name* |
| Bischof der Methodisten<br><br>Methodist Bishop | The Reverend *Vorname Name*<br>Methodist Bishop | Dear Bishop *Name* | Bishop *Name* |
| Äbtissin<br><br>Abbess | The Reverend Mother Superior<br>Convent of *Name des Klosters*<br><br>*oder:*<br>Reverend Mother *Vorname(n), Initialen des Ordens*<br>Convent of *Name des Klosters* | Dear Reverend Mother<br><br>*oder:*<br>Reverend Mother | Reverend Mother |

| Adressat | Anschrift | Anrede schriftlich | Anrede mündlich |
|---|---|---|---|
| Abt<br><br>Abbot | The Right Reverend *Vorname Name, Initialen des Ordens*<br>Abbot of *Name des Klosters* | Right Reverend and Dear Father,<br>Dear Father Abbot<br><br>*oder:*<br>Dear Father | Father |
| Ordens-schwester<br><br>Sister/Nun | Sister *Vorname Name, Initialen des Ordens* | Dear Sister *Vorname* | Sister *Vorname* |
| Ordensbruder<br><br>Friar/Brother | Brother *Vorname Name, Initialen des Ordens* | Dear Brother *Vorname* | Brother *Vorname* |
| Monsignore<br><br>Monsignor | The Right Reverend Monsignor *Vorname Name* | Right Reverend and Dear Monsignor *Name*<br><br>*oder:*<br>Dear Monsignor *Name* | Monsignor |
| Priester (katholisch)<br><br>Catholic Priest | The Reverend Father *Vorname Name*<br><br>*oder:*<br>The Reverend *Vorname Name* | Dear Father *Name* | Father<br><br>*oder:*<br>Father *Name* |
| Geistliche (protestantisch)<br><br>Protestant Clergywoman | The Reverend *Vorname Name*<br><br>*oder (mit Doktorgrad):*<br>The Reverend Dr. *Vorname Name* | Dear Ms. *Name*<br><br>*oder (mit Doktorgrad):*<br>Dear Dr. *Name* | Minister *Name*<br><br>*oder:*<br>Dear Ms. *Name*<br>*oder (mit Doktorgrad:*<br>Dear Doctor *Name* |

| Adressat | Anschrift | Anrede schriftlich | Anrede mündlich |
|---|---|---|---|
| Geistlicher (protestantisch)<br><br>Protestant Clergyman | The Reverend *Vorname Name*<br><br>*oder (mit Doktorgrad):*<br>The Reverend Dr. *Vorname Name* | Dear Mr. *Name*<br><br>*oder (mit Doktorgrad):*<br>Dear Dr. *Name* | Minister *Name*<br><br>*oder:*<br>Dear Mister *Name*<br>*oder (mit Doktorgrad):*<br>Dear Doctor *Name* |
| Rabbi<br><br>Rabbi | Rabbi *Vorname Name*<br><br>*oder (mit Doktorgrad):*<br>Rabbi *Vorname Name*, D.D. | Dear Rabbi *Name* | Rabbi<br><br>*oder:*<br>Rabbi *Name* |
| (Jüdischer) Kantor<br><br>Cantor | Cantor *Vorname Name* | Dear Cantor *Name* | Cantor *Name* |

## Diplomatisches Corps

| Adressat | Anschrift | Anrede schriftlich | Anrede mündlich |
|---|---|---|---|
| Botschafterin der Vereinigten Staaten<br><br>Ambassador | The Honorable *Vorname Name*<br>American Ambassador,<br>*(in Lateinamerika und Kanada:*<br>Ambassador of the United States of America)* | Madam<br><br>*oder:*<br>Dear Madam Ambassador | Madam Ambassador<br><br>*oder:*<br>Madam |
| Botschafter der Vereinigten Staaten<br><br>Ambassador | The Honorable *Vorname Name*<br>American Ambassador,<br>*(in Lateinamerika und Kanada:*<br>Ambassador of the United States of America)* | Sir<br><br>*oder:*<br>Dear Mr. Ambassador | Mister Ambassador<br><br>*oder:*<br>Sir |

| Adressat | Anschrift | Anrede schriftlich | Anrede mündlich |
|---|---|---|---|
| Botschafterin anderer Staaten<br><br>Ambassador | Her Excellency *Vorname Name*<br>Ambassador of *Land* | Your Excellency<br><br>*oder:*<br>Dear Madam Ambassador | Your Excellency<br><br>*oder:*<br>Madame Ambassador<br>*oder:*<br>Madam |
| Botschafter anderer Staaten<br><br>Ambassador | His Excellency *Vorname Name*<br>Ambassador of *Land* | Your Excellency<br><br>*oder:*<br>Dear Mr. Ambassador | Your Excellency<br><br>*oder:*<br>Mister Ambassador<br>*oder:*<br>Sir |
| General-Konsulin der Vereinigten Staaten<br><br>General Consul (gilt für alle Dienstgrade wie Consul, General Consul, Vice Consul, Consular Agent) | The American Consul *Stadt, Land*<br><br>*oder:*<br>*Vorname Name*<br>American Consul<br>(*in Lateinamerika und Kanada:*<br>The Consul of the American States of America)<br>*oder:*<br>*Vorname Name*<br>Consul of the United States of America | Madam<br><br>*oder:*<br>Dear Ms. *Name* | Madam |
| General-Konsul der Vereinigten Staaten<br><br>General Consul (gilt für alle Dienstgrade wie Consul, General Consul, Vice Consul, Consular Agent) | The American Consul *Stadt, Land*<br><br>*oder:*<br>*Vorname Name*, Esq.<br>American Consul<br>(*in Lateinamerika und Kanada:*<br>The Consul of the American States of America)<br>*oder:*<br>*Vorname Name*, Esq.<br>Consul of the United States of America | Sir<br><br>*oder:*<br>Dear Mr. *Name* | Sir |

| Adressat | Anschrift | Anrede schriftlich | Anrede mündlich |
|---|---|---|---|
| General-Konsulin anderer Staaten<br><br>General Consul<br>(gilt für alle Dienstgrade) | The *Länderadjektiv* Consul<br>*US-Stadt, US-Land*<br><br>*oder:*<br>The Consul of *Land*<br>*US-Stadt, US-Land*<br>*oder:*<br>The Honorable *Vorname Name*<br>*Länderadjektiv* Consul | Madam<br><br>*oder:*<br>Dear Ms. *Name* | Madam |
| General-Konsul anderer Staaten<br><br>General Consul<br>(gilt für alle Dienstgrade) | The *Länderadjektiv* Consul<br>*US-Stadt, US-Land*<br><br>*oder:*<br>The Consul of *Land*<br>*US-Stadt, US-Land*<br>*oder:*<br>The Honorable *Vorname Name*<br>*Länderadjektiv* Consul | Sir<br><br>*oder:*<br>Dear Mr. *Name* | Sir |
| Gesandte der Vereinigten Staaten<br><br>Minister | The Honorable *Vorname Name*<br>American Minister<br>(*in Lateinamerika und Kanada:*<br>The Honorable *Vorname Name*<br>Minister of the United States of America) | Madam<br><br>*oder:*<br>Dear Madam Minister | Madam<br><br>*oder:*<br>Madam Minister |
| Gesandter der Vereinigten Staaten<br><br>Minister | The Honorable *Vorname Name*<br>American Minister<br>(*in Lateinamerika und Kanada:*<br>The Honorable *Vorname Name*<br>Minister of the United States of America) | Sir<br><br>*oder:*<br>Dear Mr. Minister | Sir |

| Adressat | Anschrift | Anrede schriftlich | Anrede mündlich |
|---|---|---|---|
| Gesandte anderer Staaten<br><br>Minister | The Honorable *Vorname Name*<br>Minister of *Land* | Madam<br><br>*oder:*<br>Dear Madam Minister | Madam<br><br>*oder:*<br>Madam Minister |
| Gesandter anderer Staaten<br><br>Minister | The Honorable *Vorname Name*<br>Minister of *Land* | Sir<br><br>*oder:*<br>Dear Mr. Minister | Sir |
| Geschäftsträgerin der Vereinigten Staaten<br><br>Chargé d'Affaires | *Vorname Name*<br>American Chargé d'Affaires<br>(*in Lateinamerika und Kanada:*<br>*Vorname Name*<br>Chargé d'Affaires of the United States of America) | Madam<br><br>*oder:*<br>Dear Ms. *Name* | Madam |
| Geschäftsträger der Vereinigten Staaten<br><br>Chargé d'Affaires) | *Vorname Name*, Esq.<br>American Chargé d'Affaires<br>(*in Lateinamerika und Kanada:*<br>*Vorname Name*, Esq.<br>Chargé d'Affaires of the United States of America) | Sir<br><br>*oder:*<br>Dear Mr. *Name* | Sir |
| Geschäftsträgerin anderer Staaten<br><br>Chargé d'Affaires | Ms.*Vorname Name*<br>Chargé d'Affaires of *Land* | Madam<br><br>*oder:*<br>Dear Ms. *Name* | Madam |
| Geschäftsträger anderer Staaten<br><br>Chargé d'Affaires | Mr.*Vorname Name*<br>Chargé d'Affaires of *Land* | Sir<br><br>*oder:*<br>Dear Mr. *Name* | Sir |

**Militär**

Für alle Ränge gilt:

■ In der Anschrift: Voller Rang oder dessen Abkürzung + voller
Name + Komma + Abkürzung der Teilstreitkraft:

| | |
|---|---|
| USA : | United States Army |
| USAF : | United States Air Force |
| USCG: | United States Coast Guard |
| USMC: | United States Marine Corps |
| USN: | United States Navy |

■ In der schriftlichen Anrede: Dear + voller Rang + Name.

| Adressat | Anschrift | Anrede schriftlich | Anrede mündlich |
|---|---|---|---|
| Oberkom- mandieren- der der Streitkräfte<br><br>Commander in Chief | Commander in Chief<br>*Vorname Name* | Dear Comman- der in Chief<br>*Name* | Sir |
| General<br><br>General (Anredefor- men gelten auch für fol- gende Ränge:<br><br>Lieutenant general<br>Major general<br>Brigadier ge- neral) | General (*oder:* GEN)<br>*Vorname Name, Abkür- zung der Teilstreitkraft* | Dear General<br>*Name* | General<br><br>*oder:*<br>Sir |
| Admiral<br><br>Admiral | Admiral (*oder:* ADM)<br>*Vorname Name, Abkür- zung der Teilstreitkraft* | Dear Admiral<br>*Name* | Admiral *Name*<br><br>*oder:*<br>Sir |

| Adressat | Anschrift | Anrede schriftlich | Anrede mündlich |
|---|---|---|---|
| Admiral<br><br>Vice Admiral | Vice Admiral *Vorname Name, Abkürzung der Teilstreitkraft* | Dear Admiral *Name* | Admiral *Name*<br><br>*oder:*<br>Sir |
| Admiral<br><br>Rear Admiral | Rear Admiral *Vorname Name, Abkürzung der Teilstreitkraft* | Dear Admiral *Name* | Admiral *Name*<br><br>*oder:*<br>Sir |
| Oberst<br><br>Colonel | Colonel (*oder:* COL) *Vorname Name, Abkürzung der Teilstreitkraft* | Dear Colonel *Name* | Colonel *Name*<br><br>*oder:*<br>Sir |
| Major<br><br>Major | Major (*oder:* MAJ) *Vorname Name, Abkürzung der Teilstreitkraft* | Dear Major *Name* | Major *Name*<br><br>*oder:*<br>Sir |
| Kapitän z. S., Hauptmann<br><br>Captain | Captain (*oder:* CAPT) *Vorname Name, Abkürzung der Teilstreitkraft* | Dear Captain *Name* | Captain *Name*<br><br>*oder:*<br>Sir |
| Oberleutnant<br><br>First Lieutenant | First Lieutenant (*oder:* 1st LT) *Vorname Name, Abkürzung der Teilstreitkraft* | Dear (First) Lieutenant *Name* | Lieutenant *Name*<br><br>*oder:*<br>Sir |
| Leutnant<br><br>Second Lieutenant | Second Lieutenant *Vorname Name, Abkürzung der Teilstreitkraft* | Dear Second Lieutenant *Vorname Name* | Lieutenant *Name*<br><br>*oder:*<br>Sir |
| (Stabs-) Unteroffizier<br><br>Seargent | Seargent (*oder:* SGT) *Vorname Name, Abkürzung der Teilstreitkraft* | Dear Seargent *Name* | Sir |
| Soldat/Gefreiter (Heer)<br><br>Private | Private (*oder:* PVT) *Vorname Name, Abkürzung der Teilstreitkraft* | Dear Private *Name* | Private *Name* |

| Adressat | Anschrift | Anrede schriftlich | Anrede mündlich |
|---|---|---|---|
| Flieger/Ge- freiter (Luft- waffe)  Airman | Airman (*oder:* AMN) *Vorname Name, Abkür- zung der Teilstreitkraft* | Dear Airman *Name* | Airman *Name* |
| (Ober-)Gefrei- ter (Marine)  Seaman | Seaman (*oder:* SMN) *Vorname Name, Abkür- zung der Teilstreitkraft* | Dear Seaman *Name* | Seaman *Name* |

# 3.2.4 Französisch (Frankreich)

Französisch wird in mehreren europäischen Ländern gesprochen (Frankreich, Belgien, Luxemburg, Schweiz, Monaco). Darüber hinaus ist es aufgrund der kolonialen Geschichte des Landes offizielle Sprache, Staatssprache oder Verkehrssprache in vielen Ländern Afrikas, der Karibik und in Kanada. Französisch ist die amtliche Sprache des Weltpostvereins, Korrespondenzsprache des Vatikans, Arbeitssprache der EU, der UNO, der UNESCO und vieler internationaler Verbände und Institutionen.

## 3.2.4.1 Pronominale Anrede

Ähnlich wie im Deutschen wird zwischen „du" und „Sie" differenziert. Man unterscheidet im Französischen zwischen

|  | Vertrauliche Anrede | Distanzierte Anrede |
|---|---|---|
| Singular | **tu** | **vous** |
| Plural | **vous** | **vous** |

Wegen der grammatischen Formgleichheit im Plural gibt es also nur eine Unterscheidung bei der Anrede von Einzelpersonen.

Die Anrede „tu" ist die geläufige Form in der Familie, unter guten Freunden und unter Jugendlichen. Aber selbst im familiären Umgang gibt es Ausnahmen. In sehr konservativen bürgerlichen Familien (vor allem in Nordfrankreich) reden die Kinder ihre Eltern mit „vous" und „Maman/Papa" an, während die Kinder von ihren Eltern mit „tu" und Vornamen angeredet werden. Schwiegertöchter und Schwiegersöhne reden die Schwiegereltern in Frankreich meistens mit „vous" und „Maman/Papa" an, während die Schwiegertöchter und Schwiegersöhne von ihren Schwiegereltern mit „vous" und Vornamen angeredet werden.

Im Alltagsleben zwischen Erwachsenen und im Berufsleben ist „vous" die Normalform. Unter Arbeitern wird gängig die Anrede „tu" verwendet. Diese vertrauliche Anredeform nimmt auch bei beruflichen Kontakten in anderen Gesellschaftsschichten zu. Unter Kollegen im Bereich der mittleren und gehobenen Angestellten bürgert sich in den letzten Jahren die Anredeform „vous" mit Gebrauch des Vornamens ein.

### 3.2.4.2 Nominale Anrede

Die geschlechtsbezogenen Anredeformen lauten im Französischen:

| Mündliche Anrede | | Briefanschrift | Schriftliche Anrede |
|---|---|---|---|
| Mann | Monsieur | Monsieur *(abgekürzt:* M.)... | Monsieur |
| Männer | Messieurs | Messieurs *(abgekürzt:* MM.)... | Messieurs |
| Frau (verheiratet) | Madame | Madame *(abgekürzt:* Mme)... | Madame |
| Frauen (verheiratet) | Mesdames | Mesdames *(abgekürzt:* Mmes)... | Mesdames |
| Frau (unverheiratet) | Mademoiselle | Mademoiselle *(abgekürzt:* Mlle)... | Mademoiselle |
| Frauen (unverheiratet) | Mesdemoiselles | Mesdemoiselles *(abgekürzt:* Mlles)... | Mesdemoiselles |

| Ehepaar | **Madame,** | Monsieur et Madame ... | **Madame,** |
|---------|-------------|------------------------|-------------|
|         | **Monsieur** |                        | **Monsieur,** |

Die Briefanschrift wird durch Namenszusätze ergänzt. Die Unterscheidung – in der schriftlichen und mündlichen Anrede – zwischen verheirateten und unverheirateten Frauen wird mehr oder weniger strikt durchgeführt. Eine unverehelichte Frau wird allenfalls von einem bestimmten Alter an mit „Madame" angeredet. In Betrieben oder Büros muss man sich also über den ehelichen Status von Kolleginnen informieren. In Geschäften ist oft ein Blick auf einen möglichen Ehering oder eine psychologische Einschätzung erforderlich. In der mündlichen Anrede kommt es dabei nicht selten zu rückversichernden Fragen wie „Mademoiselle, où c'est Madame?". Auch Korrekturen bei fälschlicher Anrede sind möglich. Eine junge verheiratete Dame, die mit „Mademoiselle" angesprochen wurde, kann entgegnen: „Madame, s'il-vous-plaît....".

Die oben angeführten geschlechtsspezifischen Anredeteile können in der mündlichen Anrede bei gemischten Gruppen differenziert werden. Wenn ein Fernsehsprecher die Zuschauer begrüßt oder ein Redner sich an sein Auditorium wendet, wird die Anrede lauten:

Mesdames, Mesdemoiselles, Messieurs, Bonjour!

In Alltagssituationen, besonders bei der Begrüßung, gibt es die mündliche umgangssprachliche Anredeform für gemischte Gruppen:

Bonjour, Monsieursdames! (etwa zu vergleichen mit der deutschen Anrede: „Guten Tag, allerseits!")

Wenn sich in einer anzuredenden Gruppe nur ein Herr oder eine Dame oder eine unverheiratete junge Frau befindet, kann differenziert angeredet werden, z. B.:

Madame, Mesdemoiselles, Messieurs *oder*

Mesdames, Mesdemoiselles, Monsieur usw.

Im Gegensatz zum Deutschen verfügt die französische Sprache hiermit über ein mündliches und schriftliches Anredeinstrument für jeden erwachsenen Adressaten, ohne dass man den Namen kennen muss.

Innerhalb der Verwandtschaft sind folgende mündliche (und gegebenenfalls auch schriftliche) Anredeformen üblich:

| *Adressat* | *Anredeform* |
| --- | --- |
| Großmutter | Grand-mère *oder* Grand-maman *oder* Mémé |
| Großvater | Grand-père *oder* Grand-papa *oder* Pépé |
| Mutter | Maman |
| Vater | Papa |
| Tante | Tante *Vorname*, Tata, Tata *Vorname* |
| Onkel | Oncle *Vorname*, Tonton, Tonton *Vorname* |

## 3.2.4.3 Namenselemente in Anrede und Anschrift

Die vertrauliche Anrede unter Freunden und Verwandten geschieht mit dem Vornamen. Auch gegenüber katholischen Geistlichen/Ordensangehörigen gibt es einige Anredekonventionen mit Titel und Vornamen (z. B. „Abbé Pierre"). Alte Anredeformen gegenüber dem Dienstpersonal oder der Bedienung in Restaurants (z. B. „Monsieur Gaston") sind heute nicht mehr üblich oder allenfalls kumpelhaft möglich.

Vor- und Nachname werden in der Briefanschrift verwendet. In der Anrede unter Erwachsenen taucht der Name im Normalfall nicht auf. Ob der Adressat unbekannt oder namentlich bekannt oder persönlich bekannt ist, spielt keine Rolle. Die Anrede lautet mündlich und schriftlich „Madame", „Mademoiselle", „Monsieur". Ein Nachname wird allenfalls bei besonderer Bekanntschaft oder in Fällen sozialer Abhängigkeit verwendet. Da solche Situationen – besonders von Ausländern – schwer einzuschätzen sind, lautet die kommunikative Grundregel: Kein Nachname in der französischen Anrede!

In der Anschrift werden dagegen Vorname und Nachname aufgeführt, z. B.

> Monsieur Charles Dupont

> Mlle Marie-Christine Plet

Nach einer alten Sitte wird bei einer unverheirateten Frau in der Briefanschrift der Vorname fortgelassen, wenn sie als einzige oder älteste Tochter im Elternhaus lebt, z. B.

> Mademoiselle Plet

Im geschäftlichen Berufsverkehr wird dagegen die Bezeichnung „Mademoiselle" eher vermieden zugunsten von „Madame".

Wenn man an eine verheiratete Frau schreibt, wird in der Anschrift der Vorname des Ehemannes genannt:

> Madame Charles Dupont

Entsprechend lautet die Briefanschrift für ein Ehepaar:

> Monsieur et Madame Charles Dupont

Wenn ein Brief an ein Ehepaar von einem der beiden Ehepartner in Empfang genommen werden soll (wichtig z. B. bei einem Einschreiben) kann man schreiben

> Monsieur ou Madame Dupont

Bei verwitweten Frauen wird üblicherweise die bisherige Briefanschrift beibehalten, also

> Madame Charles Dupont

Dagegen ziehen es geschiedene Frauen häufig vor, ihre Anschrift mit ihrem Vornamen anzugeben, also z. B.

Madame Sophie Dupont

Akademische Grade werden in Frankreich sehr viel weniger verwendet als in Deutschland; ausgenommen sind Ärzte, die in Anschrift und Anrede fast immer als „Docteur" bezeichnet werden.

### 3.2.4.4 Anreden und Begrüßen

Im Französischen ist die mündliche Anrede eng verknüpft mit dem Begrüßen („Entbieten der Tageszeit"). Wenn man eine bekannte Person irgendwo trifft, lautet die Begrüßung:

Bonjour, Madame/Mademoiselle/Monsieur !
(deutsch: Guten Tag!)

Bonsoir, Madame/Mademoiselle/Monsieur !
(deutsch: Guten Abend!)

Ein Äquivalent für die deutsche Begrüßung „Guten Morgen!" existiert im Französischen nicht; man sagt bereits am frühen Morgen „Bonjour, Madame/Mademoiselle/Monsieur!".

Dieselben Begrüßungsformen gelten auch, wenn man einer unbekannten Person in einer Firma, einer Behörde, im Aufzug, im Treppenhaus eines Privathauses etc. begegnet. Jedenfalls dann, wenn man sich höflicher Umgangsformen befleißigt.

Das geschlechtsspezifische Anredeelement ist bei höflicher Begrüßung obligatorisch. Allenfalls kann man „Bonjour" sagen, wenn man ein Geschäft oder einen Wartesaal betritt. Ansonsten lauten die Begrüßungsformen immer „Bonjour, Monsieur", „Bonsoir, Mesdames", „Bonjour, Messieur", „Bonsoir, Mademoiselle" etc.

Diese traditionellen Konventionen ändern sich auch nicht dadurch, dass sich junge Leute untereinander mit „Salut" oder „Salut, les copains" etc. begrüßen.

### 3.2.4.5 Briefliche Anredekonventionen

Die briefliche Kommunikation ist in Frankreich sehr förmlich und sehr differenziert. Die Anredeformen und die Schlussformeln im Brief werden genau auf die gesellschaftlichen Beziehungen zwischen den Kommunikationspartnern abgestimmt. Die normale briefliche Anrede (d.h. wenn besondere Titel nicht erforderlich sind), ist allerdings sehr einfach. Sie entspricht bei individuellen Adressaten der üblichen Anredeform

> Monsieur, *oder*
> Madame, *oder*
> Mademoiselle,.

Die traditionelle Anrede bei unbekannten Adressaten, z.B. im Schriftverkehr mit Firmen lautet

> Monsieur, (entsprechend der deutschen Anrede
> „Sehr geehrte Damen und Herren").

Möglich, aber weniger gebräuchlich ist in derselben Situation die Anrede im Plural:

> Messieurs,.

In den letzten Jahren haben sich auch in Frankreich die sozialen Bedingungen insofern geändert, als auch Frauen in Direktionen und Geschäftsleitungen tätig sind. Daher gibt es neuerdings im geschäftlichen Briefverkehr auch geschlechtsübergreifende Anredeformen wie

> Madame,
> Monsieur,

auch in der brieflichen Form nebeneinander

> Madame, Monsieur,

und auch in der Pluralform

> Mesdames,
> Messieurs,.

Die verbreitetste Anredeform ist aber nach wie vor „Monsieur". Der Familienname taucht in der Briefanrede nicht auf.

Unter Kollegen redet man sich in absteigendem Förmlichkeitsgrad schriftlich wie folgt an:

> Monsieur et cher collègue,
> Madame et chère collègue,
> Cher collègue,
> Chère collègue,
> Cher confrère,
> Chère consœur, (Neubildung, vor allem in der französischen Schweiz)
> Cher collègue et ami,
> Chère collègue et amie,

Handelt es sich bei einem Brief um ein Glückwunsch- oder auch Kondolenzschreiben, fügt man oft vor der Personenbezeichnung „Chère" bzw. „Cher" ein (also „Chère Madame", „Cher Monsieur").

Auch sonst kann die schriftliche Anrede natürlich nach Vertraulichkeitsgraden differenziert werden, z. B.

> Cher Monsieur,
> Chère Madame,
> Cher Monsieur et ami,
> Chère amie,
> Cher Jean,

Très cher Joseph,
Mon cher Pierrot,.

Bei sehr vertraulichen Beziehungen können natürlich Kosenamen und Metaphern aller Art als Anrede verwendet werden,
z. B.:

Ma chérie,
Mon chouchou,
Ma petite biche,.

Vorausgesetzt, das System der französischen Anredeformen
wird beachtet, sind der Fantasie dabei keine Grenzen gesetzt.

### 3.2.4.6 Feminisierung von Anredeteilen

In den meisten frankophonen Ländern sind Titel und Berufsbezeichnungen im Zuge der sozialen Veränderungen feminisiert
worden. Solange Frauen nicht in höheren Stellungen in Politik
und Verwaltung tätig waren, musste über eine Anrede wie „Herr
Minister", „Monsieur le Ministre" nicht nachgedacht werden.
Wenn aber eine Frau eine solche Position einnimmt, kann man
sich fragen, ob der maskuline Artikel „le" in der Anrede angemessen ist und ob einige Berufsbezeichnungen adäquat sind. In
einigen ganz oder teilweise französischsprachigen Ländern, wie
in Belgien, in der Schweiz, in Kanada, hat man schon vor Jahren
feminisierte Berufsbezeichnungen und Anredeformen entwickelt, die sich mehr oder weniger bereits durchgesetzt haben. So
wird eine Ministerin in diesen Ländern meistens mit „Madame la
Ministre" angeredet.

In Frankreich ist dies bislang nicht geschehen. Frauen werden
fast ausschließlich mündlich und schriftlich als „Madame le Ministre", „Madame le Préfet", „Madame le Recteur" angeredet.
Und darüber gibt es einen großen nationalen Konsens.

Bei einigen Anredeformen gibt es aber aus grammatischen

Gründen eine Tendenz zu feminisierten Formen. So verwendet man als Anrede eher „Madame la Présidente" als die auch mögliche Anredeform „Madame le Président". Auch die Anrede „Madame la Conseillère" hat sich durchgesetzt. Während man die Direktorin einer Firma oder eines Institutes eher als „Madame le Directeur" anredet, tendiert der Sprachgebrauch bei der Anrede einer Schuldirektorin deutlich zu „Madame la Directrice".

Eine Dienstanweisung des Premierministers für den Amtsgebrauch aus dem Jahre 1986 sah die Feminisierung der französischen Berufsbezeichnungen, Dienstfunktionen, Dienstgrade und Titel vor. In einem weiteren Runderlass aus dem Jahre 1998 stellt der nachfolgende Premierminister fest, dass die Anordnung aus dem Jahre 1986 kaum je befolgt wurde. Das staatliche „Institut National de la Langue Française" veröffentlichte darauf hin im Jahre 1999 einen Leitfaden für die Feminisierung der genannten Bezeichnungen. Er ist seit 2000 im Internet zugänglich und dort mehrfach modifiziert und kommentiert worden. Er empfiehlt u. a. folgende anrederelevanten femininen Formen:

| | |
|---|---|
| un préfet | une préfète |
| un sénateur | une sénatrice |
| un ambassadeur | une ambassadrice |
| un attaché | une attachée |
| un proviseur | une proviseur *oder* une proviseuse |
| un recteur | une rectrice |
| un professeur | une professeur *oder* une professeure |
| un consul | une consule |
| un directeur | une directrice |
| un chanoine | une chanoinesse |
| un adjoint | une adjointe |
| un pasteur | une pasteure |
| un docteur | une docteure |

Bislang gibt es keine Anzeichen dafür, dass die Empfehlungen des „Institut National de la Langue Française" sich im französischen Sprachgebrauch durchsetzen. Eine mögliche Änderung der gegenwärtig bestehenden französischen Anredekonventionen im Hinblick auf die beruflichen Anredeelemente bleibt also abzuwarten.

### 3.2.4.7 Protokollarische Anredeformen

#### Universitäten/Schulen

| Adressat | Anschrift | Anrede schriftlich | Anrede mündlich |
|---|---|---|---|
| Direktorin einer Akademie/ eines Schulaufsichtsbezirks (Inspecteur d'académie) | Madame l'Inspecteur d'académie *Vorname Name* | Madame l'Inspecteur d'académie | Madame l'Inspecteur |
| Direktor einer Akademie/eines Schulaufsichtsbezirks (Inspecteur d'académie) | Monsieur l'Inspecteur d'académie *Vorname Name* | Monsieur l'Inspecteur d'académie | Monsieur l'Inspecteur |
| Rektorin/Präsidentin einer Universität/ Hochschule<br><br>Recteur d'université | Madame le Recteur *Vorname Name*<br><br>*oder:*<br>Madame *Vorname Name* Recteur de l'Université de *Ortsname/Name der Universität* | Madame le Recteur | Madame le Recteur |

| Adressat | Anschrift | Anrede schriftlich | Anrede mündlich |
|---|---|---|---|
| Rektor/Präsident einer Universität/ Hochschule

Recteur d'université | Monsieur le Recteur *Vorname Name*

*oder:*
Monsieur *Vorname Name*
Recteur de l'Université de *Ortsname/Name der Universität* | Monsieur le Recteur | Monsieur le Recteur |
| Dekanin/Direktorin einer Fakultät/eines Fachbereiches

Directeur (*traditionell: Doyen*) | Madame *Vorname Name*
Directeur de l'UER de *Teilfach*
Faculté de *Fach*
Université de *Name/Sitz der Universität* | Madame le Directeur | Madame le Directeur |
| Dekan/Direktor einer Fakultät/eines Fachbereiches Directeur (*traditionell: Doyen*) | Monsieur *Vorname Name*
Directeur de l'UER de *Teilfach*
Faculté de *Fach*
Université de *Name/Sitz der Universität* | Monsieur le Directeur | Monsieur le Directeur |
| Universitätsprofessorin/ Ordentliche Professorin

Professeur des universités | Madame *Vorname Name*
Professeur des universités

*oder:*
Madame *Vorname Name*
Professeur titulaire à l'Université (de) *Name/ Sitz der Universität* | Madame le Professeur | Madame le Professeur |

| Adressat | Anschrift | Anrede schriftlich | Anrede mündlich |
|---|---|---|---|
| Universitäts-professor/Or-dentlicher Professor<br><br>Professeur des universités | Monsieur *Vorname Name*<br>Professeur des universités<br><br>*oder:*<br>Monsieur *Vorname Name*<br>Professeur titulaire à l'Université (de) *Name/Sitz der Universität* | Monsieur le Pro-fesseur | Monsieur le Profes-seur |
| Professorin an einer Universi-tät<br><br>Professeur d'université | Madame le Professeur *Vorname Name*<br><br>*oder:*<br>Madame *Vorname Name*<br>Professeur à l'université (de) *Name/Sitz der Uni-versität* | Madame le Pro-fesseur | Madame le Profes-seur |
| Professor an einer Universi-tät<br><br>Professeur d'université | Monsieur le Professeur *Vorname Name*<br><br>*oder:*<br>Monsieur *Vorname Name*<br>Professeur à l'Université (de) *Name/Sitz der Uni-versität* | Monsieur le Pro-fesseur | Monsieur le Profes-seur |
| Maître de Con-férence (weiblich) | Madame *Vorname Name*<br>Maître de Conférence | Madame | Madame |
| Maître de Con-férence (männlich) | Monsieur *Vorname Name*<br>Maître de Conférence | Monsieur | Monsieur |

| Adressat | Anschrift | Anrede schriftlich | Anrede mündlich |
|---|---|---|---|
| Studentin | Madame/Mademoiselle *Vorname Name* | Madame/Mademoiselle | Madame/Mademoiselle<br><br>(in Lehrveranstaltungen ggf. Madame/Mademoiselle *Name* *oder:* *Vorname* + vous) |
| Student | Monsieur *Vorname Name* | Monsieur | Monsieur<br><br>(in Lehrveranstaltungen ggf. Monsieur *Name* *oder:* *Vorname* + vous) |
| Direktorin eines Gymnasiums<br><br>Proviseur de lycée | Madame le Proviseur *Vorname Name* | Madame le Proviseur | Madame le Proviseur |
| Direktor eines Gymnasiums<br><br>Proviseur de lycée | Monsieur le Proviseur *Vorname Name* | Monsieur le Proviseur | Monsieur le Proviseur |
| Direktorin einer Oberschule<br><br>Directeur/ Directrice de collège | Madame le Directeur/ Madame la Directrice *Vorname Name* | Madame le Directeur/ Madame la Directrice | Madame le Directeur/ Madame la Directrice |
| Direktor einer Oberschule<br><br>Directeur de collège | Monsieur le Directeur *Vorname Name* | Monsieur le Directeur | Monsieur le Directeur |

| Adressat | Anschrift | Anrede schriftlich | Anrede mündlich |
|---|---|---|---|
| Lehrerin an einer weiterführenden Schule<br><br>Professeur de lycée/de collège | Madame/Mademoiselle *Vorname Name* | Madame/Mademoiselle | Madame/Mademoiselle |
| Lehrer an einer weiterführenden Schule<br><br>Professeur de lycée/de collège | Monsieur *Vorname Name* | Monsieur | Monsieur |
| Lehrerin an einer Grundschule<br><br>Institutrice | Madame/Mademoiselle *Vorname Name* | Madame/Mademoiselle | Madame/Mademoiselle |
| Lehrer an einer Grundschule<br><br>Instituteur | Monsieur *Vorname Name* | Monsieur | Monsieur |

## Politik/Verwaltung/Justiz

| Adressat | Anschrift | Anrede schriftlich | Anrede mündlich |
|---|---|---|---|
| Staatspräsidentin Frankreichs<br><br>Présidente de la République | Son Excellence Madame la Présidente de la République | Madame la Présidente de la République | Madame la Présidente |
| Staatspräsident Frankreichs<br><br>Président de la République | Son Excellence Monsieur le Président de la République | Monsieur le Président de la République | Monsieur le Président |

211

| Adressat | Anschrift | Anrede schriftlich | Anrede mündlich |
|---|---|---|---|
| Ehefrau des Staatspräsidenten Frankreichs | Madame *Vorname des Ehemannes Name* | Madame | Madame |
| Staatspräsidentin anderer Länder | Son Excellence Madame la Présidente de *Staat* | Madame la Présidente | Madame la Présidente |
| Staatspräsident anderer Länder | Son Excellence Monsieur le Président de *Staat* | Monsieur le Président | Monsieur le Président |
| Vorsitzende des Parlamentes<br><br>Présidente de l'Assemblée nationale | Madame la Présidente de l'Assemblée nationale | Madame la Présidente | Madame la Présidente |
| Vorsitzender des Parlamentes<br><br>Président de l'Assemblée nationale | Monsieur le Président de l'Assemblée nationale | Monsieur le Président | Monsieur le Président |
| Stellvertretende Vorsitzende des Parlamentes<br><br>Vice-présidente de l'Assemblée nationale | Madame la Présidente de l'Assemblée nationale | Madame la Présidente | Madame la Présidente |

| Adressat | Anschrift | Anrede schriftlich | Anrede mündlich |
|---|---|---|---|
| Stellvertreten- der Vorsitzen- der des Parlamentes  Vice-prési- dent de l'As- semblée nationale | Monsieur le Président de l'Assemblée nationale | Monsieur le Pré- sident | Monsieur le Prési- dent |
| Vorsitzende des Senats  Présidente du Sénat | Madame la Présidente du Sénat | Madame la Prési- dente | Madame la Prési- dente |
| Vorsitzender des Senats  Président du Sénat | Monsieur le Président du Sénat | Monsieur le Pré- sident | Monsieur le Prési- dent |
| Präsidentin des Staatsra- tes (Verfas- sungsrates)  Conseil consti- tutionnel | Madame la Présidente du Conseil constitution- nel | Madame la Con- seillère | Madame la Conseil- lère |
| Präsident des Staatsrates (Verfassungs- rat)  Conseil consti- tutionnel | Monsieur le Président du Conseil constitution- nel | Monsieur le Con- seiller | Monsieur le Con- seiller |
| Regierungs- chefin  Premier Mi- nistre | Madame le Premier Mi- nistre | Madame le Pre- mier Ministre | Madame le Premier Ministre |

| Adressat | Anschrift | Anrede schriftlich | Anrede mündlich |
|---|---|---|---|
| Regierungs-chef<br><br>Premier Mi-nistre | Monsieur le Premier Mi-nistre | Monsieur le Pre-mier Ministre | Monsieur le Premier Ministre |
| Justizministe-rin<br><br>Ministre de la Justice | Madame le Garde des Sceaux | Madame le Garde des Sceaux | Madame le Garde des Sceaux |
| Justizminister<br><br>Ministre de la Justice | Monsieur le Garde des Sceaux | Monsieur le Garde des Sceaux | Monsieur le Garde des Sceaux |
| Ministerin<br><br>Ministre | Madame *Vorname Name*<br>Ministre de *Name des Ressorts*<br><br>*oder:*<br>Madame le Ministre de *Name des Ressorts* | Madame le Mi-nistre | Madame le Ministre |
| Minister<br><br>Ministre | Monsieur *Vorname Name*<br>Ministre de *Name des Ressorts*<br><br>*oder:*<br>Monsieur le Ministre de *Name des Ressorts* | Monsieur le Mi-nistre | Monsieur le Ministre |
| Mitglied des Parlamentes/Abgeordnete<br><br>Députée | Madame *Vorname Name*<br>Députée de *Name des Wahlkreises* | Madame la Dé-putée | Madame la Députée |
| Mitglied des Parlamentes/Abgeordneter<br><br>Député | Monsieur *Vorname Name*<br>Député de *Name des Wahlkreises* | Monsieur le Dé-puté | Monsieur le Député |

| Adressat | Anschrift | Anrede schriftlich | Anrede mündlich |
|---|---|---|---|
| Mitglied des Senats (Senatorin)<br><br>Sénateur | Madame le Sénateur *Vorname Name* | Madame le Sénateur | Madame le Sénateur |
| Mitglied des Senats (Senator)<br><br>Sénateur | Monsieur le Sénateur *Vorname Name* | Monsieur le Sénateur | Monsieur le Sénateur |
| Präfektin eines Départements<br><br>Préfet | Madame le Préfet de *Département* | Madame le Préfet de *Département* | Madame le Préfet |
| Präfekt eines Départements<br><br>Préfet | Monsieur le Préfet de *Département* | Monsieur le Préfet de *Département* | Monsieur le Préfet |
| Unterpräfektin eines Départements<br><br>Sous-Préfet | Madame le Sous-Préfet de *Département* | Madame le Sous-Préfet de *Département* | Madame le Sous-Préfet |
| Unterpräfekt eines Départements<br><br>Sous-Préfet | Monsieur le Sous-Préfet de *Département* | Monsieur le Sous-Préfet de *Département* | Monsieur le Sous-Préfet |
| Bürgermeisterin<br><br>Maire | Madame le Maire *Vorname Name* | Madame le Maire | Madame le Maire |
| Bürgermeister<br><br>Maire | Monsieur le Maire *Vorname Name* | Monsieur le Maire | Monsieur le Maire |

| Adressat | Anschrift | Anrede schriftlich | Anrede mündlich |
|---|---|---|---|
| Oberstaatsanwältin <br><br> Procureur de la République | Madame le Procureur de la République | Madame le Procureur de la République | Madame le Procureur de la République |
| Oberstaatsanwalt <br><br> Procureur de la République | Monsieur le Procureur de la République | Monsieur le Procureur de la République | Monsieur le Procureur de la République |
| Generalstaatsanwältin <br><br> Procureur général de la Cour de cassation | Madame le Procureur général de *Gerichtshof* | Madame le Procureur général | Madame le Procureur général |
| Generalstaatsanwalt <br><br> Procureur général de la Cour de cassation | Monsieur le Procureur général de *Gerichtshof* | Monsieur le Procureur général | Monsieur le Procureur général |
| Vorsitzende Richterin <br><br> Juge président | Madame la Présidente *Vorname Name* › | Madame la Présidente | Madame la Présidente |
| Vorsitzender Richter <br><br> Juge président | Monsieur le Président *Vorname Name* | Monsieur le Président | Monsieur le Président |
| Richterin/Untersuchungsrichterin <br><br> Juge/Juge d'instruction | Madame le Juge *Vorname Name* | Madame le Juge | Madame le Juge |

| Adressat | Anschrift | Anrede schriftlich | Anrede mündlich |
|---|---|---|---|
| Richter/Untersuchungsrichter<br><br>Juge/Juge d'instruction | Monsieur le Juge<br>*Vorname Name* | Monsieur le Juge | Monsieur le Juge |
| Anwalt/Anwältin, Notarin, Gerichtsvollzieher/in, Ministerialbeamte, Auktionator/in<br><br>Avocat, Notaire, Huissier, Officier ministériel, Commissaire-priseur | Maître *Vorname Name* | Maître | Maître (*Name*) |
| Ehrenanrede für verdiente Künstler/innen und Akademiemitglieder | Maître *Vorname Name* | Maître | Maître (*Name*) |

## Adel

Der Adel spielte in Frankreich in der Zeit vor der Revolution von 1789 eine große Rolle. Er war nicht nur mit Adelstiteln und Adelsprädikaten verbunden, sondern auch mit zahlreichen Privilegien: dem Zugang zu den meisten staatlichen und kirchlichen Ämtern, dem Jagdrecht, der Befreiung von den meisten Steuern, dem Vorrecht, einen Degen zu tragen usw. Nach einem Erlass von 1781 konnte nur derjenige Soldat Offizier in der französischen Armee werden, dessen Familie mindestens vier Generationen adlig war. Neben dem alten Adel („Noblesse de nom et d'armes") gab es Familien, die vom König geadelt worden waren

(„Noblesse par lettres"), und solche, die einen Adelstitel aufgrund von Verwaltungsfunktionen erworben hatten („Noblesse de robe", „Noblesse d'office"). In der Revolutionszeit wurden alle Adelsprivilegien und Adelstitel 1790 zunächst abgeschafft. Unter Napoléon und etwas später, 1814, unter dem König Louis XVIII wurden die Adelstitel ohne die alten Adelsprivilegien jedoch wieder eingeführt. Bis zum Beginn der Dritten Republik wurden noch Adelstitel (ohne Vorrechte) verliehen. Die Verfassung von 1958 legt fest, dass es in der französischen Republik weder Adel noch irgendwelche Adelsbezeichnungen gibt.

Selbst wenn der Adel in der gegenwärtigen französischen Republik rechtlich gesehen nicht existiert, gibt es doch Royalisten, die den „Comte de Paris" (Nachfahre des „Duc d'Orléans", des Bruders des letzten französischen Königs) als Prätendant auf den Thron eines Königs von Frankreich einstufen.

Auch in einem dezidiert republikanischen Land wie Frankreich gibt es Personen, die noch heute auf die Anrede mit einem alten Adelstitel Wert legen. Ein Hinweis darauf ergibt sich dann, wenn ein adliger Name im Briefkopf oder auf der Visitenkarte erscheint. Es liegt dann nahe, in mündlicher oder schriftlicher Anrede die adäquaten Adelsbezeichnungen zu verwenden.

| Adressat | Anschrift | Anrede schriftlich | Anrede mündlich |
|---|---|---|---|
| Prinzessin<br><br>Princesse | La Princesse de *Name*<br><br>*oder:*<br>Madame la Princesse de *Name* | Madame<br><br>*oder:*<br>Madame la Princesse | Madame |
| Prinz<br><br>Prince | Le Prince de *Name*<br><br>*oder:*<br>Monsieur le Prince de *Name* | Monseigneur | Prince |

| Adressat | Anschrift | Anrede schriftlich | Anrede mündlich |
|---|---|---|---|
| Herzogin<br><br>Duchesse | La Duchesse de *Name*<br><br>*oder:*<br>Madame la Duchesse de *Name* | Madame la Duchesse<br><br>*oder:*<br>Madame | Madame la Duchesse<br><br>*oder:*<br>Madame |
| Herzog<br><br>Duc | Le Duc de *Name*<br><br>*oder:*<br>Monsieur le Duc de *Name* | Monsieur le Duc | Monsieur le Duc |
| Marquise | La Marquise de *Name*<br><br>*oder:*<br>Madame la Marquise de *Name* | Madame la Marquise | Madame la Marquise |
| Marquis | Le Marquis de *Name*<br><br>*oder:*<br>Monsieur le Marquis de *Name* | Monsieur le Marquis<br><br>*oder:*<br>Mon cher Marquis (*sehr familiär*) | Monsieur le Marquis |
| Gräfin<br><br>Comtesse | La Comtesse de *Name*<br><br>*oder:*<br>Madame la Comtesse de *Name* | Madame la Comtesse | Madame la Comtesse |
| Graf<br><br>Comte | Le Comte de *Name*<br><br>*oder:*<br>Monsieur le Comte de *Name* | Monsieur le Comte<br><br>*oder:*<br>Mon cher Comte (*sehr familiär*) | Monsieur le Comte |
| Vicomtesse | La Vicomtesse de *Name*<br><br>*oder:*<br>Madame la Vicomtesse de *Name* | Madame la Vicomtesse | Madame la Vicomtesse |

| Adressat | Anschrift | Anrede schriftlich | Anrede mündlich |
|---|---|---|---|
| Vicomte | Le Vicomte de *Name* *oder:* Monsieur le Vicomte de *Name* | Monsieur le Vicomte *oder:* Mon cher Vicomte (*sehr familiär*) | Monsieur le Vicomte |
| Baronin Baronne | La Baronne de *Name* *oder:* Madame la Baronne de *Name* | Madame la Baronne | Madame la Baronne |
| Baron Baron | Le Baron de *Name* *oder:* Monsieur le Baron de *Name* | Monsieur le Baron *oder:* Mon cher Baron (*sehr familiär*) | Monsieur le Baron |

## Wirtschaft/Industrie

| Adressat | Anschrift | Anrede schriftlich | Anrede mündlich |
|---|---|---|---|
| Präsidentin/ Generaldirektorin einer Firma Président Directeur Général (abgekürzt: PDG) | Madame *Name Vorname* Président Directeur Général de la Société *Name der Firma* | Madame *oder:* Madame la Présidente | Madame |

| Adressat | Anschrift | Anrede schriftlich | Anrede mündlich |
|---|---|---|---|
| Präsident/Ge-neraldirektor einer Firma<br><br>Président Di-recteur Géné-ral<br>(abgekürzt: PDG) | Monsieur<br>*Name Vorname*<br>Président Directeur Gé-néral de la Société<br>*Name der Firma* | Monsieur<br><br>*oder:*<br>Monsieur le Pré-sident | Monsieur |
| Geschäftsfüh-rerin einer Firma<br><br>Gérante | Madame *Vorname*<br>*Name*<br>Gérante de la Société<br>*Name der Firma* | Madame | Madame |
| Geschäftsfüh-rer einer Firma<br><br>Gérant | Monsieur *Vorname*<br>*Name*<br>Gérant de la Société<br>*Name der Firma* | Monsieur | Monsieur |
| Aufsichtsrats-vorsitzende ei-ner AG<br><br>Président du Conseil d'ad-ministration d'une S.A. | Madame *Vorname*<br>*Name*<br>Présidente du Conseil d'administration | Madame<br><br>*oder:*<br>Madame la Prési-dente | Madame |
| Aufsichtsrats-vorsitzender einer AG<br><br>Président du Conseil d'ad-ministration d'une S.A. | Monsieur *Vorname*<br>*Name*<br>Président du Conseil d'administration | Monsieur<br><br>*oder:*<br>Monsieur le Pré-sident | Monsieur |
| Bankdirektorin<br><br>Directeur d'une banque | Madame *Vorname*<br>*Name*<br>Directeur de la *Name der Bank* | Madame le Direc-teur | Madame |

| Adressat | Anschrift | Anrede schriftlich | Anrede mündlich |
|---|---|---|---|
| Bankdirektor<br><br>Directeur d'une banque | Monsieur *Vorname Name*<br>Directeur de la *Name der Bank* | Monsieur le Directeur | Monsieur |
| Ärztin | Madame le Docteur *Vorname Name* | Madame le Docteur | Docteur |
| Arzt | Docteur *Vorname Name* | Docteur | Docteur |
| Rechtsanwältin<br><br>Avocate | Maître *Vorname Name*<br><br>*oder:*<br>Madame *Vorname Name*<br>Avocate à la Cour | Maître | Maître |
| Rechtsanwalt<br><br>Avocat | Maître *Vorname Name*<br><br>*oder:*<br>Monsieur *Vorname Name*<br>Avocat à la Cour | Maître | Maître |

## Kirchen/Klerus/Religionsgemeinschaften

| Adressat | Anschrift | Anrede schriftlich | Anrede mündlich |
|---|---|---|---|
| Papst<br><br>Pape | Sa Sainteté le Pape<br><br>*oder:*<br>Sa Sainteté<br>Pape *Vorname* | Très Saint-Père | Votre Sainteté |
| Patriarch, orth.<br><br>Patriarche | Sa Sainteté<br>Patriarche *Name* | Très Saint-Père | Votre Sainteté |
| Kardinal<br><br>Cardinal | Son Éminence le Cardinal *Name* | Votre Éminence<br><br>*oder:*<br>Éminence | Votre Éminence<br><br>*oder:*<br>Monsieur le Cardinal |

| Adressat | Anschrift | Anrede schriftlich | Anrede mündlich |
|---|---|---|---|
| Erzbischof<br><br>Archévêque | Son Excellence Monsieur l'Archevêque | | Monseigneur<br><br>*oder:*<br>Excellence |
| Bischof<br><br>Evêque | Monsieur l'Evêque | Votre Excellence | Monseigneur<br><br>*oder:*<br>Excellence |
| Äbtissin<br><br>Supérieure d'un Couvent (Abbesse) | Révérende Mère *Vorname*<br>Supérieure du Couvent de *Name des Klosters* | Ma Très Révérende Mère | Ma Mère |
| Abt<br><br>Abbé<br>*ebenso:*<br>Vicaire,<br>Chanoine,<br>Archiprêtre,<br>Aumônier | Révérend Père *Vorname* Supérieur du Couvent de *Name des Klosters*<br><br>*oder:*<br>Monsieur l'Abbé *Name* | Mon Très Révérend Père<br><br>*oder:*<br>Monsieur l'Abbé | Mon Père |
| Monsignore<br><br>Monseigneur | Monseigneur *Name* | Monseigneur | Monseigneur |
| Obere eines katholischen Ordens<br><br>Supérieure d'un ordre religieux | Révérende Mère *Vorname*<br>Supérieure de *Name des Ordens* | Ma très Révérende Mère | Ma Mère |
| Oberer eines katholischen Ordens<br><br>Supérieur d'un ordre religieux | Révérend Père *Vorname* Supérieur de *Name des Ordens* | Mon Très Révérend Père | Mon Père |

| Adressat | Anschrift | Anrede schriftlich | Anrede mündlich |
|---|---|---|---|
| Ordensoberer der Benediktiner<br><br>Supérieur des Bénédictins | Révérend Père *Vorname* Abbé Primat des Bénédictins | Monsieur l'Abbé Primat | Abbé Primat |
| Ordensoberer der Jesuiten<br><br>Supérieur des Jésuites | Révérend Père *Vorname* Prévôt des Jésuites<br><br>*oder:*<br>Monsieur *Name Vorname* Préposé général | Monsieur le Prévôt | Monsieur le Prévôt |
| Ordensoberer der Karthäuser<br><br>Supérieur des Chartreux | Révérend Père *Vorname* Ministre général des Chartreux | Monsieur le Ministre général | Monsieur le Ministre général |
| Ordensoberer der Trappisten<br><br>Supérieur des Trappistes | Monsieur l'Abbé général | Monsieur l'Abbé général | Monsieur l'Abbé général |
| Ordensoberer Oratorianer<br><br>Supérieur des Oratoriens | Révérend Père *Vorname* Supérieur général des Oratoriens | Monsieur le Supérieur général | Monsieur le Supérieur général |
| Ordensschwester<br><br>Religieuse | Sœur *Vorname* Couvent de *Name des Klosters* | Sœur *Vorname* | Ma Sœur |
| Ordensbruder<br><br>Religieux/ Moine | Frère *Vorname* Couvent de *Name des Klosters* | Frère *Vorname* | Mon Frère |
| Geistlicher (katholisch)<br><br>Prêtre/Abbé | Monsieur l'Abbé *Vorname* | Abbé *Vorname* | Abbé *Vorname* |

| Adressat | Anschrift | Anrede schriftlich | Anrede mündlich |
|---|---|---|---|
| Gemeinde-pfarrer/ Priester (kath.)  Curé | Monsieur le Curé *Name*  *oder:* Monsieur l'Abbé *Vor-name* Curé de *Name der Pfarr-gemeinde* | Monsieur le Curé | Monsieur le Curé |
| Pastorin (pro-testantisch)  Pasteur | Madame le Pasteur *Name* | Madame le Pasteur | Madame le Pasteur |
| Pastor (protes-tantisch)  Pasteur | Monsieur le Pasteur *Name* | Monsieur le Pasteur | Monsieur le Pasteur |
| Rabbiner  Rabbin | Monsieur le Rabbin *Name* | Monsieur le Rab-bin | Monsieur le Rabbin |

## Diplomatisches Corps

| Adressat | Anschrift | Anrede schriftlich | Anrede mündlich |
|---|---|---|---|
| Botschafterin | Son Excellence l'Am-bassadeur de *Land* | Votre Excellence  *oder:* Madame l'Am-bassadeur | Excellence  *oder:* Madame l'Ambas-sadeur |
| Botschafter  Ambassadeur | Son Excellence l'Ambassadeur de *Land* | Votre Excellence  *oder:* Monsieur l'Am-bassadeur | Excellence  *oder:* Monsieur l'Ambas-sadeur |
| Ehefrau eines Botschafters | Madame *Vorname Name* | Madame l'Am-bassadrice | Madame |

| Adressat | Anschrift | Anrede schriftlich | Anrede mündlich |
|---|---|---|---|
| Generalkonsulin Consul Général | Madame le Consul Général de *Land* | Madame le Consul Général | Madame |
| Generalkonsul Consul Général | Monsieur le Consul Général de *Land* | Monsieur le Consul Général | Monsieur |
| Konsulin Consul | Madame le Consul de *Land* | Madame le Consul | Madame |
| Konsul Consul | Monsieur le Consul de *Land* | Monsieur le Consul | Monsieur |
| Gesandte Chargé de mission | Madame le Chargé de mission de *Land* | Madame le Chargé de mission | Madame |
| Gesandter Chargé de mission | Monsieur le Chargé de mission de *Land* | Monsieur le Chargé de mission | Monsieur |
| Wirtschaftsattaché (weiblich) Attaché commercial | Madame *Vorname Name* Attaché commercial à l'Ambassage de *Land* | Madame l'Attaché commercial | Madame |
| Wirtschaftsattaché (männlich) Attaché commercial | Monsieur *Vorname Name* Attaché commercial à l'Ambassade de *Land* | Monsieur l'Attaché commercial | Monsieur |
| Kulturattaché (weiblich) Attaché culturel | Madame *Vorname Name* Attaché culturel à l'Ambassade de *Land* | Madame l'Attaché culturel | Madame |

| Adressat | Anschrift | Anrede schriftlich | Anrede mündlich |
|----------|-----------|--------------------|-----------------|
| Kulturattaché (männlich)<br><br>Attaché culturel | Monsieur *Vorname Name*<br>Attaché culturel à l'Ambassade de *Land* | Monsieur l'Attaché culturel | Monsieur |
| Militärattaché<br><br>Attaché militaire | Monsieur *Vorname Name*<br>Attaché culturel à l'Ambassade de *Land* | Monsieur l'Attaché militaire | Monsieur |

## Militär

| Adressat | Anschrift | Anrede schriftlich | Anrede mündlich |
|----------|-----------|--------------------|-----------------|
| Oberkommandierender der Streitkräfte<br><br>Commandant | Commandant *Vorname Name* | Mon Commandant<br><br>Anrede durch Frauen:<br>Commandant | Mon Commandant<br><br>Anrede durch Frauen:<br>Commandant |
| Feldmarschall<br><br>Maréchal de France | Monsieur *Vorname Name*<br>Maréchal de France | Monsieur le Maréchal | Monsieur le Maréchal |
| Ehegattin des Feldmarschalls | Madame<br>*Vorname des Ehemannes Name* | Madame la Maréchale | Madame la Maréchale |
| Generalin<br><br>Général | Général *Vorname Name* | Général | Général |
| General<br><br>Général | Général *Vorname Name* | Mon Général<br><br>Anrede durch Frauen:<br>Général | Mon Général<br><br>Anrede durch Frauen:<br>Général |

| Adressat | Anschrift | Anrede schriftlich | Anrede mündlich |
|---|---|---|---|
| Admiral<br><br>Amiral/Vice-amiral/Contre-amiral | Amiral/Vice-amiral/Contre-amiral *Vorname Name* | Mon Amiral<br><br>Anrede durch Frauen:<br>Monsieur l'Amiral | Mon Amiral<br><br>Anrede durch Frauen:<br>Amiral |
| Oberst (weiblich)<br><br>Colonel | Colonel *Vorname Name* | Colonel | Colonel |
| Oberst<br><br>Colonel | Colonel *Vorname Name* | Mon Colonel<br><br>Anrede durch Frauen:<br>Colonel | Mon Colonel<br><br>Anrede durch Frauen:<br>Colonel |
| Leutnant<br><br>Lieutenant | Lieutenant *Vorname Name* | Lieutenant *Name* | Lieutenant |
| Ehefrau eines höheren Offiziers | Madame *Vorname des Ehemannes Name* | Madame | Madame |

## 3.2.5 Französisch (Franko-Kanada)

Französisch ist (neben Englisch) eine von zwei Amtssprachen in Kanada. Jeder kanadische Staatsbürger hat das Recht, auf dem gesamten kanadischen Staatsgebiet im öffentlichen (d.h. amtlichen) Bereich in französischer Sprache zu kommunizieren. Darüber hinaus ist Französisch die einzige offizielle Sprache in der Provinz Québec. Als Muttersprache wird Französisch im größten Teil von Québec, in Teilen der Provinz Ontario und von Minderheiten in den östlichen Landesteilen gesprochen.

Der Anredegebrauch stimmt weitgehend mit den Konventionen in Frankreich überein. Allerdings wird im Bereich der pronominalen Anrede viel eher die Form „tu" verwendet als in Frankreich. Nach kurzer Bekanntschaft wird ohne viel Aufhebens von der Anrede „vous" zum „tu" gewechselt. In Québec wird diese Anredeform [tsy] ausgesprochen, etwa so, wie man deutsch „tssü" artikulieren würde.

Ein weiterer wichtiger Unterschied gegenüber den Anredegewohnheiten in Frankreich betrifft die feminisierten Anredeformen. Im frankokanadischen Gebiet sind folgende Anredeformen inzwischen geläufig:

> Madame la Recteure
> Madame la Professeure
> Madame la Consule
> Madame l'Inspectrice usw.

Außerdem werden einige aus dem amerikanischen Englisch entlehnte Berufsbezeichnungen verwendet.

# 3.2.6  Italienisch

## 3.2.6.1 Soziale Differenzierung der Anrede

Im Italienischen gibt es drei unterschiedliche Formen der pronominalen Anrede:

> tu          voi       lei/Lei

Der Gebrauch von „tu" ist weitreichender als der Gebrauch von „du" im Deutschen. Es ist die Anredeform der Vertraulichkeit, des Umgangs in Familie und Verwandtschaft, junger Leute und Studenten untereinander. Aber es ist auch die übliche Anredeform des Alltags zwischen miteinander bekannten Personen. Nachbarn, im Regelfall auch Arbeitskollegen reden sich mit „tu" und Vornamen an. Ältere Leute reden Kinder, Jugendliche mit „tu" an; umgekehrt wird allerdings die Anrede „Lei" oder „voi" verwendet.

Das Pronomen „voi" ist die übliche förmliche mündliche Anredeform unter einander unbekannten Erwachsenen. Es wird **nicht** in der schriftlichen Anrede verwendet.

Das Pronomen „lei" (im Schriftverkehr häufig mit großem An-
fangsbuchstaben „Lei" geschrieben) ist die sehr förmliche Anredeform unter Erwachsenen, die Anrede des geschäftlichen Umgangs, der beruflichen und offiziellen Korrespondenz, aber auch
der sozialen Distanz. Das faschistische Regime hat in den Drei-
ßigerjahren versucht, die Anredeform „lei" abzuschaffen, weil
sie – nicht zu Unrecht – als Anredeform der sozialen Gegensätze,
der Klassenunterschiede galt. Grundbesitzer, Firmenchefs, Angehörige einflussreicher Familien ließen sich mit „lei" anreden,
während umgekehrt Bauern, Angestellte, einfache Leute von ihnen mit „tu" angesprochen wurden. Das „lei" hat solche Sprach-
kampagnen jedoch überstanden und ist noch heute die typische
Briefanrede und die Anrede der Förmlichkeit und Distanz.

Italien ist historisch sehr stark in Dialekte und regionale
sprachliche Unterschiede differenziert. Trotz des Ausgleichs
durch Schulunterricht, Medien, Verkehr lassen sich noch heute
viele sprachliche Varianten – vor allem zwischen Norden und Sü-
den – feststellen. Bei der förmlichen Anrede wird heute in Süd-
italien das „voi" häufiger verwendet als das „lei", während in
Norditalien die Anrede „lei" deutlich dominiert.

Die geschlechtsbezogenen Anredeelemente können sowohl
allein stehen als auch mit dem Nachnamen kombiniert werden:

| Adressat | Anredeform |
|---|---|
| Mann | Signore |
|  | Signor *Name* |
| Frau | Signora |
|  | Signora *Name* |
| sehr junge Frau | Signorina |
|  | Signorina *Name* |

Diese Anredeformen ermöglichen sowohl eine persönliche Anrede mit dem Familiennamen als auch eine korrekte und höfliche
Anrede derjenigen Personen, deren Namen man kennt oder an

deren Namen man sich gerade nicht erinnert. Bei der Unterscheidung zwischen „Signora" und „Signorina" spielt weniger der Ehestatus eine Rolle als vielmehr das Lebensalter. So wird eine nicht mehr ganz junge unverehelichte Dame problemlos mit „Signora" angeredet. Der Unterschied wird in Italien auch nicht ganz so ernst genommen. So wird ein Kellner im Restaurant einer Dame von gewissem Alter möglicherweise schmeicheln, wenn er sie mit „Signorina" anredet.

Bei der mündlichen und schriftlichen Anrede männlicher erwachsener Personen ist zu beachten, dass die Anredeform mit nachfolgendem Namen „Signor ..." lautet, allein stehend jedoch „Signore".

Bei der mündlichen Kontaktaufnahme mit unbekannten Einzelpersonen oder mehreren bekannten Personen wird häufig keine Anredeform verwendet, sondern eine Formel wie „scusi", „mi scusi" (Singular) bzw. „scusate" (Plural).

## 3.2.6.2 Briefliche Anrede

In der Briefanrede werden vor den Namen Adjektive gesetzt, die die gesellschaftlichen Beziehungen zwischen Sender und Empfänger ausdrücken (z. B. „caro", „egregio"). Diese Adjektive müssen grammatisch mit dem Geschlecht der angeredeten Person übereinstimmen und, da man sich brieflich auch an mehrere Personen wenden kann, nach Singular und Plural unterschieden werden. Man schreibt also in der brieflichen Anrede:

| | |
|---|---|
| An einen Herrn (förmlich) | Egregio Signore,<br>Stimatissimo Signore,<br>(selten) |
| An einen Herrn (höflich) | Gentile Signore, |
| An einen Herrn (vertraulich) | Caro Signore, |
| An einen namentlich<br>bekannten Herrn (förmlich) | Egregio Signor Ferrari, |
| An einen namentlich<br>bekannten Herrn (höflich) | Gentile Signor Ferrari, |

| | |
|---|---|
| An einen namentlich bekannten Herrn (vertraulich) | Caro Signor Ferrari, |
| An eine Dame (förmlich) | Egregia Signora, |
| | Stimatissima Signora, |
| An eine Dame (höflich) | Gentile Signora, |
| | Gentilissima Signora, |
| An eine Dame (vertraulich) | Cara Signora, |
| An eine namentlich bekannte Dame (förmlich) | Egregia Signora Ferrari, |
| An eine namentlich bekannte Dame (höflich) | Gentile Signora Ferrari, |
| An eine namentlich bekannte Dame (vertraulich) | Cara Signora Ferrari, |
| | usw. |

In Geschäftsbriefen ist die Anredeform „Egregio" Standard. Natürlich lassen sich auch mehrere Männer oder Frauen schriftlich anreden, z. B.:

> Gentili Signore,
> Egregi Signori,
> Cari parenti/colleghi/vicini,
> Egregi Signore e Signori, usw.

Die letztgenannte Anredeform ist als Äquivalent für die deutsche Anrede „Sehr geehrte Damen und Herren" geeignet.

In der Briefanschrift (und z.T. in der Briefanrede) sind folgende Abkürzungen möglich:

| | |
|---|---|
| Sig. = | Signore (+ *Name*) |
| Sig.a = | Signora |
| Sig.na = | Signorina |
| Prof. = | Professore |
| Prof.ssa = | Professoressa |
| Dott. = | Dottore |
| Dott.ssa = | Dottoressa |

Pres. =     Presidente
Ing. =     Ingegnere
Min. =     Ministro
Avv. =     Avvocato
Cav. =     Cavaliere
On. =     Onorevole
Egr. =     Egregio (in Briefanschriften für Herren)
Gent. =     Gentile  (in Briefanschriften für Damen)
Gent.ma = Gentilissima (in Briefanschriften für Damen)
Preg.mo = Pregiatissimo
Ill.mo =     Illustissimo
Chiar.mo = Chiarissimo
Rev. =     Reverendo
Rev.mo =     Reverendissimo

Ähnlich wie bei der Anrede „Signore" fällt das Schluss-*e* der Anreformen „Dottore", „Professore", „Ingegnere" etc. fort, wenn ein Name folgt.

### 3.2.6.3 Titel und protokollarische Anredeformen

Schöne Titel und wohlklingende Berufsbezeichnungen sind in Italien sehr beliebt. Es wird auch nicht so genau genommen, ob einem Adressaten ein Titel von Rechts wegen auch zusteht. Wer irgendein Studium absolviert hat oder auch nur gebildet aussieht, wird mündlich als „Dottore" tituliert. Jedem Handwerker billigt man großzügig die Anrede „Ingegnere" zu. In der schriftlichen Anrede nimmt man es schon etwas genauer. Hier werden angesehene Berufsbezeichnungen aber immer aufgeführt. Hinzu kommt, dass vom Staat allerlei wohlklingende Ehrentitel verliehen werden (z.B. „Onorevole" im politisch-gesellschaftlichen Bereich, „Cavaliere del Lavoro" im Arbeitsbereich und Ordensbezeichnungen wie „Cavaliere della Legion d'onore"). Diese Ehrentitel dürfen natürlich in Anschrift und Anrede nicht fehlen.

| Adressat | Anschrift | Anrede schriftlich | Anrede mündlich |
|---|---|---|---|
| Staatspräsidentin<br><br>Presidente della Repubblica Italiana | Sua Eccellenza<br>La Presidente della Repubblica Italiana<br>Onorevole *Vorname Name* | Illustrissima Presidente | Presidente<br><br>*oder:*<br>Eccellenza |
| Staatspräsident<br><br>Presidente della Repubblica Italiana | Sua Eccellenza<br>Il Presidente della Repubblica Italiana<br>Onorevole *Vorname Name* | Illustrissimo Presidente | Presidente<br><br>*oder:*<br>Eccellenza |
| Ministerpräsidentin<br><br>Presidente del Consiglio | Sua Eccellenza<br>La Presidente del Consiglio<br>Onorevole *Vorname Name* | Illustrissima Presidente | Presidente<br><br>*oder:*<br>Eccellenza |
| Ministerpräsident<br><br>Presidente del Consiglio | Sua Eccellenza<br>Il Presidente del Consiglio<br>Onorevole *Vorname Name* | Illustrissimo Presidente del Consiglio | Signor Presidente del Consiglio<br><br>*oder:*<br>Eccellenza |
| Außenminister<br><br>Ministro degli affari esteri | Onorevole *Vorname Name*<br>Ministro degli affari esteri | Egregio (Sig.) Ministro | Signor Ministro<br><br>*oder:*<br>Eccellenza |
| Wirtschaftsminister<br><br>Ministro dell'economia | Onorevole *Vorname Name*<br>Ministro dell'economia | Egregio (Sig.) Ministro | Signor Ministro<br><br>*oder:*<br>Eccellenza |
| Verteidigungsminister<br><br>Ministro delle difesa | Onorevole *Vorname Name*<br>Ministro delle difesa | Egregio (Sig.) Ministro | Signor Ministro<br><br>*oder:*<br>Eccellenza |

| Adressat | Anschrift | Anrede schriftlich | Anrede mündlich |
|---|---|---|---|
| Rechtsanwalt<br><br>Avvocato | Avvocato *Vorname Name* | Egregio Avvocato | Avvocato |
| Ingenieur/ Techniker<br><br>Ingegnere | Ing. *Vorname Name* | Egregio Ingegnere | Ingegnere |
| Universitäts-professorin<br><br>Professoressa | Professoressa *Vorname Name* | Gentile Professoressa<br><br>oder (förmlich): Illustrissima Professoressa | Professoressa |
| Universitäts-professor<br><br>Professore | Professore *Vorname Name* | Egregio Professore<br><br>*oder:*<br>Illustrissimo Professore<br>*oder:*<br>Egregio Professor *Name* | Professore |
| Grundschul-lehrerin<br><br>Maestra | Maestra *Vorname Name* | Gentile Maestra | Signora Maestra |
| Grundschul-lehrer<br><br>Maestro | Maestro *Vorname Name* | Egregio Sig. Maestro | Sig. Maestro |
| Lehrerin<br><br>Professoressa | Professoressa *Vorname Name* | Gentile Professoressa<br><br>*oder:*<br>Gentile Professoressa *Name* | Professoressa *Name*<br><br>*oder:*<br>Professoressa |

| Adressat | Anschrift | Anrede schriftlich | Anrede mündlich |
|---|---|---|---|
| Lehrer<br><br>Professore | Professor *Vorname Name* | Egregio Professore<br><br>oder:<br>Egregio Professor *Name* | Professor *Name*<br><br>oder:<br>Professore |
| Papst<br><br>Papa | Sua Santità<br>Papa *Vorname (ggf. römische Zahl)* | Sua Santità | Sua Santità |
| Kardinal<br><br>Cardinale | Sua Eminenza<br>Cardinale *Vorname Name*<br>Arcivesco di *Ortsname* | Vostra Eminenza | Eminenza |
| Bischof<br><br>Vescovo | Sua Eccellenza<br>Monsignor *Vorname Name*<br>Vescovo di *Ortsname* | Eminentissimo Signor Vescovo<br><br>oder:<br>Monsignore | Eccellenza<br><br>oder:<br>Monsignore |
| Pfarrer<br><br>Parocco | Reverendo *Vorname Name* | Reverendo Signor Parocco | Signor Parocco<br><br>oder:<br>Reverendo |
| Bankdirektorin<br><br>Direttrice di banca | Gentile Dott.ssa *Vorname Name*<br>Direttrice della *Name der Bank* | Egregia Direttrice | Direttrice<br><br>oder:<br>Dottoressa *Name* |
| Bankdirektor<br><br>Direttore di banca | Egregio Dott. *Vorname Name*<br>Direttore della *Name der Bank* | Egregio Direttore<br><br>oder:<br>Egregio Dottore | Direttore<br><br>oder:<br>Dottore<br>oder:<br>Dottor *Name* |
| Ärztin<br><br>Medico/Dottoressa | Dottoressa *Vorname Name* | Egregia Dottoressa<br><br>oder:<br>Egregia Dottoressa *Name* | Dottoressa |

| Adressat | Anschrift | Anrede schriftlich | Anrede mündlich |
|---|---|---|---|
| Arzt <br><br> Medico/ Dottore | Dottor *Vorname Name* | Egregio Dottore <br><br> *oder:* <br> Egregio Dottor *Name* | Dottore |
| Fürstin <br><br> Principessa | Ill.ma Principessa *Name* de *Ortsname* <br><br> *oder:* <br> Sua Altezza Principessa *Name* de *Ortsname* | Ill.ma Principessa *Name* de *Ortsname* <br><br> *oder:* <br> Sua Altezza | Principessa <br><br> *oder:* <br> Altezza |
| Fürst <br><br> Principe | Ill.mo Principe *Name* de *Ortsname* <br><br> *oder:* <br> Sua Altezza Principe *Name* de *Ortsname* | Illustrissimo Principe *Name* de *Ortsname* <br><br> *oder:* <br> Sua Altezza | (Signor) Principe <br><br> *oder:* <br> Altezza |
| Herzogin <br><br> Duchessa | Ill.ma. Duchessa *Name* de *Ortsname* | Illustrissima Duchessa *Name* de *Ortsname* | Duchessa <br><br> *oder:* <br> Altezza |
| Herzog <br><br> Duca | Ill.mo. Duca *Name* de *Ortsname* | Illustrissimo (Sig.) Duca *Name* de *Ortsname* | (Signor) Duca <br><br> *oder:* <br> Altezza |
| Gräfin <br><br> Contessa | Ill.ma. Contessa *Name* de *Ortsname* | Illustrissima Contessa *Name* de *Ortsname* <br><br> *oder:* <br> Gentilissima Contessa | Contessa |
| Graf <br><br> Conte | Ill.mo. Conte *Name* de *Ortsname* | Illustrissimo (Sig.) Conte *Name* de *Ortsname* <br><br> *oder:* <br> Egregio Signor Conte | (Signor) Conte |

237

| Adressat | Anschrift | Anrede schriftlich | Anrede mündlich |
|---|---|---|---|
| Marquise<br><br>Marchesa | Gentile/Ill.ma. Marchesa *Name* de *Ortsname* | Illustrissima Marchesa *Name* de *Ortsname*<br><br>*oder:*<br>Gentilissima Marchesa | Marchesa |
| Marquis<br><br>Marchese | Egregio/Ill.mo. Marchese *Name* de *Ortsname* | Illustrissimo Marchese *Name* de *Ortsname* | (Signor) Marchese |
| Baronin<br><br>Baronessa | Gentile/Ill.ma. Baronessa *Name* de *Ortsname* | Illustrissima Baronessa *Name* de *Ortsname* | Baronessa |
| Baron<br><br>Barone | Egregio/Ill.mo. Barone *Name* de *Ortsname* | Illustrissimo Barone *Name* de *Ortsname*<br><br>*oder:*<br>Egregio Signor Barone | (Signor) Barone |

**Anmerkung:**
Der Adel in Italien wurde 1948 abgeschafft. Aber die Adelsbezeichnungen aus der Zeit vor dem faschistischen Regime können noch als Namensbestandteil geführt werden.

# 3.2.7 Japanisch

## 3.2.7.1 Sprache und gesellschaftlicher Umgang

Japanisch wird von über 120 Millionen Sprechern gesprochen und liegt damit in der Rangliste der am häufigsten als Muttersprache gesprochenen Sprachen an sechster Stelle. Seine Wichtigkeit in der Gegenwart erhält Japanisch als Sprache der Wissenschaft und der Handelsbeziehungen. Es ist ein Irrtum anzunehmen, dass alle mit internationalen Handelsbeziehungen befassten Japaner Englisch oder Deutsch sprechen. Für Wirtschaftskontakte ist die Kenntnis einiger japanischer Höflichkeitsfloskeln und der wichtigsten Anredekonventionen unerlässlich. Der Ausländer zeigt damit diskret seinen Respekt vor der japanischen Kultur.

Japanisch ist eine hochkomplizierte Sprache mit z.T. sehr differenzierten Ausdrucksmöglichkeiten. Besonders schwierig – auch für Muttersprachler – ist die Schrift. Jeder Japaner muss in der Schule vier verschiedene Schriftsysteme lernen: „*Hiragana*" (für die grammatischen Funktionswörter), „*Katakana*" (vor allem für die Schreibung ausländischer Lehnwörter), die von der chinesischen Schrift abgeleiteten „*Kanji*"-Zeichen (für die inhaltlichen Informationen) und „*Rōmaji*" (lateinische Buchstaben für Abkürzungen, westliche Firmennamen usw.). Traditionell werden die Schriftzeichen vertikal von oben nach unten geschrieben. Dieses Verfahren besteht auch heute noch. Aber in den Printmedien wird horizontal von rechts nach links geschrieben (ausgenommen die „*Rōmaji*"-Zeichen, die natürlich wie alle lateinischen Buchstaben von links nach rechts geschrieben werden). Der Leseprozess ist also auch für Japaner ein kompliziertes Verfahren.

Die japanische Sprache ist sehr stark von den sozialen Kategorien Höflichkeit und Achtung geprägt. Bis in die Verbformen hinein wird unterschieden, ob ein Mann mit einer Frau spricht, ein Jüngerer mit einem Älteren, ein dienstlich Untergebener mit einem Ranghöheren, eine einfache Person mit einer gesellschaftlich angesehenen Persönlichkeit usw. Auch ob eine Aussage verbindlich ist oder unverbindlich, ob sie bejaht ist oder verneint, wird grammatisch unterschieden. Auch im Wortschatz sind die sozialen Beziehungen sehr differenziert. Bei den Verwandtschaftsbezeichnungen wird unterschieden, ob ein Verwandter auf den Sprecher bezogen bezeichnet wird oder bezogen auf den Angesprochenen. So heißt „(mein) Vater" auf Japanisch „*chichi*", aber „(dein) Vater" „*otoosan*". Und natürlich gibt es unterschiedliche Wörter für „meine ältere Schwester" (*ane*) und für „meine jüngere Schwester" (*imoto*). Bei den Anredeformen gibt es spezielle Höflichkeits- und Ehrerbietungselemente („Honorativa"), von denen die Kenntnis der wichtigsten für jeden Umgang mit japanischen Kommunikationspartnern unerlässlich ist.

### 3.2.7.2 Namen und Anredekonventionen

Japanische Personennamen bestehen aus Vornamen und Familiennamen. Der Familienname wird vor den Vornamen gestellt. Bei Vorstellungen wird in der Regel nur der Nachname (Familienname) genannt. Aus Visitenkarten, die in Japan beim ersten persönlichen Kontakt ausgetauscht werden, lässt sich prinzipiell leicht entnehmen, was Vor- und Familienname ist. Japanische Geschäftsleute, die häufige Kontakte mit Ausländern haben, lassen sich aber oft Visitenkarten drucken, die nach westlichem Muster gestaltet sind, also mit der Reihenfolge „Vorname Familienname". Im Zweifelsfall sollte man nach dem Studium der Visitenkarte nachfragen, welches der Familienname ist.

Diese Information ist für das Anredeverhalten wichtig. Der Vorname spielt bei japanischen Anreden keine Rolle. Nur Angehörige einer Familie oder sehr gute Freunde reden sich mit dem Vornamen an, Arbeitskollegen nie. Die amerikanische Sitte, Geschäftsfreunde mit dem Vornamen anzusprechen, ist in Japan deplatziert, wenn nicht gar beleidigend. Sie wird allenfalls toleriert, wenn die japanischen Gesprächspartner die Umgangsformen in einigen westlichen Ländern kennen. In der japanischen – mündlichen und schriftlichen Anrede – spielen beim Namensteil nur die Familiennamen eine Rolle.

Während die grammatischen Formen zum Ausdruck sozialer Beziehungen im Japanischen hochkompliziert sind, sind die Anredeformen für sich genommen relativ einfach. Es gibt keinen wesentlichen Unterschied zwischen mündlicher und schriftlicher Anrede. Die Anredeformen sind prinzipiell identisch für Frauen und Männer.

Für eine normale höfliche Anrede wird einfach die „Endung" „-san" an den Namen (Familiennamen) angehängt, also z. B.:

| | |
|---|---|
| Herr Watanabe | Watanabesan |
| Frau Watanabe | Watanabesan |

Zu beachten ist lediglich, dass diese Form **nur** für die direkte Anrede gilt. Wenn man von einem Dritten spricht, nennt man nur den Namen. Wenn man etwa ausdrücken möchte: „Dafür ist bei uns Herr Watanabe zuständig", wird dies im Japanischen durch „Watanabe" wiedergegeben. Auch bei Nennung des eigenen Namens, z. B. bei Selbstvorstellungen, darf auf keinen Fall die Endung „-san" angefügt werden. Dies würde bedeuten, dass man sich selbst respektvoll anredet.

Ein weiterer relativ häufiger Namenszusatz in japanischen Anreden ist -**sensei,** der für (meist ältere) verehrte Lehrer und gesellschaftlich besonders angesehene Berufsgruppen (Professoren, Ärzte, Richter usw.) benutzt wird.

Als besonders höflicher und ehrerbietiger Namenszusatz wird mitunter -**sama** verwendet. Als Anredekennzeichen für Kinder (und selten in emotionaler Anrede von engen Freunden) wird -**chan** gebraucht. Als besonders deutliches Signal sozialer Differenzierung können Vorgesetzte ihre Untergebenen mit der Endung -**kun** anreden.

Abgesehen von bestimmten Anredeformen für die kaiserliche Familie gibt es in Japan keine Adelstitel oder Adelsprädikate.

### 3.2.7.3 Soziale Differenzierung der Anredekonventionen

Mit der neutralen bis höflichen Anredeform *Name*-**san** lassen sich die allermeisten alltäglichen und beruflichen Anredesituationen bewältigen. Es gibt aber noch zahlreiche andere Sprachelemente für die Differenzierung von Anredekonventionen. Sie sind jeweils sprachliche Wiedergabe der gesellschaftlichen Beziehungen zwischen Anredendem und Angeredeten und drücken Höflichkeit, Wertschätzung, Ehrerbietung gegenüber dem Adressaten aus. Die sprachlichen Elemente werden jeweils wie „-san" an den Familiennamen angehängt. Die folgende Auswahl gibt die angemessenen sprachlichen Namenszusätze am Beispiel von Persönlichkeiten mit besonderen sozialen Stellungen wieder:

| Adressat | Namenszusatz für die Anrede |
|---|---|
| Staatspräsident/in Ayyuhā | -shushō |
| Ministerpräsident/in | -sōridaijin |
| Minister/in | -daijin/-chōkan/-koshi |
| Staatssekretär/in | -sanjikan |
| Parlamentspräsident/in | -kokkaigichō |
| Generalsekretär/in | |
| einer Partei | -shokichō |
| Universitätsrektor/in | -gakuchō |
| Professor/in | -sensei |
| Schuldirektor/in | -kōchō |
| Richter/in | -sensei |
| Botschafter/in | -taishi |
| Handelsattaché/e | -shōmusanjikan |
| Präsident einer Firma | -sōsai/-tōdori/-torishimayaku |
| Direktor/Geschäftsführer | |
| einer Firma | -shachō |
| Direktor/in eines Zollamtes | -shochō |
| Arzt/Ärztin | -sensei |
| Flugkapitän | -kichō |

Da hohe Positionen in Firmen und Unternehmen bei Japanern sehr angesehen sind, ist es möglich, solche Funktionsträger auch ohne ihren Familiennamen, also mit ihrer Positionsbezeichnung anzureden, also z. B.:

Herr Direktor                shachōsan

Solche Anredeformen haben den Vorteil, dass man sie problemlos auch dann verwenden kann, wenn man den Familiennamen vergessen hat.

# 3.2.8 Mandarin (China)

In China werden über 100 verschiedene Sprachen gesprochen. Selbst wenn zwei Sprachen zur Familie der Sino-Tibetanischen Sprachen gehören oder – noch enger gefasst – zur Gruppe der Sinitischen Sprachen, gibt es keine mündliche Verständigung zwischen ihnen. Wenn Sprecher der Sprachen Hokien oder Min oder Kan-Hakka in ihrer jeweiligen Muttersprache miteinander sprechen, verstehen sie sich sehr wenig oder gar nicht. Als Hongkong wieder zu China kam, mussten die chinesischen Soldaten, Polizisten und Verwaltungsfachleute erst in Fremdsprachenkursen Kantonesisch lernen, damit sie sich den Einwohnern von Hongkong verständlich machen konnten. Ein gut funktionierendes Kommunikationsmittel gibt es aber zwischen den Landesteilen: die chinesische Schrift. Da sie ursprünglich ideographischen Charakter hat, vereinfacht gesagt: die Dinge, über die man Mitteilungen macht, abbildet, ist eine Verständigung unabhängig von der mündlichen Realisierung relativ gut gesichert. Entgegen landläufigen Annahmen gibt es also streng genommen gar keine „chinesische" Sprache, wohl aber eine chinesische Schrift. Wer das mühsame Erlernen der wichtigsten Schriftzeichen geschafft hat, kann auf geschriebenem Weg über die Grenzen der unterschiedlichen Sprechsprachen hinweg kommunizieren.

Aber noch eine weitere Möglichkeit gibt es, in China überregional zu kommunizieren. Es gibt die Mehrheitssprache „Mandarin", die von etwa 770 Millionen Menschen als Muttersprache gesprochen wird. Damit ist Mandarin mit sehr großem Abstand diejenige Sprache auf der Welt, die von den meisten Sprechern als Muttersprache gesprochen wird. Mandarin ist in China offizielle Sprache und wird in denjenigen Landesteilen, in denen sie nicht Muttersprache ist, in den Schulen als Fremdsprache gelehrt. Somit dient Mandarin in ganz China als überregionale Verkehrssprache und mündliches Verständigungsmittel.

Die Anredeformen in China sind an den politischen Wandel in diesem Jahrhundert gebunden. Alte traditionelle Anredeformen für sozial Hochgestellte wie „Shifu" („Herr" im Sinne von Herrschaft) gibt es noch in ländlichen Gegenden. Andererseits hat die kommunistische Partei versucht, einheitlich gleiche Anredeformen wie „Tongzhi" (etwa „Genosse/Genossin") anstelle von Titeln durchzusetzen. Der Gebrauch von ehrenvollen Anreden und asymmetrischer Kommunikation ist dadurch aber nicht ausgestorben. Noch heute werden in Betrieben hochrangige Vorgesetzte mit Anredeform und Namen angeredet, während Untergebene nur mit dem Namen angesprochen werden. Auch ein Professor oder Lehrer wird von Studenten oder Schülern respektvoll angesprochen

*Name* Laoshi          (Herr Lehrer *Name*)

Ähnliches gilt für Manager in den Staatsbetrieben, die sich gern mit Funktionsbezeichnung anreden lassen.

Für Ausländer reicht es im Allgemeinen, die chinesische Namensstruktur und die grundlegenden Anredebezeichnungen zu kennen.

Auf Visitenkarten und bei Vorstellungen werden chinesische Namen grundsätzlich in der Reihenfolge

*Name (= Familienname) Vorname*

präsentiert, z. B.

| **Name** | **Vorname** |
|----------|-------------|
| Wu | Xiaoping |
| Zeng | Zhongfan |

Der meist zweiteilige Vorname wird in der lateinischen Transliteration oft auch mit Bindestrich wiedergegeben (also Xiao-ping bzw. Zhong-fan).

Nur enge Freunde benutzen untereinander den Vornamen zur Anrede. In der Alltagskommunikation und im Geschäftsverkehr spielt nur der Name eine Rolle. Frauen ändern ihren Namen mit der Heirat nicht.

Die Anredeformen für die mündliche und schriftliche Kommunikation lauten:

| | |
|---|---|
| Mann | Xiansheng |
| Frau (eher verheiratet) | Taitai |
| Frau (eher unverheiratet) | Xiaoniang |

Diese geschlechtsspezifischen Anredeformen werden dem Namen nachgestellt. Daraus ergeben sich beispielsweise die folgenden konkreten Anreden:

| | **Name** | **Anrede** |
|---|---|---|
| Mann: | Wang Zushou | Wang Xiansheng |
| Frau: | Wu Jingxian | Wu Taitai *oder* Wu Xiaoniang |

Ob ein Adressat Wert auf Anrede mit Funktionsbezeichnung legt, ergibt sich in der Regel aus Briefkopf, Visitenkarte oder aus der bei seinen Kollegen üblichen Anredekonvention. Im Zweifelsfall kann man diskret einen Dolmetscher oder Mitarbeiter fragen.

## 3.2.9 Portugiesisch (Portugal/Brasilien)

### 3.2.9.1 Konventionen der mündlichen und schriftlichen Anrede

Portugiesisch liegt mit gut 160 Millionen mutterspachlichen Sprechern in der Rangliste der am häufigsten als Erstsprache gesprochenen Sprachen der Welt auf der siebenten Stelle. Es wird – mit einigen regionalen Unterschieden (vor allem in der Aussprache) – in Portugal und vor allem in Brasilien gesprochen, aber als ehemalige Kolonialsprache auch in Gebieten wie Angola, Mosambik, Goa und den Kapverden. Durch die Verbreitung auf vier Kontinenten gehört Portugiesisch zu den wichtigsten internationalen Verkehrssprachen.

Portugiesische Eigennamen können sehr lang sein. Sie beginnen mit einem oder mehreren Vornamen; am Schluss steht der Familienname (Vatername). In die Mitte stellen Männer häufig noch den Mädchennamen ihrer Mutter. Verheiratete Frauen können an dieser Stelle ihren Mädchennamen weiterführen (also vor dem durch Heirat angenommenen Familiennamen). Etwas verwirrend für Ausländer ist, dass Familiennamen mit Präposition beginnen können (de, da). Für die Anrede relevant sind normalerweise nur die beiden letzten Namen in der Namenskette und der erste für die vertrauliche Anrede.

Beim geschlechtsspezifischen Anredeteil gibt es kleine Unterschiede zwischen Portugal und Brasilien.

### Portugal

| | |
|---|---|
| Anrede an einen Mann: | Senhor |
| Anrede an eine verheiratete Frau: | Senhora *oder* Dona (schriftlich: D.) oder sehr höflich: Minha Senhora |
| Anrede an eine junge unverheirate Frau: | Senhora *oder* Menina |
| Anrede an eine ältere unverheirate Frau: | Senhora *oder* Dona |

### Brasilien

| | |
|---|---|
| Anrede an einen Mann: | Senhor/o Senhor |
| Anrede an eine verheiratete Frau: | Senhora/a Senhora |
| Anrede an eine junge unverheirate Frau: | Senhorita |
| Anrede an eine ältere unverheirate Frau: | Senhora/a Senhora |

In Kombination mit den relevanten Namensteilen ergeben sich daraus folgende Anredekonventionen in der mündlichen Alltagskommunikation:

| | |
|---|---|
| Anrede an einen Herrn: | Senhor |
| | Senhor + *die beiden letzten Familiennamen* |
| | Senhor *Vorname* (nur in Brasilien, dort als höflicher bevorzugt) |
| | *Vorname* (nur in Brasilien, sehr informell) |
| Anrede an eine verheiratete Frau: | Senhora Dona *Vorname* |
| | Minha Senhora |
| | Senhora *Vorname* (nur in Brasilien, dort als höflicher bevorzugt) |
| | *Vorname* (nur in Brasilien, sehr informell) |
| Anrede an eine unverheiratete Frau: | Menina *Vorname* (jung; nur in Portugal) |
| | Senhorita *Vorname* (jung; nur in Brasilien) |
| | Senhora Dona *Vorname* (älter; nur in Portugal) |
| | Senhora *Vorname* (älter; nur in Brasilien) |

Herr Frederico José Duarte Gomes da Silva wird also in Spanien als „Senhor Gomes da Silva" angeredet, in Brasilien eher als „Senhor Frederico". Die unverehelichte junge Dame Maria Vaz Peirera wird in Portugal als „Menina Maria" angeredet, in Brasilien als „Senhorita Maria". Wenn sie geheiratet hat oder etwas in die Jahre gekommen ist, lautet ihre mündliche Anrede z. B. „Senhora Dona Maria" (Portugal) bzw. „Senhora Maria" (Brasilien).

In der brieflichen Kommunikation werden der namentlichen Anrede folgende Formeln vorangestellt:

| **Portugal** | **Brasilien** |
|---|---|
| Excelentíssimo/Excelentíssima | Illustríssimo/Illustríssima |
| abgekürzt: | abgekürzt: |
| Exmo. / Exma. | Ilmo. / Ilma. |

Die Briefanrede an einen Herrn lautet also:

Exmo. Senhor      bzw.      Ilmo. Senhor

und die Briefanrede an eine Dame:

Exma. Senhora D.      bzw.      Ilma. Senhora

Unbekannte Adressaten redet man brieflich an:

Excelentíssimos Senhores  bzw.  Illustríssimos Senhores

Ein Name wird in der brieflichen Anrede nicht genannt. Allenfalls bei vertraulichen Beziehungen könnte man brieflich anreden: „Caro Senhor Santos".

In der Anschrift wird der komplette Name aufgeführt (Senhor ......), allerdings können die Vornamen abgekürzt werden.

### 3.2.9.2   Protokollarische Anredeformen

In portugiesischen Anreden werden sehr gern Titel verwendet. Bei protokollarischer Anrede mit Titel wird oft kein Name verwendet. Der Titelgebrauch unterscheidet sich in einigen Fällen von ähnlichen Bezeichnungen in Deutschland. Jeder, der irgend einen Hochschulabschluss hat (auch einen Abschluss wie „Bacharel" oder „Licenciado") führt den Titel „Dr." in der schriftlichen Anrede. Wer wirklich promoviert hat, wird schriftlich als „Doutor/Doutora" angeredet. „Doutor" ist aber auch die mündliche und schriftliche Anrede für einen Arzt oder eine Ärztin („Senhor Doutor", „Senhora Doutora *Vorname*").

Die Abkürzung „Prof." ist Teil der schriftlichen Anrede für jeden Schullehrer. Wenn man sich an Universitätsprofessoren wendet, wird der Titel „Professor" ausgeschrieben.

Einige Beispiele für protokollarische Anredeformen:

| Adressat | Anrede schriftlich | Anrede mündlich |
|---|---|---|
| Ministerin Ministra | Sua Excelência Ministra de .... | Senhora Ministra |
| Minister Ministro | Sua Excelência Ministro de ... | Senhor Ministro |
| Botschafterin Embaixadora | Sua Excelência Embaixadora de *Bezeichnung des Staates* | Senhora Embaixadora |
| Botschafter Embaixador | Sua Excelência Embaixador de *Bezeichnung des Staates* | Senhor Embaixador |
| Universitätsprofessorin Professora | Exma. Senhora Professora | Senhora Professora |
| Universitätsprofessor Professor | Exmo. Senhor Professor | Senhor Professor *oder:* Senhor Professor *Name* |
| Absolventin einer Technischen Hochschule Engenheira | Exma. Senhora Engenheira | Senhora Engenheira |
| Absolventin einer Technischen Hochschule Engenheiro | Exmo. Senhor Engenheiro | Senhor Engenheiro |
| Schuldirektor Reitora | Exma. Senhora Reitora | Senhora Reitora |

| Adressat | Anrede schriftlich | Anrede mündlich |
|---|---|---|
| Schuldirektor Reitor | Exmo. Senhor Reitor | Senhor Reitor |
| Prinzessin/Fürstin Princesa | Exma. Senhora Princesa de *Ortsname* | Senhora Princesa de *Ortsname* |
| Prinz/Fürst Príncipe | Exmo. Senhor Príncipe de *Ortsname* | Senhor Príncipe de *Ortsname* |
| Herzogin Duquesa | Exma. Senhora Duquesa de *Ortsname* | Senhora Duquesa de *Ortsname* |
| Herzog Duque | Exmo. Senhor Duque de *Ortsname* | Senhor Duque de *Ortsname* |
| Marquise Marquêsa | Exma. Senhora Marquêsa de *Ortsname* | Senhora Marquêsa de *Ortsname* |
| Marquis Marques | Exmo. Senhor Marques de *Ortsname* | Senhor Marques de *Ortsname* |
| Gräfin Condessa | Exma. Senhora Condessa de *Ortsname* | Senhora Condessa de *Ortsname* |
| Graf Conde | Exmo. Senhor Conde de *Ortsname* | Senhor Conde de *Ortsname* |
| Vicomtesse Viscondessa | Exma. Senhora Condessa de *Ortsname* | Senhora Condessa de *Ortsname* |
| Vicomte Visconde | Exmo. Senhor Visconde de *Ortsname* | Senhor Visconde de *Ortsname* |
| Baronin Baronesa | Exma. Senhora Baronesa de *Ortsname* | Senhora Baronesa de *Ortsname* |

| Adressat | Anrede schriftlich | Anrede mündlich |
|---|---|---|
| Baron<br><br>Barão | Exmo. Senhor Barão de *Ortsname* | Senhor Barão de *Ortsname* |

**Anmerkungen:**

Angehörigen einiger Adelsfamilien gebührt die Anrede „Dom"
(männlich) bzw. „Dona" (weiblich), schriftlich in beiden Fällen
oft abgekürzt als „D.". Sie ist obligatorischer Teil der Anschrift.
„Dom" wird auch als Titel für Priester verwendet.

In Brasilien werden die präpositionalen Namensteile („de",
„da") in der schriftlichen und mündlichen Anrede meistens weg-
gelassen.

Bei der schriftlichen Anrede von wichtigen Persönlichkeiten
des Wirtschaftslebens wird in Brasilien häufig der Name verwendet, z. B.:

> Illustríssimo (*oder:* Ilmo.) Senhor *Name*

Ähnlich bei wichtigen Persönlichkeiten der Politik und der Verwaltung:

> Excelentíssimo (*oder:* Exmo.) Senhor *Name*

# 3.2.10 Russisch (GUS, Russland)

## 3.2.10.1 Sprache, Schrift, Anrede

Auf dem Gebiet der früheren Sowjetunion werden mehrere
Hundert verschiedene Sprachen gesprochen, von Litauisch und
Moldawisch über Georgisch und Armenisch bis hin zu Kasa-
chisch, Mordwinisch und Tatarisch. Von der Gesamtbevölke-
rung gaben 1979 58 % Russisch als Muttersprache an. Russisch
war außerdem offizielle Sprache der UdSSR und wurde in den
meisten Teilen der Föderation an den Schulen als Pflichtsprache

unterrichtet. Die Hegemonie des Russischen führte dazu, dass eine Anzahl von Regionalsprachen (z. B. im Kaukasus) ausstarb. Nach dem Ende der Sowjetunion gab es in einer ganzen Reihe der früheren Teilrepubliken starke Bewegungen gegen die Dominanz des Russischen (z. B. in Estland, der Ukraine, Georgien). Hier wurden massiv die nicht-russischen Muttersprachen gefördert und weiterentwickelt.

Dennoch ist Russisch nach wie vor eine der wichtigsten Sprachen der Welt. Die Zahl der Muttersprachler wird auf etwa 150 Millionen geschätzt. Die Schätzungen derjenigen Sprecher, die Russisch als Amts- oder Verkehrssprache verwenden, gehen auf bis zu 270 Millionen. Auch wenn die letzte Zahl vermutlich zu hoch gegriffen ist, bleibt Russisch nach wie vor die wichtigste Verkehrssprache im osteuropäisch-asiatischen Raum und eine bedeutende Handelssprache.

Als Schrift des Russischen wird eine Variante des kyrillischen Alphabetes verwendet, das wahrscheinlich im 9. Jahrhundert von den bulgarischen Mönchen Kyrill und Methodius als Schriftsystem für das Altbulgarische/Kirchenslawische entwickelt wurde. Das für das Russische verwendete kyrillische Alphabet unterscheidet sich geringfügig von den kyrillischen Schriftsystemen des Bulgarischen, Serbischen, Ukrainischen und den im 20. Jahrhundert für mongolische Sprachen eingeführten Varianten. Das kyrillische Alphabet wird in zwei unterschiedlichen Typen verwendet: der Druckschrift (in Büchern) und der eher kursiv gestalteten Schreibschrift (in allen handschriftlichen Dokumenten, z. B. in Briefen und auch bei persönlichen Unterschriften). Bei den Beispielen dieses Kapitels wird die kyrillische Druckschrift verwendet. Zusätzlich zu den kyrillisch geschriebenen Anredeformen wird jeweils eine Transliteration in Buchstaben der uns geläufigen lateinischen Schrift angegeben. Es gibt verschiedene Transliterationssysteme für die Übertragung kyrillischer Schriftzeichen in lateinische. Hier wird die in Deutschland übliche Methode verwendet (die sich in einigen Fällen von der amerikanischen und der früher in der DDR üblichen Transliteration unterscheidet).

An den Anredeformen der heutigen russischen Sprache lassen sich historische und soziale Entwicklungen ablesen. Mit der Oktoberrevolution 1917 wurden die alten Anredeformen

> *Gospodin/Gospoža/Gospoda*
> (Herr/Frau/Herrschaften)

abgeschafft. Sie wurden von den Bolschewiken als herrschaftlich und die Klassenunterschiede betonend empfunden. An ihre Stelle traten die neuen Anredeformen

> *Tovarišč* (Genosse/Genossin; gleiche Anrede für
> eine Frau und einen Mann)
> *Tovarišči/Druz'ja* (Genossen/Freunde).

Im Gefolge der Perestroika wurden die alten vorrevolutionären Anredeformen wiederbelebt, ohne dass dadurch die Anredekonventionen aus der kommunistischen Zeit verschwanden. Daher existieren heute die Formen *Gospodin/Gospoža/Gospoda* neben den Formen *Tovarišč/Tovarišči/Druz'ja*. Allerdings gibt es in den Anwendungsbereichen deutliche Unterschiede. In den politischen Parteien werden in mündlicher und schriftlicher Kommunikation die gewohnten „solidarischen" Anredekonventionen *Tovarišč/Tovarišči/Druz'ja* weiter verwendet. Dagegen sind bei offizieller Anrede, vor allem im Schriftverkehr, nur noch die wieder belebten Anredeformen *Gospodin/Gospoža/Gospoda* üblich.

### 3.2.10.2 Anredeformen in Alltagssituationen

**Pronominale Anrede**

Ähnlich wie bei der deutschen Unterscheidung zwischen „Sie" und „Du" gibt es im Russischen eine grammatische Differenzierung zwischen förmlicher und weniger förmlicher pronominaler Anrede. Wie im Deutschen werden die Formen dekliniert, d.h.

nach Singular (Einzahl) und Plural (Mehrzahl) und nach Kasus (Fällen) unterschieden:

|  | **Formell** | | **Informell** | |
|---|---|---|---|---|
|  | **Singular** | **Plural** | **Singular** | **Plural** |
| **Nominativ** | Vy | Vy | ty | vy |
| **Genitiv** | Vas | Vas | tebja | vas |
| **Dativ** | Vam | Vam | tebe | vam |
| **Akkusativ** | Vas | Vas | tebja | vas |
| **Instrumental** | Vami | Vami | toboj/toboju | vami |
| **Präpositional** | o Vas | o Vas | o tebe | o vas |

Wann die formelle und wann die informelle Anredeform verwendet wird, hängt von den situativen Bedingungen ab.

### Nominale Anrede

Natürlich kann man sich im Russischen auch nominal, also mit Namen, akademischen Graden, Titeln usw. anreden. Dabei ist im Russischen ganz besonders die namentliche Anrede von Bedeutung. Und für Ausländer ist es wichtig zu wissen, dass der Name einer Person im Russischen aus drei Teilen besteht:

| Viktor | Petrovič | Ivanov | (Mann) |
|---|---|---|---|
| Viktorija | Petrovna | Ivanova | (Frau) |
| *(Vorname)* | *(Vatername)* | *(Familienname)*. | |

Bei Frauen wird an den Vaternamen und an den Familiennamen üblicherweise ein –**a** oder ein –**na** angehängt, z. B.:

> Marija Kirilov**na** Tereškov**a**
> Ekaterina Il'in**a** Komorov**a**
> Galina Michajlov**na** Krasin**a**

Sowohl schriftlich als auch mündlich werden im Russischen erwachsene Personen (Frauen und Männer) mit dem Vornamen und dem Vaternamen angesprochen und nicht mit „Herr" oder „Frau" + Familiennamen wie im Deutschen. Als Ausländer muss man sich also vorher informieren, wie eine bestimmte Person heißt, wobei der Familienname nicht ausreicht. Tatsächlich werden von Ausländern häufig Fehler gemacht, indem Anredeform und Namensbezeichnung irrtümlich nach dem Muster anderer Sprachen gestaltet werden. Ein bekannter russischer Schriftsteller wird hierzulande als „Tolstoi" bezeichnet. Tatsächlich aber hieß er

Lev Nikolajevič Tol'stoj

und wurde von seinen Zeitgenossen mit

Lev Nikolajevič

angeredet. Wenn Sie gegenüber Ihren russischen Geschäftspartnern den Dichter „Tolstoi" erwähnen, werden nur diejenigen Sie verstehen, die über deutsche Namens- und Anredegewohnheiten Bescheid wissen. Ein früherer russischer Präsident wird in deutschen Zeitungen meist als „Gorbatschow" bezeichnet. Tatsächlich heißt er

Michail Sergeevič Gorbačev

und seine korrekte russische Anrede lautet

Michail Sergeevič.

Im Hinblick auf die folgenden Tabellen ist zu beachten, dass es sich dabei nur um offizielle, protokollarische Anredeformen handelt. Alle Persönlichkeiten (ausgenommen die kirchlichen und diplomatischen Würdenträger) können schriftlich und mündlich auch mit der Formel

*Vorname + Vatername*

angeredet werden. Im Alltagsleben und in der nicht hochoffiziellen dienstlichen Kommunikation ist dies die übliche und neutrale Anrede.

255

### 3.2.10.3 Situative Anredewahl

In Alltagssituationen nimmt der Anredende in vertraulichen Situationen zunächst mit dem Adressaten Kontakt auf, z. B. durch Begrüßungen von Bekannten wie:

Zdravstvujte! Privet! Dobryj den'/večer/utro!
(Hallo! Gruß! Guten Tag/Abend/Morgen!)

Möchte ein (junger) Mann ein ihm bekanntes Mädchen/eine ihm bekannte Frau ansprechen, dann verbindet er die Anrede mit einem kleinen Kompliment:

Molodaja-krasivaja, Vy kuda tak spešite?
(Junge Schöne, wohin so eilig?) – Dabei siezen sie sich.

#### Altersunterschied

Ein wesentliches Kriterium für die Wahl der Anrede im Russischen ist das Alter.

Jüngere Leute sagen herzlich untereinander z. B.
*Drug ty moj nenagljadnyj!* (Mein liebster/bester Freund!)

Ältere Leute dagegen sind untereinander nicht zimperlich und können sich meist etwas derber anreden:
*Ej, Vy, ženščina!* (Hallo, Sie, Frau!)
*Mužčina, Vy, čto sprava!* (Sie, Mann, wieso von rechts!)
*Vy, Anna Michajlovna, imejte sovest'!* (Sie, Anna Michajlovna, haben Sie kein Gewissen!).

Ältere können sich aber auch fast zärtlich untereinander anreden:
*Ivan Petrovič, dorogoj Vy naš!* (Ivan Petrovic, Sie – unser teuerster!)
*Ty, dušečka, smotri mne, ne opazdavaj!* (Du, mein Seelchen, denk an mich und verspäte dich nicht!)
*Družok ty naš nenagjadnyj!* (Du unser bester/liebster Freund!).

Ältere dürfen Jüngere im Russischen sehr familiär anreden, sogar duzen, wenn der Altersunterschied sehr groß ist:

*Molodoj čelovek, da, Vy sleva, podojdite, požalujsta!* (Junger Mann, ja, Sie links, kommen Sie bitte her!)

*Devuška /paren', ej, Vy /ty, čto zamer(la)!* (Mädchen/Junge, he, Sie/du, steh nicht so rum!).

Jüngere Leute dagegen, haben ältere immer zu siezen, auch wenn sie diese salopp anreden:

*Vy, babuška/deduška, potoropites' na vychode!* (Sie, Oma/Opa, beeilen Sie sich da am Ausgang!)

Eine solche Anrede wird nicht als beleidigend aufgefasst.

### Sozialer Status

Von besonderer Bedeutung ist im Russischen der soziale Status von Anredendem und Angeredetem. So reden sozial höher Gestellte sozial niedriger Gestellte im Vergleich zum Deutschen derber an, unabhängig davon, ob sie einander siezen oder duzen:

*Gospodin, Vy, čto (Vy) sebe pozvoljaete!* (Herr, Sie, was erlauben Sie sich (eigentlich)!)

*Mne-ved' ne smožeš vozrazit', Nikolaj Petrovič!* (Tja, mir kannst du nicht widersprechen, Nikolaj Petrovic!)

*Gospodin Petrov, zajdite ko mne v kabinet!* (Herr Petrov, kommen Sie in mein Zimmer! – Ohne „bitte"!)

*Ivanov, sdelaj do zavtra otčet o prodelannoj rabote!* (Ivanov, fertige bis morgen den Bericht über unsere Tätigkeit an! – Ohne „Herr" und ohne „bitte"!).

Sozial niedriger Gestellte dagegen reden normalerweise sozial höher Gestellte ausgesprochen höflich an, auch wenn sie sich duzen:

*Nikolaj Petrovič! Skažite, požalujsta!* (Nikolaj Petrovic! Bitte, ich bin ganz Ohr!)

*Dorogoj ty naš Petr Petrovič!* (Unser teuerer Du, Petr Petrovic!).

In einer Konfliktsituation allerdings nimmt ein Untergebener gegenüber dem Vorgesetzten kein Blatt vor den Mund, bis hin zur offenen Beleidigung (außerdem bevorzugt er in einer solchen Situation das Duzen):

*Ej, ty, negodjaj, sejčas že vyplatil mne moju zarplatu za poslednie polgoda!* (He, du, Schurke/Verbrecher, sofort wirst du mir meinen Lohn für das letzte halbe Jahr auszahlen!).

### Förmlichkeit und Vertraulichkeit

Im Russischen wird streng zwischen förmlicher und vertrauter Anrede differenziert:

**Förmlich:** *Gospodin/Gospoža/Gospoda* (Herr/Frau/Herrschaften)

**Vertraut:** *Vera Maksimovna/Ivan Petrovič/Igor'/Irina/Olezek* (Verkleinerungsform von „Oleg")/*Olečka* (Verkleinerungsform von „Olga").

Allerdings muss dabei zwischen mündlicher und schriftlicher Anrede unterschieden werden; ferner, ob ein Mann einen Mann anredet oder eine Frau, ob eine Frau einen Mann oder eine Frau anredet, ob sie sich kennen oder nicht, ob sie gleichen sozialen Status haben oder nicht, gleichen Alters sind oder nicht, einer politischen Partei angehören oder nicht.

### Mündliche Anrede

Mündlich redet man unbekannte Adressaten gesellschaftlich differenziert wie folgt an:

*Gospodin/Gospoža/Baryšn'ja/Gospoda/Damy i gospoda* (Herr, Frau, Fräulein, Herrschaften, Damen und Herren)
*Tovarišč/Tovarišči/Druz'ja* (Genosse bzw. Genossin/Genossen/ Freunde – Parteimitglieder untereinander)
*Drug/Podruga/Druz'ja* (Freund/Freundin/Freunde).
*Mužčina/Ženščina/Mužčiny i ženščiny/Druz'ja/Paren'/Devuška/ Parni/Devuški/Parni i devuški/Devčata*

(Mann/Frau/Männer und Frauen/Freunde/Junge/Mädchen/
Jungs/Mädels/Jungs und Mädels/Kinder – sehr informell, umgangssprachlich).

Ein Mann redet mündlich einen ihm bekannten Adressaten
meist beim Vornamen und Vaternamen an, bei einem freundschaftlichen Verhältnis unter Gleichaltrigen auch nur mit dem
Vornamen (üblicherweise Kosenamen) an:

*Viktor Ivanovič/Viktorija Ivanovna/Vit'ja/Tan'ja* (Viktor Ivano-
vic/Viktoria Ivanovna/ Koseform von Viktor/Tanja).
Üblich sind aber auch sehr herzliche Anredevarianten bei ei-
nem freundschaftlichen Verhältnis zwischen den Sprechenden:
*Drug/Brat/Bratucha/Sestra/Dušečka/Brat'ja/Sestry* (Freund/
Bruder/Bruderherz/Schwester/Seelchen/Brüder/Schwestern).

### Schriftliche Anrede

In der schriftlichen Anrede ist die Auswahl begrenzter, wenn ein
Mann/eine Frau sich an einen ihm/ihr unbekannten Adressaten
wendet:

*Gospodin/Gospoža/Tovarišč/Gospoda/Tovarišči/Druz'ja/
Ženščiny/Damy/Damy i gospoda*
(Herr/Frau/Genosse/Herren/Genossen/Freunde/Frauen/Da-
men/Damen und Herren).

Wenn eine Frau eine ihr bekannte Frau oder ihr bekannte
Frauen, besonders jedoch eine mit ihr befreundete oder mehrere
mit ihr befreundete Frauen anredet, dann kommen einige spezi-
fische Anredeformen vor:

*Devuški/Devčonki/Podrugi/Sestricy/Dušen'ka, moja chorošaja/
dorogaja*
(Mädchen/Mädels/Freundinnen/Schwesterchen/Seelchen, du
mein schönes/teueres).

*Valentina Petrovna/Valja/Valjuša/Valjušečka*
(Valentina Petrovna/Valja/Valjuscha/Valjuschetschka – Kosenamen werden mit Vorliebe verwendet).

In der schriftlichen Anrede, z.B. im Brief, werden die Anredeformen üblicherweise abgekürzt:

| | | |
|---|---|---|
| Gospodin: | gosp. *oder* g-n | (Herr) |
| Gospoža: | g-ža | (Frau) |
| Tovarišč: | tov. | (Genosse/Genossin) |

## 3.2.10.4 Protokollarische Anredeformen

Wie erwähnt, kann in den meisten Fällen statt der förmlichen, protokollarischen Anredeform die Variante *Vorname + Vatername* verwendet werden.

### Universitäten

| Adressat | Anschrift | Anrede schriftlich | Anrede mündlich |
|---|---|---|---|
| Rektorin einer Universität/ Hochschule | | | |
| Г-жа ректор университета/института | Ректору университета/ института г-же проф. др. наук/доц. канд. наук *ФИО* | Глубокоуважаемая г-жа ректор | Госпожа ректор (ohne Name) |
| G-že rektor universiteta/instituta | Rektoru universiteta/instituta g-že prof. dr. nauk/doc. kand. nauk *FIO* | Glubokouvažaje maja g-ža rektor | Gospoža rektor |

| Adressat | Anschrift | Anrede schriftlich | Anrede mündlich |
|---|---|---|---|
| Rektor einer Universität/ Hochschule | | | |
| Ректору университета/ института | Ректору университета/ института г-ну проф. др. филоло-гических наук/доц. кандидату философских наук *ФИО* | Глубокоуважае-мый г-н ректор | Господин ректор (ohne Name) |
| Rektoru universiteta/insti-tuta | Rektoru universiteta/in-stituta g-nu prof. dr. filologičeskich nauk/do-centu kandidatu filosof-skich nauk *FIO* | Glubokouvažaje myj g-n rektor | Gospodin rektor |
| Dekanin einer Fakultät/eines Fachbereiches | | | |
| Г-жа декан факультета/ отделения | Г-же декану факул-ьтета/отделения | Глубокоуважае-мая г-жа декан | Госпожа декан |
| G-ža dekan fa-kul'teta/otdel-nija | G-že dekanu fakul'teta/ otdelenija | Glubokouvažaje maja g-ža dekan | Gospoža dekan |
| Dekan einer Fakultät/eines Fachbereiches | | | |
| Г-н декан ф-та/отделения | Г-ну декану ф-та/ отделения | Глубокоуважае-мый г-н декан ф-та/отделения | Господин декан |
| G-n dekan f-ta/otdelenija | G-nu dekanu f-ta/otde-lenija | Glubokouvažaje myj g-n dekan f-ta/otdelenija | Gospodin dekan |

| Adressat | Anschrift | Anrede schriftlich | Anrede mündlich |
|---|---|---|---|
| Institutsdirektorin | . | | |
| Г-жа директор института | Г-же директор института | Глубокоуважаемая г-жа директор института | Госпожа директор |
| G-ža direktor instituta | G-že direktoru instituta | Glubokouvažaje maja g-ža direktor instituta | Gospoža direktor |
| Institutsdirektor | | | |
| Директор института | Г-ну директору института | Глубокоуважаемый г-н директор института | Господин директор |
| Direktor instituta | G-nu direktoru instituta | Glubokouvažaje myj g-n direktor instituta | Gospodin direktor |
| Professorin an einer Universität | | | |
| Г-жа профессор университета | Г-же профессору университета *ФИО* | Глубокоуважаемая г-жа профессор *ФИО* | Госпожа профессор |
| G-ža professor universiteta | G-že professoru universiteta *FIO* | Glubokouvažajemaja g-ža professor *FIO* | Gospoža professor |
| Professor an einer Universität | | | |
| Профессор университет а | Г-ну профессору *ФИО* | Глубокоуважаемый г-н профессор | Господин профессор |
| Professor universiteta | G-nu professoru *FIO* | Glubokouvažajemyj g-in professor *FIO* | Gospodin professor |

| Adressat | Anschrift | Anrede schriftlich | Anrede mündlich |
|---|---|---|---|
| Magister | | | |
| Магистр | Г-ну магистр *ФИО* | Глубокоуважае-мый г-н магистр *Ф* | Господин магистр |
| Magistr | G-nu magistru *FIO* | Glubokouvažaje-myj g-n magistr *F* | Gospodin magistr |
| Wissenschaft-liche Assisten-tin | | | |
| Г-жа научный ассистент/ сотрудник | Г-же научному асси-стенту/сотруднику *ФИО* | Глубокоуважае-мая г-жа науч-ный ассистенту/ сотруднику *ФИО* | Госпожа научный сотрудник/ ассистент |
| G-ža naučnyj assistent/so-trudnik | G-že naučnomu assis-tentu/sotrudniku *FIO* | Glubokouvažaje-maja g-ža nauč-nyj assistent/so-trudnik *FIO* | Gospoža naučnyj assistent/sotrudnik |
| Wissenschaft-licher Assis-tent | | | |
| Научный ассистент/ сотрудник | Г-ну научному асси-стенту/сотруднику *ФИО* | Глубокоуважае-мый г-н научный ассистент/ сотрудник *ФИО* | Господин научный сотрудник/асси-стент |
| Naučnyj assis-tent/sotrudnik | G-nu naučnomu assis-tentu/sotrudniku *FIO* | Glubokouvažaje myj g-in naučnyj assistent/sotrud-nik *FIO* | Gospodin naučnyj assistent/sotrudnik |
| Studentin | | | |
| студентка | Г-же *ФИО* | Глубокоуважае-мая г-жа *ФИО* | Госпожа *Ф* |
| Studentka | G-že *FIO* | Glubokouvažaje-maja g-ža *FIO* | Gospoža *F* |

| Adressat | Anschrift | Anrede schriftlich | Anrede mündlich |
|---|---|---|---|
| Student | | | |
| студент | Г-ну *ФИО* | Глубокоуважае-мый г-н *ФИО* | Господин *Ф* |
| Student | G-nu *FIO* | Glubokouvažaje-myj g-n student *FIO* | Gospodin *F* |

## Politik

| Adressat | Anschrift | Anrede schriftlich | Anrede mündlich |
|---|---|---|---|
| Staatspräsi-dentin | | | |
| Г-жа Прези-дент госу-дарства | Г-же Президенту государства | Глубокоуважае-мая г-жа Прези-дент | Госпожа Президент |
| G-ža Prezi-dent gosudar-stva | G-že Prezidentu gosu-darstva | Glubokouvažaje-maja g-ža Prezi-dent | Gospoža Prezident |
| Staatspräsi-dent | | | |
| Президент государства | Г-ну Президенту госу-дарства | Глубокоуважае-мый г-н Прези-дент | Господин Президент |
| Prezident go-sudarstva | G-nu Prezidentu gosun-darstva | Glubokouvažje-myj g-n Prezident | Gospodin Prezident |

| Adressat | Anschrift | Anrede schriftlich | Anrede mündlich |
|---|---|---|---|
| Vorsitzende des Parlamentes<br><br>Г-жа председатель парламента (Государственной Думы)<br><br>G-ža predsedatel' parlamenta (Gosudarstvennoj Dumy) | Г-же председателю парламента (Государственной Думы)<br><br>G-že predsedatel'ju parlamenta (Gosudarstvennoj Dumy) *FIO* | Глубокоуважаемая г-жа председатель парламента (Государственной Думы)<br><br>Glubokouvažajemaja g-ža predsedatel' parlamenta (Gosudarstvennoj Dumy) | Госпожа председатель парламента (Государственной Думы)<br><br>Gospoža predsedatel' parlamenta (Gosudarstvennoj Dumy) |
| Vorsitzender des Parlamentes<br><br>Председатель парламента (Государственной Думы)<br><br>Predsedatel' parlamenta (Gosudarstvennoj Dumy) | Г-ну председателю парламента (Государственной Думы) *ФИО*<br><br>G-nu predsedatelu parlamenta (Gosudarstvennoj Dumy) *FIO* | Глубокоуважаемый г-н председатель парламента (Государственной Думы)<br><br>Glubokouvažajemyj g-n predsedatel' parlamenta (Gosudarstvennoj Dumy) | Господин председатель парламента (Государственной Думы)<br><br>Gospodin predsedatel' parlamenta (Gosudarstvennoj Dumy) |

| Adressat | Anschrift | Anrede schriftlich | Anrede mündlich |
|---|---|---|---|
| Präsidentin des Staatsrates | | | |
| Г-жа Президент Государственного Совета | Г-же Президенту Государственного Совета *ФИО* | Глубокоуважаемая г-жа Президент Государственного Совета | Госпожа Президент |
| G-ža Prezident Gosudarstvennogo Soveta | G-že Prezidentu Gosudarstvennogo Soveta *FIO* | Glubokouvažajemaja g-ža Prezident Gosudarstvennogo Soveta | Gospoža Prezident |
| Präsident des Staatsrates | | | |
| Президент Государственного Совета | Г-ну Председателю Государственного Совета *ФИО* | Глубокоуважаемый г-н Председатель Бундестага | Господин Председатель |
| Prezident Gosudarstvennogo Soveta | G-nu Predsedatelu Gosudarstvennogo Soveta *FIO* | Glubokouvažajemyj g-n Prezident Gosudarstvennogo Soveta | Gospodin Prezident |
| Ministerpräsidentin | | | |
| Г-жа премьер-министр | Г-же премьер-министр *ФИО* | Глубокоуважаемая г-жа премьер-министр | Госпожа премьер-министр |
| G-ža prem'jer-ministr | G-že prem'jer-ministru *FIO* | Glubokouvažaje maja g-ža prem'jer-ministr | Gospoža prem'jer-ministr |

| Adressat | Anschrift | Anrede schriftlich | Anrede mündlich |
|---|---|---|---|
| Ministerpräsident | | | |
| Премьер-министр | Г-ну премьер-министру *ФИО* | Глубокоуважаемый г-н пре-мьер-министр | Господин премьер-министр |
| Prem'jer-ministr | G-nu prem'jer-ministru *FIO* | Glubokouvažaje maja g-n prem'jer-ministr | Gospodin prem'jer-ministr |
| Fraktionsvor-sitzender ei-ner Partei | | | |
| Председатль фракции партии | Председатлю фракции партии г-ну *ФИО* | Глубокоуважаемый г-н предсе-датль фракции партии | Господин предсе-датль фракции |
| Predsedatel" frakcii partii | Predsedatelju frakcii partii g-nu *FIO* | Glubokouvažaem yj g-n predseda-tel" frakcii partii | Gospodin predse-datel" frakcii |
| Mitglied des Parlamentes (Abgeordnete) | | | |
| Г-жа депутат | Г-же депутату *ФИО* | Глубокоуважаемая г-жа депу-тат | Госпожа депутат |
| G-ža deputat | G-že deputatu *FIO* | Glubokouvažaje-maja g-ža depu-tat | Gospoža deputat |

| Adressat | Anschrift | Anrede schriftlich | Anrede mündlich |
|---|---|---|---|
| Mitglied des Parlamentes (Abgeordne-ter) | | | |
| Депутат | Г-ну депутату *ФИО* | Глубокоуважае-мый г-н депутат | Господин депутат |
| Deputat | G-nu deputatu *FIO* | Glubokouvažaje-myj g-n deputat | Gospodin deputat |
| Ministerin | | | |
| Г-жа министр | Г-же министру *ФИО* | Глубокоуважае-мая г-жа ми-нистр | Госпожа министр |
| G-ža ministr | G-že ministru *FIO* | Glubokouvažaje maja g-ža ministr | Gospoža ministr |
| Minister | | | |
| Министр | Г-ну министру *ФИО* | Глубокоуважае-мый г-н министр | Господин министр |
| Ministr | G-nu ministru *FIO* | Glubokouvažaje myj g-n ministr | Gospodin ministr |
| Stellverteten-de Ministerin/ Staatssekretä-rin | | | |
| Г-жа замести-тель мини-стра/госсе-кретаря | Г-же заместителю министра/госсекре-таря | Глубокоуважае-мая г-жа заме-ститель мини-стра/госсекре-таря | Госпожа замести-тель министра/ госсекретаря |
| G-ža zamesti-tel" ministra/ gossekretar'ja | G-že zamestitel'ju mi-nistra/gossekretar'ja | Glubokouvažaje-maja g-ža za-mestitel' ministra/ gossekretar'ja | Gospoža zamesti-tel' ministra/gosse-kretar'ja |

| Adressat | Anschrift | Anrede schriftlich | Anrede mündlich |
|---|---|---|---|
| Stellvertreten-der Minister/ Staatssekretär | | | |
| Заместитель министра/ госсекретая | Г-ну заместителю министра/госсекре-таря | Глубокоуважае-мый г-н замести-тель министра/ госсекретаря | Господин замести-тель министра/ госсекретаря |
| Zamestitel' mi-nistra/gosse-kretar'ja | G-nu zamestitel'ju mi-nistra/gossekretar'ja | Glubokouvažaje-myj g-n zamesti-tel' ministra/gos-sekretar'ja | Gospodin zamesti-tel' ministra/gosse-kretar'ja |
| Ministerial-direktorin | | | |
| Г-жа руково-дитель отде-ления мини-стерства | Г-же руководителю отделения мини-стерства *ФИО* | Глубокоуважае-мая г-жа руково-дителю отделе-ния министер-ства | Госпожа руково-дителю отделения |
| G-ža rukovo-ditel'' otdele-nija minister-stva | G-že rukovoditel'ju ot-delenija ministerstva *FIO* | Glubokouvažaje-maja g-ža otde-nija ministerstva | Gospoža rukovodi-tel' otdelenija |
| Ministerial-direktor | | | |
| руководитель отделения министерства | Руководителю отде-ления министерства г-ну *ФИО* | Глубокоуважае-мый г-н замести-тель министра/ госсекретаря | Господин руково-дитель отделения |
| Rukovoditel' otdelenija mi-nisterstva | G-n rukoovditel'ju otde-lenija ministerstva g-nu *FIO* | Glubokouvažaje-myj g-n zamesti-tel' ministra/gos-sekretar'ja | Gospodin rukovodi-tel' otdelenija |

## Adel

| Adressat | Anschrift | Anrede schriftlich | Anrede mündlich |
|---|---|---|---|
| Prinzessin | | | |
| Принцесса | Её Высочеству Принцессе Баварской (Имя) | Ваше Высочество | Ваше Высочество |
| Princessa | Ee Vysočestvu Princesse (Im'ja) | Vaše Vysočestvo | Vaše Vysočestvo |
| Prinz | | | |
| Принц | Его Высочеству Принцу Баварскому (Имя), Др. | Ваше Высочество | Ваше Высочество |
| Princ | Ego Vysočestvu Princu Bavarskomu (Im'ja) | Vaše Vysočestvo | Vaše Vysočestvo |
| Herzogin | | | |
| Герцогиня | Г-же Герцогине Баварскому её Сиятельству (Имя), Др. | Глубокоуважаемая г-жа Герцогиня Гессенская, Ваше Сиятельство, г-жа (Имя) | Госпожа Герцогиня |
| Gercogin'ja | G-že Gercogine Bavarskoj, ee Sijatel'stvu (Im'ja), Dr. | Glubokouvažajemaja g-ža Gercoginja Gessenskaja, Vaše Sijatel'stvo, g-ža (Im'ja) | Gospoža Gercoginja |

| Adressat | Anschrift | Anrede schriftlich | Anrede mündlich |
|---|---|---|---|
| Herzog | | | |
| Герцог | Г-ну Герцогу Баварскому его Сиятельству (Имя), Др. | Глубокоуважаемый г-н Герцог Гессенский, Ваше Сиятельство, г-н (Имя) | Господин Герцог |
| Gercog | G-nu Gercogu Bavarskomu, ego Sijatel'stvu (Im'ja), Dr. | Glubokouvažajemyj g-n Gercog Gessenskij, Vaše Sijatel'stvo, g-n (Im'ja) | Gospodin Gercog |
| Fürstin | | | |
| Княгиня | Её Сиятельству Княгине *(Ф)* | Ваше Сиятельство | Ваше Сиятельство |
| Knjaginja | Ee Sijatel'stvu Knjagine | Vaše Sijatel'stvo | Vaše Sijatel'stvo |
| Fürst | | | |
| Князь | Его Сиятельству Князю *(Ф)* | Ваше Сиятельство | Ваше Сиятельство |
| Knjaz' | Ego Sijatel'stvu Knjaz'ju (F) | Vaše Sijatel'stvo | Vaše Sijatel'stvo |
| Gräfin | | | |
| Графиня | Г-же Графине Павловой | Глубокоуважаемая г-жа Графиня Павлова | Госрожа Графиня |
| Grafinja | G-že Grafine Pavlovoj | Glubokouvažaje maja g-ža Grafinja Pavlova | Gospoža Grafinja |

| Adressat | Anschrift | Anrede schriftlich | Anrede mündlich |
|---|---|---|---|
| Graf | | | |
| Граф | Г-ну Графу Павлову | Глубокоуважае-мый г-н Граф | Господин Граф |
| Graf | G-nu Grafu Pavlovu | Glubokouvažaje myj g-n Graf | Gospodin Graf |

## Wirtschaft/Industrie

| Adressat | Anschrift | Anrede schriftlich | Anrede mündlich |
|---|---|---|---|
| Direktor einer Firma | | | |
| Директор фирмы | Г-ну директору фирмы *ФИО* | Глубокоуважае-мый г-н дирек-тор фирмы *ФИО* | Господин директор |
| Direktor firmy | G-nu direktoru firmy *FIO* | Glubokuvažaje-myj g-n direktor firmy *FIO* | Gospodin direktor |
| Geschäftsführ-rerin einer Firma | | | |
| Г-жа исполни-тельный директор фирмы | Г-же исполнительному директору фирмы *ФИО* | Глубокоуважае-мая г-жа испол-нительный директор фирмы *ФИО* | Госпожа дирек-тор |
| G-ža ispolni-tel'nyj direktor firmy | G-že ispolnitel'nomu di-rektoru firmy *FIO* | Glubokuvažaje-maja g-ža ispol-nitel'nyj direktor firmy *FIO* | Gospoža direktor |

| Adressat | Anschrift | Anrede schriftlich | Anrede mündlich |
|---|---|---|---|
| Geschäftsfüh-rer einer Firma | | | |
| исполнитель-ный директор фирмы | Г-ну исполнительному директору фирмы *ФИО* | Глубокоуважае-мый г-н исполни-тельный дирек-тор фирмы *ФИО* | Господии директор |
| Ispolnitel'nyj direktor firmy | G-nu ispolnitel'nomu di-rektoru firmy *FIO* | Glubokuva-žajemyj g-n ispolnitel'nyj di-rektor firmy *FIO* | Gospodin direktor |
| Vorstandsvor-sitzende einer GmbH | | | |
| Г-жа предсе-датель прав-ления об-щества с ограничен-ной ответст-венностью | Г-же председателю правления общества с ограниченной ответст-венностью *ФИО* | Глубокоуважае-маея г-жа прав-ления общества с ограниченной ответствен-ностью *ФИО* | Госпожа пред-седатель |
| G-ža predse-datel" pravle-nija obščestva s ograničennoj otvetstven-nost'ju | G-že predsedatel'ju pravlenija obščestva s ograničennoj otvetst-vennost'ju *FIO* | Glubokouvažaje-maja g-ža pred-sedatel" pravle-nija obščestva s ograničennoj ot-vetstvennost'ju | Gospoža predseda-tel' |

**273**

| Adressat | Anschrift | Anrede schriftlich | Anrede mündlich |
|---|---|---|---|
| Vorstandsvorsitzender einer GmbH | | | |
| Председатель правления общества с ограниченной ответственностью | Г-ну председателю правления общества с ограниченной ответственностью *ФИО* | Глубокоуважаемый г-н председателю правления общества с ограниченной ответственностью | Господин председатель |
| Predsedatel' pravlenija obščestva s graničennoj otvetstvennost'ju | G-nu predsedatel'ju pravlenija obščestva s graničennoj otvetstvennost'ju *FIO* | Glubokouvažajemyj g-n predsedatel" pravlenija obščestva s graničennoj otvetstvennost'ju | Gospodin predsedatel' |
| Aufsichtsratsvorsitzende einer GmbH | | | |
| Г-жа председатель наблюдатеьного совета общества с ограниченной ответственностью | Г-же председателю наблюдатеьного совета общества с ограниченной ответственностью *ФИО* | Глубокоуважаемая г-жа председатель наблюдательного совета общества с ограниченной ответственностью | Госпожа председатель |
| G-ža predsedatel" nabl'judatel'nogo soveta obščestva s graničennoj otvetsvennost'ju | G-že predsedatelju nabl'judatel'nogo soveta obščestva s graničennoj otvetsvennost'ju *FIO* | Glubokouvazajemaja g-ža predsedatel" nabl'judatel'nogo soveta (obščestva s graničennoj otvetsvennost'ju) | Gospoža predsedatel' |

| Adressat | Anschrift | Anrede schriftlich | Anrede mündlich |
|---|---|---|---|
| Aufsichtsrats-vorsitzender einer GmbH | | | |
| Председа-тель наблю-датеьного совета обще-ства с огра-ниченной ответствен-ностью | Г-ну председателю наблюдатеьного совета общества с ограниченной ответ-ственностью *ФИО* | Глубокоуважае-мый г-н пред-седатель наб-людательного совета обще-ства с ограни-ченной ответст-венностью | Господин пред-седатель |
| Predsedatel' nabl'juda-tel'nogo so-veta obščestva s ograničennoj otvetsven-nost'ju | G-nu predsedatelju nabl'judatel'nogo soveta obščestva s ograničennoj otvets-vennost'ju *FIO* | Glubokouvazaje-myj g-n predse-datel" nabl'ju-datel'nogo so-veta (obščestva s ograničennoj otvetsvennost'ju) | Gospodin predse-datel' |
| Prokuristin | | | |
| Г-жа проку-рист | Г-же прокуристу *ФИО* | Глубокоуважае-мая г-жа проку-рист | Госпожа прокурист |
| G-ža prokurist | G-že prokuristu *FIO* | Glubokouvažaje-maja g-ža proku-rist | Gospoža prokurist |
| Prokurist | | | |
| Прокурист | Г-ну прокуристу *ФИО* | Глубокоуважае-мая г-н проку-рист | Господин прокурист |
| Prokurist | G-nu prokuristu *FIO* | Glubokouvažaje-myj g-n prokurist | Gospodin prokurist |

| Adressat | Anschrift | Anrede schriftlich | Anrede mündlich |
|---|---|---|---|
| Bankdirektorin | | | |
| Г-жа директор банка | Г-же директору банка *ФИО* | Глубокоуважае-мая г-жа дирек-тор банка | Госпожа директор |
| G-ža direktor banka | G-že direktoru banka *FIO* | Glubokouvažaje-maja g-ža direk-tor banka | Gospoža direktor |
| Bankdirektor | | | |
| Директор банка | Г-ну директору банка *ФИО* | Глубокоуважае-мый г-н дирек-тор банка | Господин директор |
| Direktor banka | G-nu direktoru banka *FIO* | Glubokouvažaje-myj g-n direktor banka | Gospodin direktor |

## Kirchen

| Adressat | Anschrift | Anrede schriftlich | Anrede mündlich |
|---|---|---|---|
| Papst | | | |
| Папа | Его святейшеству Папе Римскому | Ваше святей-шество | Ваше святей-шество |
| Papa | Ego sv'jatejšestvu Pape Rimskomu | Vaše sv'jatej-šestvo | Vaše sv'jatej-šestvo |

| Adressat | Anschrift | Anrede schriftlich | Anrede mündlich |
|---|---|---|---|
| Erzbischof | | | |
| Архиепископ | Его Высокопреос-вященству архие-пископу | Ваше Высоко-преосвящен-ство/Высоко-преосвященне йший Владыка | Ваше Высоко-преосвящен-ство |
| Archiepiskop | Ego Vysokopreosv'-jaščenstvu archiepis-kopu | Vaše Vysoko-preosv'jaščen-stvo/Vysoko-preosv'jaščen-nejšij Vladyka | Vaše Vysoko-preosv'jaščenstvo |
| Bischof | | | |
| Епископ | Его преосвященству епископу | Ваше преос-вященство/ Преосвященне йший Владыка | Ваше преос-вященство |
| Episkop | Ego preosv'jaščenstvu episkopu | Vaše preosv'-jaščenstvo/ Preosv'jaščen-nejšij Vladyka | Vaše preosv'-jaščenstvo |
| Äbtissin | | | |
| Абатиса/ игуменья | Матери абатисе/ игуменье | Мать абатиса/ игуменья | Мать абатиса/ игуменья |
| Abatisa/igu-men'ja | Materi abatise/igu-men'je | Mat' abatisa/igu-men'ja | Mat' abatisa/igu-men'ja |
| Abt | | | |
| Аббат/игумен | Отцу аббату/игумену | Отец аббат/ игумен | Отец аббат/игумен |
| Abbat/igumen | Otcu abbatu/igumenu | Otec abbat/igu-men | Otec abbat/igumen |

| Adressat | Anschrift | Anrede schriftlich | Anrede mündlich |
|---|---|---|---|
| Ordens-schwester | | | |
| Сестра ордена | Сестре ордена (Имя) | Уважаемая сестра (Имя) | Сестра (Имя) |
| Sestra ordena | Sestre ordena (Im'ja) | Uvažajemaja ses-tra (Im'ja) | Sestra (Im'ja) |
| Ordensbruder | | | |
| Брат ордена | Брату ордена (Имя) | Уважаемый брат ордена (Имя) | Брат (Имя) |
| Brat ordena | Bratu ordena (Im'ja) | Uvažajemyj brat ordena (Im'ja) | Brat (Im'ja) |
| Pfarrer/Pastor/ Priester | | | |
| Священник/ поп/пастор/ отец/батюш-ка | Отцу/Священнику/ Настоятелю храма отцу Василию | Уважаемый отец Василий | Отец Василий/ батюшка |
| Sv'jaščennik/ pop/pastor/ otec/bat'juška | Otcu/Sv'jaščenniku/ Nastojatel'ju chrama otcu Vasiliju | Uvažaemyj otec Vasilij | Otec Vasilij/ bat'juška |
| Diakon | | | |
| Дьяк/диакон | Диакону (Имя) | Диакон (Имя) | Диакон (Имя) |
| D'jak/diakon | Diakonu (Im'ja) | Diakon (Im'ja) | Diakon (Im'ja) |
| Kaplan | | | |
| Каплан | Каплану (Имя) | Каплан (Имя) | Каплан (Имя) |
| Kaplan | Kaplanu (Im'ja) | Kaplan (Im'ja) | Kaplan (Im'ja) |

## Diplomatisches Corps

| Adressat | Anschrift | Anrede schriftlich | Anrede mündlich |
|---|---|---|---|
| Botschafterin | | | |
| Г-жа посол | Г-же послу *ФИО* | Глубокоуважае-мая г-жа посол | Госпожа посол |
| G-ža posol | G-že poslu *FIO* | Glubokouvažaje-maja g-ža posol | Gospoža posol |
| Botschafter | | | |
| Посол | Г-ну послу *ФИО* | Глубокоуважае-мый г-н посол | Господин посол |
| Posol | G-nu poslu *FIO* | Glubokouvažaje-myj g-n posol | Gospodin posol |
| Botschaftsrä-tin | | | |
| Г-жа совет-ник посола | Г-же советнику посла *ФИО* | Глубокоуважае-мая г-жа совет-ник | Госпожа советник |
| G-ža sovetnil posola | G-že sovetniku posla *FIO* | Glubokouvažaje-maja g-ža sovet-nik | Gospoža sovetnik |
| Generalkonsu-lin | | | |
| Г-жа генерал-ьный консул | Г-же генеральному консулу *ФИО* | Глубокоуважае-мая г-жа гене-ральный консул | Госпожа генерал-ьный консул |
| G-ža gene-ral'nyj konsul | G-že general'nomu kon-sulu *FIO* | Glubokouvažaje-maja g-ža gene-ral'nyj konsul | Gospoža gene-ral'nyj konsul |

| Adressat | Anschrift | Anrede schriftlich | Anrede mündlich |
|---|---|---|---|
| Generalkonsul | | | |
| Генеральны й консул | Г-ну генеральному консулу *ФИО* | Глубокоуважае-мая г-жа гене-ральный консул | Господин генерал-ьный консул |
| General'nyj konsul | G-nu general'nomu kon-sulu *FIO* | Glubokouvažaje-myj g-n gene-ral'nyj konsul | Gospodin Gene-ral'nyj konsul |
| Konsulin | | | |
| Г-жа консул | Г-же консулу *ФИО* | Глубокоуважае-мая г-жа консул | Госпожа консул |
| G-ža konsul | G-že konsulu *FIO* | Glubokouvažaje-maja g-ža konsul | Gospoža konsul |
| Konsul | | | |
| Консул | Г-ну консулу *ФИО* | Глубокоуважае-мая г-н консул | Господин консул |
| Konsul | G-nu konsulu *FIO* | Glubokouvažaje-myj g-n konsul | Gospodin konsul |
| Gesandte | | | |
| Посланница | Г-же посланнице *ФИО* | Глубокоуважае-мая г-жа пос-ланница | Госпожа послан-ница |
| Poslannica | G-že poslannice *FIO* | Glubokouvažaje-maja g-ža pos-lannica | Gospoža poslan-nica |
| Gesandter | | | |
| Посланник | Г-ну посланнику *ФИО* | Глубокоуважае-мый г-н послан-ник | Господин посланник |
| Poslannik | G-nu poslanniku *FIO* | Glubokouvažaje-myj g-n poslannik | Gospodin poslannik |

| Adressat | Anschrift | Anrede schriftlich | Anrede mündlich |
|---|---|---|---|
| Wirtschafts-attachée (weibl.) | | | |
| Г-жа аташе по эконо-мическим связям | Г-же аташе по эконо-мическим связям | Глубокоуважае-мая г-жа аташе | Госпожа аташе |
| G-ža ataše po ekonomičeski m sv'jaz'jam | G-že ataše po ekono-mičeskim sv'jaz'jam | Glubokouvažaje-maja g-ža ataše | Gospoža ataše |
| Wirtschafts-attaché (männl.) | | | |
| Аташе по экономиче-ским связям | Г-ну аташе по эконо-мическим связям | Глубокоуважае-мый г-н аташе | Господин аташе |
| Ataše po eko-nomičeskim sv'jaz'jam | G-nu ataše po ekono-mičeskim sv'jaz'jam | Glubokouvažaje-myj g-n ataše | Gospodin ataše |
| Kulturattachée (weibl.) | | | |
| Г-жа культур-ный аташе | Г-же культурному аташе | Глубокоуважае-мая г-жа аташе | Госпожа аташе |
| G-ža kul'tur-nyj ataše | G-že kul'turnomu ataše | Glubokouvažaje-maja g-ža ataše | Gospoža ataše |
| Kulturattaché (männl.) | | | |
| Культурный аташе | Г-ну культурному аташе | Глубокоуважае-мый г-н аташе | Господин аташе |
| Kul'turnyj ataše | G-nu kul'turnomu ataše | Glubokouvažaje-myj g-n ataše | Gospodin ataše |

## Militär

| Adressat | Anschrift | Anrede schriftlich | Anrede mündlich |
|---|---|---|---|
| Oberkomman- dierender der Streitkräfte | | | |
| Главнокоман- дующий воо- ружёнными силами | Г-ну главнокоманду- ющему вооружёнными силами | Глубокоуважае- мый г-н главно- командующий вооружёнными силами | Господин главно- командующий |
| Glavnokoman dujuščij vooružennymi silami | G-nu glavnokomandu- juščemu vooružennymi silami | Glubokouva- žajemyj g-n glavnokomanduj uščij voo- ružennymi silami | Gospodin glavno- komandujuščij |
| Oberkomman- dierender des Heeres | | | |
| Главнокоман- дующий сухо- путными войсками | Г-ну главнокоманду- ющему сухопутными войсками | Глубокоуважае- мый г-н главно- командующий сухо-путными войсками | Господин главно- командующий |
| Glavnokoman- dujuščij su- choputnymi vojskami | G-nu glavnokomandu- juščemu suchoputnymi vojskami | Glubokouvažaje- myj g-n glavno- komandujuščij suchoputnymi vojskami | Gospodin glavno- komandujuščij |

| Adressat | Anschrift | Anrede schriftlich | Anrede mündlich |
|---|---|---|---|
| Oberkommandierender der Marine | | | |
| Главнокомандующий военно-морскими силами | Г-ну главнокомандующему военно-морскими силами | Глубокоуважаемый г-н главнокомандующий военно-морскими силами | Господин главнокомандующий |
| Glavnokomandujuščij vojenno-morskimi silami | G-nu glavnokomandujuščemu vojenno-morskimi silami | Glubokouvažajemyj g-n glavnokomandujuščij vojenno-morskimi silami | Gospodin glavnokomandujuščij |
| Oberkommandierender der Luftwaffe | | | |
| Главнокомандующий военно-морскими силами | Г-ну главнокомандующему военно-воздушными силами | Глубокоуважаемый г-н главнокомандующий военно-воздушными силами | Господин главнокомандующий |
| Glavnokomandujuščij vojenno-vozdušnymi silami | G-nu glavnokomandujuščemu vojenno-vozdušnymi silami | Glubokouvažajemyj g-n glavnokomandujuščij vojenno-vozdušnymi silami | Gospodin glavnokomandujuščij |
| General | | | |
| Генерал | Г-ну/тов. генералу *ФИО* | Глубокоуважаемый г-н/тов. Генерал | Господин/ товарищ Генерал |
| General | G-nu/tov. generalu *FIO* | Glubokouvažajemyj g-n/tov. general | Gospodin/tovarišč General |

| Adressat | Anschrift | Anrede schriftlich | Anrede mündlich |
|---|---|---|---|
| Admiral | | | |
| Адмирал | Г-ну/тов. адмиралу *ФИО* | Глубокоуважае-мый г-н/тов. Адмирал | Господин/товарищ Адмирал |
| Admiral | G-nu/tov. admiralu *FIO* | Glubokouvažaje-myj g-n/tov. ad-miral | Gospodin/tovarišč Admiral |
| Kapitän | | | |
| Капитан | Г-ну/тов. капитану *ФИО* | Глубокоуважае-мый г-н/тов. капитан | Господин/товарищ капитан |
| Kapitan | G-nu/tov. kapitanu *FIO* | Glubokouvažaje-myj g-n/tov. Ka-pitan | Gospodin/tovarišč kapitan |
| Oberst | | | |
| Полковник | Г-ну/тов. полковнику *ФИО* | Глубокоуважае-мый г-н/тов. полковник | Господин/товарищ полковник |
| Polkovnik | G-nu/tov. polkovniku *FIO* | Glubokouvažaje-myj g-n/tov. Pol-kovnik | Gospodin/tovarišč polkovnik |
| Major | | | |
| Майор | Г-ну/тов. майору *ФИО* | Глубокоуважае-мый г-н/тов. майор | Господин/товарищ майор |
| Major | G-nu/tov. majoru *FIO* | Glubokouvažaje-myj g-n/tov. Ma-jor | Gospodin/tovarišč major |

# 3.2.11 Spanisch (Spanien)

In Spanien werden verschiedene Sprachen gesprochen: im größten Teil des Landes Kastilianisch, im Nordosten und auf den Balearen Katalanisch, nördlich von Portugal im Westen Galizisch (Gallego, mit dem Portugiesischen verwandt) und ganz im Nordwesten – an der Grenze zu Frankreich – Baskisch. Das Kastilianische wird oft vereinfacht als Spanisch bezeichnet. Auf diese Sprache beziehen sich die Angaben zu den Anredeformen.

Die spanische Monarchie war seit dem Ende der Reconquista, d.h. seit der Zurückdrängung der Araber aus dem Land, durch ein strenges Hofprotokoll bestimmt. Die daraus resultierenden streng festgelegten Anredeformen haben sich weitgehend bis ins 20. Jahrhundert erhalten. Seit dem Ende des Franco-Regimes haben sich aber die Formen zunehmend liberalisiert. Vor allem hat sich der Gebrauch der ursprünglich vertraulichen Anredeform *tú/ vosotros* innerhalb kurzer Zeit beträchtlich erweitert. Damit geht natürlich einher, dass auch die traditionellen Titel in der Anrede infrage gestellt werden. Dieser Entwicklungsprozess ist noch nicht abgeschlossen. Auf der einen Seite existieren noch alte gesellschaftliche Hierarchien und Anredekonventionen weiter, auf der anderen Seite haben sich die kommunikativen Umgangsformen stark demokratisiert. Es machen sich auch Einflüsse aus den Anredekonventionen in Südamerika bemerkbar. Daraus folgen bei Spaniern Unsicherheiten über die angemessenen Anredeformen. Es ist damit zu rechnen, dass sich die Konventionen weiter verändern. In dieser Umbruchsituation gibt es auch bei Muttersprachlern Zweifel darüber, welche Anredeformen derzeit angemessen sind. Eine solche Situation hat aber auch Vorteile für Ausländer. Man kann gegenwärtig kaum etwas falsch machen.

### 3.2.11.1 Pronominale Anrede

Im Spanischen gibt es – rein grammatisch gesehen – eine ähnliche Unterscheidung wie zwischen den deutschen Formen „du/ ihr" und „Sie/Sie", nämlich

| | | |
|---|---|---|
| Singular | tú | usted |
| Plural | vosotros | ustedes |

Aber Anwendung und kommunikative Funktionen sind ganz anders als im Deutschen.

Im Spanischen ist „tú/vosotros" heute eher die Normalform, während die Anrede „usted/ustedes" in förmlichen, offiziellen Kommunikationssituationen verwendet wird (oft sehr respektvoll, insbesondere, wenn der Angeredete sehr viel älter ist als der Anredende).

Bei der Anrede mit „usted/ustedes" gibt es noch die Möglichkeit, den Adressaten distanziert mit „Señor/Señora" und Nachnamen anzureden oder vertraulicher mit der Anrede „Don/ Doña" und Vornamen.

Die Auswahl zwischen beiden pronominalen Anredeformen hängt von Situation und Kommunikationspartnern ab. Dabei entstehen Anredekonventionen, die für Deutsche sehr überraschend sind, z.B. dass Beamte unbekannte Bürger mit „tú/vosotros" anreden, während sie selbst sich mit „usted/ustedes" ansprechen lassen. Dies gilt auch in der Kommunikation zwischen einem Arzt und seinen Patienten. Im universitären Bereich werden in Spanien Dozenten meistens mit „usted/ustedes" angeredet. Dies gilt immer für einen Lehrstuhlinhaber (catedrático).

In der Schule gilt grundsätzlich für die unteren Klassen (Grundschule) die Anrede der Lehrer mit „Señor/Señorita" + *Vorname* und die usted-Form. Ab der 6. Klasse sprechen die Schüler die Lehrer meistens mit Vornamen und „tú" an.

Der pronominale Anredegebrauch lässt sich vereinfacht wie folgt gegenüberstellen:

| **tú/vosotros** | **Usted/ustedes** |
|---|---|
| Normalform in den meisten Kommunikationssituationen; nicht gleichzusetzen mit Vertraulichkeit | drückt eine Respekthaltung aus, z.B. bei großer Altersdifferenz |

wird bei asymmetrischer Kommunikation verwendet, z. B. in Gesprächen Form mit „usted" üblich z. B. in folgenden Situationen:

Arzt (sagt 'tú') – Patient (sagt 'usted')

Professor (sagt 'tú') – Student (sagt 'usted')

Lehrer (sagt 'tú') – Schüler (sagt 'usted')

Kunde (sagt 'tú') – Verkäufer (sagt 'usted')

Beamter (sagt 'tú') – Bürger (sagt 'usted')

kann einen sozialen Unterschied ausdrücken, kann auch eine bewusste Distanzierung zum Ausdruck bringen

Bei der Auswahl der Anredeformen im Spanischen spielen ganz unterschiedliche Faktoren eine Rolle:

– politischer und sozialer Wandel in den letzten Jahren
– gesellschaftlicher/beruflicher Status der Personen
– gesellschaftliche/berufliche Unterschiede zwischen den Personen (z. B. Dozenten – Studenten, Schwiegereltern und -kinder)
– Erziehung und Gewohnheiten
– regionale Unterschiede
– Alter und Altersunterschiede
– Einflüsse aus Lateinamerika durch die Medien.

Für die Wahl der pronominalen und protokollarischen Anredeformen können daher keine absolut festen Regeln aufgestellt werden. Sie hängt von der Kommunikationssituation und der gegenseitigen sozialen Einschätzung der Kommunikationspartner ab.

## 3.2.11.2 Spanische Namen

Die spanischen Personennamen bereiten Ausländern oft Schwierigkeiten. Sie bestehen aus einem (oder mehreren) Vornamen, dann folgt der Familienname (Name der Mutter) und am Schluss der Vatername. Problematisch wird es, wenn Familienname und/oder Vatername aus mehreren Teilen bestehen.

In Briefadressen werden alle Namensteile (also mindestens drei) aufgeführt. Bei der Anrede unter Freunden und Verwandten wird der Vorname verwendet.

Bei der alltäglichen Anrede unter Erwachsenen gilt die Anrede mit dem Familiennamen (Mutternamen) oder auch (besonders schriftlich) die Anrede mit Familiennamen (Mutternamen) und Vaternamen. Wenn jemand also

Juan González Alonso

heißt, wird er mit „Señor González" angeredet oder auch (schriftlich) mit „Señor González Alonso", aber nie mit seinem Vaternamen allein. Ausländer machen hier häufig Fehler, wenn sie irrtümlich den letzten Namen wählen. Anrederelevant ist der vorletzte Namensbestandteil.

## 3.2.11.3 Nominale Anredekonventionen

Dies betrifft einmal die Verwendung von „tú/usted", aber auch die Nennung von Titeln bei der Anrede von Amtsinhabern im akademischen Bereich, im Klerus und von Beamten. Im Militär scheinen diese Konventionen am stärksten normiert und konserviert zu sein, aber auch hier ist eine Erneuerung durch die Zulassung von Frauen und die Frage nach femininen Amtsbezeichnungen zu erwarten.

Eine Besonderheit in der protokollarischen Anrede ist die mitunter noch verwendete Form „usía" anstatt „usted", eine veraltete Form, die aus „vuestra señoría" entstanden ist.

# Universitäten

| Adressat | Anschrift | Anrede schriftlich | Anrede mündlich |
|---|---|---|---|
| Rektorin einer Universität/ Hochschule<br><br>Rectora | Sra.*Vorname Name* Rectora de la Universidad de *Name der Universiät* | Ilustrísima señora doña *Name:*<br><br>*auch sehr förmlich:*<br>Magnífica señora doña *Name:* | Señora *Name*<br><br>*oder:*<br>Señora |
| Rektor einer Universität/ Hochschule<br><br>Rector | Sr. *Vorname Name* Rector de la Universidad de *Name der Universiät* | Ilustrísimo señor rector:<br><br>*oder sehr förmlich:*<br>Magnífico señor rector: | Señor *Name*<br><br>*oder:*<br>Señor |
| Dekanin einer Fakultät/eines Fachbereiches<br><br>Decana | Sra. *Vorname Name* Decana de la Facultad de ... Universidad de *Name der Universiät* | Ilustrísima señora doña *Name:*<br><br>*oder sehr förmlich:*<br>Magnífica señora doña *Name:* | Señora *Name*<br><br>*oder:*<br>Señora |
| Dekan einer Fakultät/ei nes Fachbereiches<br><br>Decano | Sr. *Vorname Name* Decano de la Facultad de ... Universidad de *Name der Universiät* | Ilustrísimo señor decano:<br><br>*oder sehr förmlich:*<br>Magnífico señor decano: | Decano<br><br>*oder:*<br>Señor *Name*<br>*oder:*<br>Señor |
| Instituts- direktorin<br><br>Director | Sra. *Vorname Name* Director del *Institutsbezeichnung* de la Universidad ... | Ilustrísima señora director: | Señora<br><br>*oder:*<br>Doña *Vorname* (vertrauter) |
| Institutsdirektor<br><br>Director | Sr. *Vorname Name* Director del *Institutsbezeichnung* de la Universidad ... | Ilustrísimo señor director: | Señor director<br><br>*oder:*<br>Señor *Name*<br>*oder:*<br>Señor |

| Adressat | Anschrift | Anrede schriftlich | Anrede mündlich |
|---|---|---|---|
| Professorin an einer Universität Profesora | Sra. *Vorname Name* | Señora *Name*: *oder:* Muy Señora mía: | Señora *oder:* Señora *Name* |
| Professor an einer Universität Profesor | Sr. *Vorname Name* | Señor *Name*: *oder:* Muy Señor mío: | Señor *Name* *oder:* Señor *oder:* Don *Vorname* |

## Politik

| Adressat | Anschrift | Anrede schriftlich | Anrede mündlich |
|---|---|---|---|
| Staatspräsidentin Presidente de la Republica | Sra. *Vorname Name* Presidente de la Republica | Excelentísima Señora: | Señora *Name* *oder:* Señora Presidente del Gobierno |
| Staatspräsident Presidente de la Republica | Sr. *Vorname Name* Presidente de la Republica | Excelentísimo Señor: | Señor *Name* *oder:* Señor Presidente del Gobierno |
| Vorsitzende des Parlamentes Presidente | Sra. *Vorname Name* | Excelentísima Señora: | Señora *Name* *oder:* Señora Presidente |
| Vorsitzender des Parlamentes Presidente | Sr. *Vorname Name* | Excelentísimo Señor: | Señor *Name* *oder:* Señor Presidente |

| Adressat | Anschrift | Anrede schriftlich | Anrede mündlich |
|---|---|---|---|
| Mitglied des Parlamentes/ Abgeordnete Diputada | Sra. *Vorname Name* | Excelentísima Señora: | Señora Diputada |
| Mitglied des Parlamentes/ Abgeordneter Diputado | Sr. *Vorname Name* | Excelentísimo Señor: | Señor Diputado |
| Ministerin Ministra | Sra. *Vorname Name* Ministrade *Name des Ressorts* | Excelentísima Señora: | Señora Ministra |
| Minister Ministro | Sr. *Vorname Name* Ministro de *Name des Ressorts* | Excelentísimo Señor: | Señor *Name* *oder:* Señor Ministro |
| Bürgermeiste-rin Alcalda | Sra. *Vorname Name* Alcalda de *Ortsname* | Estimada Señora Alcalda: | Señora Alcalda |
| Bürgermeister Alcalde | Sr. *Vorname Name* Alcalde de Ortsname | Estimado Señor Alcalde: | Señor Alcalde |

**Anmerkung:**
Die Anrede „Camarada" ist unter Mitgliedern der kommunistischen Partei noch üblich; die Anrede „Compañero" wird nur noch in Kuba verwendet.

# Adel

| Adressat | Anschrift | Anrede schriftlich | Anrede mündlich |
|---|---|---|---|
| Königin<br><br>Reina | Su Majestad<br>La Reina de España<br>Doña *Vorname* de *Name* | Vuestra Majestad: | Majestad<br><br>*oder:*<br>Alteza<br>*oder:*<br>Señora |
| König<br><br>Rey | Su Majestad<br>El Rey de España<br>Don *Vorname* de *Name* | Vuestra Majestad: | Vuestra Majestad<br><br>*oder:*<br>Alteza<br>*oder:*<br>Señor |
| Prinzessin<br><br>Princesa | Excma.<br>Sra. Princesa *Vorname*<br>de *Name* | Vuestra alteza real: | Alteza<br><br>*oder:*<br>Señora |
| Prinz<br><br>Príncipe | Exmo. Sr. Príncipe *Vorname* de *Name* | Vuestra alteza real: | Alteza<br><br>*oder:*<br>Señor |
| Herzogin<br><br>Duquesa | Excma.<br>Sra. Duquesa *Vorname*<br>de *Name* | Vuestra excelencia: | Señora duquesa |
| Herzog<br>Duque | Exmo. Sr. Príncipe *Vorname* de *Name* | Vuestra excelencia: | Señor duque |
| Fürstin<br>Princesa | Excma.<br>Sra. Princesa *Vorname*<br>de *Name* | Vuestra alteza: | Alteza<br><br>*oder:*<br>Señora |
| Fürst<br><br>Príncipe | Exmo. Sr. Príncipe *Vorname* de *Name* | Vuestra alteza: | Alteza<br><br>*oder:*<br>Señor |
| Marquise<br><br>Marquesa | Excma.<br>Sra. Marquesa *Vorname*<br>de *Name* | Vuestra excelencia: | Señora marquesa |

| Adressat | Anschrift | Anrede schriftlich | Anrede mündlich |
|---|---|---|---|
| Marquis<br><br>Marques | Exmo. Sr. Marques *Vorname* de *Name* | Vuestra excelencia: | Señor marques |
| Gräfin<br><br>Condesa | Excma.<br>Sra. Condesa *Vorname* de *Name* | Vuestra excelencia: | Señora condesa |
| Graf<br><br>Conde | Exmo. Sr. Conde *Vorname* de *Name* | Vuestra excelencia: | Señor conde |

## Wirtschaft/Industrie

| Adressat | Anschrift | Anrede schriftlich | Anrede mündlich |
|---|---|---|---|
| Geschäftsführerin einer Firma<br><br>Gerente | Sra. *Vorname Name* Gerente de *Name der Firma* | Muy Señora mía:<br><br>*oder:*<br>Estimada Señora: | Señora *Name* |
| Geschäftsführer einer Firma<br><br>Gerente | Sr. *Vorname Name* Gerente de *Name der Firma* | Muy Señor mío:<br><br>*oder:*<br>Estimado Señor: | Señor *Name* |
| Vorstandsvorsitzende einer GmbH<br><br>Presidente de la junta directiva | Sra. *Vorname Name* Presidente de la junta directiva de *Name der Gesellschaft* | Muy Señora mía:<br><br>*oder:*<br>Estimada Señora: | Señora *Name* |
| Vorstandsvorsitzender einer GmbH<br><br>Presidente de la junta directiva | Sr. *Vorname Name* Presidente de la junta directiva de *Name der Gesellschaft* | Muy Señor mío:<br><br>*oder:*<br>Estimado Señor: | Señor *Name* |

| Adressat | Anschrift | Anrede schriftlich | Anrede mündlich |
|---|---|---|---|
| Aufsichtsrats-vorsitzende einer GmbH<br><br>Presidente del consejo de administración de una sociedad de responsabilidad limitada | Sra. *Vorname Name* Presidente del consejo de administración de *Name der Gesellschaft* | Muy Señora mía:<br><br>*oder:*<br>Estimada Señora: | Señora *Name* |
| Aufsichtsrats-vorsitzender einer GmbH<br><br>Presidenta del consejo de administración de una sociedad de responsabilidad limitada | Sr. *Vorname Name* Presidente del consejo de administración de *Name der Gesellschaft* | Muy Señor mío:<br><br>*oder:*<br>Estimado Señor: | Señor *Name* |

## Kirchen/Klerus/Religionsgemeinschaften

| Adressat | Anschrift | Anrede schriftlich | Anrede mündlich |
|---|---|---|---|
| Papst<br><br>Papa | Su Santidad Papa *Vorname*<br>Representante de la Iglesia Católica | Su Santidad:<br><br>*oder:*<br>Vuestra Santidad: | Santidad |
| Kardinal<br><br>Cardenal | Su Eminencia Cardenal *Vorname Name*<br>Arzobispo de *Ortsname* | Vuestra eminencia: | Eminencia<br><br>*oder:*<br>Vuestra señoría |
| Erzbischof<br><br>Arzobispo | Su Excelencia *Vorname Name*<br>Arzobispo de *Ortsname* | Vuestra excelencia: | Excelencia |

| Adressat | Anschrift | Anrede schriftlich | Anrede mündlich |
|---|---|---|---|
| Bischof<br><br>Obispo | Su Excelencia *Vorname Name*<br>Obispo de *Ortsname* | Vuestra excelencia: | Excelencia |
| Äbtissin<br><br>Abadesa | Madre *Vorname Name*<br>Abadesa de *Name der Abtei/des Ordens* | Reverenda madre abadesa:<br><br>*oder:*<br>Superiora: | Madre<br><br>*oder:*<br>Reverenda madre |
| Abt<br><br>Abad | Padre *Vorname Name*<br>Abad de *Name der Abtei/des Ordens* | Reverendo padre abad: | Padre<br><br>*oder:*<br>Reverendo padre |
| Ordens-schwester<br><br>Monja | Sor *Vorname Name* | Madre *Vorname*: | Sor *Vorname*<br><br>*oder:*<br>Madre *Vorname*<br>*oder:*<br>Hermana |
| Ordensbruder<br><br>Monje | Hermano *Vorname Name* | Padre *Vorname*: | Padre *Vorname*<br><br>*oder:*<br>Hermano |
| Pfarrer/Pastor/Priester<br><br>Pastor, Cura | Sr. *Vorname Name* | Señor cura:<br><br>*oder:*<br>Señor: | Don *Vorname*<br><br>*oder:*<br>Señor cura |

**Anmerkung:**
Für einige Anredeformen gibt es Kurzformen, zum Beispiel:
Vuestra excelencia: Vuecencia
Vuestra señoría: Usía

## Diplomatisches Corps

| Adressat | Anschrift | Anrede schriftlich | Anrede mündlich |
|---|---|---|---|
| Botschafterin<br><br>Embajadora | Señora Embajadora<br>*Vorname Name*<br>Embajada de *Name des Landes* | Excelentísima señora embaja-dora: | Vuestra excelencia |
| Botschafter<br><br>Embajador | Señor Embajador<br>*Vorname Name*<br>Embajada de *Name des Landes* | Excelentísimo señor embajador: | Vuestra excelencia |
| Generalkonsu-lin<br><br>Cónsul general | Señora<br>*Vorname Name*<br>Cónsul general de *Name des Landes* | Excelentísima señora cónsul general: | Vuestra excelencia |
| Generalkonsul<br>cónsul general | Señor<br>*Vorname Name*<br>Cónsul general de *Name des Landes* | Excelentísimo señor cónsul general: | Vuestra excelencia |
| Konsulin<br><br>Cónsul | Señora<br>*Vorname Name*<br>Cónsul de *Name des Landes* | Excelentísima señora cónsul: | Vuestra excelencia |
| Konsul<br><br>Cónsul | Señor<br>*Vorname Name*<br>Cónsul de *Name des Landes* | Excelentísimo señor cónsul: | Vuestra excelencia |

## Militär

Für alle militärischen Anredeformen gilt, dass anstatt „usted usía" der Dienstgrad verwendet wird.

| Adressat | Anschrift | Anrede schriftlich | Anrede mündlich |
|---|---|---|---|
| General<br><br>General | Señor general<br>*Vorname Name* | Ilustrísimo señor general don *Vor-name Name*: | Don *Vorname*<br>(von Rangniedrige-ren auch: Mi gene-ral) |

| Adressat | Anschrift | Anrede schriftlich | Anrede mündlich |
|---|---|---|---|
| Admiral<br><br>Almirante | Señor almirante<br>*Vorname Name* | Ilustrísimo señor almirante don *Vorname Name*: | Don *Vorname* (von Rangniedrigeren auch: Mi almirante) |
| Kapitän<br><br>Capitán | Señor capitán<br>*Vorname Name* | Ilustrísimo señor capitán don *Vorname Name*: | Don *Vorname* (von Rangniedrigeren auch: Mi capitán) |
| Oberst<br><br>Coronel | Señor coronel<br>*Vorname Name* | Ilustrísimo señor coronel don *Vorname Name*: | Don *Vorname* (von Rangniedrigeren auch: Mi coronel) |
| Major<br><br>Comandante | Señor comandante<br>*Vorname Name* | Ilustrísimo señor comandante don *Vorname Name*: | Don *Vorname* (von Rangniedrigeren auch: Mi comandante) |

Beamte in Behörden redet man generell ohne Amtsbezeichnung an:

> Ilustrísimo señor
> Ilustrísima señora

Als allgemeine Faustregel kann gelten:

> Señor **Name** (respektvoll, distanziert, förmlich)
> Don **Vorname** (vertraut, weniger förmlich)

Die Anrede „Don/Doña" erwirbt man mit dem Bachillerato (entspricht dem Abitur), die (eher veraltete) Anrede „Señor don / Señora doña" mit dem abgeschlossenen Studium.

# 3.2.12 Spanisch (Lateinamerika)

## 3.2.12.1 Anredeformen in Alltagssituationen

Das lateinamerikanische Spanisch weicht vom europäischen Spanisch insofern ab, als es generell in der Anrede die Formen „tu" (Du), „usted" (Sie/Sing.) und „ustedes" (Sie/Pl.) bevorzugt. Als weitere Variante erscheint „vos" (Ihr/Sing.+Pl.), das regional (z.B. in Ecuador in der Gegend um Cuenca) oder auf Landesebene (wie z.B. in Argentinien) das „tu/ustedes" ersetzen kann.

Je nach Grad der Vertrautheit wird gesiezt oder geduzt, wobei bei sozialen Unterschieden nach „oben hin" gesiezt, nach „unten hin" durchaus geduzt werden kann. Verbreitet ist auch die Nennung des Vornamens in Verbindung mit **usted** (Sie).

Jüngere Damen (bei der Alterseinschätzung gibt es einen großzügigen Ermessenspielraum) redet man mit „Señorita" (Srta.), verheiratete und ältere mit Señora (Sra.) an, für Herren *aller* Alterklassen gilt „Señor" (Sr.). Ist ein Titel bekannt, wird dieser auch (im Mündlichen wie im Schriftlichen) genannt:

Doctor(a) (Dr./Dra.); Economista (Econ.); Ingeniero(a) (Ing.); Licenciado(a) (Lcdo./Lcda.)

Bei den Nachnamen steht normalerweise der Familienname (= Name des Vaters) an erster Stelle (bei mündlicher Anrede ausreichend) und wird vom Mädchennamen der Mutter gefolgt (z.B. Frederico Carrera Chiriboga).

Verheiratete Frauen belassen oft ihren Mädchennamen an erster Position und nennen den Namen des Ehemannes nach einem **de** (die Mutter von dem o.g. Frederico könnte ihren Namen also wie folgt schreiben:

Amalia Chiriboga de Carrera).

## 3.2.12.2 Protokollarische Anredenormen

### Universitäten

| Adressat | Anschrift | Anrede schriftlich | Anrede mündlich |
|---|---|---|---|
| Rektorin einer Universität<br><br>Rectora de una universidad | Señora (+Akademischer Grad)<br>*Vorname Name*<br>Rector de la universidad<br>....<br>Presente | Señora Rectora: | Señora Rectora |
| Rektor einer Universität<br><br>Rector de una universidad | Señor (+Akademischer Grad)<br>*Vorname Name*<br>Rector de la universidad<br>....<br>Presente | Señor Rector: | Señor Rector |
| Kanzlerin einer Universität<br><br>Cancillera de una universidad | Señora (+Akademischer Grad)<br>*Vorname Name*<br>Cancillera de la universidad .... | Señora Cancillera: | Señora Cancillera |
| Kanzler einer Universität<br><br>Canciller de una universidad | Señor (+Akademischer Grad)<br>*Vorname Name*<br>Canciller de la universidad .... | Señor Canciller: | Señor Canciller |
| Dekanin<br><br>Decana | Señora (+Akademischer Grad)<br>*Vorname Name*<br>Decana de la Facultad<br>.... | Señora Decana: | Señora Decana |
| Dekan<br><br>Decano | Señor (+Akademischer Grad)<br>*Vorname Name*<br>Decano de la Facultad<br>... | Señor Decano : | Señor Decano |

| Adressat | Anschrift | Anrede schriftlich | Anrede mündlich |
|---|---|---|---|
| Institutsdirektorin<br><br>Directora del Instituto ... de la universidad ... | *Name des Instituts*<br>Señora (+Akademischer Grad)<br>*Vorname Name*<br>Directora del Institito ... | Señora Directora: | Señora Directora |
| Institutsdirektor<br><br>Director del Instituto ... de la universidad ... | *Name des Instituts*<br>Señor (+Akademischer Grad)<br>*Vorname Name*<br>Director del Institito ... | Señor Director: | Señor Director |
| Professorin<br><br>Profesora de una universidad ... | Facultad de la universidad ...<br>Señora (+Akademischer Grad)<br>*Vorname Name*<br>Profesora de la universidad ... | Señora Doctora:<br><br>*oder:*<br>Señora Profesora: | Doctora<br><br>*oder:*<br>Profesora |
| Professor<br><br>Profesor de una universidad ... | Facultad de la universidad ...<br>Señor (+Akademischer Grad)<br>*Vorname Name*<br>Profesor de la universidad ... | Señor Doctor:<br><br>*oder:*<br>Señor Profesor: | Doctor<br><br>*oder:*<br>Profesor |
| Privatdozentin<br><br>Docente Privada | Señora(+Akademischer Grad)<br>*Vorname Name*<br>Profesora de la cátedra ...<br>de la universidad ... | Señora Doctora:<br><br>*oder:*<br>Señora Profesora: | Doctora<br><br>*oder:*<br>Profesora |
| Privatdozent<br><br>Docente Privado | Señor (+Akademischer Grad)<br>*Vorname Name*<br>Profesor de la cátedra ...<br>de la universidad ... | Señor Doctor:<br><br>*oder:*<br>Señor Profesor: | Doctor<br><br>*oder:*<br>Profesor |

| Adressat | Anschrift | Anrede schriftlich | Anrede mündlich |
|---|---|---|---|
| Magister<br><br>Magister | Señor(a) (+Akademischer Grad)<br>*Vorname Name*, Mgt. / M.A. | Señor(a): | Señor(a) |
| Wissenschaftliche Mitarbeiterin<br><br>Colaboradora científica | *Name der Universität*<br>Fakultät<br>Señora (+Akademischer Grad)<br>En colaboración con Señor(a) (+Akademischer Grad) | Señora: | Señora |
| Wissenschaftlicher Mitarbeiter<br><br>Colaborador científico | *Name der Universität*<br>Fakultät<br>Señor (+Akademischer Grad)<br>En colaboración con Señor(a) (+Akademischer Grad) | Señor: | Señor |
| Honorarprofessorin<br><br>Profesora Honoraria | *Fakultät der Universität*<br>...<br>Señora (+Akademischer Grad)<br>Funktion im Institut oder in der Abteilung | Señora Doctora:<br><br>*oder:*<br>Señora Profesora: | Doctora<br><br>*oder:*<br>Profesora |
| Honorarprofessor<br><br>Profesor Honoraria | *Fakultät der Universität*<br>...<br>Señor (+Akademischer Grad)<br>Funktion im Institut oder in der Abteilung | Señor Doctor:<br><br>*oder:*<br>Señor Profesor: | Doctor<br><br>*oder:*<br>Profesor |
| Studentin<br><br>Estudiante | Señora<br>*Vorname Name*<br>*selten:* Señorita | Señora/Señorita<br>*Vorname Name:* | Señora/Señorita<br>*Vorname oder:*<br>*Name* |
| Student<br><br>Estudiante | Señor<br>*Vorname Name* | Señor<br>*Vorname Name:* | Señor<br>*Vorname oder:*<br>*Name* |

| Adressat | Anschrift | Anrede schriftlich | Anrede mündlich |
|---|---|---|---|
| Secretaria de una Facultad | *Name der Fakultät* Señora (+Akademischer Grad) *Vorname Name* Secretaria de la Facultad ... | Señora Secretaria: | Señora Secretaria |
| Secretario de una Facultad | *Name der Fakultät* Señor (+Akademischer Grad) *Vorname Name* Secretario de la Facultad ... | Señor Secretario: | Señor Secretario |
| Secretaria de la Universidad | *Name der Universität* Señora (+Akademischer Grad) *Vorname Name* Secretaria de la Universidad ... | Señora Secretaria: | Señora Secretaria |
| Directora Académica | *Name der Universität* Señora (+Akademischer Grad) *Vorname Name* Directora Académica de la Universidad ... | Señora Directora: | Señora Directora |
| Director Académico | *Name der Universität* Señor (+Akademischer Grad) *Vorname Name* Director Académico de la Universidad ... | Señor Director: | Señor Director |
| Consejera Estudiantil *und/oder* Directora en Servicios Académicos | *Name der Universität* Señora (+Akademischer Grad) *Vorname Name* Consejera Estudiantil *oder:* Directora en Servicios Académicos de la Universidad ... | Señora Directora: *oder:* Consejera: | Señora Directora *oder:* Consejera |

| Adressat | Anschrift | Anrede schriftlich | Anrede mündlich |
|---|---|---|---|
| Consejero Estudiantil *und/oder* Director en Servicios Académicos | *Name der Universität* Señor (+Akademischer Grad) *Vorname Name* Consejero Estudiantil<br><br>*oder:* Director en Servicios Académicos de la Universidad ... | Señor Director:<br><br>*oder:* Consejero: | Señor Director<br><br>*oder:* Consejero |

## Regierung/Parlament/Verwaltung

| Adressat | Anschrift | Anrede schriftlich | Anrede mündlich |
|---|---|---|---|
| Präsidentin<br><br>Presidenta | República de/del *Landesname* Excelentísima Señora (+Akademischer Grad) *Vorname Name* Presidenta Constitucional de la República de/ del *Landesname* | Señora Presidenta: | Señora Presidenta |
| Präsident<br><br>Presidente | República de/del *Landesname* Excelentísimo Señor (+Akademischer Grad) *Vorname Name* Presidente Constitucional de la República de/ del *Landesname* | Señor Presidente: | Señor Presidente |
| Abgeordnete des Kongresses<br><br>Diputada del Congreso | Honorable Congreso de/ del *Landesname* Honorable Señora (+Akademischer Grad) *Vorname Name* Diputada de la Provincia ... | Honorable Diputada: | Señora Diputada |

| Adressat | Anschrift | Anrede schriftlich | Anrede mündlich |
|---|---|---|---|
| Abgeordneter des Kongresses<br><br>Diputado del Congreso | Honorable Congreso de/ del *Landesname* Honorable Señor (+Akademischer Grad) *Vorname Name* Diputado de la Provincia ... | Honorable Diputado: | Señor Diputado |

## Industrie/Handel/Institutionen

| Adressat | Anschrift | Anrede schriftlich | Anrede mündlich |
|---|---|---|---|
| Präsidentin der Industrie - und Handels- kammer<br><br>Cámera de Comercio y In- dustriales | Señora (+Akademischer Grad) *Vorname Name* Presidenta de la Cámara de Industriales | Señora Presi- denta: | Señora Presidenta |
| Präsident der Industrie- und Handels- kammer<br><br>Cámara de Comercio y In- dustriales | Señor (+Akademischer Grad) *Vorname Name* Presidente de la Cámara de Industriales | Señor Presi- dente: | Señor Presidente |

| Adressat | Anschrift | Anrede schriftlich | Anrede mündlich |
|---|---|---|---|
| Streitkräfte<br><br>Fuerzas Armadas | | | |
| Oberste Leitung<br><br>Comando Conjunto de las Fuerzas Armadas | Señora (+militärischer Grad<br>*Vorname Name*<br>Jefa del Comando Conjunto de las Fuerzas Armadas<br><br>Señor (+militärischer Grad<br>*Vorname Name*<br>Jefe del Comando Conjunto de las Fuerzas Armadas | Señora (+militärischer Grad):<br><br><br><br><br>Señor (+militärischer Grad): | Señora (+militärischer Grad)<br><br><br><br><br>Señor (+militärischer Grad) |
| Heeresleitung (Oberste Befehlshaberin/ Oberster Befehlshaber)<br><br>Comandancia de la Fuerza Terrestre | Señora (+militärischer Grad)<br>*Vorname Name*<br>Comandante General del Ejército<br><br>Señor (+militärischer Grad)<br>*Vorname Name*<br>Comandante General del Ejército | Señora (+militärischer Grad):<br><br><br><br>Señor (+militärischer Grad): | Señora (+militärischer Grad)<br><br><br><br>Señor (+militärischer Grad) |
| Marine (Oberste Befehlshaberin/ Befehlshaber)<br><br>Comandancia de la Fuerza Naval | Señora (+militärischer Grad)<br>*Vorname Name*<br>Commandante General de la Fuerza Naval<br><br>Señor (+militärischer Grad)<br>*Vorname Name*<br>Commandante General de la Fuerza naval | Señora (+militärischer Grad):<br><br><br><br>Señor (+militärischer Grad): | Señora (+militärischer Grad)<br><br><br><br>Señor (+militärischer Grad) |

| Adressat | Anschrift | Anrede schriftlich | Anrede mündlich |
|---|---|---|---|
| Luftwaffe<br><br>(Oberste Befehlshaberin/ Oberster Befehlshaber) | Señora (+militärischer Grad)<br>*Vorname Name*<br>Comandante General de la Fuerza Aérea | Señora (+militärischer Grad): | Señora (+militärischer Grad): |
| Comandancia de la Fuerza Aérea Ecuatoriana | Señor (+militärischer Grad)<br>*Vorname Name*<br>Comandante General de la Fuerza Aérea | Señor (+militärischer Grad): | Señor (+militärischer Grad): |

## Kirchen/Klerus/Religionsgemeinschaften

| Adressat | Anschrift | Anrede schriftlich | Anrede mündlich |
|---|---|---|---|
| Katholische Kirche<br><br>Iglesia Católica<br>Papst<br><br>Papa | Su Santidad<br>Papa *Vorname*<br>Representante de la Iglesia Católica | Su Santidad: | Su Santidad |
| Kardinal<br><br>Cardenal | Su Eminencia<br>*Vorname Name*<br>Representante de la Iglesia Católica | Su Eminencia: | Su Eminencia |
| Arzobispo/ Obispo<br><br>Erzbischof/ Bischof | Su Eminencia<br><br>*Vorname Name*<br>Representante de la Iglesia Católica | Su Eminencia: | Su Eminencia |
| Monseñor | Distinguido Monseñor<br>*Vorname Name*<br>Representante de la Iglesia Católica | Monseñor: | Monseñor |

| Adressat | Anschrift | Anrede schriftlich | Anrede mündlich |
|---|---|---|---|
| Pater<br><br>Padre | Distinguido Señor Padre<br>*Vorname Name*<br>Representante de la<br>Iglesia Católica | Señor Padre: | Padre |

## Diplomatisches Corps

| Adressat | Anschrift | Anrede schriftlich | Anrede mündlich |
|---|---|---|---|
| Botschafterin<br><br>Embajadora | Embajada del País ...<br>Señora Embajadora<br>*Vorname Name*<br>Embajada del País ... | Señora Embaja-<br>dora: | Señora Embajadora |
| Botschafter<br><br>Embajador | Embajada del País ...<br>Señor Embajador<br>*Vorname Name*<br>Embajada del País ... | Señor Embaja-<br>dor: | Señor Embajador |

# 4. Anhang: Informationsquellen für internationale Anredeformen

Anredekonventionen in anderen Staaten und Kulturen können sich aufgrund politischer und sozialer Entwicklungen sehr rasch ändern. Bei Verhandlungen im Ausland, bei wichtiger Geschäftskorrespondenz, bei der Begrüßung ausländischer Repräsentanten in Deutschland kann es sehr bedeutsam sein, sich über die hierarchischen Positionen der Adressaten und die daraus folgenden protokollarisch angemessenen Anredeformen exakt zu informieren. Im Zweifelsfall wird es ratsam sein, bei landeskundigen Experten Erkundigungen einzuholen. Zu diesem Zweck wurden Verzeichnisse deutscher diplomatischer Vertretungen im Ausland und ausländischer diplomatischer Vertretungen in Deutschland zusammengestellt. Natürlich gehört die Beratung über internationale Anredekonventionen nicht zu den Hauptaufgaben und Dienstpflichten der aufgeführten Auslandsmissionen. Aber bei Schwierigkeiten mit der internationalen Kommunikation sind die diplomatischen Vertretungen in der Regel doch sehr hilfsbereit. Auch die Mitarbeiter der Goethe-Institute als Vermittler deutscher Sprache und Kultur im Ausland verfügen fast immer über sehr gute Kenntnisse der Kultur im Gastland und können im Zweifelsfall bei sprachlichen Kommunikationsproblemen weiterhelfen.

Über die Lösung von Anredeproblemen hinaus können die angegebenen Adressen und Daten ein nützliches Hilfsmittel bei der Anbahnung von internationalen Wirtschafts- und Kulturkontakten sein.

# 4.1 Verzeichnis der Vertretungen der Bundesrepublik Deutschland im Ausland

(Je Land wird nur eine Kontaktadresse aufgeführt)
Abkürzungen:
L: Leiter der Auslandsvertretung, A: Adresse, PA: Postanschrift, F: Fernsprecher
TS: Telex, a.o.: außerordentliche(r), bev. Bevollmächtigte(r): a.i.: ad interim

**Afghanistan**
**Botschaft der Bundesrepublik Deutschland (z.Zt. operativ nicht tätig)**

**Kabul**
L: N.N., a. o. und bev. Botschafter(in)
A: Wazir Akbar Khan Mena, Kabul
PA: Embassy of the Federal Republic of Germany, P.O. Box 83, Kabul, Afghanistan.
F: 2 24 32, 2 24 33
Amtsbezirk: Afghanistan

**Ägypten**

**Kairo**
L: Paul Freiherr von Maltzahn, a.o. und bev. Botschafter
A: 8 B, Sharia Hassan Sabri, Cairo-Zamalek
PA: Embassy of the Federal Republic of Germany, 8 B, Sharia Hassan Sabri, Cairo-Zamalek, Ägypten
F: (0020 2) 739 96 00
FAX: (0020 2) 736 05 30
URL: http://www.german-embassy.org.eg/
Amtsbezirk: Ägypten

**Albanien**

**Tirana**
L: Peter Kiewitt, a.o. und bev. Botschafter
A: Rruga Skènderbeu Nr. 8, Tirana
PA: Botschaft der Bundesrepublik Deutschland, Rruga Skènderbeu Nr. 8, Tirana, Albanien.
F: (00355 4) 23 20 48, 23 20 50, 23 34 99
FS: (0604) 22 54. Kennung: 22 54 aatira ab
FAX: (00355 4) 23 34 97
Amtsbezirk: Albanien

**Algerien**

**Algier**
L: Hans-Peter Schiff, a.o. und bev. Botschafter
A: 165, chemin Sfindja (ex Laperlier), Algier
PA: Ambassade de la République fédérale d'Allemagne, B.P. 664, DZ-16000 Alger, Algerien.
F: (00213 21) 74 19 41, 74 19 56, 74 20 47
FS: (0 408) 56 043, Kennung: 56 043 aaalg dz
FAX: (00213 21) 74 05 21
Amtsbezirk: Algerien

**Andorra siehe Botschaft Madrid (Spanien) und Generalkonsulat Barcelona**
**(konsularische Zuständigkeit)**
**Honorarkonsul der Bundesrepublik Deutschland**

**Andorra la Vella**
Dietram von Schilcher, Honorarkonsul
A: C./Dr. Vilanova, 9-3° B - Edif. Thaïs,
Andorra la Vella
PA: Cónsul Honorario de la República
Federal de Alemania, C./Dr. Vilanova,
9-3° B - Edif. Thaïs, Andorra la Vella,
Principado de Andorra.
F: (00376) 86 28 60
FAX: (00376) 80 43 21
Amtsbezirk: Andorra

**Angola**

**Luanda**
L: Klaus-Christian Kraemer, a.o. und
bev. Botschafter
A: Avenida 4 de Fevreiro, 120, Luanda.
PA: Embaixada da República Federal
da Alemanha, Caixa Postal 12 95,
Luanda, Angola.
F: (00244 2) 33 47 73, 33 45 16
FS: (0 991) 20 96, Kennung: 20 96
aaluan an
FAX: (00244 2) 33 45 16
E-Mail: germanembassy.luanda@net-
angola.com
Amtsbezirk: Angola

**Argentinien**

**Buenos Aires**
L: Dr. Hans Ulrich Spohn, a.o. und bev.
Botschafter
A: calle Villanueva 1055, C1426BMC
Buenos Aires
PA: Embajada de la República Federal
de Alemania, calle Villanueva 1055,
C1426BMC Buenos Aires, Argentinien
F: (0054 11) 47 78 25 00
FAX: (0054 11) 47 78 25 50
E-Mail: embalem@infovia.com.ar,
embajada-alemana@sinectis.com.ar
URL: http://www.embalemana.com.ar
Amtsbezirk: Argentinien

**Armenien**

**Eriwan**
L: Volker Seitz, a. o. und bev.
Botschafter
A: Tscharenzstr. 29, Yerevan.
PA: Botschaft der Bundesrepublik
Deutschland, Tscharenzstr. 29, Yere-
van, Armenien.
F: (00374 2) 15 17 09, 15 18 74, 52 32 79,
52 45 81, 56 91 85
FAX: (00374 2) 15 11 12
E-Mail: germemb@arminco.com
Konsularreferat: F: (00374 2) 58 65 91
Amtsbezirk: Armenien

**Aserbaidschan**

**Baku**
L: Dr. Christian Siebeck, a. o. und bev.
Botschafter
A: Ul. Mamedalieva 15, 37 00 05 Baku
PA: Botschaft der Bundesrepublik
Deutschland, P.O. Box N.28 und N.29,
370000 Baku-Zentrum, Aserbaidschan
F: (00994 12) 98 78 19, 98 82 38, 98 79 18
über Satellitenfunksystem F: 00871 115
15 72 04 (Operator E und Bakuer
Anschluss verlangen).
FS: (0784) 142 143, Kennung: 142 143
aabak ai
TA: P.O. Box N28, 370095 Baku
FAX: (00994 12) 98 54 19
E-Mail: ger_emb_baku@azeri.com
URL: http://www.botschaftbaku.de
Amtsbezirk: Aserbaidschan.

**Äthiopien**

**Addis Abeba**
L: Dr. Herbert Honsowitz, a.o. und bev.
Botschafter
A: Khabana, Woreda 12, Kebele 20,
Addis Abeba
PA: Embassy of the Federal Republic

of Germany, P.O. Box 660 und 12 67,
Addis Abeba, Äthiopien
F: (00251 1) 55 04 33
FS: (0980) 21 015, Kennung: 21 015
aaaddet
FAX: (00251 1) 55 13 11
E-Mail: german.emb.addis@tele-
com.net.et
Amtsbezirk: Äthiopien

**Australien**

**Canberra**
L: Dr. Horst Bächmann, a.o. und bev.
Botschafter
A: 119 Empire Circuit, Yarralumla,
A.C.T. 2600, Australia
PA: Embassy of the Federal Republic
of Germany, 119 Empire Circuit,
Yarralumla, A.C.T. 2600, Australien
F: (0061 2) 62 70 19 11
FAX: (0061 2) 62 70 19 51
Amtsbezirk: Australischer Bund ein-
schließlich der australischen Außen-
gebiete, Salomonen und Vanuatu. Der
Leiter der Vertretung ist zugleich als
Botschafter in Nauru, Papua-Neu-
guinea, Salomonen und Vanuatu mit
Sitz in Canberra akkreditiert.

**Bahrain**

**Manama**
L: Norbert Heinze, a.o. und bev.
Botschafter
A: Alhasan Building, Sh. Hamad
Causeway, Building No. 668, Diplo-
matic Area 317, Manama
PA: Embassy of the Federal Republic
of Germany, P.O. Box 10306, Manama,
Bahrain
F: (00973) 53 02 10
FAX: (00973) 53 62 82
Amtsbezirk: Staat Bahrain

**Bangladesch**

**Dhaka**
L: Uwe Schramm, a.o. und bev.
Botschafter
A: Gulshan Avenue 178, Dhaka 1212
PA: Embassy of the Federal Republic
of Germany, P.O. Box 108, Dhaka 2,
Bangladesh
F: (00880 2) 882 47 34 - 37
FAX: (00880 2) 882 31 41
E-Mail: aadhaka@citechco.net
Amtsbezirk: Bangladesch

**Barbados**

**Bridgetown**
Uwe Harrs, Honorarkonsul
A: Dayrell's Road, Pleasant Hall,
Christ Church, Barbados
PA: Honorary Consul of the Federal
Republic of Germany, P.O. Box 17 B,
Brittons Hill, St. Michael, Barbados. W.
I.
F: (001246) 427 18 76
FAX: (001246) 427 81 27
Amtsbezirk: Barbados

**Belgien**

**Brüssel**
L: Peter von Butler, a.o. und bev.
Botschafter
A: Avenue de Tervuren 190, 1150 Brüs-
sel.
PA: Botschaft der Bundesrepublik
Deutschland, Avenue de Tervuren 190,
1150 Brüssel, Belgien
F: (0032 2) 774 19 11
FAX: (0032 2) 772 36 92
E-Mail: germanembassy@skynet.be
Amtsbezirk: Belgien

**Belize**

**Belize-Stadt**
Arsenio Burgos, Honorarkonsul
A: 57 Southern Foreshore, Belize City,
Belize
PA: Honorary Consul of the Federal
Republic of Germany, 57 Southern
Foreshore, Belize City, Belize, Central
America
F: (00501 2) 7 72 82
FAX: (00501 2) 2 43 75
Amtsbezirk: Belize

**Benin**

**Cotonou**
L: Hans-Burkhard Sauerteig, a.o. und
bev. Botschafter
A: 7, Avenue Jean Paul II, Cotonou
PA: Ambassade de la République
fédérale d'Allemagne, B.P. 504, Coto-
nou, Bénin
F: (00229) 31 29 67/68
FAX: (00229) 31 29 62
Amtsbezirk: Benin

**Bolivien**

**La Paz**
L: Joachim Kausch, a.o. und bev.
Botschafter
A: Avenida Arce 2395, La Paz
PA: Embajada de la República Federal
de Alemania, Casilla 5265, La Paz,
Bolivien
F: (00591 2)44 00 66, 44 11 66, 44 06 06,
44 11 33, 44 00 88
FAX: (00591 2) 44 14 41
E-Mail: germany@ceibo.entelnet.bo
Amtsbezirk: Bolivien

**Bosnien und Herzegowina**

**Sarajewo**
L: Jochen Peters, a.o. und bev.
Botschafter
A: ul. Buka bb, 71000 Sarajewo
PA: Botschaft der Bundesrepublik
Deutschland, ul. Buka bb, 71000 Sara-
jewo, Bosnien und Herzegowina
F: (00387 33) 27 50 00
FAX: (00387 33) 65 29 78
E-Mail: debosara@bih.net.ba
Amtsbezirk: Bosnien und Herzegowina

**Botsuana**

**Gaborone**
L: Dr. Irene Hinrichsen., a.o. und bev.
Botschafterin
A: Professional House, Broadhurst,
Segodithsane Way, Gaborone
PA: Embassy of the Federal Republic
of Germany, P.O. Box 315, Gaborone,
Botsuana
F: (00267) 35 31 43, 35 38 06
FAX: (00267) 35 30 38
E-Mail: germanembassy@info.bw
Amtsbezirk: Botsuana

**Brasilien**

**Brasilia**
L: Dr. Hans-Bodo Bertram, a.o. und
bev. Botschafter
A: Avenida das Nações, Lote 25,
Quadra 807, 70415-900 Brasilia DF
PA: Embaixada da República Federal
da Alemanha, Caixa Postal 030, 70415-
900 Brasilia DF, Brasilien
F: (0055 61) 443 73 30, 443 74 62, 443 73
46
FAX: (0055 61) 443 75 08
E-Mail: germanembassy@zaz.com.br
Amtsbezirk: Brasilien

313

## Brunei

### Bandar Seri Begawan
L: Klaus-Peter Brandes, a.o. und bev.
Botschafter
A: Unit 2.01, Block A, 2nd Floor, Complex Bangunan Yayasan Sultan Haji Hassanal Bolkiah, Jalan Pretty, Bandar Seri
Begawan BS 8711
PA: Embassy of the Federal Republic of Germany, P.O. Box 3050, Bandar Seri Begawan BS 8675, Brunei Darussalam
F: (00673 2) 22 55 47, 22 55 74
FAX: (00673 2) 22 55 83
E-Mail: prgerman@brunet.bn
Amtsbezirk: Brunei

## Bulgarien

### Sofia
L: Ursula Seiler-Albring, a.o. und bev.
Botschafterin
A: Ulica Joliot Curie 25, Sofia
PA: Botschaft der Bundesrepublik Deutschland, Postfach 869, Sofia, Bulgarien
F: (00359 2) 91 83 80
FAX: (00359 2) 963 16 58
E-Mail: gemb@vilmat.com
URL: http://www.german-embassy.bg
Visastelle, Rechts- und Konsularabteilung:
F: (00359 2) 963 41 01
FS: (067) 24 214, Kennung: 24 214 hfs bg
FAX: (00359 2) 963 41 17
Wirtschaftsabteilung:
FAX: (00359 2) 963 08 92
Amtsbezirk: Bulgarien

## Burkina Faso

### Ouagadougou
L: Dr. Helmut Rau, a.o. und bev.
Botschafter
A: 399, Avenue Joseph Badoua, Ouagadougou
PA: Ambassade de la République fédérale d'Allemagne, 01 B.P. 600, Ouagadougou 01, Burkina Faso
F: (00226) 30 67 31, 30 67 32
FAX: (00226) 31 39 91
E-Mail: amb.allemagne@fasonet.bf
Amtsbezirk: Burkina Faso

## Chile

### Santiago de Chile
L: Georg Dick, a.o. und bev. Botschafter
A: Calle Agustinas 785, 7. Stock, Santiago de Chile
PA: Embajada de la República Federal de Alemania, Casilla 9949, Santiago de Chile, Chile
F: (0056 2)46 32 500
FAX: (0056 2) 46 32 525
E-Mail: emb.alemana.stgo@bellsouth.cl
URL: http://www.embajadadealemania.cl
Rechts- und Konsularreferat: FAX: (0056 2) 46 32 555
Pressereferat: FAX: (0056 2) 46 32 535
Amtsbezirk: Chile

## China

### Peking
L: Dr. Hans-Christian Ueberschaer, a.o. und bev. Botschafter
A: 17, Dong Zhi Men Wai Da Jie, Chaoyang District, Beijing, 100600
PA: Embassy of the Federal Republic of Germany, 17, Dong Zhi Men Wai Da Jie, Chaoyang District, Beijing, 100600, People's Republic of China

F: (0086 10) 65 32 21 61
FAX: (0086 10) 65 32 53 36
E-Mail: germassy@public.gb.com.cn
URL: http://www.dtbotschaft-
peki.org.cn
Wirtschaftsabteilung und Handels-
förderungsstelle:
FAX: (0086 10) 65 32 53 35
E-Mail: deubotwi@public.gb.com.cn
Rechts- und Konsularreferat:
F: (0086 10) 65 32 55 60
FAX: (0086 10) 65 32 35 57
Pressereferat:
FAX: (0086 10) 65 32 68 53
Referat Politik/Protokoll:
Fax: (0086 10) 65 32 4932
BBR-Bauleitung Peking:
FAX: (0086 10) 65 32 35 09
Amtsbezirk: Volksrepublik China

**Cook-Inseln**

**Rarotonga**
Dr. Wolfgang Losacker, Honorarkonsul
A: Banana Court, Avarua/Rarotonga,
Cook Islands.
PA: Honorary Consul of the Federal
Republic of Germany, Banana Court,
Avarua/Rarotonga, Cook Islands.
F: (00682) 2 33 06
FAX: ( 00682) 2 33 05
Amtsbezirk: Cook-Inseln
Übergeordnete Auslandsvertretung:
Botschaft Wellington

**Costa Rica**

**San José**
L: Friedrich Gröning, a.o. und bev.
Botschafter
A: Barrio Rohrmoser, de la residencia
del Embajador de España, 200 m al
norte y 50 m al oeste, San José
PA: Embajada de la República Federal
de Alemania, Apartado 40 17-1000, San
José, Costa Rica

F: (00506) 232 55 33, 232 54 50, 232 56 03
FAX: (00506) 231 64 03
E-Mail: info@embajada-alemana.org
URL: www.embajada-alemana.org
Amtsbezirk: Costa Rica

**Côte d'Ivoire**

**Abidjan**
L: Karin-Elsa Blumberger-Sauerteig,
a.o. und bev. Botschafterin
A: 39, Boulevard Hassan II (Boulevard
de la Corniche), Abidjan-Cocody
PA: Ambassade de la République
Fédérale d'Allemagne, B.P. 19 00,
Abidjan 01, Côte d'Ivoire
F: (00225) 22 44 20 30
FAX: (00225) 22 44 20 41
E-Mail: d.bo.abj@africaonline.co.ci
Amtsbezirk: Côte d'Ivoire, Liberia

**Dänemark**

**Kopenhagen**
L: Johann Georg Dreher, a.o. und bev.
Botschafter
A: Stockholmsgade 57, 2100 Kopen-
hagen Ø
PA: Botschaft der Bundesrepublik
Deutschland, Postfach 2712, 2100
Kopenhagen Ø, Dänemark
F: (0045) 35 45 99 00
FAX: (0045) 35 26 71 05
E-Mail: tyskeamba@email.dk
URL: http://www.tyske-ambassade.dk,
www.deutschland.dk
Rechts- und Konsularreferat:
F: (0045) 35 45 99 11
Pressereferat:
E-Mail: dentyskeambas-
sade.presse@teliamail.dk
Amtsbezirk: Dänemark

**Dominikanische Republik**

**Santo Domingo**
L: Eva Alexandra Gräfin Kendeffy., a.o.
und bev. Botschafterin
A: Condominio Plaza Intercaribe, 5 to.
Piso Esq. Lope de Vega Con Rafael
Aug. Sanchez, Ensanche Naco, Santo
Domingo.
PA: Embajada de la República Federal
de Alemania, Apartado 1235, Santo
Domingo, Dominikanische Republik
F: (001809) 565 88 11, 565 88 12, 566 80
47, 566 52 89
FAX: (001809) 567 50 14
E-Mail: embal@codetel.net.do
Amtsbezirk: Dominikanische Republik

**Dschibuti**

**Dschibuti**
Jean Montagné, Honorargeneralkonsul
A: 3, Rue de Pekin, Le Héron, Djibouti
PA: Consul Général Honoraire de la
République Fédérale d'Allemagne, B.P.
177, Djibouti, Dschibuti
F: (00253) 35 21 51, 35 27 31
FAX: (00253) 35 13 29
Amtsbezirk: Republik Dschibuti
Übergeordnete Auslandsvertretung:
Botschaft Sanaa

**Ecuador**

**Quito**
L: Walter Nocker, a.o. und bev.
Botschafter
A: Edificio „Citiplaza", Avenida
Naciones Unidas y República de El Sal-
vador, Quito
PA: Embajada de la República Federal
de Alemania, Casilla 17-17-536, Quito,
Ecuador
F: (00593 2) 97 08 20
FAX: (00593 2) 97 08 15

E-Mail: alemania@interactive.net.ec
Rechts- und Konsularreferat:
FAX: (00593 2) 97 08 16
Amtsbezirk: Ecuador

**Elfenbeinküste** siehe Côte d' Ivoire

**El Salvador**

**San Salvador**
L: Sepp Wölker, a.o. und bev.
Botschafter
A: 7a, Calle Poniente No. 39 72, esqu.
77a Avenida Norte, Colonia Escalón,
San Salvador
PA: Embajada de la República Federal
de Alemania, Apartado Postal 693, San
Salvador, El Salvador
F: (00503) 263 20 88, 263 20 89
FAX: (00503) 263 20 91
E-Mail: embajadaalemana@net-
comsa.com
Amtsbezirk: El Salvador

**Eritrea**

**Asmara**
L: Hubert Kolb, a.o. und bev.
Botschafter
A: Andinet Street, Asmara
PA: Embassy of the Federal Republic
of Germany, P.O. Box 4974, Asmara,
Eritrea
F: (00291 1) 18 26 70
FAX: (00291 1) 18 29 00
Amtsbezirk: Eritrea

**Estland**

**Tallinn**
L: Dr. Gerhard Enver Schrömbgens,
a.o. und bev. Botschafter
A: Toom-Kuninga 11, 15048 Tallinn
PA: Botschaft der Bundesrepublik
Deutschland, Toom-Kuninga 11, 15048
Tallinn, Estland

F: (00372) 627 53 00
FAX: (00372) 627 53 04
E-Mail: saksasaa@online.ee
URL: http://www.germany.ee
Amtsbezirk: Estland

**Fidschi**

**Suva**
Danyl Valentine Tarte, Honorarkonsul
A: Dominion House, 4th Floor, Thomson Street, Suva, Fiji
PA: Honorary Consul of the Federal Republic of Germany, G.P.O. Box 12007, Suva, Fidschi
F: (00679) 30 22 60
FAX: (00679) 30 38 20
Amtsbezirk: Republik Fidschi-Inseln
Übergeordnete Auslandsvertretung: Botschaft Wellington.

**Finnland**

**Helsinki**
L: Henning von Wistinghausen, a.o. und bev. Botschafter
A: Krogiuksentie 4b, 00340 Helsinki
PA: Saksan liittotasavallan suurlähetystö, PL 5, 00331 Helsinki, Finnland
F: (00358 9) 458 580
FAX: (00358 9) 45 85 82 58
E-Mail: saksa@germanembassy.fi
URL: http://www.germanembassy.fi/
Amtsbezirk: Finnland

**Frankreich**
.

**Paris**
L: Dr. Peter Hartmann, a.o. und bev. Botschafter
A: 13/15, Avenue Franklin D. Roosevelt, 75008 Paris
PA: Ambassade de la République

fédérale d'Allemagne, 13/15, Avenue Franklin D. Roosevelt, 75008 Paris, Frankreich
F: (0033 1) 53 83 45 00
FAX: (0033 1) 43 59 74 18
E-Mail: info@amb-allemagne.fr
Rechts- und Konsularreferat:
A: 28, rue Marbeau, F - 75116 Paris
F: (0033 1) 53 83 45 00
FAX: (0033 1) 40 67 93 53, 53 83 46 50
E-Mail: service.consulaire@amb-allemagne.fr
FAX-Nummern weiterer Referate:
Wirtschaftsreferat: (0033 1) 53 83 45 03
Politische Abteilung: (0033 1) 53 83 46 38
Presseabteilung: (0033 1) 53 83 45 06
Protokoll: (0033 1) 53 83 45 07
Amtsbezirk: Frankreich

Centre d'Information de l'Ambassade d'Allemagne
A: 24, rue Marbeau, F-75116 Paris
F: (00 331) 44 17 31 31
FAX: (00 331) 45 00 45 27
E-Mail: cid@amb-allemagne.fr
URL: http://www.amb-allemagne.fr

**Französische Übersee-Territorien in Australien/Südpazifik: Französisch-Polynesien:**
Botschaft Paris (Frankreich), Honorarkonsul in Papeete
Zuständige Visabehörde: Botschaft Wellington (Neuseeland)

**Französische Übersee-Territorien in Australien/Südpazifik: Neukaledonien:**
Botschaft Paris (Frankreich), Honorarkonsul in Nouméa, zuständige Visabehörde: Botschaft Wellington (Neuseeland).
Honorarkonsul der Bundesrepublik Deutschland

**Nouméa/Neukaledonien**
Wolfgang Förster, Honorarkonsul
A: 19, Rue de la Gazelle, Magenta,
98804 Nouméa
PA: Consul Honoraire de la République fédérale d'Allemagne, 19, Rue de la Gazelle, Magenta, B.P. 15122, 98804 Nouméa, Nouvelle Calédonie
F: (00687) 26 16 81
FAX: (00687) 26 16 81
Amtsbezirk: Neukaledonien
Übergeordnete Auslandsvertretung:
Botschaft Paris, Zuständige Visabehörde: Botschaft Wellington

**Französisches Übersee-Département in Afrika: Réunion: Botschaft Paris (Frankreich), Honorarkonsul in St. Denis**

**St. Denis**
Hannelore Mellano, Honorarkonsulin
A: 9 c, Rue de Lorraine, 97400 St.-Denis
PA: Consul honoraire de la République fédérale d'Allemagne, 9 c, Rue de Lorraine, 97400 St.-Denis / La Réunion
F: (002 62) 21 62 06
FAX: (00262) 21 74 55
Amtsbezirk: La Réunion
Übergeordnete Auslandsvertretung:
Botschaft Paris

**Gabun**

**Libreville**
L: Adalbert Rittmüller, a.o. und bev.
Botschafter
A: Boulevard de l'Indépendance, Immeuble les Frangipaniers, Libreville.
PA: Ambassade de la République fédérale d'Allemagne, B.P. 299, Libreville, Gabun
F: (00241) 76 01 88, 74 27 90
FAX: (00241) 72 40 12

E-Mail: amb-allemagne@inet.ga
Amtsbezirk: Gabun, São Tomé und Príncipe sowie Republik Kongo
Der Leiter der Vertretung ist zugleich als Botschafter in der Republik Kongo sowie in São Tomé und Príncipe mit Sitz in Libreville akkreditiert.

**Georgien**

**Tiflis**
L: Wolfdietrich Vogel, a.o. und bev.
Botschafter
A: David Agmashenebeli Prospekt 166, 380012 Tbilissi (Tiflis), Georgien
PA: Botschaft der Bundesrepublik Deutschland, David Agmashenebeli Prospekt 166, 380012 Tbilissi (Tiflis), Georgien
F: (00995 32) 95 33 26, 95 09 36, 94 14 58, 94 14 62, 94 00 03; (00995 32) 00 11 30 (Satelliten-Rufnummer)
FS: (064) 21 2 9 73, Kennung: 21 2 9 73 aa tbs su
FAX: (00995 32) 95 89 10, (00995 32) 00 11 31 (Satelliten Rufnummer)
E-Mail: deut.bot.tbilissi@access.sanet.ge
Amtsbezirk: Republik Georgien

**Ghana**

**Accra**
L: Christian Nakonz, a.o. und bev.
Botschafter
A: No. 6, Ridge Road, North Ridge, Accra.
PA: Embassy of the Federal Republic of Germany, P.O. Box 1757, Accra, Ghana.
F: (00233 21) 24 10 82, 22 13 11, 22 13 26
FS: (0 94) 2 025, Kennung: 2 025 aaaccrgh
FAX: (00233 21) 22 13 47
E-Mail: geremb@ghana.com

Rechts- und Konsularreferat:
FAX: (00233 21) 22 78 26
Amtsbezirk: Ghana

**Grenada siehe Botschaft Port-of-Spain
(Trinidad u. Tobago)
Honorarkonsul der Bundesrepublik
Deutschland**

**St. George's**
Dr. Peter Greuner, Honorarkonsul
A: New Westerhall Point, Grenada
PA: Honorary Consul of the Federal
Republic of Germany, P.O. Box 814, St.
George's, Grenada, W.I.
F: (001473) 443 21 56
FAX: (001473) 443 21 55
E-Mail: caribtechni@caribsurf.com
Amtsbezirk: Grenada
Übergeordnete Auslandsvertretung:
Botschaft Port-of-Spain

**Griechenland**

**Athen**
L: Dr. Karl Heinz Kuhna, a.o. und bev.
Botschafter
A: Karaoli & Dimitriou 3, 106 75
Athen-Kolonaki.
PA: Embassy of the Federal Republic
of Germany, P.O. Box 1175, 101 10
Athen, Griechenland
F: (0030 1) 728 51 11
FS: (0 601) 215 441, Kennung: 215 441
aaat gr
FAX: (0030 1) 725 12 05
E-Mail: boathens@compulink.gr
URL: http://www.germanembassy.gr
Amtsbezirk: Griechenland

**Großbritannien siehe Vereinigtes
Königreich**

**Guatemala**

**Guatemala-Stadt**
L: Dr. Walter Eickhoff, a.o. und bev.
Botschafter
A: 20 calle 6-20, Edificio Plaza Marit-
ima, Zona 10, Ciudad de Guatemala
PA: Embajada de la República Federal
de Alemania, Apartado Postal 87a,
Ciudad de Guatemala, Guatemala
F: (00502) 337 00 28, 337 00 29, 333-69
03 PBX 337 00 31
FAX: (00502) 333 69 06, DSM: 333 69
08
E-Mail: embalemana@intelnet.net.gt
Amtsbezirk: Guatemala

**Guinea**

**Conakry**
L: Pius Fischer, a.o. und bev.
Botschafter
PA: Ambassade de la République
fédérale d'Allemagne, B.P. 540, Con-
akry, Guinea
F: (00224) 41 15 06, 45 15 08
FS: (0 995) 22 479, Kennung: 22 479
aacy gui
FAX: (00224) 45 22 17
E-Mail: diplogerma@eti.net.gn
URL: http://www.amb-alle-
magne.org.gn
Amtsbezirk: Guinea. Der Leiter der
Vertretung ist zugleich als Botschafter
in Freetown (Sierra Leone) mit Sitz in
Conakry akkreditiert.

**Guinea-Bissau siehe Botschaft Dakar
(Senegal)**

**Guyana siehe Botschaft Port-of-Spain
(Trinidad u. Tobago)
Honorarkonsul der Bundesrepublik
Deutschland**

## Georgetown

Winfried Fries, Honorarkonsul
A: 70 Quamina & Mn Streets, George-
town
PA: Honorary Consul of the Federal
Republic of Germany, P.O. Box 10647
Georgetown, Guyana, Südamerika
F: (0011592 2) 61089
FS: pbtlx 211
FAX: (0011952 2) 75552
E-Mail: winfries@solutions2000.net
Amtsbezirk: Guyana
Übergeordnete Auslandsvertretung:
Botschaft Port-of-Spain

## Haiti

### Port-au-Prince

L: Julius-Georg Luy, a.o. und bev.
Botschafter
A: 2, Impasse Claudinette, Bois
Moquette, Pétion-Ville / Haiti
PA: Ambassade de la République
Fédérale d'Allemagne, P.O. Box 1147,
Port-au-Prince, Haiti
F: (00509) 257 61 31, 256 41 31, 257 72 80
FAX: (00509) 257 41 31
E-Mail: germanem@haitiworld.com
Amtsbezirk: Haiti

## Heiliger Stuhl

### Heiliger Stuhl-Rom

L: Theodor Wallau, a.o. und bev.
Botschafter
A: Botschaft der Bundesrepublik Deut-
schland beim Heiligen Stuhl, Via di
Villa Sacchetti 4-6, 00197 Roma
PA: Botschaft der Bundesrepublik
Deutschland beim Heiligen Stuhl, Via
di Villa Sacchetti 4-6, 00197 Roma, Ita-
lien
F: (0039 06) 80 95 11
FAX: (0039 06) 80 95 12 27
Amtsbezirk: Vatikanstadt-Rom

## Honduras

### Tegucigalpa

L: Andreas M. Kuligk, a.o. und bev.
Botschafter
A: Contiguo al Edificio Los Jarros,
Boulevard Morazán, Tegucigalpa
PA: Embajada de la República Federal
de Alemania, Apartado Postal No.
3145, Tegucigalpa, D.C., Honduras
F: (00504) 232 31 61, 232 31 62
FAX: (00504) 232 95 18
E-Mail: embalema@netsys.hn
Amtsbezirk: Honduras

## Indien

### New Delhi

L: Heimo Richter, a.o. und bev.
Botschafter
A: No. 6/50G,Shanti Path, Cha-
nakyapuri, New Delhi 110021
PA: Embassy of the Federal Republic
of Germany, P.O. Box 613, New Delhi
110001, Indien
F: (00 91 11) 687 18 31 - 37
FAX: (0091 11) 687 31 17
E-Mail: german@del3.vsnl.net.in
URL: http://www.germanembassy-
india.org/
Wirtschaftsabteilung:
FAX: (0091 11) 687 77 06
Presse-Referat:
FAX: (0091 11) 687 28 49
Konsularreferat und Visastelle:
F: (0091 11) 687 18 89 - 91
FS: (081) 3 172 101, Kennung: 3 172 101
aasv in,
FAX: (0091 11) 687 76 23
Amtsbezirk: Indien

**Indonesien**

**Jakarta**
L: Dr. Gerhard Fulda , a.o. und bev.
Botschafter
A: Jalan M. H. Thamrin Nr. 1, Jakarta
10310
PA: Embassy of the Federal Republic
of Germany, Jalan M. H. Thamrin Nr. 1,
Jakarta 10310, Indonesien
F: (0062 21) 390 17 50
FS: (073) 44333, Kennung: 44333
aajaka ia
FAX: (0062 21) 390 17 57
E-Mail: germany@rad.net.id
URL: http://www.germanembjak.or.id
Amtsbezirk: Indonesien

**Irak**

**Bagdad**
L: N.N., o.a. und bev. Botschafter
A: House No. 40, Mahala 929, Zuqaq 2,
Hay Babil, Bagdad.
PA: Embassy of the Federal Republic
of Germany, P.O. Box 2036, Bagdad,
Irak
F: (00964 1) 719 20 37/39
FS: (0 491) 212 262, Kennung: 21 22 62
aabagd ik
FAX: (00964 1) 718 03 40
Amtsbezirk: Irak

**Iran**

**Botschaft der Bundesrepublik Deut-
schland (zzt. operativ nicht tätig)
Teheran**
L: Dr. Rüdiger Reyels, a.o. und bev.
Botschafter
A: Ferdowsi Ave., No 324, Teheran
PA: Embassy of the Federal Republic
of Germany, P.O. Box 11365-179, Tehe-
ran, Iran
F: (0098 21) 311 41 11 - 14

FS: (088) 212 488, Kennung: 21 24 88
aatn ir
FAX: (0098 21) 390 84 74, 311 98 83
URL: http://www.apadana.com/germ-
emb-ir
FAX: (0098 21) 390 11 44
FS: (088) 213 843, Kennung: 213 843
aasv ir
Amtsbezirk: Iran

**Irland**

**Dublin**
L: Dr. Gottfried Haas, a.o. und bev.
Botschafter
A: 31 Trimleston Avenue, Booterstown,
Blackrock/Co., Dublin
PA: Embassy of the Federal Republic
of Germany, 31 Trimleston Avenue,
Booterstown, Blackrock/Co., Dublin,
Irland
F: (00353 1) 269 30 11, 269 31 23, 269 37
72, 269 33 81
FAX: (00353 1) 269 39 46
Amtsbezirk: Irland (Republik)

**Island**

**Reykjavik**
L: Dr. Reinhard Ehni, a.o. und bev.
Botschafter
A: Laufásvegur 31, IS-101 Reykjavik
PA: Embassy of the Federal Republic
of Germany, P.O. Box 400, IS-121
Reykjavik, Island
F: (00354) 530 11 00
FS: (0 501) 2 002, Kennung: 2 002 aarvk
is
FAX: (00354) 530 11 01
E-Mail: germanembassy@islandia.is
Amtsbezirk: Island

## Israel

### Tel Aviv
L: Rudolf Dreßler, a.o. und bev.
Botschafter
A: 3, Daniel Frisch Street, 19. Stock,
64731 Tel Aviv
PA: Embassy of the Federal Republic
of Germany, P.O. Box 16038, 61160 Tel
Aviv, Israel
F: (00972 3) 693 13 13, 693 13 12
FAX: (00972 3) 696 92 17
E-Mail: ger_emb@netvision.net.il
URL: http://www.germanemb.org.il
Presse: FAX : (00972 3) 695 06 08
Wirtschaft: FAX: (00972 3) 696 24 62
Rechts- und Konsularreferat: FAX:
(00972 3) 69 13 308
Amtsbezirk: Israel

## Italien

### Rom
L: Fritjof von Nordenskjöld, a.o. und
bev. Botschafter
A: Via San Martino della Battaglia 4,
00185 Roma
PA: Ambasciata della Repubblica Fed-
erale di Germania, Via San Martino
della Battaglia 4, 00185 Roma, Italien
F: (0039 06) 49 2131
FS: (043) 610 179, Kennung: 610 179
aarom i
FAX: (0039 06) 49 21 33 19
E-Mail: germanembassy.roma@pro-
net.it
URL: http://www.ambgermania.it
Rechts- und Konsularreferat:
A: Via San Martino della Battaglia 4,
00185 Roma, Italien
F: (0039 06) 49 21 31
FAX: (0039 06) 49 21 33 20
Amtsbezirk: Italien. Der Leiter der Ver-
tretung ist zugleich als Botschafter in
San Marino mit Sitz in Rom akkrediti-
ert.

## Jamaika

### Kingston
L: Dr. Christian Hausmann, a.o. und
bev. Botschafter
A: 10 Waterloo Road, Kingston 10
PA: Embassy of the Federal Republic
of Germany, P.O. Box 444, Kingston 10,
Jamaica
F: (001876) 926 67 28, 926 67 29, 926 56
65, 968 88 71
FAX: (001876) 929 82 82
E-Mail: germanemb@cwjamaica.com
Amtsbezirk: Jamaika sowie die Baha-
mas, Belize, die Kaiman-Inseln, die
Turks- und Caicos-Inseln.
Der Leiter der Vertretung ist zugleich
als Botschafter in den Bahamas und in
Belize mit Sitz in Kingston akkreditiert.

## Japan

### Tokyo
L: Dr. Uwe Kaestner, a.o. und bev.
Botschafter
A: 4-5-10, Minato-ku, Tokyo 106-0047
PA: Embassy of the Federal Republic
of Germany, 4-5-10, Minato-ku, Tokyo
106-0047, Japan
F: (0081 3) 5791 7700
FAX: (0081 3) 34 73 42 43
E-Mail: germtoky@ma.rosenet.ne.jp
URL: http://www.germanembassy-
japan.org
Amtsbezirk: Japan

## Jemen

### Sanaa
L: Dr. Werner Zimprich, a.o. und bev.
Botschafter
A: Near Hadda Road/Outer Ring
Road, Sanaa
PA: Embassy of the Federal Republic of
Germany, P.O. Box 2562, Sana'a, Jemen

F: (00967 1) 41 31 74, 41 31 77, 41 31 78
FAX: (00967 1) 41 31 79
E-Mail: germembasanaa@y.net.ye
Amtsbezirk: Republik Jemen und
Republik Dschibuti. Der Leiter der
Vertretung ist zugleich als Botschafter
in der Republik Dschibuti mit Sitz in
Sanaa akkreditiert.

## Jordanien

### Amman
L: Dr. Martin Schneller, a.o. und bev.
Botschafter
A: Bengasi Street 31, Jabal Amman
PA: Embassy of the Federal Republic
of Germany, P.O. Box 183, 11118
Amman, Jordanien
F: (00962 6) 59 30 351, 59 30 367, 59 31
379
FAX: (00962 6) 59 30 481
E-Mail: germaemb@go.com.jo
Amtsbezirk: Jordanien

## Jugoslawien, Bundesrepublik

### Beograd
L: Joachim Schmidt, a.o. und bev.
Botschafter
A: Ulica Kneza Milosa 74-76, 11000
Beograd
PA: Botschaft der Bundesrepublik
Deutschland, P.O. Box 304, 11001 Bel-
grad, Jugoslawien
F: (00381 11) 361 42 55
FAX: (00381 11) 361 42 81
E-Mail: germemba@eunet.yu
Amtsbezirk: Bundesrepublik Jugosla-
wien

### Deutsches Verbindungsbüro Kosovo
Pristina

L: Michael Schmunk, Botschaftsrat I.
Klasse
A: Xhemal Kada Nr. 65/Stojana Nova-
kovica 6, 3800 Pristina
PA:
F: (00873) 762 12 40 54
FAX: (00873) 762 12 40 55

## Kambodscha

### Phnom Penh
L: Dr. Dr. Harald Loeschner, a.o. und
bev. Botschafter
A: No. 76-78 Rue Yougoslavie (ex
"214"), Sangkat Boeung Pralit, Khan 7
Makara, Phnom Penh
PA: Embassy of the Federal Republic
of Germany, P.O. Box 60, Phnom Penh,
Kingdom of Kambodia
F: (00855 23) 21 61 93, 21 63 81
FAX: (00855 23) 42 77 46
Amtsbezirk: Königreich Kambodscha

## Kamerun

### Jaunde
L: Jürgen Dröge, a.o. und bev.
Botschafter
A: Nouvelle Route Bastos, Bastos-
Usine, Jaunde
PA: Ambassade de la République
fédérale d'Allemagne, B.P. 1160,
Yaoundé, Kamerun
F: (00237) 21 00 56, 20 05 66
FAX: (00237) 20 73 13
Rechts- und Konsularreferat:
F: (00237) 22 38 81
Fax: (00237) 22 99 74
Amtsbezirk: Kamerun, Äquatorial-
guinea und Zentralafrikanische Repub-
lik

**Kanada**

**Ottawa**
L: Dr. Jürgen Pöhlmann, a.o. und bev.
Botschafter
A: 1 Waverley Street, Ottawa, Ontario
K2P OT8
PA: Embassy of the Federal Republic
of Germany, P.O. Box 379, Postal Station "A", Ottawa, Ontario K1N 8V4,
Kanada
F: (001 613) 232 11 01
FS: (021) 534 226, Kennung: 534 226 aa
ott ca
FAX: (001 613) 594 93 30
E-Mail: 100566.2620@compuserve.com
URL: http://www.germanembassyottawa.org
Amtsbezirk: Kanada

**Kap Verde**

**Praia**
L: Peter Schaller, Botschaftsrat,
Geschäftsträger a.i. (Botschafter: Dr.
Reinald Steck, a.o. und bev.
Botschafter, mit Sitz in Dakar)
A: Quartier Prainha, Praia
PA: Embaixada da República Federal
da Alemanha, Caixa Postal 649, Praia,
Kap Verde
F: (00238) 61 20 76, 61 46 86
FAX: (00238) 61 12 85
Amtsbezirk: Kap Verde

**Kasachstan**

**Almaty**
L: Dr. Michael Libal, a.o. und bev.
Botschafter
A: Ulitza Furmanova 173, 480091
Almaty
PA: Botschaft der Bundesrepublik
Deutschland, Ulitza Furmanova 173,
480091 Almaty, Kasachstan

F: (007 3272) 50 61 55, 50 61 57, 50 61
60, 50 70 43
FAX: (007 3272) 50 62 76
E-Mail: german_embassy_almaty@nursat.kz
Konsularreferat:
FAX: (007 3272) 63 04 49
Amtsbezirk: Kasachstan

**Katar**

**Doha**
L : Rolf Meyer-Olden, a.o. und bev.
Botschafter
A: No. 6 Al-Jazira al-Arabiya Street,
Fareej Kholaib Area, Doha
PA: Embassy of the Federal Republic
of Germany, P.O. Box 3064, Doha,
Katar
F: (00974) 48 76 959, 48 61 066, 48 76
131
FS: (0 497) 4 528, Kennung: 4 528
aadoha dh
FAX: (00974) 487 69 49
Amtsbezirk: Katar

**Kenia**

**Nairobi**
L: Jürgen Weerth, a.o. und bev.
Botschafter
A: Williamson House, 4th Ngong Avenue, Nairobi
PA: Embassy of the Federal Republic
of Germany, P.O. Box 3 01 80, Nairobi,
Kenia
F: (00254 2) 71 25 27
FAX: (00254 2) 71 48 86
E-Mail: GER-EMB@form-net.com
Konsularreferat:
F: (00254 2) 71 93 86
FAX: (00254 2) 71 54 99
Amtsbezirk: Kenia und Seychellen

**Kirgisistan**

**Bischkek**
L: Dr. Peter Wienand, a.o. und bev.
Botschafter
A: Ul. Razzakowa 28, Bischkek
PA: Botschaft der Bundesrepublik
Deutschland, Ul. Razzakowa 28, Bisch-
kek, Kirgisistan
F: (00996 312) 22 48 03, 22 48 11, 22 88
76, 66 19 75, 66 34 24
FAX: (00996 312) 66 02 07, 22 85 23
E-Mail: gerembi@elcat.kg
URL: http://www.german-
embassy.elcat.kg
Amtsbezirk: Kirgisistan


**Kolumbien**


**Bogotá (Santafé de Bogotá)**
L: Peter von Jagow, a.o. und bev.
Botschafter
A: Carrera 4 No. 72-35, Piso 6, Edificio
Sisky, Bogotá
PA: Embajada de la República Federal
de Alemania, Apartado Aéreo 9 18 08,
Bogotá, Kolumbien
F: (0057 1) 348 40 40, 348 42 52, 348 42
97, 348 43 46, 348 43 487
FAX: (0057 1) 326 10 50
E-Mail: bobogota@unete.com
Amtsbezirk: Kolumbien


**Komoren siehe Botschaft Antanan-
arivo (Madagaskar)**


**Kongo, Demokratische Republik**

**Kinshasa**
L: Dr. Helmut Ohlraun, a.o. und bev.
Botschafter
A: 82, Avenue Roi-Baudouin, Kin-
shasa-Gombe
PA: Ambassade de la République

fédérale d'Allemagne, B.P. 8400, Kinshasa 1, Kongo, Demokratische Republik
F: (00243 12) 3 33 99, (00243 88) 45 318,
04 305, 01 291, SATCOM: (00871) 682
623 226
FAX: SATCOM (00871) 682 623 227,
682 623 454
E-Mail: amballemagne@ic.cd
Amtsbezirk: Demokatische Republik
Kongo


**Kongo, Republik siehe Botschaft
Libreville (Gabun)
Honorarkonsul der Bundesrepublik
Deutschland**


**Pointe-Noire**
Axel Schwaan, Honorarkonsul
A: s/c Congo Timer (COTIM), Avenue
Denis Loemba, Pointe-Noire
PA: Consul Honoraire de la Répub-
lique fédérale d'Allemagne, B.P. 1162,
Pointe-Noire, Kongo, Republik
F: (00242) 94 13 14
FAX: (00242) 94 11 12
E-Mail: Consulatrfaco@aol.com
Amtsbezirk: Provinz Kouilou
Übergeordnete Auslandsvertretung:
Botschaft Libreville


**Korea, Demokratische Volksrepublik
Schutzmachtvertretung**

**Pjöngjang**
L: Thomas Wülfing, Legationsrat I.
Klasse
A: Munsudong District, Pyongyang
PA: Embassy of the Kingdom of Swe-
den, Interest Section of the Federal
Republic of Germany, Munsudong Dis-
trict,
Pyongyang, Democratic People's
Republic of Korea
F: (00850 2) 381 73 85 (für Auslandsge-
spräche). 382 74 89, 382 74 90

FAX: (00850 2) 381 73 97
Amtsbezirk: Demokratische Volksrepublik Korea

**Korea, Republik**

**Seoul**
L: Dr. Hubertus von Morr, a.o. und bev.
Botschafter
A: Yongsan-Gu, Tongbingo-Dong 308-
5, Seoul 140-230
PA: Embassy of the Federal Republic
of Germany, CPO Box 1289, Seoul 100-
612, Republik Korea
F: (0082 2) 748 41 14
FAX: (0082 2) 748 41 61
E-Mail: dboSeoul@mail.shinbiro.com
URL: http://www.germany.kofa.org
Rechts- und Konsularreferat:
FS: (0 801) 3 51 84, Kennung: aaseoul
k35184
Wirtschaftsreferat:
FAX: (0082 2) 748 41 71
Amtsbezirk: Republik Korea

**Kroatien**

**Zagreb**
L: Dr. Gebhardt Weiss, a.o. und bev.
Botschafter
A: Ulica grada Vukovara 64, 10000
Zagreb
PA: Botschaft der Bundesrepublik
Deutschland, p.p. 207, 10000 Zagreb,
Kroatien
F: (00385 1) 615 81 00 - 02, 615 81 05,
615 81 06
FAX: (00385 1) 615 81 03
Amtsbezirk: Republik Kroatien

**Kuba**

**Havanna**
L: Dr.Bernd Wulffen, a.o. und bev.
Botschafter

A: Calle B, No. 652, Esquina á 13,
Vedado, La Habana
PA: Embajada de la República Federal
de Alemania, Apartado 6610, La
Habana, Kuba
F: (0053 7) 33 25 69, 33 25 39, 33 24 60
FAX: (0053 7) 33 15 86
E-Mail: alemania@ip.etecsa.cu
Amtsbezirk: Kuba

**Kuwait**

**Kuwait**
L: Werner Krebs, a.o. und bev.
Botschafter
A: Abdullah Salem Area, Area 1, Street
14, Villa 13, Kuwait
PA: Embassy of the Federal Republic
of Germany, P.O. Box 805 Safat, 13009
Safat, Kuwait
F: (00965) 2 52 08 57, 2 52 08 27, 2 52 07
56, 2 56 05 75
FS: (0496) 2 20 97, Kennung: 2 20 97 aa
kt
FAX: (00965) 2 52 07 63
Wirtschaftsreferat:
FAX: (0 09 65) 257 43 91
Amtsbezirk: Kuwait

**Laos**

**Vientiane**
L: Christian Berger, a.o. und bev.
Botschafter
A: Rue Sokpalouang 26 (Sisattanek),
Vientiane
PA: Ambassade de la République
fédérale d'Allemagne, B.P. 314, Vien-
tiane, Laos
F: (00856 21) 31 21 10, 31 21 11
FAX: (00856 21) 31 43 22
Amtsbezirk: Laos

**Lesotho siehe Botschaft Pretoria
(Südafrika)
Honorarkonsul der Bundesrepublik
Deutschland**

**Maseru**
Heinz Fiebig, Honorarkonsul
A: 70c Maluti Road, Maseru West.
PA: Honorary Consul of the Federal
Republic of Germany, P.O. Box 75,
Maseru 100, Lesotho.
F: (00266) 32 419 8, 31 33 12
FAX: (00266) 31 00 58
Amtsbezirk: Lesotho
Übergeordnete Auslandsvertretung:
Botschaft Pretoria

**Lettland**

**Riga**
L: Reinhart Kraus, a.o. und bev.
Botschafter
A: Raina Bulv. 13, 1050 Riga
PA: Botschaft der Bundesrepublik
Deutschland, Postfach Nr. 1183, 1050
Riga, Lettland
F: (00371 7) 22 90 96, 22 48 56, 24 34 45,
22 97 64, 22 55 32.
FS: (0538) 161 210, Kennung: 161 210
aarig lv
FAX: (00371 7) 82 02 23
E-Mail: german@g-embassy.riga.lv
Amtsbezirk: Lettland

**Libanon**

**Beirut**
L: Gisela Kaempffe-Sikora, a.o. und
bev. Botschafterin
A: in der Nähe der Jesus and Mary
High School, Rabieh / Mtaileb, Liban.
PA: Ambassade de la République
fédérale d'Allemagne, B.P. 2820, Bey-
routh, Libanon

F: (00961 4) 91 44 44
FAX: (00961 4) 91 44 50
URL: http://www.germanem-
bassy.org.lb
Amtsbezirk: Libanon

**Liberia siehe Botschaft Abidjan (Côte
d'Ivoire)**

**Libyen**

**Tripolis**
L: Dietmar Greineder, a.o. und bev.
Botschafter
A: Sharia Hassan el Mashai, Tripolis
PA: Embassy of the Federal Republic
of Germany, P.O. Box 302, Tripolis,
Libyen
F: (00218 21) 444 85 52, 333 05 54, 333
38 27
FS: 0901-20298
FAX: (00218 21) 444 89 68
Amtsbezirk: Libyen

**Liechtenstein siehe Botschaft Bern**

**Litauen**

**Wilna**
L: Dr. Detlof von Berg, a.o. und bev.
Botschafter
A: Botschaft der Bundesrepublik Deut-
schland, Sierakausko Gatve 24/8, 2600
Wilna, Litauen
F: (00370 2) 26 36 27, 65 02 72, 23 18 15,
65 01 82
FAX: (00370 2) 23 18 12, 25 17 51
E-Mail: germ.emb@takas.lt
Wirtschaftsbüro:
F: (00370 2) 33 02 87
Amtsbezirk: Litauen

327

**Luxemburg**

**Luxemburg**
L: Horst Pakowski, a.o. und bev.
Botschafter
A: 20-22, avenue Emile Reuter, 2420
Luxemburg
PA: Botschaft der Bundesrepublik
Deutschland, Postfach 95, 2010 Luxem-
burg, Luxemburg; oder: Postfach 1343,
54203 Trier (Deutschland).
F: (00352) 45 34 45-1
FAX: (00352) 45 56 04
URL: http://www.webplaza.pt.lu/pub-
lic/dtbotlux
Amtsbezirk: Großherzogtum Luxem-
burg

**Madagaskar**

**Antananarivo**
L: Dr. Heinz-Peter Behr, a.o. und bev.
Botschafter
A: 101, Rue du Pasteur Rabeony Hans
(Ambodirotra), Antananarivo
PA: Ambassade de la République
fédérale d'Allemagne, B.P. 516,
Antananarivo, Madagaskar
F: (00261 20) 222 38 02, 222 38 03, 222
16 91
FS: (0 986) 22 203, Kennung: 22 203
aaanta mg
FAX: (00261 20) 222 66 27
Amtsbezirk: Madagaskar sowie die
Komoren und Mauritius

**Malawi**

**Lilongwe**
L: Franz Ring, a.o. und bev. Botschafter
A: Convention Drive (Capital City),
Lilongwe
PA: Embassy of the Federal Republic
of Germany, P.O. Box 30046, Lilongwe
3, Malawi
F: (00265) 77 25 55

FAX: (00265) 77 02 50
E-Mail: germanemb@malawi.net
Amtsbezirk: Malawi

**Malaysia**

**Kuala Lumpur**
L: Jürgen Staks, a.o. und bev.
Botschafter
A: No 3 Jalan U Thant, 55000 Kuala
Lumpur
PA: Embassy of the Federal Republic
of Germany, P.O. Box 10023, 50700
Kuala Lumpur, Malaysia
F: (0060 3) 2 42 96 66, 2 42 98 25, 2 42 99
59, 2 42 97 30
FAX: (0060 3) 2 41 39 43
E-Mail: contact@german-
embassy.org.my
Amtsbezirk: Malaysia

**Malediven siehe Botschaft Colombo
(Sri Lanka)
Honorarkonsul der Bundesrepublik
Deutschland**

**Malé**
Dr. Ibrahim U. Maniku, Honorarkon-
sul
A: 38, Orchid Magu, Malé 20-02
PA: Honorary Consul of the Federal
Republic of Germany, 38, Orchid
Magu, Malé 20-02, Malediven
F: (00960) 32 30 80, 32 35 12, 32 29 71
FS: (0896) 66024, Kennung: 66024
unient mf
FAX: (00960) 32 26 78
Amtsbezirk: Republik Malediven
Übergeordnete Auslandsvertretung:
Botschaft Colombo

**Mali**

**Bamako**
L: Karl Prinz , a.o. und bev. Botschafter
A: Badalabougou Est, rue 14, porte 334, Bamako
PA: Ambassade de la République fédérale d'Allemagne, B.P. 100, Bamako, Mali
F: (00223) 22 32 99, 22 37 15
FS: (0 985) 2 529, Kennung: aabama 2 529 mj
FAX: (00223) 22 96 50
E-Mail: allemagne.presse@afribone.net.ml
Amtsbezirk: Mali

**Malta**

**Valletta**
L: Gerhard Kunz, a.o. und bev. Botschafter
A: IL-PIAZZETTA, Tower Road, Sliema/SLM 16, Malta
PA: Embassy of the Federal Republic of Germany, P.O. Box 48, Marsa GPO 01, Malta
F: (00356) 33 65 31 und 33 65 20
FAX: (00356) 33 39 76
E-Mail: germanembassy@waldonet.net.mt
Amtsbezirk: Malta

**Marokko**

**Rabat**
L: Dr. Hans-Dieter Scheel, a.o. und bev. Botschafter
A: 7, Zankat Madnine, Rabat, Marokko
PA: Ambassade de la République fédérale d'Allemagne, B.P. 235, 10.000 Rabat, Marokko
F: (00212 37) 70 96 62, 20 56 25, 20 54 24, 20 54 54, 68 92 00

FAX: (00212 37) 70 68 51
Rechts- und Konsularreferat:
A: 12, Av. Mehdi Ben Barka, Souissi
F: (00212 37) 65 36 05, 65 23 84, 63 70 00
FAX: (00212 37) 65 36 49
Amtsbezirk: Marokko

**Mauretanien**

**Nouakchott**
L: Dr. Stephan Alexander Krier, a.o. und bev. Botschafter
PA: Ambassade de la République fédérale d'Allemagne, B.P. 372, Nouakchott, Mauretanien
F: (0022 2 ) 25 17 29, 25 10 32
FAX: (0022 2 ) 25 17 22
E-Mail: allemagne@toptechnology.mr
Amtsbezirk: Mauretanien

**Mauritius siehe Botschaft Antananarivo (Madagaskar)**
**Honorargeneralkonsul der Bundesrepublik Deutschland**

**Port Louis**
Wilhelm Wolfgang Rieth, Honorargeneralkonsul
A: 32 BIS, Rue Saint Georges, Port Louis
PA: Honorary Consul General of the Federal Republic of Germany, 32 BIS, Rue Saint George, Port Louis, Mauritius
F: (00230) 211 41 11, 240 74 25
FAX: (00230) 211 41 11
Amtsbezirk: Mauritius
Übergeordnete Auslandsvertretung: Botschaft Antananarivo

**Mazedonien, ehemalige jugoslawische Republik**

**Skopje**
L: Werner Burkart, a.o. und bev.
Botschafter
A: Dimitrija Cupovski 26, Skopje
PA: Botschaft der Bundesrepublik
Deutschland, Dimitrija Cupovski 26,
1000 Skopje, Mazedonien, ehemalige
jugoslawische Republik
F: (00389 2) 11 05 07
FAX: (00389 2) 11 77 13
E-Mail: dtboskop@unet.com.mk
Amtsbezirk: ehemalige jugoslawische
Republik Mazedonien

**Mexiko**

**Mexiko-Stadt**
L: Dr. Wolf-Ruthart Born, a.o. und bev.
Botschafter
A: Calle Lord Byron No. 737, Col.
Polanco Chapultepec, 11560 México,
D.F.
PA: Embajada de la República Federal
de Alemania, Apartado Postal M-
10792, 0600 México, D.F., Mexiko
F: (0052 5) 283 22 00
FAX: (0052 5) 281 25 88
E-Mail: info@embajada-alem-
ana.org.mx, embal@mail.inter-
net.com.mx
Presse- und Kulturreferat:
A: Calle Molière No. 118, Col. Polanco,
11560 México, D.F.
F: (0052 5) 280 73 26, 280 74 19, 280 75
44, 280 76 37
FAX: (0052 5) 280 78 50
E-Mail: embajada-alemana@mail.inter-
net.com.mx, info@embajada-alem-
ana.org.mx
Wirtschaftsreferat: econo-
mia@embajada-alemana.org.mx
Handelsförderung: comer-
cio@embajada-alemana.org.mx
Amtsbezirk: Mexiko

**Moldau**

**Chisinau**
L: Dr. Michael Zickerick , a. o. und bev.
Botschafter
A: Str. Maria Cibotari 35, 2012 Chisinau
PA: Botschaft der Bundesrepublik
Deutschland, Str. Maria Cibotari 35,
2012 Chisinau, Republik Moldau
F: (00373 2) 23 46 07, 23 73 63, 23 28 72
FAX: (00373 2) 23 46 80
E-Mail: chisinau@deut-
sche.botschaft.riscom.md
Amtsbezirk: Moldau

**Monaco siehe Generalkonsulat
Marseille (Frankreich)
Honorarkonsul der Bundesrepublik
Deutschland**

**Monte Carlo**
Dr. Dieter Spaethe, Honorarkonsul
A: "Villa Les Fleurs", 27, Boulevard
Princesse Charlotte, MC 98000 Monaco
PA: Consul Honoraire de la Répub-
lique fédérale d'Allemagne, B.P. 287,
MC 98005 Monaco Cedex
F: (00377) 97 97 49 65
FAX: (00377) 93 15 92 73
Amtsbezirk: Fürstentum Monaco

**Mongolei**

**Ulan Bator**
L: N.N. , a.o. und bev. Botschafter
A: Straße der Vereinten Nationen,
210613 Ulan Bator
PA: Botschaft der Bundesrepublik
Deutschland, PF 708, 210613 Ulan
Bator, Mongolei
F: (00976 11) 32 33 25, 32 39 15, 32 09 08
FAX: (00976 11) 32 39 05
E-Mail: germanemb_ulanbator@mon-
gol.net
Amtsbezirk: Mongolei

**Mosambik**

**Maputo**
L: Dr. Rolf-Rüdiger Zirpel, a.o. und
bev. Botschafter
A: Rua Damião de Góis 506, Maputo
PA: Embaixada da República Federal
da Alemanha, C.P. 1595, Maputo,
Mosambik
F: (00258 1) 49 27 14, 49 29 96
FS: (0 992) 6 489, Kennung: 6-489
aalum mo
FAX: (00258 1) 49 28 88
E-Mail: germaemb@isl.co.mz.
Amtsbezirk: Mosambik und Swasiland

**Myanmar**

**Rangun (Yangon)**
L: Dr. Marius Haas, a.o. und bev.
Botschafter
A: 32 Nat Mauk Street, Rangoon
(Yangon)
PA: Embassy of the Federal Republic
of Germany, P.O. Box 12, General Post
Office, Rangoon (Yangon), Myanmar
F: (0095 1) 54 89 51, 54 89 52, 54 89 53
FAX: (0095 1) 54 88 99
Amtsbezirk: Myanmar

**Namibia**

**Windhuk**
L: Harald-Norbert Nestroy, a.o. und
bev. Botschafter
A: Sanlam Centre, 6th Floor, Indepen-
dence Ave., Windhoek
PA: Embassy of the Federal Republic
of Germany, P.O. Box 231, Windhoek,
Namibia
F: (00264 61) 27 31 00, 27 31 33
FS: (0 908) 482, Kennung: 482 wk
FAX: (00264 61) 22 29 81
E-Mail: info@german-embassy-wind-
hoek.org

URL: http://www.german-embassy-
windhoek.org
Pressereferat:
FAX: (00264 61) 27 31 18
Amtsbezirk: Namibia

**Nauru siehe Botschaft Canberra (Aus-
tralien)**

**Nepal**

**Kathmandu**
L: Rüdiger Lemp, a.o. und bev.
Botschafter
A: Gyaneshwar, Kathmandu
PA: Embassy of the Federal Republic
of Germany, P.O. Box 226, Kathmandu,
Nepal
F: (00977 1) 41 27 86, 41 65 27, 41 68 32,
41 66 55
FS: (0 891) 2 213, Kennung: 2 213 aa
kath np
FAX: (00977 1) 41 68 99
E-Mail: gerembnp@mos.com.np
Amtsbezirk: Nepal

**Neuseeland**

**Wellington**
L: Guido Heymer, a.o. und bev.
Botschafter
A: 90-92 Hobson Street, Thorndon,
Wellington
PA: Embassy of the Federal Republic
of Germany, P.O. Box 1687, Wellington,
Neuseeland
F: (0064 4) 473 60 63
FAX: (0064 4) 473 60 69
E-Mail: GermanEmbassyWelling-
ton@XTRA.CO.NZ
Amtsbezirk: Neuseeland, Neuseelän-
dische Überseegebiete, Cook-Inseln,
Niue, Fidschi, Kiribati, Samoa, Tonga,
Tuvalu, das amerikanische Außengebiet

Amerikanisch-Samoa und das britische Überseegebiet Pitcairn

**Nicaragua**

**Managua**
L: Dr. Hans Petersmann, a.o. und bev. Botschafter
A: Bolonia, de la Plaza España, 2 cuadras al Norte (contiguo a la Optica Nicaragüense), Managua
PA: Embajada de la República Federal de Alemania, Apartado Postal 29, Managua, Nicaragua
F: (00505) 266 39 17, 266 39 18, 266 75 00, 266 79 44
FAX: (00505) 266 76 67
E-Mail: diploger@tmx.com.ni
Amtsbezirk: Nicaragua

**Niederlande**

**Den Haag**
L: Eberhard von Puttkamer, a.o. und bev. Botschafter
A: Groot Hertoginnelaan 18-20, 2517 EG Den Haag
PA: Ambassade van de Bondsrepubliek Duitsland, Groot Hertoginnelaan 18-20, 2517 EG Den Haag, Niederlande.
F: (0031 70) 3 42 06 00
FAX: (0031 70) 3 65 19 57
E-Mail: ambduits@euronet.nl
Amtsbezirk: Niederlande, Aruba, Niederländische Antillen

**Niederlande, Überseeischer Teil der – in Amerika: Aruba: Botschaft Den Haag, Generalkonsulat Amsterdam (rechtlich-konsularische Angelegenheiten), Honorarkonsuln in Oranjestad und Willemstad. Honorarkonsulin der Bundesrepublik Deutschland**

**Oranjestad, Aruba**
Evelina Cohen Henriquez, Honorarkonsulin
A: Lloyd G. Smith Boulevard 58, Oranjestad, Aruba
PA: Honorary Consul of the Federal Republic of Germany, P.O. Box 1020, Oranjestad, Aruba
F: (00297) 83 29 29
TA: wie A.
FAX: (00297) 83 55 00
Amtsbezirk: Aruba
Übergeordnete Auslandsvertretung: Botschaft Den Haag

**Willemstad, Curaçao**
Bastiaan Kooijman, Honorarkonsul
A: Kaya Kooyman 48, Willemstad, Curaçao N.A.
PA: Honorary Consul of the Federal Republic of Germany, P.O. Box 3062 Willemstad, Curaçao, N.A.
F: (00599 9) 461 33 33, 461 19 10, 461 38 70
FS: 3314 kooymm na
FAX: (00599 9) 461 50 86
Amtsbezirk: Niederländische Antillen
Übergeordnete Auslandsvertretung: Botschaft Den Haag

**Niger siehe Botschaft Abidjan (Côte d'Ivoire)**

**Nigeria**

**Lagos**
L: Dr. Armin Hiller, a.o. und bev. Botschafter
A: 15 Walter Carrington Crescent (formerly Eleke Crescent), Victoria Island, Lagos, Nigeria
PA: Embassy of the Federal Republic of Germany, P.O. Box 728, Lagos, Nigeria; sowie
Embassy of the Federal Republic of

Germany, P.O. Box 72800, Victoria
Island, Lagos, Nigeria
F: (00234 1) 261 10 82, 261 33 46, 261 34
74, 261 11 70
FAX: (00234 1) 261 11 73
E-Mail: gembassylagos@micro.com.ng
Rechts- und Konsularabteilung:
FAX: (00234 1) 261 77 95
Amtsbezirk: Nigeria

**Norwegen**

**Oslo**
L: Peter Metzger, a.o. und bev.
Botschafter
A: Oscarsgate 45, 0258 Oslo 2
PA: Botschaft der Bundesrepublik
Deutschland, Oscarsgate 45, 0258 Oslo
2, Norwegen
F: (0047) 23 27 54 00.
FAX: (0047) 22 44 76 72
E-Mail: tyske.ambassade@c2i.net
URL: http://www.home.c2i.net/ger-
manembassy/start.htm
Amtsbezirk: Norwegen

**Oman**

**Maskat**
L: Wolfgang Erck, a.o. und bev.
Botschafter
A: near Al-Nahda Hospital, Stadtteil
Ruwi, Maskat
PA: Embassy of the Federal Republic
of Germany, P.O. Box 128, Ruwi, PC
112, Sultanate of Oman
F: (00968) 773 24 82, 773 21 64

FS: (0 498) 3 440, Kennung: 3 440 aa
muscat on
FAX: (00968) 773 56 90
E-Mail: diplofrg@omantel.net.om
Amtsbezirk: Sultanat Oman

**Österreich**

**Wien**
L: Wiltrud Holik, a.o. und bev.
Botschafterin
A: Metternichgasse 3, 1130 Wien
PA: Botschaft der Bundesrepublik
Deutschland, Postfach 160, 1037 Wien,
Österreich
F: (0043 1) 7 11 54
FAX: (0043 1) 713 83 66
E-Mail: diplo@deubowien.at
URL: http://www.deubowien.at
Amtsbezirk: Österreich

**Pakistan**

**Islamabad**
L: Hans-Joachim Daerr, a.o. und bev.
Botschafter
A: Ramna 5, Diplomatic Enclave,
Islamabad
PA: Embassy of the Federal Republic
of Germany, P.O. Box 1027, Islamabad,
Pakistan
F: (0092 51) 227 94 30 bis 35
FAX: (0092 51) 227 94 36
Amtsbezirk: Pakistan

**Palästinensisches Autonomiegebiet**
**Vertretungsbüro der Bundesrepublik**
**Deutschland**

**Ramallah**
L: Dr. Horst Freitag, Botschaftsrat I.
Klasse
A: Liberty (Al Hurieh) Street, Ramallah
PA: Representative Office of the Fed-
eral Republic of Germany, P.O. Box
1854, Ramallah, Palästinensisches
Autonomiegebiet
F: (00972 2 ) 298 47 88
FAX: (00972 2 ) 298 47 86, Krypto: 02-
298 47 85
Amtsbezirk: Palästinensisches Auto-
nomiegebiet

**Palau siehe Botschaft Manila (Philippinen)**

**Panama**

**Panama**
L: Georg Heinrich von Neubronner, a.o. und bev. Botschafter
A: Calle 53 E, Urbanizacion Marbella, Edificio World Trade Center No. 20, Panamá
PA: Embajada de la República Federal de Alemania, Apdo: 0832-0536 World Trade Center, Panamá, Panama
F: (00507) 263 77 33, 263 79 91, 264 11 47, 263 46 77
FAX: (00507) 223 66 64
E-Mail: germpanama@cwp.net.pa
Amtsbezirk: Republik Panama

**Papua-Neuguinea siehe Botschaft Canberra (Australien)**

**Paraguay**

**Asunción**
L: Dr. Josef Rusnak, a.o. und bev. Botschafter
A: Avenida Venezuela 241, Asunción
PA: Embajada de la República Federal de Alemania, Casilla de Correo 471, Asunción, Paraguay
F: (00595 21) 21 40 09, 21 40 10, 21 40 11, 20 27 57
FAX: (00595 21) 21 28 63
E-Mail: aaasun@pla.net.py
URL: http://www.pla.net.py/embalem/
Amtsbezirk: Paraguay

**Peru**

**Lima**
L: Herbert Beyer, a.o. und bev. Botschafter
A: Avenida Arequipa 4202-4210, Lima 18 - Miraflores
PA: Embajada de la República Federal de Alemania, Apartado 18-0504, Lima 18, Peru
F: (0051 1) 422 49 19
FAX: (0051 1) 422 64 75
Amtsbezirk: Peru

**Philippinen**

**Manila**
L: Herbert Jess, a.o. und bev. Botschafter
A: 6/F Solidbank Building, 777 Paseo de Roxas, 1226 Makati, Metro Manila
PA: Embassy of the Federal Republic of Germany, P.O. Box 2190, CPO Makati, 1261 Makati, Metro-Manila, Philippinen
F: (0063 2) 892 49 06 bis 892 49 10, 892 100 1, 892 100 2
FAX: (0063 2) 810 47 03
E-Mail: germanembassymanila@surf-shop.net.ph
Amtsbezirk: Philippinen, Marshall-Inseln, Föderierte Staaten von Mikronesien und Palau.
Ein Beamter der Vertretung ist zugleich Konsul für die amerikanischen Außengebiete Guam und Wake und für mit den USA verbundenen Nördlichen Marianen.

**Polen**

**Warschau**
L: Frank Elbe, a.o. und bev. Botschafter
A: ul. Dabrowiecka 30, 03-932 Warschau
PA: Ambasada Republiki Federalnej Niemiec, ul. Dabrowiecka 30, 03-932 Warszawa, Polen
F: (0048 22) 6 17 30 11 - 15, Nachtschaltung: 6 17 30 17
FAX: (0048 22) 6 17 35 82

E-Mail: germ.emb@zigzag.pl
URL: http://www.ambasadaniemiec.pl
Politische Abteilung:
F: (0048 22) 617 50 71
Wirtschaftsabteilung sowie Rechts- und
Konsularreferat mit Visastelle:
A: ul. Jazdów 12 b, 00-467 Warszawa
F: (0048 22) 621 92 31 bis 36, 628 43 60,
629 96 86, 629 42 85, (0048 39) 12 32 73
(über Satellit).
FS: (063) 816114, Kennung 816114 pst
pl
FAX: (0048 22) 629 05 20 (Wirtschaft),
629 48 03 (Visastelle), (0048 39) 12 33
12 (über Satellit)
Kulturreferat: F: (0048 22) 617 30 84
Amtsbezirk: Polen

## Portugal

### Lissabon
L: Wilfried Richter, a.o. und bev.
Botschafter
A: Campo dos Mártires da Pátria, 38,
1169-043 Lisboa
PA: Embaixada da República Federal
da Alemanha, Apartado 1046, 1051-001
Lisboa CODEX, Portugal
F: (00351 21) 881 02 10
FAX: (00351 21) 885 38 46
URL: http://www.embaixada-ale-
manha.pt
Rechts- und Konsularreferat:
FAX: (00351 21) 881 02 61
Amtsbezirk: Portugal

### Ruanda

### Kigali
L: Hans-Dieter Steinbach, a.o. und bev.
Botschafter
A: 8, Rue de Bugarama, Kigali
PA: Ambassade de la République
fédérale d'Allemagne, B.P. 355, Kigali,
Ruanda

F: (00250) 7 52 22, 7 51 41
FAX: (00250) 7 72 67
E-Mail:
amball@ruandatel1.rwanda1.com
Amtsbezirk: Ruanda

## Rumänien

### Bukarest
L: Dr. Wolf-Dietrich Schilling, a.o. und
bev. Botschafter
A: Strada Rabat 21, 71272 Bucuresti
PA: Botschaft der Bundesrepublik
Deutschland, Strada Rabat 21, 71272
Bucuresti, Rumänien
F: (0040 1) 230 28 30 (auch außerhalb
der Dienstzeiten); 230 25 80, 230 26 80,
230 27 80, 230 26 45, 230 27 45
FS: (065) 11 292, Kennung: 11292
aabkb r
FAX: (0040 1) 230 58 46
E-Mail: germanembassy-buchar-
est@ines.ro.
Amtsbezirk: Rumänien

## Russland

### Moskau
L: Dr. Ernst-Jörg von Studnitz, a.o. und
bev. Botschafter
A: Mosfilmowskaja 56, 119285 Moskau,
Russland
PA: Botschaft der Bundesrepublik
Deutschland, Mosfilmowskaja 56,
119285 Moskau, Russland.
F: (007 095) 937 95 00
FS: (064) 413 411, Kennung: 413 411
aamsk ru
FAX: (007 095) 938 23 54
E-Mail: germanmo@aha.ru, germa-
nia@dol.ru
Rechts- und Konsularreferat:
A: Leninski Prospekt 95a, Moskau
F: (007 095) 933 43 11
FS: (064) 414 309, Kennung: 414 309
aasv ru

335

FAX: (007 095) 936 21 43
E-Mail: germanrk@aha.ru
URL: http://www.germany.org.ru
Amtsbezirk: Russland

**Salomonen siehe Botschaft Canberra
(Australien)
Honorarkonsul der Bundesrepublik
Deutschland**

**Honiara**
Gerald Stenzel, Honorarkonsul
PA: Honorary Consul of the Federal
Republic of Germany, P.O. Box 114,
Honiara, Salomonen
F: (00677) 2 14 02 (Büro), 2 03 63 (privat)
FS: 66313, Kennung: TRADCO HQ
66313
TA: TRADCO
FAX: (00677) 2 38 87
Amtsbezirk: Provinzen Guadalcanal,
Central und Malaita
Übergeordnete Auslandsvertretung:
Botschaft Canberra

**Sambia**

**Lusaka**
L: Helmuth Schröder, a.o. und bev.
Botschafter
A: United Nations Avenue, Stand No.
5209, Lusaka
PA: Embassy of the Federal Republic
of Germany, P.O. Box 50120, 15101
Ridgeway, Lusaka, Sambia
F: (00260 1) 25 06 44, 25 12 59, 25 12 62
FAX: (00260 1) 25 40 14
E-Mail: germany@zamnet.zm
URL: http://www.germanembassylusaka.port5.com
Amtsbezirk: Sambia

**Samoa siehe Botschaft Wellington
(Neuseeland)
Honorarkonsul der Bundesrepublik
Deutschland**

**Apia**
Werner Schreckenberg, Honorarkonsul
A: Hospital Road, Apia - Motootuo,
Samoa
PA: Honorary Consul of the Federal
Republic of Germany, P.O. Box 27 07,
Apia, Western Samoa
F: (00685) 2 49 81
FAX: (00685) 2 41 39
Amtsbezirk: Samoa
Übergeordnete Auslandsvertretung:
Botschaft Wellington

**San Marino siehe Botschaft Rom
(Italien)**

**São Tomé und Príncipe siehe Botschaft
Libreville (Gabun)**

**Saudi Arabien**

**Riad**
L: Dr. Harald Kindermann, a.o. und
bev. Botschafter
A: Diplomatic Quarter, Riyadh
PA: Embassy of the Federal Republic
of Germany, P.O. Box 94001, Riyadh
11693, Saudi Arabien
F: (00966 1 ) 488 07 00
FS: (0 495) 402 297, Kennung: 402 297
aariad sj
FAX: (00966 1 ) 488 06 60
Amtsbezirk: Saudi Arabien

**Schweden**

**Stockholm**
L: Klaus-Hellmuth Ackermann, a.o.
und bev. Botschafter

A: Skarpögatan 9, 115 27 Stockholm
PA: Tyska Ambassaden, Box 27832, 115
93 Stockholm, Schweden
F: (0046 8) 6 70 15 00
FAX: (0046 8) 670 15 72
E-Mail: info@german-embassy.se
URL: http://www.german-embassy.se
Rechts- und Konsularreferat:
FAX: (0046 8) 663 45 69
Pressereferat: F: (0046 8) 660 42 65
Amtsbezirk: Schweden

**Schweiz**

**Bern**
L: Klaus Bald, a.o. und bev.
Botschafter
A: Willadingweg 83, 3006 Bern
PA: Botschaft der Bundesrepublik
Deutschland, Postfach 250, 3000 Bern
16, Schweiz
F: (0041 31) 359 41 11
FAX: (0041 31) 359 44 44
Pressereferat:
FAX: (0041 31) 351 57 61
Amtsbezirk: Schweiz und Liechtenstein

**Senegal**

**Dakar**
L: Dr. Reinald Steck, a.o. und bev.
Botschafter
A: 20, Avenue Pasteur, Angle Rue Mer-
moz, Dakar
PA: Ambassade de la République
fédérale d'Allemagne, B.P. 21 00,
Dakar, Senegal
F: (00221) 823 48 84, 823 25 19
FS: (0 906) 21 686, Kennung: 21 686
aadaka sg
FAX: (00221) 822 52 99
Amtsbezirk: Senegal, Gambia und
Guinea-Bissau. Der Leiter der Vertre-
tung ist zugleich als Botschafter in
Gambia, Guinea-Bissau und Kap Verde
mit Sitz in Dakar akkreditiert.

**Seychellen siehe Botschaft Nairobi
(Kenia)
Honorarkonsul der Bundesrepublik
Deutschland**

**Victoria**
Maryse Eichler-Jorre de St. Jorre,
Honorarkonsulin
A: Mont Fleuri, Victoria/Mahé
PA: Honorary Consul of the Federal
Republic of Germany, P.O. Box 132,
Victoria/Mahé, Seychellen
F: (00248 2) 6 12 22
FS: (0965) 23 55
FAX: (00248 2) 26 12 23
Amtsbezirk: Seychellen
Übergeordnete Auslandsvertretung:
Botschaft Nairobi

**Sierra Leone siehe Botschaft Conakry
(Guinea)**

**Simbabwe**

**Harare**
L: Fritz-Hermann Flimm, a.o. und bev.
Botschafter
A: 14 Samora Machel Avenue, Harare
PA: Embassy of the Federal Republic
of Germany, P.O. Box 2168, Harare,
Simbabwe
F: (00263 4) 70 52 31, 70 70 75, 70 78 85,
70 85 35
FS: (0 907) 24 609, Kennung: 24 609
aahara zw
FAX: (00263 4) 70 86 13
E-Mail: germemb@ecoweb.co.zw
Amtsbezirk: Simbabwe

**Singapur**

**Singapur**
L: Volker Schlegel, a.o. und bev.
Botschafter

337

A: 545 Orchard Road, Far East Shopping Centre, No. 14 01. Singapore 23 88 82
PA: Embassy of the Federal Republic of Germany, Tanglin P.O. Box 94, Singapore 91 24 04
F: (0065) 737 13 55
FS: (087) 21312, Kennung: aa spur rs 21312
FAX: (0065) 737 26 53
E-Mail: germany@singnet.com.sg
URL: http://www.germany.org.sg
Amtsbezirk: Singapur

**Slowakische Republik**

**Pressburg**
L: Dr. Frank Lambach, a.o. und bev. Botschafter
A: Hviezdoslavovo Nam. 10, 81303 Bratislava, Slowakische Republik
PA: Botschaft der Bundesrepublik Deutschland, Hviezdoslavovo Nam. 10, 81303 Bratislava, Slowakische Republik
F: (0042 17) 54 41 96 40, 54 41 96 41, 54 41 96 42, 54 41 96 43
FAX: (0042 17) 54 41 96 34
E-Mail: public@germanembassy.sk
URL: http://www.germanembassy.sk
FAX: (0042 17) 54 43 14 80
Amtsbezirk: Slowakische Republik

**Slowenien**

**Laibach**
L: Heike Zenker, a.o. und bev. Botschafterin
A: Presernova 27, 1000 Ljubljana/Slowenien
PA: Botschaft der Bundesrepublik Deutschland, P.P. 1521, 1001 Ljubljana, Slowenien
F: (00386 1) 479 03 00
FAX: (00386 1) 425 08 99

E-Mail: germanembassy-slovenia@siol.net
Amtsbezirk: Republik Slowenien

**Somalia siehe Botschaft Nairobi (Kenia)**

**Spanien**

**Madrid**
L: Joachim Bitterlich., a.o. und bev. Botschafter
A: Calle de Fortuny, 8, 28010 Madrid
PA: Embajada de la República Federal de Alemania, Calle de Fortuny, 8, 28010 Madrid, Spanien
F: (0034) 91 557 90 00
FS: (052) 27 768, Kennung: 27 768 aamdr e
FAX: (0034) 91 310 21 04
Amtsbezirk: Spanien und Andorra

**Sri Lanka**

**Colombo**
L: Jürgen Elias, a.o. und bev. Botschafter
A: 40, Alfred House Avenue, Colombo 3
PA: Embassy of the Federal Republic of Germany, P.O. Box 658, Colombo, Sri Lanka
F: (0094 1) 58 04 31 bis 58 04 34, 58 83 25
FAX: (0094 1) 58 04 40
URL: http://www.germanembassy.lk/
Amtsbezirk: Sri Lanka sowie die Malediven

**St. Helena und Nebengebiete, s. Vereinigtes Königreich, Britische Überseegebiete in Afrika: St. Helena und Nebengebiete: Generalkonsulat Kapstadt (Südafrika)**

**St. Kitts und Nevis siehe Botschaft Port-of-Spain (Trinidad u.Tobago) Honorarkonsul der Bundesrepublik Deutschland**

**Charlestown, Nevis, W.I.**
Reginald L. Kawaja, Honorarkonsul
A: Bank of Nevis Building, Charlestown, Nevis, W.I.
PA: Honorary Consul of the Federal Republic of Germany, Chambers, Court Yard Bank of Nevis Building, Charlestown, Nevis, W.I.
F: (001869) 469 18 19, 469 06 25
FAX: (001869) 469 54 46
Amtsbezirk: St. Kitts und Nevis
Übergeordnete Auslandsvertretung: Botschaft Port-of-Spain

**St. Lucia
Honorarkonsul der Bundesrepublik Deutschland**

**Gros Islet**
Karen Cave, Honorarkonsulin
A: Care Service Building, Massade Industrial Estate, Gros Islet, St. Lucia
PA: Honorary Consul of the Federal Republic of Germany, P.O. Box 2025, Cros Islet, St. Lucia, W.I.
F: (001758) 450 80 50
FAX: (001758) 450 02 55
E-Mail: karencave@candw.lc
Amtsbezirk: St. Lucia.
Übergeordnete Auslandsvertretung: Bortschaft-Port-of-Spain

**St. Pierre und Miquelon, s. Französische Übersee-Departments und Übersee-Territorien in Amerika: Gebietskörperschaft der Französischen Republik. Botschaft Paris (Frankreich)**

**St. Vincent und die Grenadinen siehe Botschaft Port-of-Spain (Trinidad und Tobago) Honorarkonsul der Bundesrepublik Deutschland**

**Indian Bay/St. Vincent und die Grenadinen**
Gisela Balcombe, Honorarkonsulin
PA: Honorary Consul of the Federal Republic of Germany, P.O. Box 848, Indian Bay, Saint Vincent and the Grenadines
F: (001784) 4 58 40 92
FAX: (001784) 4 57 48 87
Amtsbezirk: St. Vincent und die Grenadinen
Übergeordnete Auslandsvertretung: Botschaft Port-of-Spain

**Südafrika**

**Pretoria**
L: Anna-Margareta Peters, a.o. und bev. Botschafterin
A: 180 Blackwood Street, Arcadia, Pretoria 0083
PA: Embassy of the Federal Republic of Germany, P.O. Box 2023, Pretoria 0001, Südafrika
F: (0027 12) 427 89 00
FAX: (0027 12) 343 94 01
E-Mail: GermanEmbassyPretoria@gonet.co.za
Rechts- und Konsularreferat:
A: "Hadefield" Building B, first floor, 1237 Pretorius Street, Hatfield, Pretoria 0083
FAX: (0027 12) 427 89 82, 427 89 84
Amtsbezirk: Südafrika, Lesotho

**Kapstadt**
A: 825 St. Martini Gardens, 74 Queen Victoria Street, Kapstadt 8001
PA: Embassy of the Federal Republic of Germany, Cape Town Branch Office,

**339**

P.O. Box 4273, Cape Town 8000, Südafrika
F: (0027 21) 424 24 10
FAX: (0027 21) 464 30 45
E-Mail: info@germanconsulatecapetown.co.za
Amtsbezirk: Provinzen Eastern Cape, Northern Cape und Western Cape sowie St. Helena und Nebengebiete

**Sudan**

**Khartum**
L: Matthias Meyer, a.o. und bev.
Botschafter
A: 53 Baladia Street, Block No 8 D, Plot No. 2, Khartum
PA: Embassy of the Federal Republic of Germany, P.O. Box 970, Khartum, Sudan
F: (00249 11) 77 79 90, 77 79 95, 77 79 79
FAX: (00249 11) 77 76 22
Amtsbezirk: Sudan

**Suriname siehe Botschaft Port-of-Spain (Trinidad und Tobago) Honorarkonsul der Bundesrepublik Deutschland**

**Paramaribo (Suriname)**
Nagib Nouh-Chaia, Honorarkonsul
A: c/o N.V. Katwijk, Kantoor & Direktie, Maagdenstraat 46 bov, Paramaribo
PA: Honorary Consul of the Federal Republic of Germany, P.O. Box 466, Paramaribo, Suriname, Südamerika
F: (0011597) 74 43 80
FAX: (0011597) 47 15 07
Amtsbezirk: Suriname
Übergeordnete Auslandsvertretung: Botschaft Port-of-Spain

**Swasiland siehe Botschaft Maputo (Mosambik)**

**Syrien**

**Damaskus**
L: Dr. Gunter Mulack, a.o. und bev. Botschafter
A: Abdulmunem Al-Riad Street, corner Ebla Street, Malki, Damaskus
PA: Ambassade de la République fédérale d'Allemagne, B.P. 2237, Damaskus, Syrien
F: (00963 11) 3 32 38 00 , 3 32 38 01, 3 32 38 02
FS: (0 492) 411 065, Kennung: aadam 411065 sy
FAX: (00963 11) 332 38 12
Amtsbezirk: Syrien

**Tadschikistan**

**Duschanbe**
L: Wolfgang Neuen, a.o. und bev. Botschafter
A: Warsobskaja 16, 734017 Duschanbe
PA: Botschaft der Bundesrepublik Deutschland, Warsobskaja 16, 734017 Duschanbe, Tadschikistan
F: (00992 372) 21 21 89, 21 219 8. Im Krisenfalle bzw. bei gestörten Telefonleitungen Tel. Nr. via Satellit: SAT-COM M:
Tel.: 00 0873 68262 4634
FAX: (00992 372) 21 22 75, 21 22 45
E-Mail: deutschebotschaftduschanbe@tajnet.com
Amtsbezirk: Tadschikistan

**Tahiti, s. Französische Übersee-Territorien in Australien/Südpazifik: Französisch-Polynesien: Botschaft Paris (Frankreich), Honorarkonsul in Papeete Zuständige Visabehörde: Botschaft Wellington (Neuseeland)**

**Taiwan (Inoffizielle Vertretung)**

**Deutsches Institut**
**Taipei**
L: Dr. Klaus Rupprecht, Vortragender
Legationsrat I. Klasse
A: 4th Floor, No. 2, Minsheng East
Road, Sec. 3, Taipei, Taiwan 104
PA: German Institute, 4F, No. 2, Minsh-
eng East Road, Sec. 3, Taipei, Taiwan
104
F: (00886 2) 25 01 61 88
FAX: (00886 2) 25 01 61 39
E-Mail: germany@ms43.url.com.tw
Amtsbezirk: Taiwan, Penghu, Kinmen
und Matsu

**Tansania**

**Daressalam**
L: Dr. Enno Barker, a.o. und bev.
Botschafter
A: NIC Investment House, Samora
Avenue, Daressalam
PA: Embassy of the Federal Republic
of Germany, P.O. Box 95 41, Dar-es-
Salaam, Tansania
F: (00255 22) 211 74 09 - 15

FS: (0 989) 41 003, Kennung: 41 003
aadrsm
FAX: (00255 22) 211 29 44
E-Mail: german.emb.dar@raha.com
URL: http://www.german-embassy-
daressalam.de
Amtsbezirk: Tansania

**Thailand**

**Bangkok**
L: Hermann Erath, a.o. und bev.
Botschafter
A: 9 South Sathorn Road, Bangkok
10120
PA: Embassy of the Federal Republic

of Germany, G.P.O. Box 2595, Bangkok
10500, Thailand
F: (0066 2) 287 900 0
FS: (086) 87 348, Kennung: 87 348
aabkk th
FAX: (0066 2) 287 17 76
E-Mail: info@german-embassy.or.th
URL: http://www.german-
embassy.or.th
Amtsbezirk: Thailand

**Togo**

**Lomé**
L: Dr. Dieter Papenfuß, a.o. und bev.
Botschafter
A: Boulevard de la République, Lomé
PA: Ambassade de la République
fédérale d'Allemagne, B.P. 1175, Lomé,
Togo
F: (00228) 21 23 70, 21 23 38
FAX: (00228) 22 18 88
E-Mail: amballmtogo@bibway.com
Amtsbezirk: Togo

**Tokelau-Inseln, s. Neuseeländisches**
**Überseegebiet in Australien/Südpazi-**
**fik:**
**Tokelau-Inseln siehe Botschaft Well-**
**ington (Neuseeland)**

**Tonga siehe Botschaft Wellington**
**(Neuseeland)**
**Honorarkonsul der Bundesrepublik**
**Deutschland**

**Nuku'alofa**
Ralph W. Sanft, Honorarkonsul
PA: Honorary Consul of the Federal
Republic of Germany, P.O. Box 32,
Nuku'alofa, Tonga
F: (00676) 2 34 77
FS: (0 777) 66 221 ogsons ts
FAX: (00676) 2 31 54

E-Mail: Sanft@Candw.to
Amtsbezirk: Tonga
Übergeordnete Auslandsvertretung:
Botschaft Wellington

## Trinidad und Tobago

### Port-of-Spain

L: Ulrich Nitzschke, a.o. und bev.
Botschafter
A: 7-9 Marli Street, Port-of-Spain/Trinidad, W.I.
PA: Embassy of the Federal Republic of Germany, P.O. Box 828, Port-of-Spain, Trinidad, W.I.
F: (001868) 628 16 30 bis 16 32, 628 85 32
FAX: (001868) 628 52 78
E-Mail: germanemb@carib-link.net
URL:
http://www.germanemb-portofspain.de,
http://www.deubot-portofspain.org.
Amtsbezirk: Trinidad und Tobago
sowie Antigua und Barbuda, Barbados, Dominica, Grenada, Guyana, Suriname, St. Kitts und Nevis, St. Lucia, St. Vincent und die Grenadinen, Anguilla, Britische Jungferninseln, Montserrat.

## Tschad siehe Botschaft Jaunde (Kamerun)

## Tschechische Republik

### Prag

L: Hagen von der Wenge Graf Lambsdorff, a.o. und bev. Botschafter
A: Vla_ská 19, Malá Strana, Prag 1
PA: Velvyslanectvi Spolkové republiky Némecko, P.O. Box 88, 118 01 Praha 1, Tschechische Republik
F: (00420 2) 57 11 31 11, 57 53 14 81
FAX: (00420 2) 57 53 40 56
E-Mail: ZReg@Prag.auswaertiges-amt.de

URL: http://www.deutsche-botschaft.cz
Presse: FAX: (00420 2) 57 11 33 01
Kultur/Protokoll: FAX: (00420 2) 57 11 33 00
Amtsbezirk: Tschechische Republik

## Tunesien

### Tunis

L: Dr. Dietmar Kreusel, a.o. und bev.
Botschafter
A: 1, Rue el Hamra, Mutuelleville - Tunis (Belvédère)
PA: Ambassade de la République fédérale d'Allemagne, B.P. 35, 1002 Tunis (Belvédère), Tunesien
F: (00216 1) 78 64 55
FAX: (00216 1) 78 82 42
Amtsbezirk: Tunesien

## Türkei

### Ankara

L: Dr. Rudolf Schmidt, a.o. und bev.
Botschafter
A: 114 Atatürk Bulvari, 06540 Kavaklidere-Ankara
PA: Almanya Federal Cumhuriyeti Büyükelçili_i, PK 54, 06552 Çankaya - Ankara, Türkei
F: (0090 312) 426 54 65, 426 54 51, 426 54 52, 426 54 53
FAX: (0090 312) 426 69 59
URL: http://www.germanembassy-ank.com/
Wirtschaftsreferat:
FAX: (0090 312) 427 89 27
Rechts- und Konsularreferat und Visastelle:
A: Paris Cadessi 29, 06540 Kavaklidere - Ankara,
F: (0090 312) 468 59 06, 468 59 07
FAX: (0090 312) 467 90 70
Amtsbezirk: Türkei

## Turkmenistan

### Aschgabat

L: Hans Günther Mattern, a. o. und bev. Botschafter
A: Ak Altin Plaza, Office Building, 1. Stock, Magtum Guli Avenue, Pobedy Park, Hydyr Derjajew-Street, Aschgabat 74 40 00
PA: Posolstwo Federativnoi Respubliki Germanija, Ak Altin Plaza, Office Building, 1. Stock, Magtum Guli Avenue, Pobedy Park, Hydyr Derjajew Straße, Aschgabat 74 40 00, Turkmenistan
F: (0099 312) 51 21 44, 51 21 45, 51 21 46, 51 21 47, 51 21 48
FS: (0789) 86110, Kennung: 86110 aaash tm
FAX: (0099 312) 51 09 23
E-Mail: grembtkm@online.tm
Amtsbezirk: Turkmenistan

### Turks- und Caicos-Inseln, s. Vereinigtes Königreich, Britisches Überseegebiet in Amerika: Turks- und Caicos-Inseln: Botschaft Kingston (Jamaika)
### Tuvalu siehe Botschaft Wellington (Neuseeland)

## Uganda

### Kampala

L: Klaus Holderbaum, a.o. und bev. Botschafter
A: 15 Philip Road, Kololo, Kampala
PA: Embassy of the Federal Republic of Germany, P.O. Box 7016, Kampala, Uganda
F: (00256 41) 25 67 67, 25 67 68, 23 64 21, 23 64 22
FS: (0 988) 61 005, Kennung: 61 005 aa kamp
FAX: (00256 41) 34 31 36
Amtsbezirk: Uganda

## Ukraine

### Kiew

L: Dietmar Stüdemann, a.o. und bev. Botschafter
A: Wul. Olesja Hontschara 84, 252054 Kiew
PA: Botschaft der Bundesrepublik Deutschland, Wul. Olesja Hontschara 84, 252054 Kiew, Ukraine
F: (00380 44) 216 74 98, 216 95 83, 216 92 33
FAX: (00380 44) 246 81 00
Wirtschaftsreferat:
A: Wul. B. Chmelnitzkoho 55, 252054 Kiew
F: (00380 44) 246 84 25/27
FAX: (00380 44) 246 99 87
E-Mail: Wi@german-embassy.kiev.ua
URL: http://www.german-embassy.kiev.ua
Amtsbezirk: Ukraine

## Ungarn

### Budapest

L: Wilfried Gruber, a.o. und bev. Botschafter
A: Stefánia út 101-103, 1143 Budapest
PA: Botschaft der Bundesrepublik Deutschland, Postfach 40, 1440 Budapest, Ungarn
F: (0036 1) 467 35 00
FAX: (0036 1) 467 35 05
FS: (061) 22 59 55, Kennung: 22 59 55 aabu h
Amtsbezirk: Ungarn

## Uruguay

### Montevideo

L: Dr. Horst Heubaum, a.o. und bev. Botschafter
A: La Cumparsita 1417/1435, Plaza Alemania, 11200 Montevideo

**343**

PA: Embajada de la República Federal de Alemania, Casilla de Correo 20014, Montevideo, Uruguay
F: (00598 2) 902 52 22
FAX: (00598 2) 902 34 22
E-Mail: deubot@montevideo.com.uy
URL: http://www.emb-alemania.com
Amtsbezirk: Uruguay

## Usbekistan

### Taschkent
L: Dr. Martin Hecker, a.o. und bev. Botschafter
A: Scharaf-Raschidow-Kutschassi 15, Taschkent
PA: Botschaft der Bundesrepublik Deutschland, Postfach 4337, Taschkent, Usbekistan
F: (00998 712) 34 47 25, 34 66 96, (00998 71) 139 48 10
FAX: (00998 71) 120 66 93
E-Mail: gerembuz@online.ru
Amtsbezirk: Usbekistan

**Vanuatu siehe Botschaft Canberra (Australien)**

**Vatikanstadt siehe Heiliger Stuhl**

## Venezuela

### Caracas
L: Dr. Edmund Duckwitz, a.o. und bev. Botschafter(in)
A: Edificio Seguros Panamerican, Piso 2, Avenida San Juan Bosco, Esquina 3a Transversal, Altamira, Caracas
PA: Embajada de la República Federal de Alemania, Apartado 2078, Caracas 1010 A, Venezuela
F: (0058 2) 2 61 01 81, 2 61 12 05, 2 61 22 29, 2 61 32 53, 2 61 42 77

FAX: (0058 2) 261 06 41
E-Mail: diplogermacara@cantv.net
Amtsbezirk: Venezuela

## Vereinigte Arabische Emirate

### Abu Dhabi
L: Dr. Alexander Mühlen, a.o. und bev. Botschafter
A: Al Nahyan Street (26 Str. zw. 11. Str. und 13. Str.), Abu Dhabi
PA: Embassy of the Federal Republic of Germany, P.O. Box 2591, Abu Dhabi, Vereinigte Arabische Emirate
F: (00971 2) 443 56 30
FAX: (00971 2) 443 56 25
E-Mail: germemb@emirates.net.ae
URL: http://www.germemb.org.ae
Wirtschaftsreferat: FAX: (00971 2) 45 57 12
Amtsbezirk: Vereinigte Arabische Emirate

### Dubai
L: Conrad Cappell, Generalkonsul
A: Khalid Bin Al Waleed Road, New Sharaf Building, Near Bur Juman Center, Dubai
PA: Consulate General of the Federal Republic of Germany, P.O. Box 2247, Dubai, Vereinigte Arabische Emirate
F: (00971 4) 397 23 33
FS: (0 893) 47 270, Kennung: 47 270 aadxb em
FAX: (00971 4) 397 22 25
E-Mail: aadubai@emirates.net.ae
Amtsbezirk: Dubai, Schardscha, Adschman, Umm al Kaiwain, Ras al Chaima, Fudschaira

## Vereinigte Staaten von Amerika

### Washington
L: Jürgen Chrobog, a.o. und bev. Botschafter

A: 4645 Reservoir Road, N.W.,
Washington, D.C. 20007-1998
PA: Embassy of the Federal Republic
of Germany, 4645 Reservoir Road,
N.W., Washington, D.C. 20007-1998,
USA
F: (001 202) 298 8141 Telefonzentrale
(weitere Nummern s. unten)
FAX: (001 202) 298 4249, 333 2653
E-Mail: ge-embus@ix.netcom.com
URL: http://www.germany-info.org/
Direkte F:
(001 202) 298 4239 Politik
298 4251 Presse
298 4315 Kultur
298 4360 Rechts- und Konsularwesen
298 4348 Wirtschaft
298 4379 Wirtschaftsauskünfte
298 4346 Landwirtschaft und Verkehr
298 4340 Finanzen/Steuern
298 4329 Wissenschaft
298 4221 Arbeit und Soziales
298 4295 Verteidigungsattachéstab
298 4395, 298 4278 Verwaltung
Amtsbezirk: Vereinigte Staaten von
Amerika

**Vereinigtes Königreich**

**London**
L: Dr. Hans-Friedrich von Ploetz, a.o.
und bev. Botschafter
A: 23 Belgrave Square, London, SW1X
8PZ.
PA: Embassy of the Federal Republic
of Germany, 23 Belgrave Square, London, SW1X 8PZ, Vereinigtes Königreich
F: (0044 20) 78 24 13 00
FAX: (0044 20) 78 24 14 35
URL: http://www.german-
embassy.org.uk
Amtsbezirk: Vereinigtes Königreich
von Großbritannien und Nordirland

Informationsbüro London (German
Information Centre)
A: 34 Belgrave Square, London SW1 8
QB
F: (0044 20)78 24 13 00
FAX: (0044 20)78 24 15 66
E-Mail: infoctr@german-
embassy.org.uk
URL: http://www.german-
embassy.org.uk/

**Vereinigtes Königreich, Britische Über-
seegebiete in Afrika: St. Helena und
Nebengebiete: Generalkonsulat Kapstadt (Südafrika).**

**Vereinigtes Königreich, Britisches
Überseegebiet in Amerika: Anguilla:
Botschaft Port-of-Spain (Trinidad und
Tobago)**

**Vereinigtes Königreich, Britisches
Überseegebiet in Amerika: Bermuda:
Generalkonsul New York (Vereinigte
Staaten von Amerika), Honorarkonsul
in Hamilton
Honorarkonsul der Bundesrepublik
Deutschland**

**Hamilton**
Peter Bubenzer, Esq., Honorarkonsul
A: c/o Appleby, Spurling & Kempe,
Cedar House, 41 Cedar Avenue, Hamil-
ton HM 12, Bermuda
PA: Honorary Consul of the Federal
Republic of Germany, P. O. Box HM
1179, Hamilton HM EX, Bermuda
F: (001441) 295 2244
FAX: (001 441) 292 8666
Amtsbezirk: Bermuda
Übergeordnete Auslandsvertretung:
Generalkonsulat New York

Vereinigtes Königreich, Britisches Überseegebiet in Amerika: Britische Jungfern-Inseln: Botschaft Port-of-Spain (Trinidad und Tobago)

Vereinigtes Königreich, Britisches Überseegebiet in Amerika: Kaiman-Inseln: Botschaft Kingston (Jamaika)

Vereinigtes Königreich, Britisches Überseegebiet in Amerika: Montserrat: Botschaft Port-of-Spain (Trinidad und Tobago)

Vereinigtes Königreich, Britisches Überseegebiet in Amerika: Turks- und Caicos-Inseln: Botschaft Kingston (Jamaika)

Vereinigtes Königreich, Britisches Überseegebiet in Australien/Südpazifik:
Pitcairn: Botschaft Wellington (Neuseeland)

Vietnam

Hanoi
L: Dr. Wolfgang Massing., a.o. und bev. Botschafter
A: 29, Tran Phu, Hanoi
PA: Ambassade de la République fédérale d'Allemagne, B.P. 39, Hanoi, Vietnam
F: (0084 4) 845 38 36, 845 38 37, 843 02 45, 843 02 46
FS: (00 805) 411 428, Kennung: 411 428 aa hanvt
FAX: (0084 4) 845 38 38
E-Mail: germanemb.hanoi@fpt.vn
URL: http://www.germanembhanoi.org.vn
Visastelle, Kultur und Presse:

FAX: (0084 4) 843 99 69
Amtsbezirk: Vietnam

Wallis und Futuna, s. Französische Übersee-Territorien in Australien/Südpazifik: Wallis und Futuna: Botschaft Paris (Frankreich), Zuständige Visabehörde: Botschaft Wellington (Neuseeland)

Weihnachtsinsel, s. Australische Außengebiete (Botschaft Canberra, Australien)

Weißrussland

Minsk
L: Dr. Horst Winkelmann., a.o. und bev. Botschafter
A: Uliza Sacharowa 26, Minsk 220034
PA: Botschaft der Bundesrepublik Deutschland, Uliza Sacharowa 26, Minsk 220034, Weißrussland
F: (00375 172) 84 42 17, 13 33 57, 13 37 52, 84 87 14
FS: (0681) 252 273, Kennung: 252 273 aamin by
FAX: (00375 172) 36 85 52
E-Mail: germanembassy@mail.bel-pak.by
URL: http://www.germanembassy.org.by
Rechts- und Konsularreferat, Visastelle:
A: Uliza Budjonogo 10, Minsk.
F: (00375 172) 30 35 30, 230 12 14, 230 89 18, 230 17 09
FS: (0681) 25 25 16, Kennung: 25 25 16 aamin by
FAX: (00375 172) 30 37 97
Amtsbezirk: Weißrussland

**Zentralafrikanische Republik siehe**
**Botschaft Jaunde (Kamerun)**

E-Mail: germanembassy@cyta-net.com.cy
Amtsbezirk: Zypern

**Zypern**
**Nikosia**
L:Dr. Peter Wittig, a.o. und bev.
Botschafter
A: 10 Nikitaras Street, 1080 Nikosia
PA: Embassy of the Federal Republic
of Germany, P.O. Box 25705, 1311
Nikosia, Zypern
F: (00357 2) 45 11 45
FAX: (00357 2) 66 56 94

**Abkürzungen:**
L : Leiter der Auslandsvertretung, A :
Adresse, PA : Postanschrift, F:
Fernsprecher, FS : Telex

Die Angaben sind nach öffentlich
zugänglichen Daten zusammengestellt
und bearbeitet. Ohne Gewähr;
Änderungen vorbehalten.

# 4.2 Ausländische Diplomatische Vertretungen in Deutschland

**Ägypten**
Arabische Republik Ägypten
**Botschaft**
**S. E. Herr Mahmoud Ahmed Fathy**
**Mubarak**, a.o. und bev. Botschafter
Waldstraße 15, 13156 Berlin
Tel. 030-477 54 70
Fax: 030-477 10 49
e-mail: egembassy@hotmail.com
Kultur- u. Studienmission
Charlottenstraße 81, 10969 Berlin
Tel. 030-25 93 76-0, Fax: 030-25 93 76-10
Presseabteilung
Kurfürstendamm 151, 10709 Berlin
Tel. 030-895 41 903, Fax: 030-895 41 911
Handels- u. Wirtschaftsabteilung
Friedrichstraße 60, 10117 Berlin
Tel. 030-206 41 13, Fax: 030-206 41 140
Fremdenverkehrsamt
Kaiserstraße 64, 60329 Frankfurt am
Main
Tel. 069-25 23 19, Fax: 069-23 98 76

**Äquatorialguinea**
Republik Äquatorialguinea

**Botschaft**
**S.E. Herr Aurelio Mba Olo Andeme,**
a.o. und bev. Botschafter
Avenue Jupiter 17
B-1190 Forêts – Brüssel
Tel: 0032-2-346 25 09
Fax: 0032-2-346 33 09

**Düsseldorf**
**Klaus Jürgen Maraldo**, Honorarkonsul
Flinger Richtweg 60, 40235 Düsseldorf
Tel. 0211-230 52 43
Fax: 0211-230 52 08

**Äthiopien**
Demokratische Bundesrepublik Äthi-
opien *(Embassy of the Federal Demo-
cratic Republic of Ethiopia)*
**Botschaft**
**S.E. Herr Dr. Berhane Tensay Wolde-**
**senbet**, a.o. und bev. Botschafter
Boothstraße 20 a, 12207 Berlin
Tel. 030-77 20 6-0
Fax. 030-77 20 6-24
e-mail: Emb.ethiopia@t-online.de

**Düsseldorf**
**Michael Renka**, Honorarkonsul
Kasernenstraße 1 b, 40213 Düsseldorf
Tel. 0211-8 48 00
Fax: 0211-32 90 00


**Afghanistan**
Islamischer Staat Afghanistan
**Botschaft**
**Herr Amanullah Jayhoon**, Gesandter
(Geschäftsträger a. i.)
Wilhelmstraße 65, 10117 Berlin
Tel. 030-229 26 12
Fax: 030-229 15 10


**Bonn**
**Herr Fazlurrahman Fazil**, Generalkonsul
Liebfrauenweg 1a, 53125 Bonn
Tel. 0228-25 19 27, 25 67 97
Fax: 0228-25 53 10


**Albanien**
Republik Albanien
**Botschaft**
**S.E. Herr Bashkim Zeneli**, a.o. und bev.
Botschafter
Friedrichstraße 231, 10969 Berlin
Tel. 030-25 93 05-0
Fax: 030–25 93 05 99
E-mail: albanische.botschaft@micro-call.de

Konsularabteilung
Tel.: 030-25 93 05-40
Politik u. Wirtschaft
Tel.: 030-25 93 05-30
Kulturabteilung
Tel.: 030-25 93 05-20
Verteidigungsattaché
Tel.: 030-25 93 05-60


**Hamburg**
**Herr Klaus Niemann**, Honorarkonsul
Kanalstraße 44, 22085 Hamburg

Tel. 040-22 92 3-102
Fax: 040-22 92 31 95

**München**
**Herr Franz Mödl,** Honorargeneralkonsul
Netzegaustraße 6, 81377 München
Tel. 089-710 39 401
Fax: 089-714 35 10


**Algerien**
Demokratische Volksrepublik Algerien
**Botschaft**
**S.E. Herr Mohammed Haneche,** a.o.
und bev. Botschafter
Görschstraße 45-46, 13187 Berlin-Pankow
Tel: 030-48 09 87 24/26
Fax: 030-48 09 87 16


**Bonn,** Generalkonsulat
**S.E. Herr Mohammed Haneche,** a.o.
und bev. Botschafter
Rheinallee 32-34, 53173 Bonn-Bad Godesberg
Tel. 0228-94 37 60
Fax: 0288-36 98 661


**Andorra**
Fürstentum Andorra
**Botschaft**
**I. E. Frau Meritxell Mateu,** a.o. und
bev. Botschafterin
Rue de la Montagne 10, BTE 1, B-1000 Brüssel
Tel. 0032-2-513 28 06
Fax: 0032-2-513 07 41


**Angola**
Republik Angola
**Botschaft**
**S.E. Herr Dipl.-Ing. Alberto do Carmo Bento Ribeiro,** a.o. und bev.
Botschafter

Kaiser-Karl-Ring 20 c, 53111 Bonn
(Umzug nach Berlin geplant)
Tel. 0228-55 57 08
Fax: 0228-69 06 61/55 57 34

**Antigua und Barbuda**
**Botschaft**
**S. E. Sir Ronald Sanders**, a.o. und bev.
Botschafter
15, Thayer Street
GB-London W1M 5LD
Tel: 0044-207-486 70 73/75
Fax: 0044-207-486 99 70
E-mail: Ronald@antiguahc.son-
net.co.uk
URL: www.antigua-barbuda.com

**Hamburg**
**Herr Eike Friedrich Ernst Malling,**
Honorargeneralkonsul
Van-der-Smissen-Straße 2, 22767 Ham-
burg (Postanschrift)
Tel. 040-38 99 89 11
Fax: 040-38 99 89 90
Fax: 0441-30 22 92 (Oldenburg)
Fax: 0441-30 49 980

**Frankfurt a.M.**
**Herr Dr. Werner Ulrich Giersch,**
Honorarkonsul
Mayrhofener Weg 22, 61352 Bad Hom-
burg v.d.H.
Postfach 16 36, 61286 Bad Homburg
v.d.H.
Tel. 06172-48 85 00
Fax: 06172-2 15 13

**Argentinien**
Argentinische Republik

**Botschaft**
**S.E. Herr Enrique José Alejandro Can-
dioti,** außerordentlicher und bevoll-
mächtigter Botschafter
Dorotheenstraße 89, 10117 Berlin

Tel. 030-226 68 90
Fax: 030-229 14 00
E-mail: Iin@ealem.mrec.ar
URL: www.argentinische-botschaft.de

Außenstelle **Bonn**
Adenauerallee 50-52, 53113 Bonn
Tel. 0228-22 80 1-0
Fax: 0228-22 80 1-30

**Frankfurt a.M.**
**Herr Alberto Oscar Moschini**, General-
konsul
Mainzer Landstraße 46, 60325 Frank-
furt a.M.
Tel. 069-972 00 30
Fax: 069-17 54 19 (71 03 23)

**Hamburg**
**Herr Sergio Rafael Bocanegra**, Gene-
ralkonsul
Mittelweg 141, 20148 Hamburg
Tel. 040-441 84 60
Fax: 040-410 51 03
Wirtschafts- und Handelsabteilung
Tel. 040-44 18 46 30
Fax. 040-44 80 73 1

**Armenien**
Republik Armenien
**Botschaft**
**S.E. Herr Dr. Ashot Voskanian**, a.o.
und bev. Botschafter
Hillmannstraße 5, 13467 Berlin
Tel. 030-40 50 91-0
Fax: 030-40 50 91 25
E-mail: armemb@t-online.de
Tel. 030-40 50 91 10 – Konsularabteilung
Tel. 030-40 50 91 15 – Protokollabtei-
lung
Fax: 030-40 50 91 25

**Aserbaidschan**
Republik Aserbaidschan

349

**Botschaft**
**S.E. Herr Hussein-aga Mussaoglu**
**Sadigov**, a.o. und bev. Botschafter
Axel-Springer-Straße 54, 10117 Berlin
Tel. 030-206 29 46
Tel. 030-206 48 063 – Konsularabteilung
Fax: 030-206 29 482
E-mail: 100526.1670@compuserve.com

**Australien**
**Botschaft**
**S.E. Herr Paul O'Sullivan**, a.o. und bev.
Botschafter
Friedrichstraße 200, 6. Etage, 10117
Berlin
Tel. 030-88 00 88-0
Fax: 030-88 00 88-310
E-mail: presse@australian-
embassy.bn.uunet.de
E-mail: DIMA@australian-
embassy.06.bn.uunet.de
URL: www.australien-embassy.de
Tel. 030-88 00 88 303 – Büro des
Botschafters
Tel. 030-88 00 88 304 – Büro des
Gesandten
Tel. 030-88 00 88 231/232 – Konsular-
abteilung
Tel. 030-88 00 88 357, Fax: 030-88 00 88
351 – Informationsabteilung
Fax: 030–88 00 88 350 – Politische
Abteilung/Übersetzer

**Frankfurt a.M.**
**Herr Peter Andrew Frank,** General-
konsul
Gutleutstraße 85, 60329 Frankfurt a.M.
Tel. 069-273 90 90
Fax: 069-23 26 31

**Bahamas**
Commonwealth der Bahamas
**Botschaft**
**S.E. Herr Basil G. O'Brien,** High Com-
missioner des Commonwealth der
Bahamas
Bahamas House,
10, Chesterfield Street
GB-London W1XS 8AH
Tel: 0044-207-4084488
Fax: 0044-207-4999937

**Berlin**
**Prof. Hartwig Piepenbrock,** Honorar-
konsul
Flottenstraße 14–20, 13407 Berlin
Tel. 030-40 90 04 10
Fax: 030-40 90 04 15

**Bahrain**
Staat Bahrain
**Botschaft**
**Herr Baqer Hasan Al-Fardan,** I.
Sekretär (Geschäftsträger a.i.)
Plittersdorfer Straße 91, 53173 Bonn
Tel. 0228-95 76 1-0
Fax: 0228-95 76 19-9

**Bangladesch**
Volksrepublik Bangladesch
**Botschaft**
**Herr ABM Nur uz Zaman,**
Botschaftsrat (Geschäftsträger a. i.)
Dovestraße 1, 5. Etage, 10587 Berlin
Tel. 030-39 89 75-0
Fax: 030-39 89 75 10

**Frankfurt a.M.**
**Herr Dr. Horstmar Stauber,** Honorar-
generalkonsul
Friedrich Ebert-Anlage 49, 60327
Frankfurt a. M.
Tel. 069-97 54 80
Fax: 069-97 54 82 99

**Hamburg**
**Herr Walter Stork,** Honorarkonsul
Billhorner Kanalstraße 69, 20539 Ham-
burg

Tel. 040-78 94 84 37
Fax: 040-78 90 40 1

**München**
**Herr Dr. Michael Brauch**, Honorarkonsul
Wittelsbacherplatz 1, 80333 München
Tel. 089-28 64 00
Fax: 089-280 94 32

Tel. 030–53 63 59 29, Fax. 030–53 63 59
23 – Wirtschaftsabteilung
Tel. 030–53 63 59 14, Fax. 030–53 63 59
23 – Protokollabteilung

Außenstelle **Bonn**
Fritz-Schäffer-Straße 20, 53113 Bonn
Tel. 0228-201 13 10
Fax. 0228-201 13 19

**Barbados**
**Botschaft**
(Embassy of Barbados)
**S.E. Herr Michael Ian King**, a.o. und
bev. Botschafter
78, Av. Général Lartique
B-1200 Brüssel
Tel: 0032-2-732 17 37/732 18 67
Fax: 0032-2-732 32 66
E-mail: Brussels@foreign.gov.bb
URL: www.foreign.gov.bb

**Berlin**
**Herr Jens Schnieders**, Honorarkonsul
Am Karlsbad 11, 10785 Berlin
Tel. 030-25 46 72 58
Fax: 030-25 46 73 00

**München**
**Frau Regine Sixt**, Honorarkonsulin
Seitzstraße 9-11, 80538 München
Tel. 089-21 57 86 30
Fax: 089-21 57 84 23

**Belarus**
Republik Belarus (Republik Weißrussland)
**Botschaft**
**S.E. Herr Wladimir Skworzow**, a.o. und
bev. Botschafter
Am Treptower Park 32/33, 12435 Berlin
Tel. 030-53 63 59-0
Fax: 030-53 63 59 23/24
Tel. 030–53 63 59 48, Fax. 030–53 63 59
23 – Politische Abteilung

**Belgien**
Königreich Belgien
**Botschaft**
**S.E. Herr Dominicus Struye de**
**Swielande**, a.o. und bev. Botschafter
Internationales Handelszentrum
Friedrichstr. 95, 10117 Berlin
Tel. 030-20 35 20
Fax: 030-20 35 22 00
E-mail: Berlin@diplobel.org
URL: www.diplobel.org/deutschland

Delegation der französischen Gemeinschaft und der wallonischen Region:
Tel. 030-20 64 90 47, Fax: 030-20 64 90 48
Büro des Wirtschafts- und Handelsattachés für die Region Wallonien:
Tel. 030-20 64 90 50, Fax: 030-20 64 90 51
Büro des Wirtschafts- und Handelsattachés für die Region Flandern:
Tel. 030-203 52 211, Fax: 030-203 52 203

Außenstelle **Bonn** (Landwirtschaftsabteilung)
Rheinweg 31, 53113 Bonn
Tel. 0228-21 39 03
Fax: 0228-21 47 57

**Frankfurt a. M.**
**Dr. Paul Wieandt**, Honorarkonsul
Kettenhofweg 29, 60325 Frankfurt a. M.
Tel. 069-97 105 410
Fax: 069-97 105 510

351

**Hamburg**
**Herr Rainer Schöndube**, Honorarkonsul
Vorsetzen 32-35, 20459 Hamburg
Tel. 040-36 14 93 70-0
Fax: 040-36 14 93 70-7

Wirtschafts- und Handelsabteilung für die Region Wallonien/Belgien
**Frau Veronique Huppertz**, Handelsattaché
Langenhorner Markt 9, IV. OG., 22415 Hamburg
Tel. 040-532 42 02, 532 42 32
Fax: 040-532 42 52

**München**
**Herr Hugo Van Dijck**, Generalkonsul
Brienner Straße 14, 80333 München
Tel. 089-28 66 09-0
Fax: 089-28 20 18
E-mail: Munich@diplobel.org

**Belize**
**Botschaft**
**S. E. Herr Assad Shoman**, a.o. und bev. Botschafter
22 Harcourt House
19, Cavendish Square
London WIG 9PN
Tel: 0044-207-499-9728
Fax: 0044-207-4914139
E-mail: bzhc-lon@btconnect.com

**Stuttgart**
**Herr Wolf Kahles,** Honorargeneralkonsul
Bopserwaldstraße 40 G, 70184 Stuttgart
Tel. 0711-23 39 47
Fax: 0711-23 39 47
Postfach 15 51, 74305 Bietigheim-Bissingen
Tel. 07142-39 25
Fax. 07142-93 50 18
E-mail. wolfkahles@t-online.de

**Benin**
Republik Benin
**Botschaft**
**Herr Mathias Comlan Nadohou,**
Gesandter, Botschaftsrat (Geschäftsträger a. i.)
Rüdigerstraße 10, 53179 Bonn (Umzug nach Berlin geplant)
Tel. 0228-94 38 7-0
Fax: 0228-85 71 92

**Berlin**
**Dr. Eckhard Stegenwallner**, Honorarkonsul
Richardplatz 24, 12055 Berlin
Tel. 030-687 07 09
Fax: 030-686 75 24

**München**
**Dr. Wilhelm Bezold**, Honorarkonsul
Tengstraße 27, 80798 München
Tel. 089-272 93 25
Fax: 089-27 29 31 20

**Bhutan**
Ständige Vertretung des **Königreichs**
**Bhutan**
bei den Vereinten Nationen in Genf
Tel. 0041-22-799 08 90
Fax: 0041-22-799 08 99

**Bolivien**
Republik Bolivien
(Embajada de Bolivia)
**Botschaft**
**S.E. Herr Dr. Ernesto Schilling,** a.o. und bev. Botschafter
Wichmannstr. 6, 10787 Berlin
Tel.: 030-26 39 15-0
Fax: 030-26 39 15-15
E-mail: embolberlin@t-online.de
URL: www.bolivia.de

**Frankfurt**
Herr Stephanus van Bergerem, Honorarkonsul
Schillerstraße 19-21, c/o. Telebridge,
60313 Frankfurt/M.
Tel. 069-707 93 994
Fax: 069-707 93 996

**Hamburg**
Frau Hortensia Rocabado de Viets,
Honorargeneralkonsulin
Heimhuderstraße 33 a, 20148 Hamburg
Tel. 040-35 89 753, 41 35 53 64
Fax: 040-34 28 56

**München**
Herr Dr. Yorck Otto, Honorarkonsul
Maximilianstraße 29, 80539 München
Tel. 089-22 06 95
Fax. 089-22 06 98

**Bosnien und Herzegowina**
**Botschaft**
S.E. Herr Anton Balkovic, a.o. und bev.
Botschafter
Ibsenstraße 14, 10439 Berlin
Tel. 030-814 712 10
Fax: 030-814 712 11

**Bonn,** Generalkonsulat
Herr Fuad Sabeta, Generalkonsul
Friedrich-Wilhelm-Straße 2, 53113
Bonn
Tel. 0228-35 00 60
Fax. 0228-35 00 698

**München**
Herr Borisa Arnaut, stellv. Generalkonsul
Redwitzstraße 4, 81925 München
Tel. 089-98 28 704/705
Fax: 089-98 28 079

**Botsuana (Botswana)**
Republik Botsuana

**Botschaft**
S.E. Herr Sasara Chasala George, a.o.
und bev. Botschafter
Avenue de Tervuren, 169
B-1150 Brüssel/Belgium
Tel: 0032-2-735 20 70, 735 61 10
Fax: 0032-2-735 63 18

**Hamburg**
Herr Paul Eckler, Honorarkonsul
Berzeliusstraße 45, 22113 Hamburg
Tel. 040-732 61 91
Fax: 040-732 85 06

**Düsseldorf**
Herr Wolf von Bila, Honorarkonsul
Kieselei 42, 40883 Ratingen
Tel. 02102-89 64 34

**Brasilien**
Föderative Republik Brasilien
**Botschaft**
S.E. Herr Roberto Pinto Ferreira
Mameri Abdenur, a.o. und bev. Botschafter
Wallstraße 57, 10179 Berlin-Mitte
Tel: 030-72 62 80
Fax: 030-72 62 83 20/21
E-mail: brasil@brasemberlim.de
URL: www.brasilianische-botschaft.de
Tel. 030-726 28-600 – Konsularabteilung
Tel. 030-726 28-110 – Handelsabteilung
Tel. 030-726 28-132 – Kulturabteilung
Tel. 030-726 28-261 – Presseabteilung

**Frankfurt a.M.**
Herr Ney do Prado Dieguez, Generalkonsul
Stephanstraße 3, 60313 Frankfurt a.M.
Tel. 0 69-29 07 08/09
Fax: 069-29 05 21

**München**
Herr Eduardo Monteiro de Barros
Roxo, Generalkonsul
Widenmayerstraße 47, 80538 München
Tel. 089-21 03 76-0

Fax: 089-29 16 07 68
E-mail: 101465.3454@compuserve.com

**Brunei**
Brunei Darussalam
(Embassy of Brunei Darussalam)
**Botschaft**
**S.E. Herr Dato Paduka Haji Awang**
**Mohd. Adnan bin Buntar,** a.o. und bev.
Botschafter
Kronenstraße 55-58, 10117 Berlin-
Mitte
Tel. 030-20 60 76-0
Fax: 030-20 60 76 66

**Bulgarien**
Republik Bulgarien
**Botschaft**
**S.E. Herr Nikolay Apostolov,** a.o. und
bev. Botschafter
Mauerstraße 11, 10117 Berlin
Tel. 030–201 09 22-26
Fax: 030–208 68 38
e-mail: bgstivbln@aol.com

Außenstelle **Bonn**
**Frau Elena Schekerletova,** Gesandte
(Leiterin der Außenstelle)
Auf der Hostert 6, 53173 Bonn
Tel. 0228-36 30 61-5
Fax: 0228-35 82 15
Am Büchel 17, 53173 Bonn
Tel. 0228-35 10 20, Fax: 0228-36 16 97 –
Wirtschafts- u. Handelsabteilung

**Hamburg**
**Herr Dr. Gerd-Winand Imeyer,** Hono-
rargeneralkonsul
Neue Rabenstraße 28, 20352 Hamburg
Tel. 040-4 10 35 12, 4 10 44 62 (Anruf-
beantworter)
Fax: 040-41 19 37 64

**München**
**Frau Tanja Gradinarova,** Generalkon-
sulin
Walhallastraße 7, 80639 München
Tel. 089-15 50 26
Fax: 089-15 50 06

**Burkina Faso**
**Botschaft**
**S.E. Herr Jean-Baptiste Ilboudo,** a.o.
und bev. Botschafter
Karolingerplatz 10-11, 14052 Berlin-
Charlottenburg
Tel. 030-30 10 599 0
Fax: 030-30 10 599-20
E-mail: Embassy_Burkina_Faso@t-
online.de

**Berlin**
**Frau Helga Exner,** Honorarkonsulin
Goethestraße 24 c, 14163 Berlin
Tel. 030-801 81 87
Fax: 030-802 10 92

**Düsseldorf**
**Herrn Helmut Troitzsch,** Honorarkon-
sul
Kohlenkamp 14, 45468 Mülheim/Ruhr
Tel. 0208-44 51 51
Fax: 0208-44 51 53

**München**
**Herr Walter Heubl,** Honorargeneral-
konsul
St. Anna-Straße 15, 80538 München
Tel. 0 89-2 90 45 20
Fax: 089-29 31 69

**Burundi**
Republik Burundi
(L'Ambassade de la République du
Burundi)
**Botschaft**
**S.E. Herr Aloys Mbonayo,** a.o. und bev.
Botschafter

Mainzer Straße 174, 53179 Bonn
Tel. 0228-34 50 32
Fax: 0228-34 01 48
E-mail: embassybonn@burundi.de

**Berlin**
**Herr Klaus-Peter Stiewe**, Honorarkonsul
Theodor Heuss-Platz 4, 14052 Berlin
Tel. 030-302 80 97
Fax: 030-301 55 16

**Chile**
Republik Chile
**Botschaft**
**S.E. Herr Antonio Skármeta**, a.o. und
bev. Botschafter
Mohrenstraße 42, 10117 Berlin
Tel. 030-726 203-5
Fax: 030-726 203-603
E-mail: cchile alemania@nikocity.de
Konsulat: Tel. 030-20 11 845
Außenstelle **Bonn**
**Herr José Fernandez**, Botschaftsrat,
Leiter der Aussenstelle
Habsburger Straße 2, 53173 Bonn
Tel. 0228-94 37 70
Fax: 0228-943 77 20
E-mail: echile.buero@t-online.de

**Frankfurt a. M.**
**Herr Mario Lizana**, Generalkonsul
Humboldtstr. 94, 60318 Frankfurt a. M.
Tel. 069-55 01 95
Fax: 069-596 45 16

**Frankfurt a. M.**
**Herr Bruno H. Schubert**, Honorargeneralkonsul
Wendelsweg 64, 60599 Frankfurt a. M.
Tel. 069-606 32 03
Fax: 069-62 54 59

**Hamburg**
**Herr Cesar Alberto Ruíz Asmussen,**

Generalkonsul
Harvestehuder Weg 7-11, 20148 Hamburg
Tel. 040-45 75 85
Fax: 040-45 46 05

Handels- und Wirtschaftsabteilung
**Frau Amory Cecilia Heine Lorenzen,**
Generalkonsulin
Kleine Reichenstraße 1, 20457 Hamburg
Tel. 040-33 58 13, 33 58 35
Fax: 040-32 69 57

**München**
**Herr José Manuel Lira**, Generalkonsul
Mariannenstraße 5, 80538 München
Tel. 089-22 20 11
Fax: 089-22 20 12

**China**
Volksrepublik China
**Botschaft**
**S.E. Herr Lu Qiutian**, a.o. und bev.
Botschafter
Märkisches Ufer 54, 10179 Berlin
Tel. 030-27 58 8-0
Fax: 030-27 58 82 21
URL: www.china-botschaft.de
Tel. 030-27 58 82 17 – Protokollabteilung
Tel. 030-27 58 82 07/03 – Politische
Abteilung
Tel. 030-27 58 82 33 – Presseabteilung
Tel. 030-27 58 82 41 – Militärabteilung
Tel. 030-27 58 82 49/52 – Kulturabteilung
Tel. 030-27 58 82 29/37 – Wissenschaft
und Technik
Tel. 030-27 58 82 32/35 – Wirtschaftsabteilung
Selma-Lagerlöf-Straße 11, 13189 Berlin
Abt. f. Außenwirtschaft u. Handel
Tel. 030-47 90 19 10
Fax. 030-471 02 30
Lyckallee 36, 14055 Berlin

Tel. 030-305 75 36 – Abt. für Bildungs-
wesen
Fax. 030-304 08 25
E-mail: edu-embassy.china@t-online.de

Außenstelle **Bonn**
**Herr Lu Wenjie**, Botschaftsrat
Kurfürstenallee 12, 53177 Bonn
Tel. 0228-95 59 716
Fax: 0228-36 16 35
Tel. 0228-955 97 16 – Protokoll
Tel. 0228-955 97 31 – Militär
Tel. 0228-955 97 28 – Kultur
Tel. 0228-955 97 23 – Wissenschaft u.
Technik
Tel. 0228-955 98 13 – Konsularangele-
genheiten
Tel. 0228-955 97 26 – Verwaltung
Tel. 0228-95 59 40 – Wirtschaft u. Han-
del
Fax: 0228-35 67 81
Tel. 0228-36 10 91 – Bildungswesen
Fax: 0228-35 42 15

**Hamburg**
**Herr Chen Jianfu,** Generalkonsul
Elbchausse 268, 22605 Hamburg
Tel. 040-822 76 00, 822 76 013
Fax: 040-822 62 21
Tel. 040-822 76 018 – Visaangelegen-
heiten
Fax: 040-822 76 022

**München**
**Herr Guangyao Liu,** Generalkonsul
Romanstraße 107, 80639 München
Tel. 089-17 30 16 25
Tel. 089-17 30 16 12 – Visaangelegen-
heiten: nach telefonischer Verein-
barung
Fax: 089-17 30 16 19/23

**Costa Rica**
Republik Costa Rica
**Botschaft**
**S.E. Herr Prof. Dr. Rafael Angel Herra
Rodríguez,** a.o. und bev. Botschafter

Dessauer Straße 28/29, 2. Etage, 10963
Berlin
Tel. 030-263 98 990
Fax: 030-265 57 210
E-mail: 100730.1020@compuserve.com

**Frankfurt a.M.**
**Herr Edmund Weber,** Honorarkonsul
Nordendstraße 30 b, 60318 Frankfurt
a.M.
Tel. 069-597 81 25
Fax. 069-597 87 07

**Hamburg**
**Herr Joachim F. W. Ulrich,** Honorar-
generalkonsul
Meyerhofstraße 8, 22609 Hamburg
Tel. 040-80 13 95
Fax: 040-80 99 59 43 oder 040-66 96 19 10
E-mail: rica@drab.de

**München**
**Dr. Hans Inselkammer,** Honorargene-
ralkonsul
Neuhauser Straße 27, 80331 München
Tel. 089-26 66 46
Fax: 089-23 11 84 29

**Côte d'Ivoire**
Republik Côte d'Ivoire
**Botschaft**
**S.E. Herr Jean Vincent Zinsou,** a.o. und
bev. Botschafter
Königstraße 93, 53115 Bonn
Tel. 0228-21 20 90/98/99, 26 20 66
Fax: 0228-21 73 13
Tel. 0228-26 30 45 – Wirtschaftsabtei-
lung

Außenstelle **Berlin**
**Herr Pascal Mahan,** Botschaftsrat
Kurfürstendamm 43, 10719 Berlin
Tel: 030-202 66 761
Fax: 030-202 66 777

**Berlin**
**Herr Dr. Winfried Anton Elm**, Honorarkonsul
Leipziger Straße 50, 10111 Berlin
Tel. 030-229 16 40
Fax: 030-609 35 37

**München**
**Herr Ludwig Bauer**, Honorarkonsul
Fürstenrieder Straße 276, 81377
München
Tel. 089-714 10 63
Fax. 089-71 64 02

**Dänemark**
Königreich Dänemark
**Botschaft**
**S.E. Herr Bent Haakonsen**, a.o. und
bev. Botschafter
Rauchstraße 1, 10787 Berlin
Postfach 30 12 45, 10722 Berlin
Tel. 030-50 50 20 00
Fax: 030-50 50 20 50
E-mail: beramb@beramb.um.dk
URL: www.daenemark.org

**Düsseldorf**
**Herr Poul Laursen**, Generalkonsul
Benrather Straße 8, 40213 Düsseldorf
Tel. 0211-828 93 00
Fax: 0211-82 89 30 10

**Frankfurt a. M.**
**Herr Niels Carsten Schmidt**, Generalkonsul
Am Leonhardsbrunn 20, 60487 Frankfurt a. M.
Tel. 069-970 90 00
Fax: 069-707 18 76
E-mail: info@gkl-frankfurt.org
URL: www.gkl-frankfurt.org

**Hamburg**
**Herr Niels Julius Lassen**, Generalkonsul
Heimhuder Straße 77, 20148 Hamburg

Tel. 040-414 00 50
Fax: 040-410 40 57

**München**
**Herr Dan Erik Larsen**, Generalkonsul
Sendlinger-Tor-Platz 10, 80336
München
Tel. 089-545 85 4-0
Fax: 089-59 78 15

**Dominica**
Commonwealth Dominica
**Botschaft**
**S.E. Herr George Edward Williams**,
a.o. und bev. Botschafter
Rue des Aduatiques 100, B-1040 Brüssel
Tel. 00322-733 43 28
Fax. 00322-735 72 37

**High Comm. for Dominica**
1 Collingham Gardens, GB-London
SW5 OHW
Tel. 0044-207-370 51 94
Fax: 0044-207-373 87 43

**Dominikanische Republik**
**Botschaft**
**Herr Vicente Camacho Peralta**,
Gesandter-Botschaftsrat (Geschäftsträger a. i.)
Burgstraße 87, 53177 Bonn-Bad
Godesberg
Tel: 0228-36 49 56, 36 701 39
Fax: 0228-35 25 76
E-mail: embajadomal@t-online.de

**Frankfurt a.M.**
**Herr Willians de Jesus Salvador**, Generalkonsul
Mainzer Landstraße 82-84, 60327
Frankfurt a. M.
Tel. 069-74 38 77 81/83
Fax: 069-74 38 26 40

**Hamburg**
**Frau Maria A. de los Angeles Pena**
**Pena**, Generalkonsulin
Heilwigstraße 125, 20249 Hamburg
Tel. 040-47 40 84
Fax: 040-4 60 51 97

**München**
**Herr Hans Schubert**, Honorargeneral-
konsul
Maximiliansplatz 5, 80333 München
Tel. 089-54 58 77 70
Fax: 089-54 58 78 11

**Dschibuti**
Republik Dschibuti
**Botschaft**
**S.E. Herr Djama Omar Idleh,** a.o. und
bev. Botschafter
26, Rue Emile Ménier
F-75116 Paris
Tel: 0033-1-472 74 922
Fax: 0033-1-455 35 053

**Ecuador**
Republik Ecuador
**Botschaft**
**S. E. Dr. h. c. Werner Moeller-Freile,**
a.o. und bev. Botschafter
Kaiser-Friedrich-Straße 90, I. OG.,
10585 Berlin
Tel. 030-238 62 17, 238 62 95
Fax: 030-347 87 126/27
E-mail: mecuadoral@aol.com
Tel. 030-347 87 452 – Handel und
Wirtschaft

**Frankfurt a.M.**
**Herr Dr. Wolfgang Kuhn**, Honorar-
generalkonsul
Berliner Straße 56 -58, 60311 Frankfurt
a.M.
Tel. 0 69-1 33 22 95
Fax: 0 69-1 33 25 65

**Hamburg**
**Herr Dr. Jaime Barberis Martínez,**
Generalkonsul
Rothenbaumchaussee 221, 20149 Ham-
burg
Tel. 040-44 31 35
Fax: 040-4 10 31 35

**München**
**Herr Thomas Schlereth**, Honorarkon-
sul
Fraunhofer Straße 2, 80469 München
Tel. 089-26 56 58
Fax: 089-23 70 12 88

**El Salvador**
Republik El Salvador
**Botschaft**
**S.E. Herr Dipl. Ing. Edgardo Carlos**
**Suárez Mallagray,** a.o. und bev.
Botschafter
Joachim-Karnatz-Allee 47 Ecke Paul-
straße, 2. OG., 10557 Berlin-Tiergarten
Tel. 030-206 46 60
Fax: 030-224 882 44

**Düsseldorf**
**Herr Karlheinz Wolfgang**, Honorar-
konsul
Elisenstraße 17, 41460 Neuss
Tel. 02131-27 89 71
Fax: 02131-27 42 67

**Hamburg**
**Herr Bernhard J. Benecke,** Honorar-
konsul
Pickhuben 6, 20457 Hamburg
Tel. 040-37 85 140
Fax: 040-37 50 08 80

**München**
**Herr Dr. Peter Gassner**, Honorarkon-
sul
Reichenbachstraße 2, 80469 München
Tel. 0 89-2 35 00 70
Fax: 0 89-23 50 07 31

**Eritrea**
Staat Eritrea
**Botschaft**
**S.E. Herr Beraky Gebreselassie,** a.o.
und bev. Botschafter
Stavangerstraße 18, 10439 Berlin
Tel. 030-446 746 0
Fax: 030-446 746 21
E-Mail: er.embassy@freenet.de
Tel. 030-446 746 14, Büro des
Botschafters
Fax: 030-446 746 20

**Frankfurt a.M.**
**Herr Bisrat Yemane Amine,** Konsul
Hanauer Landstraße 129, 60314 Frankfurt a. M.
Tel. 069-43 64 96
Fax: 069-43 87 48

**Estland**
Republik Estland
**Botschaft**
**I.E. Frau Dr. Riina Ruth Kionka,** a.o.
und bev. Botschafterin
Kurfürstendamm 56, 10707 Berlin
Tel: 030-32 70 53 55
Fax: 030-32 70 72 63
E-mail: Embassy.Berlin@mfa.ee

**Düsseldorf**
**Herr Dr. Jochen Friedrich Kirchhoff,**
Honorarkonsul
Uerdinger Straße 58, 40474 Düsseldorf
Tel: 0211-43 22 37
Fax: 0211-43 23 11
E-Mail: estonianconsulate@metallnrw.de

**Hamburg**
**Herr Dr. Ulf Lange,** Honorarkonsul
Badestraße 38, 20148 Hamburg
Tel: 040-450 40 26
Fax: 040-450 40 51
E-Mall: est-hc-hh@foni.net

**Fidschi-Inseln**
Republik Fidschi-Inseln
**Botschaft**
**S.E. Herr Filimone Jitoko,** a.o. und bev.
Botschafter
34, Hyde Park Gate
GB-London SW7 5DN
Tel: 0044-207-584 36 61
Fax: 0044-207-584 28 38
E-mail: fijirepuk@compuserve.com
URL: fiji.gov.fj

**Finnland**
Republik Finnland
**Botschaft**
**S.E. Herr Arto Olavi Mansala,** a.o. und
bev. Botschafter
Rauchstraße 1, 10787 Berlin
Tel. 030-50 50 30
Fax: 030-50 50 33 33
E-mail: sanomat.ber@formin.fi
URL: www.finlandemb.de
URL: www.nordischebotschaften.org

Außenstelle **Bonn**
Friesdorfer Straße 1, 53173 Bonn
Tel. 02 28-38 29 80
Fax: 0228-3 82 98 57

**Düsseldorf**
**Herr Detmar Grolman,** Honorargeneralkonsul
Bleichstraße 23, 40211 Düsseldorf
Tel. 02 11-9 35 01 18
Fax: 0211-9 35 01 50

**Hamburg**
**Herr Pekka Säilä,** Generalkonsul
Esplanade 41, 20354 Hamburg
Tel. 0 40-3 50 80 70
Fax: 0 40-3 48 01 16
E-mail: Sanomat.HAM@formin.fi

Handelsabteilung/Außenhandelsbüro
**Herr Olavi Nimelä,** Vizekonsul
Esplanade 41, 20354 Hamburg

Tel. 040-357 52 20
Fax: 040-34 07 00

**München**
**Herr Roland Berger**, Honorargeneral-
konsul
Arabellastraße 33, 81925 München
Tel. 089-91 07 22 57
Fax: 089-91 07 28 35

**Frankreich**
Französische Republik
**Botschaft**
**S.E. Herr Claude Martin**, a.o. und bev.
Botschafter
Kochstraße 6-7, 10969 Berlin (ab 2002:
Pariser Platz 5, 10117 Berlin)
Tel. 030-20 63 90 00
Fax: 030-20 63 90 10
URL: www.botschaft-frankreich.de

Fax: 030-20 63 90 10 – Politische Abtei-
lung
Fax: 030-20 63 91 37 – Militärabteilung
Fax: 030-20 63 91 37 – Wehrtechnische
Abteilung
Fax: 030-20 63 90 16 – Kulturabteilung
Fax: 030-20 63 91 11 – Presseabteilung
Fax: 030-20 63 91 80 – Verwaltungs-
abteilung
Kurfürstendamm 211, 10719 Berlin
Fax: 030-20 63 91 80
Fax: 030-885 902 75 und 76 – Wissen-
schaftsabteilung
Fax: 030-885 74 188 – Finanzabteilung
Tel. 030-885 74 10, Fax. 030-883 33 10 –
Handelsabteilung
Tel. 030-885 902 43, Fax. 030-882 52 95 –
Konsularabteilung
Hohenstaufenring 62, 50674 Köln
Tel. 0221-204 00 0, Fax: 0221-204 00 77 –
Landwirtschaftsabteilung

Außenstelle **Bonn** (Wehrtechn. Abt.
und Sozialabteilung)
Am Glückshaus 3, 53179 Bonn

Ubierstraße 130, 53173 Bonn
Tel. 0228-95 46 40
Fax: 0228-34 81 54

**Düsseldorf**
**Frau Nicole Thevenin**, Generalkonsulin
Königsallee 53-55, 40212 Düsseldorf
Tel. 02 11-49 77 30
Fax: 0211-4 91 22 40

**Frankfurt a.M.**
**Herr Danil Labrosse**, Generalkonsul
Ludolfusstraße 13, 60487 Frankfurt
a.M.
Tel. 069-795 09 60
Fax: 069-79 50 96 46

**Hamburg**
**Herr Samy Hofmann**, Generalkonsul
Pöseldorfer Weg 32, 20148 Hamburg
Tel. 040-41 41 06-0
Fax: 040-41 41 06 60
Wirtschafts- und Handelsabteilung
**Herr Luc Boyer**, Attaché
Domstraße 19, 20095 Hamburg
Tel. 040-30 96 12-0, Fax: 040-36 96 12 30

**München**
**Herr Antoine Grassin**, Generalkonsul
Möhlstraße 5, 81675 München
Tel. 089-419 41 10
Fax: 089-419 41 123

**Gabun**
Gabunische Republik
**Botschaft**
**S.E. Herr Sylvestre Ratanga**, a.o. und
bev. Botschafter
Kronprinzenstraße 52, 53173 Bonn
Tel. 0228-35 92 86, 36 58 44
Fax: 0228-35 91 95
E-mail: ambgabon@bigfoot.de
URL: www.africaweb.de/gabun

**Berlin**
**Herr Wolfgang Brosch**, Honorarkonsul

Scabellstraße 12, 14109 Berlin
Tel. 030-803 70 82
Fax: 030-803 72 96

**Hamburg**
**Herr Detlef Günther Strahtmann**,
Honorarkonsul
Frohmestraße 110, 22459 Hamburg
Tel. 040-55 90 51 16
Fax: 0 40-55 90 51 00

**München**
**Herr Paul Ruprecht Röver**, Honorarkonsul
Mahirstraße 8, 81925 München
Tel. 089-998 90 30
Fax: 089-982 72 10

**Gambia**
Republik Gambia
**Botschaft**
**S.E. Herr Ismaila B. Ceesay,** a.o. und
bev. Botschafter
126, Ave. Franklin Roosevelt
B-1050 Brüssel
Tel: 0032-2-640 10 49
Fax: 0032-2-646 32 77

**Berlin**
**Herr Gerhard Bartels**, Honorarkonsul
Kurfürstendamm 103, 10711 Berlin
Tel. 030-896 898 01
Fax: 030-896 898 11

**Frankfurt a.M.**
**Herr Jan Klimitz**, Honorarkonsul
Oberlindau 15, 60323 Frankfurt a. M.
Tel. 069-97 12 00 30
Fax: 069-97 12 00 12

**München**
**Herr Joerg E. Ulte**, Honorarkonsul
An der Tuchbleiche 6, 81927 München
Tel. 089-22 80 2566
Fax: 089 22 80 2567

**Georgien**
**Botschaft**
**S. E. Herr Dr. Konstantin Gabaschwili,**
a.o. und bev. Botschafter
Heinrich-Mann-Straße 32, 13156 Berlin-Pankow
Tel. 030-48 49 07-0
Fax: 030-48 49 07-20
Tel. 030-48 49 07-55 – Konsularabteilung
E-mail: geobotger@aol.com

**Ghana**
Republik Ghana
**Botschaft**
**S.E. Herr George Robert Nipah,** a.o.
und bev. Botschafter
(Embassy of the Republic of Ghana)
Rheinallee 58, 53173 Bonn
Tel. 0228-36 79 60
Fax: 0228-36 34 98
E-mail: Ghanembont@aol.com
E-mail: Ghanembonn@aol.com

Außenstelle **Berlin**
**Herr Alexander Grant Ntrakwa,** I.
Sekretär, Leiter der Außenstelle Berlin
Stavanger Straße 19, 10439 Berlin-Prenzlauer Berg
Tel. 030-447 90 52
Fax: 030-447 90 53

**Düsseldorf**
**Herr Manfred O. Schröder,** Honorargeneralkonsul
Lindemannstraße 43,40237 Düsseldorf
Tel. 02 11-68 28 58

**Frankfurt a.M.**
**Herr Dr. Joachim Bromkamp**, Honorarkonsul
Große Eschenheimer Straße 43, 60313
Frankfurt a. M.
Tel. 069-28 40 18/19
Fax: 069-28 40 33

**Hamburg**
**Herr Stephan Bührich**, Honorarkonsul
Deichstraße 48 -50, 20459 Hamburg
Tel. 040-37 22 66
Fax: 040-713 65 86
Sekretariat:
Rote Brücke 6, 22113 Hamburg
Tel. 040-714 87 721
Fax. 040-714 87 766

**München**
**Herr Florian Peter Friedrich Wolfart**,
Honorarkonsul
Waldstraße 7, 82166 Gräfelfing
Tel. 089-858 73 00
Fax: 089-858 71 37

**Grenada**
**Botschaft**
**Frau Joan-Marie Coutain**, (Geschäftsträgerin a. i.)
123, Rue de Laeken, 1er Etage
B-1000 Brüssel
Tel: 0032-2-223 73 03
Fax: 0032-2-223 73 07

**Griechenland**
Hellenische Republik
**Botschaft**
**S.E. Herr Dimitrios Nezeritis,** a.o. und
bev. Botschafter
Jägerstraße 54/55, 10117 Berlin
Tel. 030-20 62 60
Fax: 030-20 62 64 44 / 20 62 65 55
Presseabteilung
Jägerstraße 54/55, 10117 Berlin
Tel. 030-20 61 29 00, Fax. 030 – 20 45 09 08
E-mail: press@griechenland-botschaft.de
internet: www.griechenland-botschaft.de
Wirtschafts- und Handelsabteilung
Kurfürstenstraße 130, 10785 Berlin
Tel. 030-23 60 99-0, Fax: 030-23 60 99-20

Erziehungabteilung
Lietzenburger Straße 54, 10719 Berlin
Tel. 030-88 67 86 23, Fax: 030-88 67 86 24
Abteilung für Arbeits- und Sozialwesen
Bonner Straße 27, 53117 Bonn
Tel. 0228-33 04 98, 33 08 98, Fax: 0228-33 31 71

**Düsseldorf**
**Herr Karolos Gadis**, Generalkonsul
Grafenberger Allee 128a, 40237 Düsseldorf
Tel. 0211-68 78 50-0/-50
Fax: 0211-68 78 50 33

**Frankfurt a.M.**
**Herr Ioannis Christofilis**, Generalkonsul
Zeppelinallee 43, 60325 Frankfurt a.M.
Tel. 069-97 99 12-0/-15
Fax: 069-97 99 12 33

**Hamburg**
**Frau Helene Yerocostopoulou**, Generalkonsulin
Abteistraße 33, 20149 Hamburg
Tel. 040-413 24 30/413 24 311
Fax: 040-44 96 48

**München**
**Herr Dr. Anastassios Petrovas**, Generalkonsul
Möhlstraße 22, 81673 München
Tel. 089-99 88 67-23
Tel. 089-99 88 67-21 (Petrowas)
Fax: 089-40 96 26

**Großbritannien** (Siehe: Vereinigtes Königreich)

**Guatemala**
Republik Guatemala
**Botschaft**
**S. E. Herr José Francisco Villagrán de León,** a.o. und bev. Botschafter

Joachim-Karnatz-Allee 45-47 Ecke
Paulstraße, 2. OG., 10557 Berlin-Tier-
garten
Tel. 030-206 436-3
Fax: 030-206 436-59

**Düsseldorf**
**Herr Dr. Thomas Knaak,** Honorarkonsul
Achenbachstraße 43, 40237 Düsseldorf
Tel. 0211-670 64 590 oder 62 68 96
Fax. 0211-670 64 599 oder 62 25 18
E-mail: knaak@nehm.coll.de

**Hamburg**
**Herr Dr. Juan José Dardón Castillo,**
Generalkonsul
Fruchtallee 17, 20259 Hamburg
Tel. 040-430 60 51
Fax: 040-430 42 74

**München**
**Herr Otto Eckart,** Honorarkonsul
Grafinger Straße 2, 81671 München
Tel. 089-40 62 14
Fax: 089-413 22 00

**Guinea**
Republik Guinea
**Botschaft**
**S.E. Herr Abraham Doukouré,** a.o. und
bev. Botschafter
Rochusweg 50, 53129 Bonn
Tel. 0228-23 10 98
Fax: 0228-23 10 97

Außenstelle **Berlin**
Postfach 84 03 27, 12533 Berlin
Tel. 030-653 37 24
Fax: 030-653 22 209

**Hamburg**
**Herr Lothar Golgert,** Honorargeneral-
konsul
Alsterufer 38, 20354 Hamburg
Tel. 040-41 87 80
Fax: 040-44 83 56

**München**
**Herr Paul Böhringer,** Honorargeneral-
konsul
Amalienstraße 87, 80799 München
Tel. und Fax: München (089) 28 61 13

**Guinea-Bissau**
Republik Guinea-Bissau
**Botschaft**
**Frau Auzenda M. J. Nosolini,**
Botschaftsrätin (Geschäftsträgerin a.i.)
70, Avenue Franklin Roosevelt
B-1000 Brüssel
Tel: 0032-2-647 08 90

**Bremen**
**Herr Karsten-Uwe Köpke,** Honorar-
konsul
Sögestraße 18 -20, 28195 Bremen
Tel. 0421-1 60 96 26
Fax: 0421-1 60 96 11

**Guyana**
Kooperative Republik Guyana
**Botschaft**
(Embassy of the Cooperative Republic
of Guyana)
**Frau Gale Lee,** Geschäftsträgerin a.i.
12, Avenue du Brésil
B-1050 Brüssel
Tel: 0032-2-675 62 16
Fax: 0032-2-672 55 98, 675 63 31
E-mail: embassy.guyana@skynet.be

**Haiti**
Republik Haiti
**Botschaft**
**S.E. Herr Dr. Alrich Nicolas,** a.o. und
bev. Botschafter
Meinekestraße 5, 10719 Berlin
Tel. 030-88 55 41 34
Fax: 030-88 55 41 35
E-mail: haitbot@aol.com

**Frankfurt a.M.**
**Herr Karl Heinz Arnold,** Honorarkonsul
Hynspergstraße 4, 60322 Frankfurt a.M.
Tel. 069-55 15 86, 77 51 39, 28 31 39, 28 27 79
Fax: 069-5 06 42 95

**Heiliger Stuhl (Vatikanstadt)**
**Apostolische Nuntiatur**
**S.E. Erzbischof Dr. Giovanni Lajolo,**
Apostolischer Nuntius
Turmstraße 29, 53175 Bonn (Umzug nach Berlin für Mai 2001 geplant)
Tel. 0228-95 90 10
Fax: 0228-37 91 80

**Honduras**
Republik Honduras
**Botschaft**
Cuxhavener Straße 14, 10555 Berlin
Tel. 030-397 49 711
Fax. 030-397 49 712
E-mail: embahonduras@ngi.de
Bürozeiten: Mo–Fr 09.00–13.00

**Hamburg**
**Frau Patricia Rivera Rodil,** Generalkonsulin
An der Alster 21, 20099 Hamburg
Tel. 040-280 22 05, 24 30 09
Fax: 040-24 64 70

**München**
**Herr Carl Peter Söhnges,** Honorarkonsul
Blütenstraße 15, 80799 München
Tel. 089-278 26 30
Fax: 089-278 26 333

**Indien**
Republik Indien
(Embassy of India)

**Botschaft**
**S.E. Herr Ranendra Sen,** a.o. und bev.
Botschafter
Tiergartenstraße 17, 10785 Berlin
Tel. 030-25 79 5-0
Fax: 030-25 79 5-102
E-mail: 106071.2115@compuserve.com
E-mail: 106373.3643@compuserve.com
E-mail: commercial@indianembassy.de
URL: www.indianembassy.de
Baunscheidtstraße 7, 53113 Bonn
Konsularabteilung
Tel. 0228-540 51 31/1 33, Fax: 0228-23 32 92
Kultur-, Informations-, Wissenschaftsabteilung
Tel. 0228-540 51 467149, Fax: 0228-540 51 53
Eisenbahnabteilung
Tel. 0228-540 51 50, Fax: 0228-23 68 52

Außenstelle – **Bonn**
**Herr Kumar Sudhir,** Gesandter, Leiter der Außenstelle
Willy-Brand-Allee 16, 53113 Bonn
Tel. 0228-54 05 0
Fax: 0228-54 05 154
Telex: 8869301

**Frankfurt a.M.**
**Herr Tsewang Topden,** Generalkonsul
Friedrich Ebert-Anlage 26, 60325 Frankfurt a.M.
Tel. 069-153 00 50
Fax: 069-55 41 25
E-mail: 100573.1322@compuserve.com

**Hamburg**
**Herr Arun Kumar Goel,** Generalkonsul
Raboisen 6, 20095 Hamburg
Tel. 040-33 80 36, 33 05 57, 32 47 44
Fax: 040-32 37 57
E-mail: 040330557@t-online.de

**München**
**Herr Horst Teltschik,** Honorargeneralkonsul

Petuelring 130, 80807 München
Tel. 0 89-3 59 36 27
Fax: 0 89-3 59 98 04

**Indonesien**
Republik Indonesien
**Botschaft**
**Herr Maddolangeng Mansjur,**
Gesandter (Geschäftsträger a.i.)
Lehrter Straße 16-17, 10557 Berlin
Tel. 030-47 80 70
Fax: 030-44 73 71 42

**Frankfurt,** Generalkonsulat
**Herr Otto Sidharto Soeria Atmadja,**
Generalkonsul
Tel. 069-
Fax. 069-

**Hamburg**
**Herr Ida Bagus Putu Djendra,** Generalkonsul
Bebelallee 15, 22299 Hamburg
Tel. 040-51 20 71-73
Fax: 040-5 11 75 31

**München**
**Herr Wolfgang Schoeller,** Honorarkonsul
Widenmayerstraße 24, 80538 München
Tel. 089-29 46 09
Fax: 089-98 98 76

**Irak**
Republik Irak
**Botschaft**
**Herr Shamil A. Mohammed,** I.
Sekretär (Geschäftsträger a. i.)
Annaberger Straße 289, 53175 Bonn
(Umzug nach Berlin geplant)
Tel. 0228-95 02 4-0
Fax: 0228-95 02 4-30

**Iran**
Islamische Republik Iran
**Botschaft**
**S.E. Herr Ahmad Azizi,** a.o. und bev.
Botschafter
Podbielskiallee 65-67, 14195 Berlin
Tel. 030-84 35 3-0
Fax: 030-84 35 35 35
E-mail: iran.botschaft@t-online.de

**Frankfurt a.M.**
**Herr Mahmoud Khoshrou,** Generalkonsul
Eichendorffstraße 54, 60320 Frankfurt a. M.
Tel. 069-5 60 00 -739 oder -740
Fax: 069-56 00 07 13-28

**Hamburg**
**Herr Hossein Yazdan Moghadam,**
Generalkonsul
Bebelallee 18, 22299 Hamburg
Tel. 040-5 14 40 60
Fax: 040-5 11 35 11

**Irland**
**Botschaft**
**S.E. Herr Noel Fahey,** a.o. und bev.
Botschafter
Friedrichstraße 200, 10117 Berlin
Tel. 030-22 07 20
Fax: 030-22 07 22 99

**Hamburg**
**Herr Dr. Guido Michael Fisser,** Honorarkonsul
Feldbrunnenstraße 43, 20148 Hamburg
Tel. 040-44 18 61 13
Fax: 040-410 80 50, 44 18 65 51

**München**
**Frau Liselotte Linnebach,** Honorargeneralkonsulin
Mauerkircher Straße 1 a, 81679 München
Tel. 089-98 57 23
Fax: 089-98 42 19

**Island**
Republik Island
**Botschaft**
**S.E. Herr Ingimundur Sigfússon,** a.o.
und bev. Botschafter
Rauchstraße 1, 10787 Berlin
Tel. 030-50 50 4000
Fax: 030-50 50 4300
E-mail: icemb.berlin@utn.sitjr.is
URL: www.botschaft-island.de
URL: www.nordischebotschaften.org

**Düsseldorf**
**Herr Peter J. Hesse,** Honorarkonsul
Otto Hahn-Straße 2, 40699 Erkrath
Tel. 0211-2 50 94 40
Fax: 0211-2 50 94 97

**Frankfurt a.M.**
**Herr Helmut K. Holz,** Honorarkonsul
Roßmarkt 10, 60311 Frankfurt a.M.
Tel. 0 69-2 99 97 24
Fax: 0 69-28 38 72

**Hamburg**
**Herr Oswald Dreyer-Eimbcke,** Honorarkonsul
Raboisen 5-13, 20095 Hamburg
Tel. 040-33 66 96
Fax: 040-33 13 47

**München**
**Herr Friedrich N. Schwarz,** Honorarkonsul
Mühldorfstraße 15, 81671 München
Tel. 089-41 29 22 14
Fax: 089-41 29 22 13

**Israel**
Staat Israel
**Botschaft**
**S. E. Herr Shimon Stein Leshem,** a.o.
und bev. Botschafter
Auguste-Viktoria-Straße 74-78, 14193 Berlin
Tel. 030-890 45 500

Fax: 030-890 45 222
E-mail: botschaft@israel.de
E-mail: berlin@israel.org
URL: www.israel.de
Tel. 030-890 45 507 – Konsularabteilung
Tel. 030-890 45 512, Fax: 030-890 45 214 – Presse
Tel. 030-890 45 511 – Öffentlichkeitsarbeit
Tel. 030-890 45 513 – Kultur

Außenstelle **Bonn** (Verwaltung)
**Elazar Saar,** Gesandter, Leiter der Außenstelle
Simrockallee 2, 53173 Bonn
Tel: 0228-93 465 47
Fax: 0228-93 465 55

**Italien**
Italienische Republik
**Botschaft Berlin**
**S.E. Herr Silvio Fagiolo,** a.o. und bev.
Botschafter
Dessauer Str. 28/29, 10963 Berlin (ab 2003: Hiroshimastr. 1-7, 10785 Berlin-Tiergarten)
Tel. 030-25 44 00
Fax: 030-25 44 01 20
URL: www.botschaft-italien.de
Tel. 030-25 44 01 11/12 – Büro des Botschafters
Tel. 030-25 44 01 14 – Büro des Gesandten
Tel. 030-25 55 01 24 – Presseabteilung
Tel. 030-25 55 01 37/38 – Wirtschafts- und Handelsabteilung
Tel. 030-25 44 01 25 – Politische Abteilung
Tel. 030-25 44 00 – Sozial- und Arbeitsabteilung, Kulturabteilung

**Bremen**
**Frau Inge Beutler,** Honorarkonsulin
Sielwall 54, 28203 Bremen
Tel. 0421-70 20 30

**Dortmund**
**Herr Enrico de Agostini**, Konsul
Goebenstraße 14, 44135 Dortmund
Tel. 0231-57 79 60
Fax: 0231-55 13 79

**Frankfurt a.M.**
**Herr Sandro Maria Siggia**, General-
konsul
Beethovenstraße 17, 60325 Frankfurt
a.M.
Tel. 069-7 53 10
Fax: 069-7 53 11 43

**Freiburg i.Br.**
**Herr Sergio Martes**, Konsul
Schreiberstraße 4, 79098 Freiburg i.Br.
Tel. 0761-38 66 10
Fax: 0761-3 86 61 61

**Hamburg**
**Herr Dr. Antonio Cardelli**, General-
konsul
Feldbrunnenstraße 54, 20148 Hamburg
Tel. 040-4 14 00 70
Fax: 040-41 40 07 39

**Hannover**
**Herr Renzo Pennacchioni**, General-
konsul
Freundallee 27, 30173 Hannover
Tel. 0511-28 37 90
Fax: 0511-283 79 30

**Köln**
**Herr Gianfranco Colognato**, General-
konsul
Universitätsstraße 81, 50931 Köln
Tel. 0221-40 08 70
Fax: 0221-4 06 03 50

**Leipzig**
**Herr Fausto Brunetti**, Generalkonsul
Löhrstraße 17, 04105 Leipzig
Tel. 0341-2 11 57 19
Fax: 0341-2 11 58 23

**Mannheim**, Konsularagentur
**Herr Carlo Alabastro**, Konsularagent
M 1, 5, 68161 Mannheim
Tel. 0621-17 89 090
Fax. 0621-229 45

**München**
**Herr Dr. Vittorio Tedeschi**, General-
konsul
Möhlstraße 3, 81675 München
Tel. 089-418 00 30, 470 33 34
Fax: 089-47 79 99

**Nürnberg**
**Herr Dr. Antimo Campanile**, Konsul
Gleissbühlstraße 10, 90402 Nürnberg
Tel. 0911-20 53 6-0
Fax: 0911- 4 38 33

**Saarbrücken**
**Herr Salvatore Sciuto**, Konsul
Preußenstraße 19, 66111 Saarbrücken
Tel. 0681-66 83 30
Fax: 0681-6 68 33 35

**Stuttgart**, Generalkonsulat
Lenzhalde 46, 70192 Stuttgart
Tel. 0711-2 56 30
Fax: 0711-2 56 31 36

**Wolfsburg**, Konsularagentur
Porschestraße 74, 38440 Wolfsburg
Tel. 05361-2 30 77/78
Fax: 05361-2 13 58

**Jamaika**
**Botschaft**
(Embassy of Jamaica)
**S.E. Herr Peter C. Black**, a.o. und bev.
Botschafter
Schmargendorfer Straße 32, 12159 Ber-
lin
Tel. 030-85 99 45-0
Fax: 030-85 99 45-40
E-mail: info@jamaican-embassy-ber-
lin.de

**Hamburg**
**Herr Jens Kellinghusen**, Honorarkonsul
Ballindamm 1, 20095 Hamburg
P.O. Box 10 44 20, 20030 Hamburg
Tel. 040-30 29 9-232
Fax: 040-30 29 92 80

**München**
**Frau Gloria Elmendorff**, Honorarkonsulin
Münchner Straße 16, 85774 Unterföhring
Tel. 089-929 59 09
Fax: 089-957 25 430

**Japan**
**Botschaft**
**S.E. Herr Kunisada Kume,** a.o. und bev.
Botschafter
Kleiststraße 23-26, 10787 Berlin
Hiroshimastraße 6, 10785 Berlin (ab 05.03.2001)
Tel. 030-21 09 40
Fax: 030-21 09 42 22
e-mail: info@embjapan.de
internet: www.embjapan.de

Außenstelle **Bonn**
**Herr Toshio Kunikata**, Gesandter,
Leiter der Außenstelle
Godesberger Allee 102-104, 53175 Bonn
Tel. 0228-8 19 10
Fax: 0228-37 93 99

**Düsseldorf**
**Herr Tatsuo Toda**, Generalkonsul
Immermannstraße 45, 40210 Düsseldorf
Tel. 0211-16 48 20
Fax: 0211-35 76 50

**Frankfurt a.M.**
**Herr Akio Tanaka**, Generalkonsul
Taunustor 2, 60311 Frankfurt a.M.
Tel. 069-238 57 30
Fax: 069-23 05 31

**Hamburg**
**Herr Takemitsu Kurihara**, Generalkonsul
Rathausmarkt 5, 20095 Hamburg
Tel. 040-33 30 17-0
Fax: 040-30 39 99 15

**München**
**Herr Takeshi Nakane,** Generalkonsul
Prinzregentenplatz 10, 81675 München
Tel. 089-417 60 40
Fax: 089-470 57 10

**Jemen**
Republik Jemen
**Botschaft**
**S.E. Herr Mohy A. Al-Dhabbi,** a.o. und
bev. Botschafter
Rheinbabenallee 18, 14199 Berlin
Tel. 030-89 73 05-0
Fax: 030-89 73 05-62
E-mail: botschaft-jemen@freenet.de
Tel. 030-83 22 59-01/02
Fax: 030-83 22 59-03

**Jordanien**
Haschemitisches Königreich Jordanien
**Botschaft**
**S.E. Herr Farouk Ahmad Kasrawi,** a.o.
und bev. Botschafter
Heerstraße 201, 13595 Berlin
Tel. 030-36 99 600
E-mail: embjorbonn@aol.com

**Berlin**
**Herr Horst Sandner**, Honorarkonsul
Pfalzburger Straße 74, 10719 Berlin
Tel. 030-885 23 11
Fax: 030-883 46 76

**Düsseldorf**
**Herr Claus Gielisch**, Honorarkonsul
Poststraße 7, 40213 Düsseldorf
Tel. 0211-1 38 06 02
Fax: 0211-32 36 83

**München**
**Herr Rudolf Neumeister**, Honorarkonsul
Barerstraße 37, 80799 München
Tel. 089-28 29 53
Fax: 089-23 17 10 55

**Jugoslawien**
Bundesrepublik Jugoslawien
**Botschaft**
**S.E. Herr Milovan Bozinovic**, a.o. und bev. Botschafter
Taubertstraße 18, 14193 Berlin
Tel. 030-895 77 00
Fax: 030-825 22 06
E-mail: Botschjugo@knuut.de

Außenstelle **Bonn**
**Herr Desimir Ilic**, I. Botschaftsrat
Schloßallee 5, 53179 Bonn
Tel. 0228–34 40 54
Fax: 0288–34 40 56

**Düsseldorf**
**Herr Vlado Nadazdin**, Generalkonsul
Lindemannstraße 5, 40237 Düsseldorf
Tel. 0211-23 95 500
Fax: 0211-66 21 44

**Frankfurt a.M.**
**Herr Dr. Zivota Zivkovic**, Generalkonsul
Thüringer Straße 3, 60316 Frankfurt a.M.
Tel. 069-43 99 23 -25
Fax: 069-43 31 49

**Hamburg**
**Herr Herr Miroljub Milanovic**, Generalkonsul
Harvestehuder Weg 101, 20149 Hamburg
Tel. 040-44 45 04, 45 24 63
Fax: 040-410 47 47

**München**
**Herr Vlado Ljubojevic**, Generalkonsul
Böhmerwaldplatz 2, 81679 München

Tel. 089-98 67 28
Fax: 089-98 13 19

**Kambodscha**
Königreich Kambodscha
(Royal Embassy of Cambodia)
**Botschaft**
**S.E. Herr Khek Lerang**, a.o. und bev. Botschafter
Benjamin-Vogelsdorff-Straße 2, 13187 Berlin
Tel. 030-48 63 79 01
Fax: 030-48 63 79 73
Tel. 030-49 76 08 30 – Büro des Botschafters
Fax 030-48 63 79 72 – Konsularabteilung

**Kamerun**
Republik Kamerun
**Botschaft**
**Herr Jean Melaga**, Botschafter, Leiter
Rheinallee 76, 53173 Bonn
Tel. 0228-35 60 38
Fax: 0228-35 90 58

**Düsseldorf**
**Herr Dr. Hans Walter**, Honorarkonsul
Erkrather Straße 306, 40231 Düsseldorf
Tel. 0211-730 82 30
Fax: 0211-737 02 20

**Frankfurt a. M.**
**Herr Walter Ebbinghaus**, Honorarkonsul
Hostatostraße 13, 65929 Frankfurt a. M.
Tel./Fax: 069-310 22 21

**Kanada**
**Botschaft**
**I.E. Frau Marie Bernard-Meunier**, a.o. und bev. Botschafterin
Friedrichstraße 95, 10117 Berlin
Tel. 030-20 31 20

**369**

Fax: 030-20 31 25 90
E-mail: berlin@dfait-maeci.gc.ca
URL: www.kanada-info.de

**Düsseldorf**
**Herr John Schofield**, Konsul
Benrather Straße 8, 40213 Düsseldorf
Tel. 0211-17 21 70
Fax: 0211-35 91 65

**Hamburg**
**Herr Harold McNairnay**, Konsul
Ballindamm 35, 5. OG., 20095 Hamburg
Tel. 040-46 00 27-0
Fax: 040-46 00 27-20
E-mail: hamburg@consulates-canada.de

**München**
**Herr Dr. Jon Scott**, Konsul
Tal 29, 80331 München
Tel. 089-21 99 57-0
Fax: 089-21 99 57 57

**Kap Verde**
Republik Kap Verde
**Botschaft**
**Herr Antonio Nascimento**, II. Sekretär
Dorotheenstraße 43, 10117 Berlin
Tel. 030-20 45 09 55
Fax: 030-20 45 09 66
E-mail: embassy.capverde@knuut.de

**Stuttgart**
**Herr Helmut Schweimler**, Honorar-
konsul
Marienstraße 43, 70178 Stuttgart
Tel. 0711-6 07 15 58
Fax: 0711-60 66 10 50

**Kasachstan**
Republik Kasachstan
**Botschaft**
**S.E. Herr Erik Magsumovitsch Asan-**
**bayev,** a.o. und bev. Botschafter
Nordendstraße 14/17, 13156 Berlin-
Pankow

Tel. 030-47 00 7-113/110
Fax: 030-47 00 7-125
E-mail: kasger@ndh.net

**Außenstelle Bonn**
Elsa-Brandström-Straße 15, 53225
Bonn
Tel. 0228-40 38 70
Fax: 0228-40 38 720

**Düsseldorf**
**Herr Eugen Warkentin,** Honorarkonsul
Moerserstraße 57, 40639 Meerbusch
Tel. 02132-93 16 40/41
Fax: 02132-93 16 42

**Frankfurt a. M.**
**Herr Murat Atanov,** Generalkonsul
Tel. 069-97 14 67-0
Fax: 069-97 14 67 18

**Katar**
Staat Katar
**Botschaft**
**S.E. Herr Mohamed Hassan Al-Jaber,**
a.o. und bev. Botschafter
Postfach 48, 53132 Bonn
Brunnenallee 6, 53117 Bonn (Umzug
nach Berlin in ca. 2002, Hagenstraße
56/Teplitzer Str. 29, 14193 Berlin)
Tel. 0228-95 75 2-0
Fax: 0228-95 75 2-55
E-mail: qatarbonn@compuserve.com

**Kenia**
Republik Kenia
(Embassy of the Republic of Kenya)
**Botschaft**
**S.E. Herr Frost Otieno Josiah,** a.o. und
bev. Botschafter
Markgrafenstraße 63, 10969 Berlin
Tel. 030-259 266 0
Fax: 030-259 266 50

**Hamburg**
**Herr Dr. Jens Peter Breitengross,**
Honorarkonsul
Rathausstraße 6, 20095 Hamburg
Tel. 040-30 30 42 29
Fax: 040-30 30 43 33

**Kirgisistan**
Kirgisische Republik
**Botschaft**
**S.E. Herr Apas Dschumagulow,** a.o.
und bev. Botschafter
Otto-Suhr-Allee 146, 10585 Berlin
Tel./Fax: 030-34 78 13 37

**Frankfurt a.M.**
**Herr Ermek Ibraimov,** Konsul
Große Eschenheimer Straße 43, 60313
Frankfurt a.M.
Tel. / Fax: 069-95 40 39 26

**Hamburg**
**Herr Karl Hugo Ernst Ehlerding,**
Honorarkonsul
Am Sandtorkai 77, 20457 Hamburg
Tel. 0 40-37 50 09 26/27
Fax: 0 40-3 74 32 14

**Kiribati**
**Republik Kiribati**
(Republic of Kiribati)
**Hamburg**
**Herr Frank Leonhardt,** Honorarkonsul
Rödingsmarkt 16, 20459 Hamburg
Tel. 040-36 14 6-112
Fax: 040-36 14 61 23

**Kolumbien**
Republik Kolumbien
**Botschaft**
**S.E. Herr Hernán Beltz Peralta,** a.o.
und bev. Botschafter
Kurfürstenstraße 84, 5. Etage, 10787
Berlin

Tel. 030-26 39 61-0
Fax: 030-26 39 61-25
E-mail: emcol@t-online.de

Außenstelle **Bonn**
**Frau Sara Valencia,** Leiterin
Johanniterstraße 14, 53113 Bonn
Tel. 0228-23 09 00
Fax: 0228-23 02 90

**Frankfurt a.M.**
**Frau Teresita Garcia-Romero,** General-
konsulin
Fürstenberger Straße 223, 60323 Frank-
furt a.M.
Tel. 069-5 96 30 50 u. 60
Fax: 069-5 96 20 80

**Hamburg**
**Frau Lucella Ossman de Duque,** Gene-
ralkonsulin
Hochallee 89, 20149 Hamburg
Tel. 040-45 28 12, 45 72 31
Fax: 040-410 84 62

**München**
**Frau Melba Martinez Lopez,** General-
konsulin
Tal 14, 80331 München
Tel. 089-29 16 00 20
Fax: 089-29 16 06 24

**Komoren**
Islamische Bundesrepublik Komoren
**Botschaft**
20 Rue marbeau, F-75116 Paris
Tel. 0033-1-40 67 90 54
Fax: 0033-1-40 67 72 96

**Kongo**
Demokratische Republik Kongo
(früher Zaire)
**Botschaft**
**Herr Lhelo Boloto,** Attaché
(Geschäftsträger a.i.)

Im Meisengarten 133, 53179 Bonn
(Umzug nach Berlin geplant)
Postfach 20 02 62, 53177 Bonn
Tel. 0228-85 81 60
Fax: 0228- 34 99 89

**Bremen**
**Herr Ansgar Werner**, Honorargeneral-
konsul
Bornstraße 16/17, 28195 Bremen
Tel. 0421-1 58 20
Fax: 0421-304 22 09

**Kongo**
Republik Kongo
**Botschaft**
**Herr Serge-Michel Odzocki,**
Botschaftsrat (Geschäftsträger a.i.)
Rheinallee 45, 53173 Bonn
Tel. 0228-35 83 55
Fax: 0228-35 22 17

**Korea**
Republik Korea
**Botschaft**
**S. E. Herr Hwang Won-tak**, a.o. und
bev. Botschafter
Schöneberger Ufer 89/91, 3. u. 4. Etage,
10785 Berlin
Tel. 030-26 065-0, 26 065-432/433/434
Fax: 030-26 065-51
E-mail: webmaster@korea-botschaft.de
URL: www.korea-botschaft.de
Presse- und Kulturabteilung
Lützowufer 26, 10787 Berlin
Tel. 030-26 95 20
Fax: 030-26 95 21 34

Außenstelle **Bonn**
**Herr Seong-Ung Park**, Gesandter und
Generalkonsul
Mittelstraße 43, 53175 Bonn
Tel. 0228-943 79-0
Tel. 0228-943 79-21, -22
Fax: 0228-37 27 894

**Düsseldorf**
**Frau Michael Storm**, Honorarkonsul
Gruner Straße 74, 40239 Düsseldorf
Tel. 0211-63 46 36
Fax: 0211-62 24 45

**Frankfurt a.M.**
**Frau Chun Seun Lee**, Generalkonsul
Eschersheimer Landstraße 327, 60320
Frankfurt a.M.
Tel. 069-9 56 75 20
Fax: 069-56 98 14

**Hamburg**
**Frau Sang Woan Lee**, Generalkonsul
Hagedornstraße 53, 20149 Hamburg
Tel. 040-4 10 20 31/32
Fax: 040-44 61 51

**München**
**Herr Rudolf Walter Wulf Sacher**,
Honorarkonsul
Auerfeldstraße 22, 81541 München
Tel. 089-66 99 10
Fax: 089-66 47 66

**Korea** (Schutzmachtvertretung)
Demokratische Volksrepublik Korea
Büro für den Schutz der Interessen der
Koreanischen Demokratischen Volks-
republik
**Herr Hyonbo Pak**, Leiter
Glinkastraße 5-7, 10117 Berlin
Tel. 030-229 31 89
Fax: 030-229 31 91

**Kroatien**
Republik Kroatien
**Botschaft**
**Herr Zarko Plevnik**, Botschaftsrat
(Geschäftsträger a. i.)
Ahornstraße 4, 10787 Berlin
Tel. 030-23 62 89 50/1
Fax: 030-23 62 89 65
E-mail: vprhberlin@aol.com

Außenstelle **Bonn**
**Herr Hrvoje Sagrak,** Botschaftsrat,
Leiter der Außenstelle
Rolandstraße 52, 53179 Bonn
Tel. 0228-95 29 20, 95 29 2-36
Fax: 0228-33 21 54

**Frankfurt a.M.**
**Herr Mladen Juricic,** Generalkonsul
Am Weingarten 25, 60487 Frankfurt a.M.
Tel. 069-707 10 12
Fax: 069-707 10 16

**Hamburg**
**Frau Mirjana Vidovic,** Generalkonsulin
Ludwig-Erhard-Straße 37, 20459 Hamburg
Tel. 040-317 40 39
Fax: 040-317 50 38

**München**
**Herr Vinko Ljubicic,** (Konsul Gerant)
Oberföhringer Straße 6, 81679 München
Tel. 089-98 25 21/22
Fax: 089-260 87 51

**Kuba**
Republik Kuba
**Botschaft**
**S. E. Herr Marcelino Medina Gonzáles,**
a.o. und bev. Botschafter
Stavanger Straße 20, 10439 Berlin
Tel. 030-91 61 18 11
Fax: 030-91 64 553

Außenstelle **Bonn**
**Herr Julio Alvarez Dorta,** Gesandter,
Leiter der Außenstelle
Kennedyallee 22/24, 53175 Bonn
Tel. 0228-30 90
Fax: 0228-30 92 44

**Kuwait**
Staat Kuwait
(Embassy of the State of Kuwait)
**Botschaft**
**S.E. Herr Faisal Rashed Al-Ghais,** a.o.
und bev. Botschafter
Griegstraße 5-7, 14193 Berlin
Tel. 030-897 300-0
Fax: 030-897 300-10
Tel. 030-897 300-57 – Konsularabteilung
Fax: 030-897 300-56

**Laos**
Demokratische Volksrepublik Laos
**Botschaft**
**S.E. Herr Phanthong Phommahaxay,**
a.o. und bev. Botschafter
Bismarckallee 2 a, 14193 Berlin
Tel. 030-89 06 06 47
Fax: 030-89 06 06 48

**Lesotho**
Königreich Lesotho
**Botschaft**
**I.E. Frau Lebohang Nts'inyi,** a.o. und
bev. Botschafterin
Godesberger Allee 50, 53175 Bonn
(Umzug nach Berlin geplant)
Tel. 0228-30 84 30
Fax: 0228-30 84 322
E-mail: lesoembger@aol.com

**Frankfurt a.M.**
**Herr Jürgen Lorenz,** Honorarkonsul
Schieferstein 6, 65439 Flörsheim
Tel. 06145-70 75
Fax: 06145-78 95

**München**
**Herr Dr. Jochen Conradi,** Honorarkonsul
Münchner Straße 14, 85774 Unterföhring
Tel. 089-9 57 68 01
Fax: 089-99 29 20 20

373

**Lettland**
Republik Lettland
**Botschaft**
**S.E. Herr Andris Teikmanis,** a.o. und
bev. Botschafter
Reinerzstraße 40/41, 14193 Berlin
Tel. 030-826 00 222
Fax: 030-826 00 233
E-mail: latembger@mfa.gov.lv
URL: www.botschaft-lettland.de
E-mail: latconsger@mfa.gov.lv
URL: www.botschaft-lettland.de

**Düsseldorf**
**Herr Prof. Dr. Bruno Braun,** Honorar-
konsul
Vogelsanger Weg 6, 40417 Düsseldorf
Tel. 0211-6 35 42 71
Fax: 0211-6 35 42 77

**Frankfurt a.M.**
**Herr Dr. Manfred Meyer-Preschany,**
Honorarkonsul
Guiollettstraße 50, 60325 Frankfurt a.M.
Tel. 069-9 71 01 00
Fax: 069-97 10 10 30

**Hamburg**
**Frau Dr. Sabine Sommerkamp-
Homann,** Honorarkonsulin
Neuer Wall 72, 20354 Hamburg
Tel. 040-36 55 33
Fax: 040-36 96 56 56 (außerhalb der
Sprechzeit: 6 07 27 89)

**München**
**Herr Dr. Dietrich Wolf,** Honorarkonsul
Brienner Straße 20, 80333 München
Tel. 089-21 71 55 00
Fax: 089-21 71 56 00

**Libanon**
Libanesische Republik
**Botschaft**
**S.E. Herr Mohamad Mosbah Abdul-
Sattar Issa,** a.o. und bev. Botschafter
Berliner Straße 127, 13187 Berlin

Tel. 030-474 98 60
Fax: 030-47 48 78 58
E-mail: Lubnan@t-online.de

**Frankfurt a.M.**
**Herr Marwan Kallab,** Honorarkonsul
Mainzer Landstraße 268, 60326 Frank-
furt a.M.
Tel. 069-739 22 44
Fax: 069-730 61 65

**Liberia**
Republik Liberia
**Botschaft**
**S.E. Herr Rufus Webster Simpson,** a.o.
und bev. Botschafter
Mainzer Straße 259, 53179 Bonn
Tel. und Fax: 02 28-34 08 22

**Berlin**
**Herr Joachim Meier,** Honorarkonsul
Puecklerstraße 8, 14195 Berlin
Tel. 030-84 10 90 07
Fax: 030-84 10 90 08

**Frankfurt a.M.**
**Herr Dr. Gerhard Holland,** Honorar-
generalkonsul
Bernusstraße 7, 60487 Frankfurt a.M.
Tel. 069-7 07 24 09
Fax: 069-77 80 87

**München**
**Herr Josef Peter Eggen,** Honorarkonsul
Nymphenburger Straße 118, 80636
München
Tel. 0 89-1 29 53 88
Fax: 0 89-18 77 73

**Libyen**
Volksbüro (Diplomatische Mission) der
Sozialistischen Libysch-Arabischen
Volks-Dschamahirija
**Botschaft**
**S.E. Herr Mohamed Omar Albarani,**

Botschaftsrat (Geschäftsträger a. i.)
Beethovenallee 12 a, 53173 Bonn
Tel. 0228-82 00 90
Fax: 0228-36 42 60

**Liechtenstein**
**Amt für Auswärtige Angelegenheiten**
**des Fürstentums von Liechtenstein**
(Fürstentum Liechtenstein)
FL-9490 Vaduz
Tel. 0042 3-236 60 57/58
Fax. 0042 3-236 60 59

**Litauen**
Republik Litauen
**Botschaft**
**S.E. Herr Prof. Dr. habil. Vaidievutis**
**Geralavicius,** a.o. und bev. Botschafter
Katharinenstraße 9, 10711 Berlin
Tel. 030-89 06 81-0
Fax: 030-89 06 81-15
E-mail: botschaft@t-online.de
URL: www.botschaft.lt

Außenstelle **Bonn**
**Herr Dr. Nerijus Zukas,** Botschaftsrat
Konstantinstr. 25 A, 53179 Bonn
Tel. 0228-91 491-0
Fax: 0228-91 491-15

**Frankfurt a.M.**
**Herr Karl Rothenberger,** Honorarkonsul
Gutleutstraße 163-167, 60327 Frankfurt
a.M.
Tel. 069-23 23 33
Fax: 069-23 91 63

**Hamburg**
**Herr Hans-Friedrich Saure,** Honorarkonsul
Brodschrangen 4, 20457 Hamburg
Tel. 040-375 017 70
Fax: 040-37 65 53 34

**Luxemburg**
Großherzogtum Luxemburg
**Botschaft**
**S.E. Herr Dr. Julien Alex,** a.o. und bev.
Botschafter
Klingelhöferstraße 7, 10785 Berlin
Tel. 030-26 39 57-0
Fax: 030-26 39 57 27

**Düsseldorf**
**Herr Christian von Bassewitz,** Honorarkonsul
Jägerhofstraße 10, 40479 Düsseldorf
Tel. 0211-498 13 36
Fax: 0211-498 64 76

**Frankfurt a.M.**
**Herr Dr. Heinrich Focke,** Honorarkonsul
Bockenheimer Landstraße 2-8,
60323 Frankfurt a.M.
Tel. 069-97 20 47 47
Fax: 069-97 20 47 48

**Hamburg**
**Herr Dr. Volker Neumann-**
**Schniedewind,** Honorarkonsul
Elbchaussee 249, 22605 Hamburg
Tel. 040-82 30 32
Fax: 040-82 89 87

**München**
**Herr Dr. Hanns Maier,** Honorargeneralkonsul
Klenzestraße 101, 80469 München
Tel. 089-20 24 22 02
Fax: 089-20 24 22 27

**Madagaskar**
Republik Madagaskar
**Botschaft**
**S.E. Herr Antoine Zafera Rabesa,** a.o.
und bev. Botschafter
Rolandstraße 48, 53179 Bonn (Umzug
nach Berlin ca. 2001/2002)
Tel. 0228-95 35 90

Fax: 0228-33 46 28
E-mail: Madagaskar-Botschaft@t-online.de
URL: www.botschaft-madagaskar.de

**Berlin**
**Herr Harry Wollenschläger,** Honorarkonsul
Preußenallee 14, 14052 Berlin
Tel. 030-305 82 11, 213 32 90
Fax: 030-305 74 21

**Düsseldorf**
**Herr Dr. Hans Heil,** Honorargeneralkonsul
Wilhelm Busch-Straße 5, 40474 Düsseldorf
Tel. 0211-43 26 43

**Hamburg**
**Herr Eckhard Koll,** Honorargeneralkonsul
Holstenplatz 18, 22765 Hamburg
Tel. 040-38 10 19 89
Fax: 040-38 10 16 77

**München**
**Herr Ingo Wallner,** Honorarkonsul
Akademiestraße 7-8, 80799 München
Tel. 089-3 81 90 20
Fax: 089-38 19 02 36

**Malawi**
Republik Malawi
(Embassy of the Republic of Malawi)
**Botschaft**
**S.E. Herr Dr. S. S. Ncozana,** a.o. und
bev. Botschafter
Mainzer Straße 124, 53179 Bonn
(Umzug nach Berlin geplant)
Tel. 0228-94 33 5-0
Fax: 0228–94 33 5-37
E-mail: malawibonn@aol.com

**Hamburg**
**Herr Manfred Mehr,** Honorarkonsul

Elbchaussee 419, 22609 Hamburg
Tel. 040-8 81 01 00
Fax: 040-88 91 32 23

**München**
**Herr Hanns Reich,** Honorarkonsul
Ulrichstraße 68, 82057 München
F: Icking (0 81 78) 74 92
Fax: 0 81 78-83 98

**Malaysia**
**Botschaft**
(Embassy of Malaysia)
**S.E. Herr Dato' Abdul Kadir Mohd.**
**Deen,** a.o. und bev. Botschafter
Klingelhöfer Straße 6, 10785 Berlin
Tel. 030-88 57 49-0
Fax: 030-885 75 49 50
E-mail: mwberlin@compuserve.de

**Hamburg**
**Herr Edgar E. Nordmann,** Honorargeneralkonsul
Kajen 2, 20459 Hamburg
Tel. 040-37 21 72
Fax: 040-3 68 72 49

**München**
**Herr Dr. Jürgen Heidemann,** Honorarkonsul
Leopoldstraße 236, 80807 München
Tel. 089-35 06 51 37
Fax: 089-35 06 53 74

**Malediven**
Republik Malediven

**Bad Homburg v.d.H.**
**Herr Gottfried Mücke,** Honorargeneralkonsul
Immanuel Kant-Straße 16, 61350 Bad Homburg v.d.H.
Tel. 06172-86 78 33
Fax: 06172-8 58 33, 069-69 21 02

**Mali**
Republik Mali
**Botschaft**
**I.E. Frau Aminata Sidibe Soumare,** a.o.
und bev. Botschafterin
Basteistraße 86, 53173 Bonn
Tel. 0228-35 70 48
Fax. 0228-36 19 22

**Berlin**
**Herr Erich Groenewold,** Honorarkonsul
Griegstraße 14 A, 14193 Berlin
Tel. 030-8 95 99 70
Fax: 030-89 59 97 32

**Düsseldorf**
**Herr Bernd Schulz,** Honorarkonsul
Erkrather Straße 306, 40231 Düsseldorf
Tel. 0211-7 30 82 30
Fax: 0211-7 37 02 20

**Frankfurt a.M.**
**Herr Reinhold Joest,** Honorarkonsul
Esperantostraße 61, 60598 Frankfurt a.M.
Tel. und Fax: 0 69-63 86 57

**Hamburg**
**Herr Dr. Hans-Georg Graichen,** Honorargeneralkonsul
Hamburger Straße 11, VI. Etage,
22083 Hamburg
Tel. 040-227 80 39
Fax: 040-227 98 69

**Malta**
Republik Malta
**Botschaft**
**S.E. Herr William C. Spiteri,** a.o. und
bev. Botschafter
Klingelhöferstraße 7, Tiergartendreieck
Block 4, 10785 Berlin
Tel. 030-26 39 11-0 bis -9
Fax: 030-26 39 11-23
E-mail: maltaembgrm@ndh.net

**Berlin** (Umzug nach Potsdam geplant)
**Frau Ingrid Christine Möbus,** Honorarkonsulin
Kurfürstendamm 50, 10707 Berlin
Tel. 030-881 38 13
Fax: 030-881 38 13

**Düsseldorf**
**Herr Paul R. Kraemer,** Honorargeneralkonsul
Schadowstraße 59, 40212 Düsseldorf
Tel. 0211-35 82 66
Fax: 0211-23 08 23

**Hamburg**
**Herr Otto Techau,** Honorargeneralkonsul
Wandsbeker Marktstraße 75,
22041 Hamburg
Tel. 040-68 10 10
Fax: 040-6 89 08 09

**München**
**Herr Dr. Joachim Hietzig,** Honorargeneralkonsul
Adamstraße 4, 80636 München
Tel. 089-18 45 22
Fax: 089-18 42 71

**Marokko**
Königreich Marokko
**Botschaft**
**S.E. Herr Dr. Abdeladim Lhafi,**
a. o. Botschafter
Niederwallstraße 39, 10117 Berlin
Tel. 030-20 61 240
Fax: 030-20 61 24 20
E-mail: Botschaft@marokko.com
URL: marokko.com

**Düsseldorf**
**Herr Abderrahim Sassi,** Generalkonsul
Cecilienallee 14, 40474 Düsseldorf
Tel. 0211-45 10 41
Fax: 0211-43 98 29

**Frankfurt a.M.**
**Herr Driss Chabi**, Generalkonsul
Adickesallee 65, 60322 Frankfurt a. M.
Tel. 069-95 50 123
Fax: 069-95 50 12 55

**München**
**Herr Hans Bäumler**, Honorarkonsul
Prinzregentenstraße 89, 81675
München
Tel. 089-455 03 80

**Marschall-Inseln**
Republik Marschallinseln
2433 Massachusetts Avenue N.W.
Washington D.C., 20008/USA
Tel. 001-202-234 54 14
Fax: 001-202-785 50 83

**Mauretanien**
Islamische Republik Mauretanien
**Botschaft**
**S.E. Herr Hamoud Ould Ely**, a.o.
Botschafter
Bonner Straße 48, 53173 Bonn (Umzug
nach Berlin geplant)
Tel. 0228-36 40 24/25
Fax: 0228-36 17 88
E-mail: ambarimbonn@aol.com

**Berlin**
**Herr Dr. Bodo Stephan**, Honorarkonsul
Kurfürstendamm 216, 10719 Berlin
Tel. 030-881 60 49
Fax: 030-883 39 80

**Düsseldorf**
**Herr Hubertus Spieker**, Honorarkonsul
Graf-Adolf-Straße 60 (Rema-Hotel
Concorde), 40210 Düsseldorf
Tel. 0211-38 58 723, 38 58 724, 38 38
725, 05251-16 660
Fax: 05251-16 66 40
E-mail: MauretanienKons@aol.com

**Mauritius**
Republik Mauritius
(Embassy of the Republic of Mauritius)
**Botschaft**
**Herr Israhyananda Dhalladoo**,
Geschäftsträger
Kurfürstenstraße 84, 10787 Berlin
Tel. 030-263 93 60
Fax: 030-265 58 323
E-mail: mu.embln.3@t-online.de

**Düsseldorf**
**Herr Claus Securs**, Honorarkonsul
Wasserstraße 3, 40213 Düsseldorf
Tel. 0211-13 62 90
Fax: 0211-13 17 16, 13, 25 04
E-mail: Securs@widd.de

**München**
(Honorary Consulate-General of the
Republic of Mauritius)
**Herr Dr. Johannes Kneifel**, Honorar-
generalkonsul
Landwehrstraße 10, 80336 München
Tel. 089-55 55 15
Fax: 089-55 35 04

**Mazedonien**
ehemalige jugoslawische Republik
Mazedonien
**Botschaft**
**S.E. Herr Dr. Srgjan Kerim**, a.o. und
bev. Botschafter
Königsallee 2, 14193 Berlin
Tel. 030-890 69 50
Fax: 030-895 41 194

Außenstelle **Bonn**
**Herr Osvit Rosoklija**, Botschaftsrat
Sträßchensweg 6, 53113 Bonn
Tel. 0228-92 36 90
Fax: 0228-23 10 25

**Mexiko**
Vereinigte Mexikanische Staaten
**Botschaft**

**S.E. Herr Roberto Friedrich**, a.o. und
bev. Botschafter
Klingelhöferstraße 3, 10785 Berlin
Tel. 030-26 93 23-0
Fax: 030-26 93 23-700
e-mail: rfaemb@edina.xnc.com
internet: www.embamex.de

Handelsmission
**Frau Dr. Gabriela Gándara**, Handels-
rätin
Rüsterstraße 1, 60325 Frankfurt
Tel. 069-972 69 80
Fax: 069-972 698 11
E-mail: frankfurt@bancomext.de

**Frankfurt a.M.**
**Herr Rolf Schlettwein Dahlhaus**, Gene-
ralkonsul
Taunuslage 21, 60325 Frankfurt a. M.
Tel. 069-29 98 75-0
Fax: 069-29 98 75 75
E-mail: consulmex_f@compuserve.com

**Hamburg**
**Frau Tamara Kitain de Zimmermann**,
Generalkonsulin
Hallerstraße 76, 20146 Hamburg
Tel. 040–45 01 58-0
Fax: 040-45 01 58 20
E-mail: mexico@consulmex-ham-
burgo.org

**München**
**Herr Dr. Manfred Scholz**, Honorarkon-
sul
Max-Joseph-Straße 5, 80333 München
Tel. 089-548 838 77/-78
Fax: 089-548 838 79

**Mikronesien**
Föderierte Staaten von Mikronesien
**Botschaft**
1725 North Street N. W., Washington
D.C.
20036/USA

Tel. 001-202-223 43 83
Fax: 001-202-223 43 91

**Moldau (Moldawien)**
Republik Moldau
**Botschaft**
**Herr Dr. Igor Corman**, Botschaftsrat
(Geschäftsträger a. i.)
Gotlandstraße 16, 10439 Berlin
Tel. 030-44 65 29 70
Fax: 030-44 65-29 72
E-mail: botschaft-moldova-berlin@
compuserve.com

Außenstelle **Bonn**
**Frau Angela Ponomariou**, II. Sekretä-
rin, Leiterin
Adenauerallee 13 B, 53111 Bonn
Tel./Fax: 0228-26 24 23 530

**Frankfurt a.M.**
**Herr Nicolae Buga**, Generalkonsul
Adelheidstraße 8, 60433 Frankfurt a.M.
Tel. 0 69-52 78 08
Fax: 0 69-53 10 07

**Hamburg**
**Herr K. K. Alfred Jahncke**, Honorar-
konsul
Haldesdorferstraße 46, 22179 Hamburg
Tel. 040-63 64 73 89
Fax: 040-63 64 73 96
E-mail: info@jahncke.de

**Monaco**
Fürstentum Monaco
**Botschaft**
**S.E. Herr Rainier Imperti**, a.o. und bev.
Botschafter
Zitelmannstraße 16, 53113 Bonn
(Umzug nach Berlin geplant)
Tel. 0228-23 20 07/08
Fax: 0228-23 62 82
E-mail: gouvmonaco@aol.com

**Berlin**
**Herr Dr. Wolf Wegener**, Honorarkonsul
Kurfürstenstraße 72-74, 10787 Berlin
Tel. 030-26 47 11 10
Fax: 030-26 47 11 23

**Düsseldorf**
**Herr Dr. Bernd Kunth**, Honorarkonsul
Freiligrathstraße 1, 40479 Düsseldorf
Tel. 0211-4 98 05 22

**Frankfurt a.M.**
**Herr Gerhard Eisenbach**, Honorarkonsul
Ludwig Landmann-Straße 349,
60487 Frankfurt a.M.
Tel. 069-7 07 46 63
Fax: 069-70 47 90

**Hamburg**
**Herr Hans-Joachim von Berenberg-Consbruch**, Honorarkonsul
Neuer Jungfernstieg 20,
20354 Hamburg
Tel. 040-35 06 02 07
Fax: 040-34 31 22

**München**
**Herr Dr. Alexander Liegl**, Honorarkonsul
Brienner Straße 28, 80333 München
Tel. 089-28 62 81 09
Fax: 089-28 27 18

**Mongolei**
**Botschaft**
**S.E. Herr Bazarragchaa Bayarsaikhan,**
a. o. und bev. Botschafter
Dietzgenstraße 31,13156 Berlin-Pankow
Tel. 030-447 35 122, 446 93 20, 447 14 737
Fax: 030-446 93 21
E-mail: mongolbot@aol.com
URL: www.mongoliaonline.de

**Frankfurt a.M.**
**Herr Dirk Pfeil**, Honorarkonsul
Eschersheimer Landstraße 60 -62,
60322 Frankfurt a.M
Tel. 069-15 30 96 10
Fax: 069-15 30 96 66

**München**
**Herr Dr. Andreas Pitum**, Honorarkonsul
Reitmorstraße 13, 80538 München
Liebigstraße 28, 80538 München
Tel. 089-29 36 16
Fax: 089-981 05 609
E-mail: mongolia@pitum.de

**Mosambik**
Republik Mosambik
**Botschaft**
**S.E. Herr Manuel Tomás Lubisse,** a.o.
und bev. Botschafter
Stromstraße 47, 10551 Berlin
Tel. 030-39 87 65 06
Fax: 030-39 87 65 03
E-mail: emoza@aol.com

**München**
**Herr Siegfried Anton Lingel**, Honorarkonsul
Bayerstraße 33, 80335 München
Tel. 089-55 15 05 25
Fax: 089-55 15 05 28

**Myanmar**
Union Myanmar
**Botschaft**
**S.E. Herr U San Thein,** a.o. und bev.
Botschafter
Zimmerstraße 56, 6. Etage, 10117 Berlin
Tel. 030-206 15 710
Fax: 030-206 49 757

**Namibia**
Republik Namibia

(Embassy of the Republic of Namibia)
**Botschaft**
**S.E. Herr Hinyangerwa Pius Asheeke,**
a.o. und bev. Botschafter
Wichmannstraße 5, 2. Etage, 10787
Berlin
Tel. 030-25 40 95-0
Fax: 030-25 40 95-55
E-mail: namibia@home.ivm.de

**Frankfurt a.M.**
**Herr Eike Becker-Krüger**, Honorar-konsul
Eschenbachstraße 28, 60596 Frankfurt
a.M.
Tel. 069-96 31 50 10
Fax: 069-63 58 13

**Hamburg**
**Herr Klaus Thesenfitz,** Honorarkonsul
Ballindamm 9, I. Etage, 20095 Hamburg
Tel. 040-30 39 91 29
Fax: 040-30 39 91 69

**Nauru**
Republik Nauru
**Herr Martin Weston**, Honorarkonsul
Nauru Government Office
3 Chesham Street, London SW1 5ND
Tel. 0044-207-235 69 11
Fax: 0044-207-235 74 23

**Nepal**
Königreich Nepal
(Royal Nepalese Embassy)
**Botschaft**
**S.E. Herr Balram Singh Malla,** a. o. und
bev. Botschafter
Guerickestraße 27, 2. Etage,
10587 Berlin-Charlottenburg
Tel. 030-343 59 920-22
Fax: 030-343 59 906
E-mail: rneberlin@t-online.de
URL: www.nepal-forum.de/botsch.htm

**Berlin**
**Herr Dr. Ulrich Schmidt,** Honorarkonsul
Mohrenstraße 42, 10117 Berlin
Tel. 030-203 90 70
Fax: 030-20 39 07 44

**Frankfurt a.M.**
**Herr Bodo Krüger,** Honorarkonsul
Johanna-Melber-Weg 4,
60559 Frankfurt/M.
Tel. 069-62 70 06 08
Fax: 069-62 70 06 11

**Hamburg**
**Herr Dr. Peter Breiholdt,** Honorarkonsul
Große Theaterstraße 7, 20354 Hamburg
Tel. 040-35 71 33 40
Fax: 040-35 71 33 41

**München**
**Herr Ludwig Alexander Greissl,** Honorarkonsul
Ehrenbreitsteiner Straße 44,
80993 München
Tel. 089-14 36 52 50 u. 60
Fax: 089-14 36 51 90

**Neuseeland**
**Botschaft**
**S.E. Herr Winston Alexander**
**Cochrane,** a.o. und bev. Botschafter
Friedrichstraße 60, Atrium, 4. Stock,
10117 Berlin
Tel. 030-20 62 10
Fax: 030-20 62 11 14
E-mail: nzemb@t-online.de
URL: www.immigration.govt.nz

**Hamburg**
**Herr Phillip Klap,** Generalkonsul
Domstraße 19, Zürich-Haus,
20095 Hamburg
Tel. 040-442 55 50
Fax: 040-442 55 549

**Nicaragua**
Republik Nicaragua
**Botschaft**
**I.E. Frau Lic. Suyapa I. Padilla Tercero,**
a.o. und bev. Botschafterin
Joachim-Karnatz-Allee 45,
10557 Berlin
Tel. 030-206 43 80
Fax: 030-22 48 78 91

**Berlin**
**Herr Dr. Andreas Gerl**, Honorarkonsul
Gelfertstraße 38, 14195 Berlin
Tel. 030-8 32 53 57
Fax: 030-8 31 63 77

**Frankfurt a.M.**
**Frau Martha Lucia Albir Buhl**, Honorarkonsulin
Bertha von Suttner-Ring 20,
60598 Frankfurt a.M.
Tel. 069-68 60 89 31
Fax: 069-68 60 89 32

**Hamburg**
**Herr Senator a. D. Horst Gobrecht**,
Honorarkonsul
Wolferskamp 25, 22559 Hamburg
Tel. 040-81 75 77, 36 71 05
Fax: 040-81 75 96
E-mail: Senator.Grobrecht@t-online.de

**Niederlande**
Königreich der Niederlande
**Botschaft**
**S.E. Herr Dr. Nikolaos van Dam,** a.o.
und bev. Botschafter
Friedrichstraße 95, 10117 Berlin
Tel. 030-20 95 60
Fax: 030-20 95 64 41
E-mail: nlgovbln@bln.nlamb.de
URL: www.dutchembassy.de

Außenstelle **Bonn**
**Edo Hofland**, Gesandter, Leiter
Gotenstraße 7-9, 53175 Bonn

Tel. 0228-5 30 50
Fax: 0228-23 86 21
E-mail: nlgovbon@myokay.net

**Düsseldorf**
**Herr Dr. C. G. J. van Honk**, Generalkonsul
Oststraße 10, Wehrhahn-Center,
40211 Düsseldorf
Tel. 0211-361 30 55
Fax: 0211-35 90 40
E-mail: nlgovdus@t-online.de

**Frankfurt a.M.**
**Herr Johannes Maria Corijn**, Generalkonsul
Bockenheimer Landstraße 39,
60325 Frankfurt a.M.
Tel. 0 69-9 71 20 10
Fax: 069-97 12 01 55
Sprechzeit: Mo–Fr 9.00–12.00
URL: www.dutchconsulate-fra.de

**Hamburg**
**Herr Robert G. J. Sterneberg**, Generalkonsul
Alsterufer 10, 20354 Hamburg
Tel. 040-450 33 80
Fax: 040-450 35 073
E-mail: nlgovham@t-online.de
URL: www.hollandinhamburg.de

**München**
**Herr Jan Zaadhof,** Generalkonsul
Nymphenburger Straße 1,
80335 München
Tel. 089-545 96 70
Fax: 089-545 96 767
E-mail: nlgovmun@onlinehome.de
URL: www.nlgovmun.de

Tel. 0711-29 70 80
Fax: 0711-2 26 48 20

**Niger**
Republik Niger

**Botschaft**
**Herr Adamou Oumarou,** Botschaftsrat
Dürenstraße 9, 53173 Bonn
Tel. 0177-720 77 45
Tel. 02241-31 50 01

**Hamburg**
**Herr Dr. Joachim Krumhoff,** Honorar-
konsul
Chile-Haus Portal A/IV. OG.,
20095 Hamburg
Postfach 10 25 49, 20017 Hamburg

Tel. 040-33 979-116
Fax: 040-33 979-118

**München**
**Herr Carl Wiedmeier,** Honorarkonsul
Ludwig Thoma-Straße 13,
82031 Grünwald
Tel. 089-649 20 82
Fax: 089-649 23 46

**Nigeria**
Bundesrepublik Nigeria
**Botschaft**
**S.E. Herr Senator Emeka Patrick
Echeruo,** a.o. und bev. Botschafter
Goldbergweg 13, 53177 Bonn
Tel. 0228-32 20 71
Fax: 0228-32 80 88
E-mail: 113022.3521@compuserve.com
E-mail: NigeriaEmbassy@compu-
serve.com

Außenstelle **Berlin**
**Herr M. J. M. Braide,** Gesandter
Platanenstraße 98 a, 13156 Berlin
Tel. 030-477 23 00/01
Fax: 030-477 25 55
E-mail: embassynigeria@yahoo.com

**Norwegen**
Königreich Norwegen
**Botschaft**

**S.E. Herr Morten Wetland,** a.o. und
bev. Botschafter
Rauchstraße 1, 10787 Berlin
Tel. 030-50 50 50
Fax: 030-50 50 55
E-mail: emb.berlin@mfa.no
URL: www..norwegen.org

**Düsseldorf**
**Herr Ulrich Hartmann,** Honorargene-
ralkonsul
Bennigsenplatz 1, 40474 Düsseldorf
Tel. 0211-4 57 94 49
Fax: 0211-4 57 95 01

**Frankfurt a.M.**
**Dr. Karl-L. Koenen,** Honorarkonsul
Bethmannstraße 56, 60311 Frankfurt
am Main
Tel. 069-131 08 15
Fax: 069-29 90 81 08

**Hamburg**
**Herr Nils Olav Stava,** Generalkonsul
Neuer Jungfernstieg 7/8, 20354 Ham-
burg
Tel. 040-34 34 55
Fax: 040-34 29 98
E-mail: gkham@ud.dep.telemax.no

**München**
**Herr Dr. Christian Seidel,** Honorarkon-
sul
Promenadeplatz 7, 80333 München
Tel. 089-22 41 70
Fax: 089-21 39 28 91

**Österreich**
Republik Österreich
**Botschaft**
**S.E. Herr Dr. Markus Lutterotti,** a.o.
und bev. Botschafter
Friedrichstraße 60, Atriumgebäude,
Quartier 203, 10117 Berlin
Tel. 030-202 87-0
Fax: 030-229 05 69

Außenstelle **Bonn**
**Frau Dr. Senta Wessely-Steiner,**
Gesandte
Johanniterstraße 2, 53113 Bonn
Tel. 0228-53 00 60
Fax: 0228-54 90 40

**Frankfurt a.M.**
**Herr Adalbert H. Lhota,** Honorarkonsul
Lyoner Straße 16, 60528 Frankfurt a.M.
Tel. 069-60 06 61 96
Fax: 069-6 60 61 97

**Hamburg**
**Herr Adolf Klement,** Generalkonsul
Alsterufer 37, 20354 Hamburg
Tel. 040-41 32 95 00
Fax: 040-45 29 07

**München**
**Herr Dr. Christian Lassmann,** Generalkonsul
Ismaninger Straße 136, 81675 München
Postfach 86 06 40, 81633 München
Tel. 089-998 15-0, 998 15 20-22
Handelsabteilung
Promenadenplatz 12, 5. Etage, 80333 München

**Oman**
Sultanat Oman
**Botschaft**
**S.E. Herr Ahmed bin Mohammed Zaher Al-Hinai,** Botschafter
Lindenallee 11, 53173 Bonn
Tel. 0228-35 70 31-34
Fax: 0228-35 70 45

**Frankfurt a.M.**
**Herr Friedhelm Jost,** Honorargeneralkonsul
Neue Mainzer Straße 57, 60311 Frankfurt a. M.
Tel. 069-170 07 90
Fax: 069-710 07 91 25
E-mail: HGKOman@t-online.de

**Pakistan**
Islamische Republik Pakistan
**Botschaft**
**S.E. Herr Gul Haneef,** a.o. und bev. Botschafter
Schaperstraße 29, 10719 Berlin-Wilmersdorf
Tel. 030-21 24 4-0, 21 24 42 99, 21 24 44 99
Fax: 030-21 24 42-10

**Frankfurt a.M.**
**Herr Rab Nawaz Khan,** Generalkonsul
Lerchesberg 26, 60358 Frankfurt a. M.
Tel. 069-42 10 12-15
Fax: 069-42 10 17

**Hamburg**
**Herr Prof. Dr. h. c. Hermann Schnabel,**
Honorargeneralkonsul
Warburgstraße 50, 20354 Hamburg
Tel. 040-44 11 13 15
Fax: 040-44 11 13 13

**München**
**Frau Sieglinde Heckelmann,** Honorargeneralkonsulin
Rückertstraße 1, 80336 München
Tel. 089-53 48 80
Fax: 089-51 45 62 44

**Palästinensische Generaldelegation**
**Herr Abdallah Frangi,** Palästinensischer Generaldelegierter
August-Bier-Str. 33, 53129 Bonn
Tel: 0228/212035
Fax: 0228/213594

**Palau**
Republik Palau
2000 L Street N.W., Suite 407, Washington D.C. 20036/USA
Tel. 001-202-452 68 14
Fax: 001-202-452 62 81

**Panama**
Republik Panama
**Botschaft**
**S.E. Herr Enrique Alberto Thayer**
**Galindo,** a.o. und bev. Botschafter
Lützowstraße 1, 53173 Bonn-Bad Go-
desberg (Umzug nach Berlin geplant)
Tel. 0228-36 10 37
Fax: 0228-36 35 58

**Frankfurt a.M.**
**Herr Peter Michael Stoll,** Honorargen-
eralkonsul
Hochstädter Landstraße 21,
63454 Hanau
Tel. 06181-8 10 86
Fax: 06181-8 68 50

**Hamburg**
**Herr Manuel Enrique Aizpurúa**
**Adames,** Generalkonsul
Gänsemarkt 44, V. Etage, 20354 Hamburg
Tel. 040-34 02 18, 34 36 16
Fax: 040-35 37 71

**München**
**Herr Michael Häckel,** Honorarkonsul
Nördliche Münchner Straße 31-33,
82031 München
Tel. 089-649 32 05
Fax: 089-649 27 89

**Papua-Neuguinea**
Unabhängiger Staat Papua-Neuguinea
**Botschaft**
**Herr Peter D. Raka,** Gesandter
(Geschäftsträger a.i.)
Moltkestraße 44-46, 53173 Bonn
Tel. 0228-93 56 10
Fax. 0228-37 51 03
E-mail: 106555.326@compuserve.com

**Hamburg**
**Herr Horst Joachim Hörtelmann,**
Honorarkonsul
Brandstwiete 4, 20457 Hamburg

Tel. 040-30 38 02 43
Fax: 040-30 38 02 45

**München**
**Herr Walter Schöll,** Honorarkonsul
Echardinger Straße 119, 81671
München
Tel. 089-490 40 50
Fax: 089-49 49 43

**Paraguay**
Republik Paraguay

**Botschaft**
**S.E. José Milciades Martínez Lezcano,**
a.o. und bev. Botschafter
Uhlandstraße 32, 53173 Bonn (Umzug
nach Berlin geplant)
Tel. 0228-35 67 27
Fax: 0228-36 66 63
E-mail: embapyde@t-online.de

Außenstelle **Berlin**
**Herr Raoul Florentin,** Gesandter
Hardenbergstraße 12, 2. OG.,
10623 Berlin
Tel. 030-313 55 20 00
Fax: 030-313 67 48

**Hamburg,** Generalkonsulat
Heilwigstraße 123, 20249 Hamburg
Tel. 040-47 47 41
Fax: 040-480 23 37

**München**
**Herr Alexander Grundner-Culemann,**
Honorargeneralkonsul
Linprunstraße 2, 80335 München
Tel. 089-5 23 11 12
Fax: 089-52 46 35

**Peru**
Republik Peru
**Botschaft**
**S.E. Herr Dr. Luis Silva Santistébean**
**García Seminario,** a.o. und bev. Bot-
schafter

385

Godesberger Allee 125, 53175 Bonn
(Umzug nach Berlin geplant)
Tel: 0228/373045 und 3084570
Fax: 0228/379475
E-mail: eprfa@aol.com
URL: members.aol.com/perusipan

**Berlin**
**Herr Felix Calderón Urtecho**, General-
konsul
Schadowstraße 6, 10117 Berlin
Tel. 030-2 29 15 87,
Fax: 030-2 29 28 57

**Frankfurt a.M.**
**Herr Elmer Schialer Salcedo**, General-
konsul
Roßmarkt 14, 60311 Frankfurt a.M.
Tel. 069-1 33 09 26
Fax: 069-29 57 40

**Hamburg**
**Herr Dr. Mario Lovón Ruiz-Caro,**
Generalkonsul
Blumenstraße 28, 22301 Hamburg
Tel. 040-47 67 45
Fax: 040-48 18 54

**München,** Honorarkonsul
Chiemgaustraße 116, 81549 München
Tel. 089-68 95 11 17
Fax: 089-68 95 11 00

**Philippinen**
Republik der Philippinen
(Embassy of the Philippines)
**Botschaft**
**S.E. Herr José Abeto Zaide,** a.o. und
bev. Botschafter
Uhlandstraße 97, 10715 Berlin
Tel. 030-864 95 00
Fax: 030-873 25 51
E-mail: berlinpe@t-online.de

Außenstelle **Bonn**
**Frau Melita S. Sta. Maria**, I. Sekretär
und Konsul
Maximilianstraße 28 b, 53111 Bonn
Tel. 0228-26 79 911
Fax: 0228-22 19 68
E-mail: philembassy@compuserve.com

**Düsseldorf**
**Herr Karl-Heinz Stockheim jr.**, Hono-
rargeneralkonsul
Elisabethstraße 52 a, 40217 Düsseldorf
Tel. 0211-99 49 50
Fax: 0211-38 32 01

**Frankfurt a.M.**
**Herr Peter Merck**, Honorarkonsul
Dreieichstraße 59, 60594 Frankfurt
a.M.
Tel. 0 69-62 75 38
Fax: 0 69-6 03 17 95

**Hamburg**
**Frau Opelia A. Gonzales**, Generalkon-
sulin
Jungfrauenthal 13, 20149 Hamburg
Tel. 040-44 29 52/53
Fax: 040-45 99 87

**München**
**Herr Friedrich Karl Eugen Haberl**,
Honorarkonsul
Pienzenauer Straße 88, 81925 München
Tel. 089-98 22 69
Fax: 089-98 17 48

**Polen**
Republik Polen
**Botschaft**
**S.E. Herr Dr. Andrzej Byrt**, a.o. und
bev. Botschafter
Lassenstraße 19-21, 14193 Berlin
Tel. 030-22 313-0
Fax: 030–22 313 155
Tel. 030-22 313 101 – Sekretariat des
Botschafters

Tel. 030-22 313 103 – Sekretariat des
Gesandten
Tel. 030-22 313 104 – Politischer Bot-
schaftsrat
Tel. 030-22 313 110 – Protokoll
Tel. 030-22 313 111 – Presse
Unter den Linden 72, 10117 Berlin –
Wirtschafts- u. Handelsabteilung
Tel. 030-220 25 51
Fax: 030-29 03 58

Außenstelle **Köln**
**Herr Dr. Krzystof Miszczak,**
Gesandter, Botschaftsrat
Lindenallee 7, 50968 Köln
Tel: 0221-93 73 0-0
Fax: 0221-34 30 89

**Hamburg**
**Herr Mieczyslaw Sokolowski,** General-
konsul
Gründgensstraße 20, 22309 Hamburg
Tel. 040-631 11 81, 631 20 91, 632 50 29
Fax: 040-632 50 30

**München**
**Frau Jolanta Roza Kozlowska,** Gene-
ralkonsulin
Ismaningerstraße 62 a, 81675 München
Tel. 089-418 60 80
Fax: 089-47 13 18

**Portugal**
Portugiesische Republik
**Botschaft**
**S.E. Herr Dr. Joao Diogo Nunes
Barata,** a.o. und bev. Botschafter
Zimmerstraße 56, 10117 Berlin
Tel. 030-59 00 63 50-0
Fax. 030-59 00 63 60-0
E-mail: berlin@b-portugal.ccn.de

**Düsseldorf**
**Herr Manuel Antonio Garcia Borges
Grainha do Vale,** Generalkonsul
Graf-Adolf-Straße 16, 40212 Düsseldorf

Tel. 0211-13 87 80
Fax: 0211-32 33 57

**Frankfurt a.M.**
**Herr Dr. Silvino Moreira Ribeiro,**
Generalkonsul
Zeppelinallee 15, 60325 Frankfurt a.m.
Tel. 069-9 79 88 00
Fax: 069-97 98 80 22

**Hamburg**
**Herr Dr. Fernando Manuel de Gouveia
Araújo,** Generalkonsul
Gänsemarkt 23, II. Etage, 20354 Ham-
burg
Tel. 040-35 53 48-4
Fax: 040-35 53 48-60

**München**
**Herr Dr. Jürgen Adolff,** Honorarkon-
sul
Maximilianplatz 15, 80333 München
Tel. 089-29 16 31 25
Fax: 089-29 16 31 26

**Ruanda**
Republik Ruanda
**Botschaft**
**S.E. Eugène-Richard Gasana,** Chargé
d'affaires
Beethovenallee 72, 53173 Bonn
Tel. 0228-3 67 02 36
Fax: 0228-35 19 22
E-mail: ambrwabonn@aol.com

**Hamburg**
**Herr Michael Thimo Drews,** Honorar-
konsul
Am Sandtorkai 4, 20457 Hamburg
Tel. 040-36 11 56, 37 33 67/69
Fax: 040-34 31 23

**München**
**Franz Maximilian Schmid-Preissler,**
Honorarkonsul
Pienzenauer Straße 48, 81679 München

Tel. 089-9 82 83 86
Fax: 089-9 82 73 30

**Rumänien**
**Botschaft**
**Herr Alexandru Irimia** (Geschäfts-
träger a. i.)
Matterhornstraße 79, 14129 Berlin
Tel. 030-803 30 18/19
Fax: 030-803 16 84

**Hamburg**
**Herr Hasso Kornemann,** Honorar-
generalkonsul
Schopenstehl 23, 20095 Hamburg
Tel. 040-30 96 80-0
Fax: 040-30 96 80 30
E-mail:konsulat.rumaenien.hamburg@
online.de

**München**
**Herr Vlad A. Vasiliu,** Generalkonsul
Dachauer Straße 17, 80335 München
Tel. 089-55 33 07/08
Fax: 089-55 33 48

**Russische Föderation**
**Botschaft**
**S.E. Herr Sergej Borissowitsch Krylow,**
a.o. und bev. Botschafter
Unter den Linden 63-65, 10117 Berlin
Tel. 030-229 11-10/-29, 224 87 135/6
Fax: 030-229 93 97
E-mail: Russembassyg@trionet.de
URL: www.russische-botschaft.de
Tel. 0190-88 44 45 – Visastelle

Außenstelle **Berlin**
**Herr Witalij M. Schmelkow,** Stellvertre-
tender Leiter der Handelsvertretung,
Leiter der Außenstelle
Unter den Linden 55-61, 10117 Berlin
Tel. 030-234 30-12/-34
Fax: 030-229 03 90

**Bonn,** Generalkonsulat
Waldstraße 42, 53177 Bonn
Tel. 0228-31 20 85
Fax: 0228-31 15 63

**Hamburg**
**Herr Victor Semyonovitch Butyaev,**
Generalkonsul
Am Feenteich 20, 22085 Hamburg
Tel. 040-229 52 01, 229 53 01
Fax: 040-229 77 27

**München**
**Herr Dr. Michail Logwinov,** Generalkonsul
Seidlstraße 28, 80335 München
Tel. 089-59 25 28, 59 25 03, 59 57 15
Fax: 089-55 038 28

**Salomonen**
**Botschaft**
**S.E. Herr Roberto Sisilo,** a.o. und bev.
Botschafter
28, Boulevard Samt Michel, 1er Etage,
Bte. B-1040 Brüssel
Tel. 0032-2-732 70 85
Fax: 0032-2-732 68 85

**Sambia**
Republik Sambia
**Botschaft**
**S.E. Herr Generalleutnant Francis
Gershom Sibamba,** a.o. und bev.
Botschafter
Straße vor Schönholz 33, 13158 Berlin

**Samoa**
Unabhängiger Staat Samoa
**Botschaft**
**S.E. Herr Tauiliili Uili Meredith,** a.o.
und bev. Botschafter
123, Avenue F. Roosevelt
B-1050 Brüssel
Tel: 0032-2-6608454
Fax: 0032-2-6750336

**Düsseldorf**
**Herr Claus Wessing**, Honorarkonsul
Koetschaustraße 4, 40474 Düsseldorf
Tel. 0211-43 45 85
Fax: 0211-4 70 71 85

**San Marino**
Republik San Marino
**Botschaft**
**I.E. Frau Maria Antonietta Bonelli**, a.o.
und bev. Botschafterin
Palazzo Begni, 47031 Republik San
Marino
Tel. 0039-5 49 88 11 11
Fax: 0039-5 49 99 20 18

**Frankfurt a. M.**
**Herr Dietrich Herbst**, Honorarkonsul
Arndtstraße 12, 60325 Frankfurt a. M.
Tel. und Fax: 0 69) 7 41 04 40

**São Tomé und Principe**
Demokratische Republik Sao Tomé
und Principe
**Botschaft**
**Herr Armindo de Brito Fernandes**,
I. Sekretär (Geschäftsträger a.i.)
Sq.Montgomery 175 Av. de Tervuren
B-1150 Brüssel
Tel. 0032-2-7348966
Fax: 0032-2-7348815

**Hannover**
**Herr Dipl.-Ing. Dieter Nordmann**,
Honorarkonsul
c/o. Alcatel Contracting GmbH
Kabelkamp 20, 30179 Hannover
Tel. 0172–511 60 59
Fax: 05139–89 41 11
E-mail: nordieter@aol.com

**Saudi-Arabien**
Königreich Saudi-Arabien
**Botschaft**
**S.E. Herr Abbas Faig Ghazzawi**, a. o.

und bev. Botschafter
Kurfürstendamm 63, 10707 Berlin
Tel. 030-889 25-0
Fax: 030-889 25-176
Fax: 030-889 25-179 – Büro des
Botschafters, Protokollabteilung
Tel. 030-889 25 200, Fax: 030-889 25 103
Außenstelle **Bonn**
**Herr Abdelrahman Al-Blehed,**
Gesandter, Botschaftsrat
Hohle Gasse 85, 53175 Bonn
Tel. 0228-37 66 66
Fax: 0228-37 66 67
Kulturbüro
**Herr Dr. Ahmed Ashy**, Kulturattaché
Wurzerstraße 47, 53175 Bonn
Tel. 0228-30 82 80
Fax: 0228-30 82 830

**Schweden**
Königreich Schweden
**Botschaft**
**S.E. Herr Mats Hellström**, a.o. und bev.
Botschafter
Rauchstraße 1, 10787 Berlin
Tel. 030-50 50 60
Fax: 030-50 50 67 89
E-mail: ambassaden.berlin@foreign.
ministry.se
URL: www.schweden.org
Fax: 030-50 50 66 56 – Presse/Info/Kul-
tur

**Düsseldorf**
**Herr Dr. Roland Schulz**, Honorarkonsul
Berliner Allee 32, 40212 Düsseldorf
Tel. 0211-323 84 57, 323 84 58
Fax: 0211-323 97 52

**Frankfurt a. M.**
**Herr Dr.Christian Bloth**, Honorarkon-
sul
Wildunger Straße 9, 60487 Frankfurt
a.M.
Tel. 069-79 40 26 15
Fax: 069-79 40 26 16

Bürozeiten: Mo-Fr 09.00-12.00 Uhr
E-mail: konsulat@msa.de

**Hamburg**
**Herr Leif H. Sjöström**, Generalkonsul
Alsterufer 15, 20354 Hamburg
Tel. 040-450 14 50
Fax: 040-45 01 45 14
E-mail: generalkonsulat.hamburg@
foreign.ministry.se

**München**
**Herr Dr. Klaus Werner,** Honorarkonsul
Josephspitalstraße 15, 80331 München
Tel. 089-54 52 12 15
Fax: 089-54 52 11 09
E-mail: schwedisches.honorarkonsu-
lat@wernerlaw.de

**Schweiz**
Schweizerische Eidgenossenschaft
**Botschaft**
**S.E. Herr Dr. Thomas Borer Fielding,**
a.o. und bev. Botschafter
Haus am Wasser, Kirchstraße 13,
10557 Berlin-Tiergarten
Tel. 030-390 40 00
Fax: 030-391 10 30
E-mail: Vertretung@ber.rep.admin.ch
URL: www.swissembassy.org/berlin

Außenstelle **Bonn**
Konsularisches Dienstleistungszen-
trum der Schweiz (DLZ)
**Herr Hans J. Dové,** Botschaftsrat,
Leiter des DLZ
Peter Hensen-Straße 1, 53175 Bonn
Tel. 0228-816 62 70
Fax: 0228-816 62 71

**Düsseldorf**
**Herr Beat Heuss**, Generalkonsul
Cecilienallee 17, 40474 Düsseldorf
Tel. 0211-4 58 87 00
Fax: 0211-4 38 09 51

**Frankfurt a.M.**
**Herr Christian Schmed,** Generalkonsul
Zeil 5, 5 OG., 60313 Frankfurt a. M.
Tel. 069-17 00 28-0
Fax: 069-17 33 89

**Hamburg**
**Herr Robert Wenger,** Generalkonsul
Rathausmarkt 5, 20095 Hamburg
Tel. 040-30 97 82-0
Fax: 040-32 36 16

**München**
**Herr Alphons N. Müggler**, General-
konsul
Brienner Straße 14, 80333 München
Tel. 089-28 66 20-0
Fax: 089-28 05 79 61

**Senegal**
Republik Senegal
**Botschaft**
**S.E. Herr Mohamadou Keita,** a.o. und
bev. Botschafter
Argelanderstraße 3, 53115 Bonn
Tel. 0228-21 80 08
Fax: 0228-21 78 15

**Berlin**
**Herr Otto Meissner**, Honorargener-
alkonsul
Sächsische Straße 39, 10713 Berlin
Tel. 030-861 01 24
Fax: 030-861 02 31

**Düsseldorf**
**Frau Ute-Henriette Ohoven**, Honorar-
generalkonsulin
Grafenberger Allee 87,
40237 Düsseldorf
Tel. 0211-61 43 61, 61 10 00
Fax: 0211-61 44 00

**Frankfurt a.M.**
**Herr Günther Luedecke**, Honorarkonsul

Oeder Weg 1, 60318 Frankfurt a.m.
Tel. 069-55 65 04
Fax: 069-55 65 96

**Hamburg**
**Herr Dieter Härthe**, Honorarkonsul
Waitzstraße 52, 22607 Hamburg
Tel. 040-82 11 99
Fax: 040-82 10 50

**München**
**Herr Max Gierke**, Honorargeneralkonsul
Franz-Joseph-Straße 15, 80801
München
Tel. 089-34 51 02
Fax: 089-34 51 14

**Seychellen**
Republik Seychellen

**Botschaft**
**S.E. Herr Callixte Francois-Xavier d'Offay,** a.o. und bev. Botschafter
51, Av. Mozart
F-75016 Paris
Tel: 0033-1-42305747
Fax: 0033-1-42305740

**Frankfurt a.m.**
**Herr Maximilian Hunzinger**, Honorarkonsul
Frankfurter Straße 63-69, 65760 Eschborn
Tel. 06196-96 03 90
Fax: 06196-96 03 99
E-Mail: Seychelcon@aol.com

**Hamburg**
**Herr Hans-Joachim Worms,** Honorargeneralkonsul
Alter Wall 40 (Dorint-Hotel), 20457
Hamburg
Tel. 040-34 66 06
Fax: 040-36 950-2900

**München**
**Herr Wolfgang F. Därr**, Honorarkonsul
Summerstraße 8, 82211 Herrsching
Tel. 08152-56 94
Fax: 08152-35 67

**Sierra Leone**
Republik Sierra Leone
**Botschaft**
**S.E. Herr Umaru Bundu Wurie,** a.o.
und bev. Botschafter
Rheinallee 20, 53173 Bonn
Tel. 0228-35 20 01
Fax: 0228-36 42 69

**Düsseldorf**
**Herr Ralf Lienenkämper**, Honorarkonsul
Mendelssohnstraße 36, 40670 Meerbusch
Tel. 02159-17 07
Fax: 02159-5 11 49

**Frankfurt a.m.**
**Herr Walther M. Bessler**, Honorargeneralkonsul
Am Bächelchen 35, 60388 Frankfurt a.M.
Tel. 06109-3 32 77
Fax: 06109-3 40 55

**Simbabwe**
Republik Simbabwe
(Embassy of the Republic of Zimbabwe)
**Botschaft**
**S.E. Herr Gift Punungwe,** a.o. und bev.
Botschafter
Kommandantenstraße 80/ Ecke
Leipziger Straße, 10117 Berlin
Postfach 06 02 10, 10052 Berlin
Tel. 030-206 22 63
Fax: 030-204 55 062

**Singapur**
Republik Singapur
**Botschaft**
**S.E. Herr Prof. Walter Woon,** a.o. und
bev. Botschafter
Friedrichstraße 200, 10117 Berlin
Tel. 030-226 34 3-0
Fax: 030-226 34 3-55
E-mail: sing.emb.berlin@t-online.de

**Hamburg**
**Herr Dr. Dieter Lorenz-Meyer,** Hono-
rargeneralkonsul
Ballindamm 1, 20095 Hamburg
Tel. 040-30 29 92 90
Fax: 040-30 29 92 29

**Slowakei**
Slowakische Republik
**Botschaft**
**Herr Ivan Horsky,** Generalkonsul
Leipziger Straße 36 / Ecke Charlotten-
straße 24, 10117 Berlin
Tel. 030-204 45 38, 204 42 48, 204 44 50
Fax: 030-208 24 59

**Außenstelle Bonn**
August-Bier-Straße 31, 53129 Bonn
Tel. 0228-91 455-0
Fax: 0228-91 455 38

**Hamburg**
**Frau Ursula Meyer-Waarden,** Honorar-
konsulin
Neuer Wall 13, 20354 Hamburg
Tel. 040-34 07 67
Fax: 040-358 99 86

**München**
**Herr Dipl.-Ing. Frantisek Zemanovic,**
Generalkonsul
Vollmannstraße 25 d, 81925 München
Tel. 089-9233 4900
Tel. 089-9233 4903/04/05/06 Konsular-
abteilung
Tel. 089-9233 4907 Wirtschaftsleiter

Fax: 089-9233 4954 Sekretariat
Fax: 089-9233 4923 Konsularabteilung

**Slowenien**
Republik Slowenien
**Botschaft**
**S.E. Herr Alfonz Naberznik,** a.o. und
bev. Botschafter
Hausvogteiplatz 3-4, 10117 Berlin
Tel. 030-20 61 45-50
Fax: 030-20 61 45-70
Tel. 030-206 145-3 Konsularabteilung
Fax: 030-206 145-73
Tel. 030-206 145-1 Wirtschaftsabtei-
lung
Fax: 030-206 145-71

Außenstelle **Bonn**
**Herr Martin Burjan,** Vert.attaché
Bernkasteler Str. 53, 1.OG, 53175 Bonn
Tel. 0228-943 13 16
Fax: 0228-943 33 18

**Hamburg**
**Herr Kai Wünsche,** Honorarkonsul
Magdalenenstraße 64 a, 20148 Hamburg
Tel. 040-44 80 95 95
Fax: 040-41 32 90 50

**München**
**Herr Fedor Gregoric,** Generalkonsul
Lindwurmstraße 14, 80337 München
Tel. 089-543 98 19
Fax: 089-543 94 83

**Spanien**
Königreich Spanien
**Botschaft**
**S.E. Herr José Pedro Sebastián de
Erice,** a.o. und bev. Botschafter
Schöneberger Ufer 89, 6. Etage,
10785 Berlin
Tel. 030-25 40 07-0 – Finanzabteilung
Fax: 030-25 79 95 57
E-mail: botschaft.spanien@t-online.de

E-mail: martinez.daniel@t-online.de –
Finanzabteilung
Tel. 030-230 044 84/254 007 24 – Presse-
abteilung
Fax: 030-230 044 85
E-mail: Spanische_Botschaft@t-
online.de
Tel. 030-26 39 35-0 – Kulturabteilung
Fax: 030-26 39 35 26
E-mail: spanien-kultur@t-online.de
Dorotheenstraße 97, 10117 Berlin
Tel. 030-229 21 34 (-23 94) – Handels-
und Wirtschaftsabteilung
Fax: 030-229 30 95
E-mail: buzon.oficial@berlin.ofcomes.
mcx.es
Plittersdorfer Straße 111, 53173 Bonn
Tel. 0228-95 70 30 – Abt. für Bildung
und Wissenschaft
Fax: 0228-257 99 557
Rheinallee 19, 53173 Bonn
Tel. 0228-93 54 760 – Arbeits- und
Sozialabteilung
Fax: 0228-93 54 76 31
E-mail: Consería-lab.bonn@t-online.de
Bürozeiten: Mo–Fr 08.00–15.30 h, Di
08.00–18.00 h
Deutschherrenstraße 15, 53117 Bonn
Tel. 0228-33 03 87 – Landwirtschafts-
abteilung
Fax: 0228-33 28 91
E-mail: ofiagro@t-online.de

**Düsseldorf**
**Herr Miguel Antonio Arias Estevez,**
Generalkonsul
Homberger Straße 16, 40474 Düsseldorf
Tel. 02 11-43 90 80
Fax: 02 11-45 37 68

**Frankfurt a.M.**
**Herr Luis Calvo Merino,** Generalkonsul
Nibelungenplatz 3, 60318 Frankfurt a.M.
Tel. 0 69-9 59 16 60
Fax: 0 69-5 96 47 42
Sprechzeit: Mo –Fr 8.00 –13.00,
Sa 8.00 –12.00

**Hamburg**
**Herr Fernando Sánchez Rau,** General-
konsul
Mittelweg 37, 20148 Hamburg
Tel. 040-41 46 46-0
Fax: 040-41 74 49

**München**
**Herr Enrique Iranzo Arqués,** General-
konsul
Oberföhringer Straße 45, 81925
München
Tel. 089-998 47 90
Fax: 089-981 02 06

**Sri Lanka**
Demokratische Sozialistische Repub-
lik Sri Lanka
**Botschaft**
**S.E. Herr Satharatilaka Banda**
**Atugoda,** a.o. und bev. Botschafter
Niklasstraße 19, 14163 Berlin-Zehlen-
dorf
Tel. 030-80 90 97 43
Fax: 030-80 90 97 57
E-mail: info@srilanka-botschaft.de

**Berlin**
**Herr Uwe Foitzik,** Honorarkonsul
Nunsdorfer Ring 15, 12277 Berlin
Tel. 030-72 08 62 41
Fax: 030-72 08 62 12 u. 74

**Bonn,** Generalkonsulat
**Frau Grace Asirwatham,** Komm. Gene-
ralkonsulin
Deutschherrenstraße 86, 53177 Bonn
Tel. 0228-69 61 16
Fax: 0228-96 36 592

**Hamburg**
**Herr Olav C. Ellerbrock,** Honorargene-
ralkonsul
Pickhuben 9, 20457 Hamburg
Tel. 040 36 71 40
Fax: 040-36 14 31 58

**München**
**Herr Hans Hammer**, Honorarkonsul
Sylvensteinstraße 2
81369 München
Tel. 089-7 20 12 70
Fax: 089 -7 20 12 90

**St. Kitts und Nevis**
Kanzlei der Botschaft der **Föderation**
**St. Kitts und Nevis**
(High Commission for Eastern Carib-
bean States)
10 Kensington Court, London w8 5DL
Tel. 0044-207-937 95 22
Fax: 0044-207-937 55 14
**St. Lucia**
**Frankfurt a.M.**
**Herr Bernd O. Ludwig**, Honorarkonsul
Weidebornweg 21, 61348 Bad Hom-
burg v.d.H.
Tel. 06172-30 23 24
Fax: 06172-30 53 14

**St. Vincent und die Grenadinen**
**München**
**Herr Johann Ulrich Schlamp,** Honorar-
konsul
Fluggenstraße 5, 80639 München
Tel. 089-17 80 35 20
Fax: 089-17 64 81

**Sudan**
Republik Sudan
**Botschaft**
**S.E. Herr Dr. Achol Deng,** a.o. und bev.
Botschafter
Kurfürstendamm 151, 10709 Berlin
Tel. 030-890 69 80
E-mail: sudan-embassy.bonn@t-
online.de
URL: www.sudan-embassy.de

**Südafrika**
Republik Südafrika
**Botschaft**
**S.E. Herr Prof. Dr. Sibosiso M. E.**
**Bengu,** a.o. und bev. Botschafter
Friedrichstraße 60, 10117 Berlin-Mitte
Tel. 030-220 73-0
Fax: 030-220 73-190
E-mail: botschaft@südafrika.de
URL: www.suedafrika.org

**Hannover**
**Herr Dr. Gerhard Syrbius**, Honorar-
konsul
Heisterholzwinkel 10, 30559 Hannover
F: Hannover (05 11) 5 17 95 24
Fax: 05 11-5 17 95 24

**München**
**Herr Rapulane Sydney Molekane,**
Generalkonsul
Sendlinger-Tor-Platz 5, 80336 München
Tel. 089-231 16 30
Fax: 089-231 16 363

**Suriname**
Republik Suriname
**Botschaft**
**S.E. Herr Evert Guillaume Azimullah,**
a.o. und bev. Botschafter
Alexander Gogelweg 2, NL-2517 J. H.
's-Gravenhage
Tel: 0031-70-365 08 44
Fax: 0031-70-361 74 45

**München**
**Herr Edwin Matt**, Honorargeneralkon-
sul
Adolf Kolping-Straße 16, 80336
München
Tel. 089-59 43 69, 55 50 33, 55 33 63
Fax: 089-59 70 64

**Swasiland**
Königreich Swasiland
**Botschaft**
**I.E. Frau Dr. Thembayena Annastasia Dlamini**, a.o. und bev. Botschafterin
118, Av. Winston Churchill, B-1180 Brüssel
Tel. 0032-2-347 47 71
Fax: 0032-2-347 46 23

**Düsseldorf**
**Herr Hermann J. Raths**, Honorargeneralkonsul
Worringer Straße 59, 40211 Düsseldorf
Tel. 02 11-35 08 66
Fax: 02106-7 33 51


**Syrien**
Arabische Republik Syrien
**Botschaft**
**S.E. Herr Mohamed Walid Hezbor**, a.o. und bev. Botschafter
Andreas Hermes-Straße 5, 53175 Bonn
Tel. 0228-81 99 20
Fax: 0228-8 19 92 99

**Hamburg**
**Herr Hani Nasri**, Honorarkonsul
Brooktor 11, 20457 Hamburg
Tel. 040-32 18 61
Fax: 040-32 70 86


**Tadschikistan**
Republik Tadschikistan
**Botschaft**
**S.E. Herr Akbar Mirzoev**, a.o. und bev. Botschafter
Otto-Suhr-Allee 84, 10585 Berlin
Tel. 030-34 79 30-0
Fax: 030-34 79 30-29


**Tansania**
Vereinigte Republik Tansania
**Botschaft**

**S.E. Herr Andrew Mhando Daraja**, a.o. und bev. Botschafter
Theaterplatz 26, 53177 Bonn
Tel. 0228-35 80 51-54
Fax: 0228-35 82 26
E-mail: tzbonn.habari@t-online.de
URL: www.tanzania-gov.de

**Frankfurt a.M.**
**Herr Dr. Ludwig C. Fritz**, Honorarkonsul
Bettinaplatz 2, 60325 Frankfurt a.M.
Tel. 0 69-74 59 89

**Hamburg**
**Herr Jürgen Gotthardt,** Honorarkonsul
Normannenweg 17-21, 20537 Hamburg
Tel. 040–250 79 36
Fax: 040-253 136 66

**Thailand**
Königreich Thailand
**Botschaft**
**S.E. Herr Kasit Piromya**, a.o. und bev. Botschafter
Lepsiusstraße 64-66, 12163 Berlin
Tel. 030-79 48 10
Fax: 030-79 48 15 11

**Hamburg**
**Herr Wolfgang Krohn,** Honorargeneralkonsul
An der Alster 85, 20099 Hamburg
Tel. 040-24 83 91 18
Fax: 040-24 83 92 06

**München**
**Frau Barbara Steinle**, Honorargeneralkonsulin
Prinzenstraße 13, 80639 München
Tel. 089-1 68 97 88
Fax: 089-13 07 11 80

**Togo**
Republik Togo
**Botschaft**
**S.E. Herr Sogoyou K. Keguewe**, a.o.
und bev. Botschafter
Beethovenallee 13, 53173 Bonn
**(Umzug nach Berlin geplant)**
Tel. 0173–747 94 73
Fax: 0228–967 54 63
URL: www.republicoftogo.com

**Düsseldorf**
**Herr Hans Imhoff**, Honorarkonsul
Lindemannstraße 35, 40237 Düsseldorf
Tel. 0211-68 10 14
Fax: 0211-68 55 89
**München**
**Herr Dr. Joseph Kastenbauer**, Hono-
rarkonsul
Reitmorstraße 14, 80538 München
Tel./Fax. 089-22 41 88

**Tonga**
Königreich Tonga
(Embassy of the Kingdom of Tonga)
**Botschaft**
**I.E. Frau Akosita Fineanganofo**, a.o.
und bev. Botschafterin
36 Molyneux Street, GB-London W1 H
6AB
Tel. 0044-207-724 58 28
Fax: 0044-207-723 90 74

**Düsseldorf**
**Herr Alexander Müller**, Honorarkonsul
Angermunder Straße 64, 40489 Düssel-
dorf
Tel. 0203-74 12 11

**Hamburg**
**Herr Erwin M. Ludewig**, Honorarkon-
sul
Alster City/Osterbekstraße 90 a, 22083
Hamburg
Tel. 040-27 83 93 50
Fax: 0 40-2 79 00 77

**Trinidad und Tobago**
Republik Trinidad und Tobago
**Botschaft**
(High Commission of Trinidad und
Tobago)
**Herr Patrick Edwards,** Gesandter,
Botschaftsrat (Geschäftsträger a. i.)
42 Belgrave Square, GB-London
SW1X 8NT
Tel. 0044-207-245 93 51
Fax: 0044-207-823 10 65
E-mail: trintogov@ttc.demon.uk

**Hamburg**
**Herr Howard M. Kroch**, Honorarkonsul
Raboisen 3, 20097 Hamburg
Tel. 040-220 03 96
Fax: 040-220 67 56

**Tschad**
Republik Tschad
**Botschaft**
**I.E. Frau Malloum Bintou**, a.o. und bev.
Botschafterin
Basteistraße 80, 53173 Bonn
Tel. 0228-35 60 26
Fax: 0228-35 58 87

**Bad Breisig**
**Herr Walter Tauffenbach**, Honorarkon-
sul
Bachstraße 45, 53498 Bad Breisig
Tel. 02633-9 76 63, 9 56 56

**Tschechische Republik**
**Botschaft**
**S.E. Herr Frantisek Cerny**, a.o. und bev.
Botschafter
Wilhelmstraße 44, 10117 Berlin-Mitte
Tel. 030-22 63 80
Fax: 030-229 40 33
E-mail: berlin@embassy.mzv.cz

Außenstelle **Bonn**
**Herr Vladimir Kròavek**, Botschaftsrat
Ferdinandstraße 27, 53127 Bonn

Tel. 0228-91 97-0
Fax: 0228-28 40 27
E-mail: bonn@embassy.mzv.cz

**Frankfurt a.M.**
**Herr Dr. Joachim von Harbou**, Honorarkonsul
Jürgen Ponto-Platz 2, 60329 Frankfurt a. M.
Tel. 069-242 67 00
Fax: 069-242 67 07

**Hamburg**
**Herr Robert Vogel**, Honorargeneralkonsul
Alsterufer 38, 20354 Hamburg
Tel. 040-450 52 62/63
Fax: 040-450 52 64

**München**
**Herr Dr. jur. Milan Beránek**, Generalkonsul
Siedlerstraße 2, 85774 Unterföhring
Tel. 089-958 372 32
Fax: 089-950 36 88

**Türkei**
Republik Türkei
**Botschaft**
**S.E. Herr Osman Taney Korutürk**, a.o. und bev. Botschafter
Rungestraße 9, 10179 Berlin-Mitte
Tel. 030-27 58 50
Fax: 030-27 59 09 15
E-mail: turk.em.berlin@t-online.de
URL: www.tcbonnbe.de

**Berlin**
**Herr Asim Temizgil**, Generalkonsul
Johann-Georg-Straße 12, 10709 Berlin
Tel. 030-891 93 46
Fax: 030-893 18 98

Außenstelle **Bonn**
Utestraße 47, 53179 Bonn

**Düsseldorf**
**Herr Ates Öktem**, Generalkonsul
Cecilienallee 41, 40474 Düsseldorf
Tel. 0211-45 47 80
Fax: 0211-4 54 78 22

**Frankfurt a.M.**
**Herr Derya Kanbay**, Generalkonsul
Zeppelinallee 17, 60325 Frankfurt a.M.
Tel. 069-70 79 09 59
Fax: 069-70 90 32

**Hamburg**
**Herr Kasif Eryalcin**, Generalkonsul
Tesdorpfstraße 18, 20148 Hamburg
Tel. 040-4 48 03 3-0
Fax: 040-44 52 58

**München**
**Herr Haldun Otman**, Generalkonsul
Menzinger Straße 3, 80638 München
Tel. 089-17 80 310
Fax: 089-17 85 660

**Tunesien**
Tunesische Republik
**Botschaft**
**S.E. Herr Anouar Berraies**, a.o. und bev. Botschafter
Lindenallee 16, 14050 Berlin
Tel. 030-30 82 06 73/74
Fax: 030-30 82 06 83

**Düsseldorf**
**Herr Tahar Messaoudi**, Generalkonsul
Jürgen Platz 36-38, 40219 Düsseldorf
Tel. 0211-300 68 74-76
Fax: 0211-39 21 06

**Hamburg**
**Herr Mohamed Bel Kefi**, Konsul
Overbeckstraße 19, 22085 Hamburg
Tel. 040-220 17 56/57
Fax: 040-227 97 86

**München**
**Herr Mahjoub Lamti,** Konsul
Seidlstraße 28, 80335 München
Tel. 089-55 02 517
Fax: 089-55 02 518

**Turkmenistan**
**Botschaft**
**Herr Tschary Ischanijasow,** Geschäfts-
träger a. i.
Langobardenallee 14, 14052 Berlin-
Charlottenburg
Tel. 030-301 02 452
Fax: 030-301 02 453

**Tuvalu**
**Hamburg**
**Herr Peter Feist,** Honorargeneralkonsul
Klövensteenweg 115 A, 22559 Ham-
burg
Tel. 040-81 05 80
Fax: 040-81 10 16

**Uganda**
Republik Uganda
**Botschaft der Republik Uganda,** Ave-
nue Teyvuren 317, 1150 Brüssel (Bel-
gien)
Tel. 00322-76 25 825
Fax: 00322-76 30 438

**Hamburg**
**Herr Heinz W. Bonacker,** Honorarkon-
sul
Pickhuben 6, 20457 Hamburg
Tel. 040-36 98 87-0
Fax: 040-36 98 87-90

**München**
**Herr Dr. Wolfgang Wiedmann,** Hono-
rarkonsul
Franz-Joseph-Straße 38,
80801 München
Tel. 089-33 26 06
Fax: 089-34 68 66

**Ukraine**
**Botschaft**
**S.E. Herr Dr. Anatolij G. Ponoma-
renko,** a.o. und bev. Botschafter
Albrechtstraße 26, 10117 Berlin-Mitte
Tel. 030-28 88 7-0, 28 88 7-160
Fax: 030-28 88 7-163/219
E-mail: ukremb@t-online.de
URL: www.botschaft-ukraine.de

Außenstelle **Bonn**
**Herr Olexander Novosyolov,**
Botschaftsrat
Rheinhöhenweg 101, 53424 Remagen
Tel. 02228-94 18 0
Fax: 02228-94 18 63

**Düsseldorf**
**Herr Klaus Steilmann,** Honorarkonsul
Wagnerstraße 31, 40212 Düsseldorf
Tel. 0211-3 69 41 38
Fax: 0211-3 69 41 39

**München**
**Herr Georgiy Kosykh,** Generalkonsul
Oskar-von-Miller-Ring 33,
80333 München
Tel. 089-28 20 64
Fax: 089-28 13 17

**Ungarn**
Republik Ungarn
**Botschaft**
**S. E. Herr Gergely Pröhle,** a.o. und bev.
Botschafter
Unter den Linden 74-76, 10117 Berlin)
Tel. 030-203 10-0
Fax: 030-203 10 105
Konsularabteilung
Taubenstraße 20, 10117 Berlin
Tel. 030-229 16 66, 229 27 85
Fax: 030-294 13 85

Außenstelle **Bonn**
**Herr János Wolfart Janos,** Gesandter,
Leiter der Außenstelle

Turmstraße 30, 53175 Bonn
Tel. 0228-37 11 12
Fax: 0228-37 10 25

**Hamburg**
**Herr Prof. Dr. Helmut Paul Greve,**
Honorargeneralkonsul
Alsterufer 45, 20354 Hamburg
Tel. 040-45 29 56
Fax: 040-450 05 75
**München,** Generalkonsulat
Vollmannstraße 2, 81927 München
Tel. 089-91 10 32
Fax: 089-91 01 853


**Uruguay**
Republik Östlich des Uruguay
**Botschaft**
**Frau Lilian Silveira,** Botschaftsrätin
(Geschäftsträgerin a. i.)
Dorotheenstraße 97, 10117 Berlin
Tel. 030-229 14 24
Fax: 030-229 28 39
E-mail: botschaft@uruguay.b.uunet.de

**Düsseldorf**
**Herr Wolfgang Christian von Meibom,**
Honorarkonsul
Königsallee 92 a, 40212 Düsseldorf
Tel. 0211-32 06 83
Fax: 0211-32 36 16

**Frankfurt a.M.**
**Herr Hans Brummermann,** Honorar-
konsul
Eschersheimer Landstraße 563, 60431
Frankfurt a.M.
Tel. 069-51 85 10
Fax: 069-53 86 43

**Hamburg**
**Herr Alvaro Fernando Barba García,**
Generalkonsul
Hochallee 76, 20149 Hamburg
Tel. 040-410 65 42
Fax: 040-410 84 01

**München**
**Dr. Peter Schmalisch,** Honorarkonsul
Sendlinger-Tor-Platz 8, 80336 München
Tel. 089-59 13 61
Fax: 089-59 13 62


**Usbekistan**
Republik Usbekistan
**Botschaft**
**S.E. Herr Dr. Vladimir Imamowitsch**
**Norov,** a.o. und bev. Botschafter
Mauerstraße 83-84, 10117 Berlin
Tel. 030-22 48 74 57
Tel. 030-22 67 99 64/65 – Konsularabtei-
lung
Fax: 030-22 67 99 63
E-mail: botschaft@uzbekistan.de
URL: www.uzbekistan.de

**Frankfurt a.M.**
**Herr Alischer Rafikov,** Generalkonsul
Jahnstraße 15, 60318 Frankfurt a. M.
Tel. 069-74 05 54
Fax: 069-74 05 41


**Venezuela**
Bolivarische Republik Venezuela
**Botschaft**
**S.E. Herr Dr. Erik Becker Becker,** a.o.
und bev. Botschafter
Große Weinmeisterstraße 53, 14469
Potsdam
Tel. 0331-23 10 90
Fax: 0331-23 10 9 77
Konsularabteilung, Handels- u.
Wirtschafts- u. Militärabteilung
Sophie-Charlotten-Straße 30, 14059
Berlin
Tel. 030-30 11 25 33/34
Fax: 030-30 11 25 35

**Frankfurt a.M.**
**Frau Guillermina da Silva-Suniaga,**
Generalkonsulin
Brönnerstraße 17, 60313 Frankfurt a.M.

Tel. 069-28 72 84/85
Fax: 069-29 23 70

**Hamburg**
**Herr Francisco Alvarez Gorsira**, Generalkonsul
Rothenbaumchaussee 30, 20148 Hamburg
Tel. 040-410 12 41 u. 71
Fax: 040-410 81 03

**München**
**Frau Marianna Schulz**, Honorarkonsulin
Prinzregentenstraße 54, 80538 München
Tel. 089-22 14 40 u. 49
Fax: 089-29 16 24 80


**Vereinigte Arabische Emirate**
**Botschaft**
**S.E. Herr Ali Mohammad Ali Al-Zarouni**, a.o. und bev. Botschafter
Erste Fährgasse 6, 53113 Bonn **(Umzug nach Berlin 2001/2002)**
Tel. 0228-26 70 70
Fax: 0228–26 70 714


**München**
**Herr Ahmed Abdulsamad Al Kaitoob**,
Generalkonsul
Ismaninger Straße 21, 81675 München
Tel. 089-41 97 70
Fax: 089-41 97 71 77


**Vereinigte Staaten**
Vereinigte Staaten von Amerika
**Botschaft**
**Herr Terry A. Snell,** Gesandter
(Geschäftsträger a.i.)
Neustädtische Kirchstraße 4-5, 10117 Berlin
Tel: 030-238 51 74
Fax: 030-238 62 90
Tel. 030-83 05–2129/2110 – Protokoll

Tel. 030-83 05-2117 – Büro des Botschafters
Tel. 030-83 05-2101 – Büro des Gesandten
Tel. 030-83 05-2200 – Politische Abteilung
Tel. 030-83 05-2700 – Handelsabteilung
Tel. 030-83 05-2305 – Wirtschaftsabteilung
Tel. 030-83 05-1500 – Verwaltungsabteilung
Tel. 030-83 05-2805 – Presseabteilung
Konsularabteilung
Clayallee 170, 14195 Berlin
Tel. 030-832 92 33
Fax. 030-831 49 26
Amerika Haus (Kulturabteilung)
Hardenbergstraße 22-24, 10623 Berlin
Tel. 030-31 10 73
Fax: 030-31 10 74 33

**Düsseldorf**
**Herr Daniel E. Harris**, Generalkonsul
Willi-Becker-Allee 10, 40227 Düsseldorf
Tel. 0211-788 89 27

**Frankfurt a.M.**
**Herr Edward B. O'Donnel**, Generalkonsul
Siesmayerstraße 21, 60323 Frankfurt a.M.
Tel. 069-7 53 50
Fax: 069-75 35 23 00

**Hamburg**
**Herr Christopher F. Lynch,** Generalkonsul
Alsterufer 27/28, 20354 Hamburg
Tel. 040-41 17 10
Fax: 040-44 30 04

**München**
**Herr Robert W. Boehme**, Generalkonsul
Königinstraße 5, 80539 München
Tel. 089-2 88 80
Fax: 089-2 80 99 98

**Vereinigtes Königreich**
Vereinigtes Königreich Großbritannien und Nordirland
**Botschaft**
**S.E. Sir Paul Lever,** a.o. und bev. Botschafter
Wilhelmstraße 70-71, 10117 Berlin
Tel. 030-20 45 7-0
Fax: 030-20 45 7-573 – Politische Abteilung
Fax: 030-20 45 7-574 – Presse und Öffentlichkeitsarbeit
Fax: 030-20 45 7-575 – EU- und Wirtschaftsabteilung
Fax: 030-20 45 7-576 – Umweltabteilung
Fax: 030-20 45 7-577 – Handelsabteilung
Fax: 030-20 45 7-578 – Verwaltungsabteilung
Fax: 030-20 45 7-579 – Konsularabteilung
Fax: 030-20 45 7-581 – Verteidigungsabteilung
Fax:030-20 45 7-582 – Abt. Wehrbeschaffung
E-mail: c.garret@berlin.fco.gov.uk
URL: www.britischebotschaft.de

Außenstelle **Bonn**
**Herr Gareth Steel,** I. Sekretär
Argelander Straße 108 a, 53115 Bonn
Tel. 0228-916 7-0
Fax: 0228-916 72 00
Fax: 0228-916 71 63 (Landwirtschaft)
Fax: 0228-916 72 64 (Wissenschaft)
Fax: 0228-916 72 77 (Zoll)

**Düsseldorf**
**Herr William Boyd McCleary,** Generalkonsul
Yorckstraße 19, 40476 Düsseldorf
Tel. 0211-94 48-0
Fax: 0211-48 63 59
Tel. 0211-94 48-170, Fax: 0211-48 81 90,
E-mail: Consular.Section@duesseldorf.mail.fxo.gov.uk Wirtschafts- u. Handelsabteilung

Tel. 0211-94 48 224 – Presse und Öffentlichkeitswesen
URL: www.britische-handelsfoerderung.de, www.british-passports.de, www.british-visas.de, www.british-consulate-general.de

**Frankfurt a. M.**
**Herr Eric W. Callway,** Generalkonsul
Trition Haus, Bockenheimer Landstraße 42, 60323 Frankfurt a. M.
Tel. 069-170 00 20
Fax: 069-72 95 53

**Hamburg**
**Herr Douglas B. McAdam,** Generalkonsul
Harvestehuder Weg 8 a, 20148 Hamburg
Tel. 040-448 03 20
Fax: 040-410 72 59

**München**
**Herr Julian Farrell,** Generalkonsul
Bürkleinstraße 10, 80538 München
Tel. 089-21 10 9-0
Fax: 089-21 10 9-144 – Konsular- und Managementabteilung
Fax: 089-21 10 9-155 – Investment- und Wirtschaftsabteilung
Fax: 089-21 10 9-166 – Technologie, Presse und Öffentlichkeitsarbeitabteilung

**Vietnam**
Sozialistische Republik Vietnam
**Botschaft**
**S.E. Herr le Kinh Tai,** a.o. und bev. Botschafter
Elsenstraße 3, 12435 Berlin-Treptow
Tel. 030-53 630 108
Fax: 030-53 630 200
Handelsabteilung
**Herr Nguyen Van Doan,** Botschaftsrat
Storkower Straße 108-109, 10407 Berlin
Tel. 030-22 98 198
Fax: 030-22 91 812 oder 2374

Außenstelle **Bonn**
**Herr Tran Tho,** Botschaftsrat
Konstantinstraße 37, 53179 Bonn
Tel. 0228-35 70 21, 95 75 40
Fax: 0228-35 18 66

**Hamburg**
**Herr Hans-Bernd Giesler,** Honorar-
generalkonsul
Baumwall 7, 20459 Hamburg
Tel. 040-36 97 96 61
Fax: 040-36 20 88

**Zentralafrikanische Republik**
**Bonn,** Konsularabteilung der Botschaft
**S.E. Herr Martin-Gérard Tebiro,** a.o.
und bev. Botschafter
Johanniterstraße 19, 53113 Bonn
Tel. 0228-23 35 64
Fax: 0228-23 35 64

**Hamburg**
**Herr Walter Harms,** Honorarkonsul
Gemeinweide 10, 22393 Hamburg
Tel. 040-41 34 55 3-0
Fax: 040-41 34 55 3-9

**Zypern**
Republik Zypern
**Botschaft**
**S.E. Herr Dr. Christos N. Psilogenis,**
a.o. und bev. Botschafter
Wallstraße 27, 10179 Berlin
Tel. 030-308 68 3-0, 030-275 91 270
Fax: 030-27 59 14 54

**Frankfurt a.M.**
**Herr Gotthard Häcker,** Honorargene-
ralkonsul
Wiesenstraße 17, 65843 Sulzbach/T.
Tel. 06196-70 14 11, 7 27 10
Fax: 06196-70 14 85

**Hamburg**
**Herr Nearchos Palas,** Generalkonsul
Rothenbaumchaussee 3, 20148 Ham-
burg
Tel. 040-410 74 97
Fax: 040-410 72 46

**München**
**Herr Karlheinz Horn,** Honorarkonsul
Orleansplatz 3, 81667 München
Tel. 089-48 57 64
Fax: 089-448 98 90

# 4.3 Verzeichnis der Goethe-Institute im Ausland

(Gegliedert nach der Referatseinteilung des Goethe-Institutes)

## Adressen der Goethe-Institute Inter Nationes in Australien/Neuseeland

**Goethe-Institut Inter Nationes Melbourne**
448 St. Kilda Road, Melbourne, VIC 3004
Tel.: (0061 3) 9864 8999
Fax: (0061 3) 9864 8988

Leitung/Direktor: Dr. Ralf Eppeneder
E-Mail: pfranz@goethe.edu.au
http://www.goethe.de/an/mel/deindex.htm

**Goethe-Institut Inter Nationes Sydney**
90 Ocean Street, Woollahra, NSW 2025
Postanschrift/Postal address: PO Box
37, Woollahra, NSW 1350
Tel.: (0061 2) 9328 7411
Fax: (0061 2) 9326 1323
Leitung/Direktor: Dr. Roland Goll
E-Mail: gi-syd@goethe.org.au
http://www.goethe.de/an/syd/deindex.
htm

**Goethe-Institut Inter Nationes Wellington**
150 Cuba Street
Postanschrift/Postal address: PO Box
9253, Wellington NZ
Tel.: (0064 4) 385 6924
Fax: (0064 4) 385 6883
Leitung/Director: Dr. Gerrit Bretzler
E-Mail: wellington@goethe.org.nz
http://www.goethe.de/an/wel/deindex.
htm

## Adressen der Goethe-Institute in Benelux

**Goethe-Institut Amsterdam**
Herengracht 470, 1017 CA-Amsterdam
Tel.: (00 31 20) 6 23 04 21
Fax: (00 31 20) 6 38 46 31
Leitung/Director: Dr. Hans-Martin
Kemme
E-Mail: dir@goethe.nl
http://www.goethe.de/be/ams/deindex.
htm

**Goethe-Institut Brüssel**
58, rue Belliard straat, 1040 Brüssel
Tel.: (0 03 22) 2 30 39 70
Fax: (0 03 22) 2 30 77 25
Leitung/Director: Dr. Bernhard Beutler
E-Mail: goethe.dir@euronet.be
http://www.goethe.de/be/bru/deindex.
htm

**Goethe-Institut Luxemburg**
Galerie Kons, 26, place de la Gare
Postanschrift/Postal address: B.P. 10 13,
1010 Luxembourg

Tel.: (0 03 52) 49 04 43/45
Tel. Bibl.: (0 03 52) 48 21 52
Fax: (0 03 52) 49 06 43
Leitung/Director: Dr. Paul Eubel
E-Mail: goethe@pt.lu
http://www.goethe.de/be/lux/deindex.
htm

**Goethe-Institut Rotterdam**
Duits Culturell Centrum
Westersingel 9, 3014 GM-Rotterdam
Tel.: (00 31 10) 2 09 20 90
Tel. Prog.: (00 31 10) 2 09 20 75
Tel. Bibl: (00 31 10) 2 09 20 89
Fax: (00 31 10) 2 09 20 72
Leitung/Director: Benno Steffens-
Hong
E-Mail: goether@luna.nl
http://www.goethe.de/be/rot/deindex.
htm

## Adressen der Goethe-Institute in Brasilien

**Goethe-Institute**
**Institutos Goethe**
**Goethe-Institut São Paulo**
Centro Cultural Brasil-Alemanha

Rua Lisboa, 974, 05413-001 São Paulo
SP
Postanschrift/Postal address: Caixa
Postal 41670, 05422-970 São Paulo SP

Tel.: (00 55 11) 30 88 42 88
Fax: (00 55 11) 30 60 84 13
Fax Spra.: (00 55 11) 30 60 83 12
Leitung/Diretor: Dr. Bruno Fischli
E-Mail: goethesp@uol.com.br
http://www.goethe.de/br/sap/deindex.
htm

**Goethe-Institut Curitiba**
Instituto Cultural Brasileiro-Germânico
Rua Reinaldino s. de Quadros, 33,
80050-030 Curitiba PR
Postanschrift/Postal address: P.A.:
Caixa Postal 1285, BR-80001-970
Curitiba PR
Tel.: (00 55 41) 2 62 82 44
Fax: (00 55 41) 2 62 95 43
TA: Brasgerm-Curitiba
Leitung/Director: Franz Buchetmann
E-Mail: goethebiblioteca@mps.com.br
http://www.goethe.de/br/cur/deindex.
htm

**Goethe-Institut Porto Alegre**
Instituto Cultural Brasileiro-Alemão
Rua 24 de Outubro, 112, 90510-000
Porto Alegre RS
Postanschrift/Postal address: Caixa
Postal 2511, 90001-970 Porto Alegre RS
Tel.: (00 55 51) 2 22 78 32, 2 22 79 67
Fax: (00 55 51) 2 22 33 54
Leitung/Director: Nicolai Petersen
E-Mail: ilgipoa@portoweb.com.br
http://www.goethe.de/br/poa/deindex.
htm

**Goethe-Institut Rio de Janeiro**
Instituto Cultural Brasil Alemanha
Av. Graça Aranha 416/9°, 20030-001
Rio de Janeiro
Postanschrift/Postal address: Caixa
Postal 245, 20001-970 Rio de Janeiro RJ
Tel.: (00 55 21) 5 33 48 62
Fax: (00 55 21) 5 33 70 92
Leitung/Director: Dr. Klaus Vetter
E-Mail: goetherio@easyline.com.br
http://www.goethe.de/br/rio/deindex.
htm
.

**Goethe-Institut Salvador-Bahia**
Instituto Cultural Brasil-Alemanha
Av. Sete de Setembro, 1809, 40080-002
Salvador-Bahia
Postanschrift/Postal address: Caixa
Postal 756, 40001-970 Salvador-Bahia
Tel.: (00 55 71) 3 37 01 20
Fax: (00 55 71) 3 37 47 43
Leitung/Director: Peter Anders
E-Mail: mailto:icba@bahianet.com.br

**Goethe Center Brasília**
Av. W5 Sul, SEPS-EQS 707/907, Bloco
F, salas 103-137
70390-078 Brasília D.F., Brasilien
Tel.: (00 55 61) 2 44 67 76
Fax.: (00 55 61) 2 44 48 84
Präsident: Prof. Dr. Hartmut Günther
Geschäftsführerin: Sabine Plattner
E-Mail: goethe@tba.com.br
http://www.goethe.de/br/bra/deindex.
htm

# Adressen der Goethe-Institute in Frankreich

**Goethe-Institute**
**Instituts Goethe**
**Goethe-Institut Bordeaux**
Centre Culturel Allemand
35, cours de Verdun, 33000 Bordeaux
Tel.: 05 56 48 42 60

Fax: 05 56 48 42 61
E-Mail: goetbxl@easynet.fr
http://www.goethe.de/fr/bor/deindex.
htm

**Goethe-Institut Colmar**
Außenstelle des Goethe-Institut Nancy

Centre d'etude des Langues
4, rue du Rhin, 68000 Colmar
Tel.: 03 89 20 22 00, 03 89 20 22 05
Fax: 03 89 41 57 78

**Goethe-Institut Lille**
Centre Culturel Allemand
98, rue des Stations, 59800 Lille
Tel.: 03 20 57 02 44
Fax: 03 20 42 81 45
E-Mail: goetheli@easynet.fr
http://www.goethe.de/fr/lil/deindex.htm

**Goethe-Institut Lyon**
Centre Culturel Allemand
18, rue François Dauphin, 69002 Lyon
Tel.: 04 72 77 08 88
Fax: 04 72 40 91 55
E-Mail: goethelyon@easynet.fr
http://www.goethe.de/fr/lyo/deindex.htm
**Goethe-Institut Nancy**
Centre Culturel Allemand
39, rue de la Ravinelle, 54052 Nancy
Cedex
Tel.: 03 83 35 44 36
Fax: 03 83 32 43 45
E-Mail: ginaprog@easynet.fr
http://www.goethe.de/fr/nan/deindex.
htm

**Goethe-Institut Paris**
Centre Culturel Allemand

17, Avenue d'Iéna, 75116 Paris
Tel.: 01 44 43 92 30
Fax: 01 44 42 92 40
Fax Sprache: 01 44 43 92 72
Fax: Bibl.: 01 44 43 92 69
E-Mail: bibliothek@paris.goethe.org
http://www.goethe.de/fr/par/deindex.
htm

**Goethe-Institut Strasbourg**
Außenstelle des Goethe-Institut Nancy
Pole Formation CCI
Delegation du Goethe-Institut Nancy a
Strasbourg
234, avenue de Colmar, BP 267, 67021
Strasbourg Cédex 1
Tel.:03 88 43 08 00
Fax: 03 88 43 08 35

**Goethe-Institut Toulouse**
Centre Culturel Allemand
6 bis, rue Clémence Isaure, F-31000
Toulouse
Tel. 05 61 23 08 34
Fax. 05 61 21 16 66
E-Mail: gitlpv@easynet.fr
http://www.goethe.de/fr/tou/deindex.
htm

# Adressen der Goethe-Institute in Hispanoamerika Süd

**Goethe-Institute**
**Institutos Goethe**
**Goethe-Institut Buenos Aires**
Avenida Corrientes 319, 1043 Buenos
Aires
Tel.: (00 54 11) 43 11 89 64/8
Fax: (00 54 11) 43 15 33 27
Pädagogische Verbindungsarbeit –
Außenstelle / Ascsoramiento
pedagógico:
Tel.: (00 54 11) 47 81 20 02

Fax: (00 54 11) 47 84 70 27
Leitung/Director: Rudolf Barth
E-Mail: il@buenosaires.goethe.org
http://www.goethe.de/hs/bue/spin-
dex.htm

**Goethe-Institut Córdoba**
Bv. Pte. Arturo Umberto lllia 356, 5000
Córdoba, Argentinien
Tel.: (05 43 51) 42 43 269
Fax: (05 43 51) 42 43 552

Leitung/Director: Christoph Bertrams
E-Mail: goethecor@agora.com.ar
http://www.goethe.de/hs/cor/spindex.htm

**Goethe-Institut Montevideo**
Canelones 1524, Casilla de Correo
20011 UPAE, 11200-Montevideo
Tel.: (00 59 82) 4 00 58 13, 4 09 34 99, 4 09 35 99
Fax: (00 59 82) 4 00 44 32
Leitung/Director: Hans-Georg Thönges
E-Mail: goethe@adinet.com.uy
http://www.goethe.de/hs/mon/spindex.htm

**Goethe-Institut Santiago de Chile**
Instituto Chileno-Alemán de Cultura
Calle Esmeralda 650 – Casilla 1050,
Santiago de Chile
Tel.: (0 05 62) 6 38 31 85
Fax: (0 05 62) 6 33 43 85
Leitung/Director: Dr. Hartmut Becher
E-Mail: kultur@goethe.cl
http://www.goethe.de/hs/sao/spindex.htm

# Adressen der Goethe-Institute in Italien

**Goethe-Institute**
**Sedi del Goethe-Institut**

**Goethe-Institut Genua**
Centro Culturale Tedesco
Via Peschiera, 35, 16122 Genova
Tel.: 0039 0108398768
Fax: 0039 0108398810
Leitung/Direzione: Manfred Knisel
E-Mail:
Leitung/Direzione
  Manfred Knisel
  <gegoetp@ge.itline.it>
Programmabteilung/Programmi culturali
  Programmabteilung
  <gegoetp@ge.itline.it>
Informationszentrum/Bibliothek
Centro informazione/Biblioteca
  Informationszentrum
  <gegoetb@ge.itline.it>
Verwaltung/Amministrazione
  Verwaltung
  <gegoetv@ge.itline.it>
http://www.goethe.de/it/gen/deindex.htm

**Goethe-Institut Mailand**
Centro Culturale Tedesco

Via San Paolo 10, 20121 Milano
Tel.: 0039 027769171
Fax: 0039 0276009186
Leitung/Direzione: Dr. Kajo Niggestich
Leitung Spracharbeit/Direzione Sezione Linguistica: Wolfgang Rhein
Pädagogische Verbindungsarbeit/Cosulenza didattica: Almuth Meyer-Zollitsch
E-Mail:
Leitung/Direzione
  Kajo Niggestich
  <goethe.mailand.prog@agora.it>
Programmabteilung/Programmi culturali
  Programmabteilung
  <goethe.mailand.prog@agora.it>
Leitung Spracharbeit/Direzione sezione linguistica
  Wolfgang Rhein
  <goethe.mailand.spr@agora.it>
Pädagogische Verbindungsarbeit/Consulenza didattica
  Almuth Meyer-Zollitsch
  <goethe.mailand.pv@agora.it>
Informationszentrum/Bibliothek
  Informationszentrum
  <goethe.mailand.bibl@agora.it>
  Centro informazione/Biblioteca
Verwaltung/Amministrazione

Verwaltung
<goethe.mailand. verw@agora.it>
http://www.goethe.de/it/mai/deindex.
htm

**Goethe-Institut Neapel**
Riviera di Chiaia 202, 80121 Napoli
Tel.: 0039 081411923, 413943
Tel. Bibl.: 0039 081421059
Fax: 0039 0814413943, 411923
Leitung/Direzione: Reinhard Dinkel-
meyer
E-Mail: goethe.inst.na@agora.stm.it
Prüfungszentrale: sccgoethe@tin.it
http://www.goethe.de/it/nea/deindex.
htm
.

**Goethe-Institut Palermo**
Centro Culturale Tedesco
c/o Cantieri Culturali alla Zisa
Via Paolo Gili 4, 90138 Palermo
Tel.: 0039 0916528680
Fax: 0039 0916528676
Leitung/Direzione: Britta Graf de
Anwandter
E-Mail: goethepro@neomedia.it
http://www.goethe.de/it/pal/deindex.htm

**Goethe-Institut Rom**
Centro Culturale Tedesco
Via Savoia 15, 00198 Roma
Tel.: 0039 068440051
Fax: 0039 068411628
Leitung/Direzione: Michael Kahn-
Ackermann
E-Mail:
Leitung/Direzione
    Michael Kahn-Ackermann
    IL@rom.goethe.org
Leitung Programmabteilung
Direzione Programmi Culturali
    Ulrike Tietze
    PL@rom.goethe.org
Leitung Spracharbeit
Direzione Sezione Linguistica
    Uwe Mohr
    LSRP@rom.goethe.org

Leitung Pädagogische Verbindungsar-
beit
Direzione Sezione Consulenza Didat-
tica
    Uwe Mohr
    LSRP@rom.goethe.org
Leitung Informationszentrum/Bibliothek
Direzione Centro Informazioni/Biblio-
teca
    Sybille Hagel
    BL@rom.goethe.org
Leitung Verwaltung
Direzione Amministrazione
    Isolde Waidner
    VL@rom.goethe.org
E-Mail: info@rom.goethe.org
http://www.goethe.de/it/rom/deindex.
htm

**Goethe-Institut Turin**
Centro Culturale Tedesco
Piazza San Carlo 206, 10121 Torino
Tel.: 0039 0115628810, 5628592
Fax: 0039 011539549
Tel. Bibl: 0039 0115628475
Leitung/Direzione: Dr. Heribert
Uschtrin
Leitung Spracharbeit/Direzione lin-
guistica: N.N.
E-Mail:
Leitung/Direzione
Heribert Uschtrin
<goethe.d@inrete.it>
Programmabteilung/Programmi culturali
Wortveranstaltungen/Convegni
Ausstellungen/Mostre
Programmabteilung
<gitur.is@inrete.it>
Film, Medien/Film, media
Musik/Musica
Tanz, Theater/Danza, teatro
Programmabteilung
<gitur.mf@inrete.it>
Leitung Spracharbeit/Direzione sezi-
one linguistica
Werner Wolf
<goethe.p@inrete.it>

Sprachkurse/Corsi di Lingua
Sprachkurse
<goethe.s@inrete.it>
Informationszentrum/Bibliothek
Centro informazione/Biblioteca
Informationszentrum
<goethe.b@inrete.it>
Verwaltung/Amministrazione
Verwaltung
<gitur.gf@inrete.it>
http://www.goethe.de/it/tur/deindex.htm

**Goethe-Institut Triest**
Centro Culturale Tedesco
Via del Coroneo 15, 34133 Trieste
Tel.: 0039 040635763
Fax: 0039 040366309
Leitung/Direzione:
Dr. Johannes Schumann
E-Mail: goethets@spin.it
http://www.goethe.de/it/tri/deindex.htm

## Adressen der Goethe-Institute in Hispanoamerika Nord

### Asociación Cultural Humboldt Caracas
Apartado 60.501, Caracas 1060-a
Tel.: (0 05 82) 5 52 56 21
Fax: (0 05 82) 5 52 56 21
Leitung/Director: Alfons Hug
E-Mail: asohum@internet.ve
http://www.goethe.de/hn/car/dein-dex.htm

### Goethe-Institut Bogotá
Instituto Goethe
Carrera 7 No. 81-57, Apartado 25 08 65,
Santafé de Bogotá 8
Tel.: (0 05 71) 2 10 08 50, 2 49 02 52, 2 55 18 43
Fax: (0 05 71) 2 12 71 67
Leitung/Director: Dr. Volkbert Naether
E-Mail: gibogil@latino.net.co
http://www.goethe.de/hn/bog/dein-dex.htm

### Goethe-Institut Guadalajara
Instituto Alemán A.C.
Av. Morelos 2080, Sector Hidalgo,
Apartado 1-2557, 44100 Guadalajara, Jal.
Tel.: (0 05 23) 6 15 61 47, 6 16 04 95
Fax: (0 05 23) 6 15 97 17
Leitung/Director: Richard Lang
E-Mail: goethegu@for-eigner.class.udg.mx
http://www.goethe.de/hn/gua/dein-dex.htm

### Goethe-Institut La Paz
Instituto Cultural Boliviano Alemán
Av. 6 de Agosto 2118, Casilla 21 95, La Paz
Tel.: (00 59 12) 37 44 53/54
Fax: (00 59 12) 39 13 69
Leitung/Director: Peter Panes
E-Mail: goethe@caoba.entelnet.bo
http://www.goethe.de/hn/lap/dein-dex.htm

### Goethe-Institut Lima
Jirón Nazca 722, Jesús Maria, Dirección
Casilla 3042, Lima 100
Tel.: (0 05 11) 4 33 31 80
Fax: (0 05 11) 4 31 04 94
Leitung/Director: Alois Ilg
E-Mail: aloisilg@amauta.rcp.net.pe
http://www.goethe.de/hn/lim/dein-dex.htm

### Goethe-Institut Mexiko-Stadt
Instituto Goethe, A.C.
Apartado Postal 7-992, Tonalá 43,
Colonia Roma, 06700 México, D.F.
Tel.: (0 05 25) 5 33 68 89/90, 2 07 04 87
Fax: (0 05 25) 5 33 10 57
Leitung/Director: Dr. Bernd-M. Scherer
E-Mail: lr@goethe.com.mx
http://www.goethe.de/hn/mex/dein-dex.htm

# Adressen der Goethe-Institute in Mittel- und Südosteuropa

**Goethe-Institute**
**Goethe-Institutes**
**Goethe-Institut Belgrad**
Knez Mihailova 50
Postanschrift/Postal address: Postanski
pregradak 491, 11001 Beograd
Tel.: (0 03 81 11) 62 28 23, 62 56 77
Fax: (0 03 81 11) 63 67 46
Leitung/Director: Dr. Herwig Kempf
E-Mail: prog2@belgrad.goethe.org
http://www.goethe.de/ms/bel/deindex.
htm

**Goethe-Institut Bratislava**
Panenská 33, 814 82 Bratislava
Tel.: (0 04 21-7) 5443 3130, 5443 3132
Fax: (0 04 21-7) 5443 3134
Leitung/Director: Dr. Barbara Kaul-
bach
E-Mail:
Institutsleitung und Programm:
prog@ba.sanet.sk
Infozentrum und Bibliothek:
goethesk@ba.sanet.sk
Sprachabteilung: spra@ba.sanet.sk
http://www.goethe.de/ms/brl/deindex.
htm

**Goethe-Institut Budapest**
Andrássy út 24, Budapest Vl. (1061)
Tel.: (0 03 61) 3 74 40 70
Fax: (0 03 61) 3 74 40 80
Leitung/Director: Wolfgang Meissner
E-Mail: goethe@goethe.hu
http://www.goethe.de/ms/bud/deindex.
htm

**Goethe-Institut Bukarest**
str. Henri Coanda 22, 71119 Bucuresti 1
Tel.: (0 04 01) 3 12 02 31, 2 10 40 47
Fax: (0 04 01) 3 12 05 85
Leitung/Director: Hans-Georg Thönges
E-Mail: goeprog@fx.ro
http://www.goethe.de/ms/buk/deindex.
htm

**Goethe-Institut Krakau**
Rynek Glowny 20, Skr. Poczt. 836, 31-
045 Krakow
Tel.: (00 48 12) 4 22 58 29, 4 22 69 02
Fax: (00 48 12) 4 22 82 76
Leitung/Director: Dr. Stephan Wackwitz
E-Mail: gikrakau@kki.krakow.pl
http://www.goethe.de/ms/kra/deindex.
htm

**Goethe-Institut Prag**
Masarykovo nábrezi 32, 11000 Praha 1
Tel.: (00 42 02) 21 96 21 11
Fax: (00 42 02) 21 96 22 50
Leitung/Director: Ute Gräfin von
Baudissin
E-Mail: bibl@goethe.cz
http://www.goethe.de/ms/pra/deindex.
htm

**Goethe-Institut Sarajevo**
– im Aufbau / under construction –
Postanschrift/Postal address:
Carmen Scher
c/o Botschaft der Bundesrepublik
Deutschland
ul. Buka bb, 71000 Sarajevo
Tel.: (00 387 71) 21 72 55
Fax: (00 387 71) 21 72 56
E-Mail: goethe@goethe.ba

**Goethe-Institut Sofia**
Ul. Ljuben Karaweloff 72, 1000 Sofia
Tel.: (00 35 92) 9 63 04 37, 9 63 08 17
Fax: (00 35 92) 9 63 00 85
Tel.: Spra.: (00 35 92) 9 62 41 03, 9 62 45
03
Fax Spra.: (00 35 92) 9 62 41 29
Leitung/Director: Clemens-Peter
Haase, M.A.
E-Mail: gisofprog@mbox.digsys.bg
http://www.goethe.de/ms/sof/deindex.
htm

**Goethe-Institut Warschau**
Plac Defilad 1/PKIN, Xp., 00-901
Warszawa
Tel.: (00 48 22) 6 56 60 50
Fax: (00 48 22) 6 56 60 52
Leitung/Director: Vera Bagaliantz
E-Mail: sekretariat@goethe.pl
http://www.goethe.de/ms/war/deindex.
htm

**Goethe-Institut Zagreb**
Ulica Grada, Vukovara 64, 10000 Zagreb
Tel.: (00 38 51) 6 19 50 00
Fax: (00 38 51) 6 19 50 25
Leitung/Director: Dr. Wolfgang Eschker
E-Mail: goethe.zagreb@zg.tel.hr
http://www.goethe.de/ms/zag/deindex.
htm

# Adressen der Goethe-Institute im Nahen Osten

**Goethe-Institut Kairo/Alexandria**
5, Sharia Abdel Salam Aref
Postanschrift/Postal address: P.O.B. 7 /
Mohd. Farid, 11518 Kairo
Tel. Prog.: (0 02 02) 5 75 98 77, 5 77 94
79
Tel. Spra.: (0 02 02) 7 48 45 00/01
Fax Prog.: (0 02 02) 5 77 11 40
Fax Spra.: (0 02 02) 3 35 47 02
Alexandria
10, rue des Ptolémés, Alexandria
Tel.: (0 02 03) 4 83 98 70, 4 84 10 37
Fax: (0 02 03) 4 83 48 52
Leitung/Director: Dr. Bernd Pirrung
E-Mail: gipg@rite.com
http://www.goethe.de/na/kai/deindex.
htm

**Goethe-Institut Amman**
Deutsches Kulturinstitut
5, Abdel Mun'im al Rifai St., Jabal
Amman
Postanschrift/Postal address: P.O.B. 16
76, Amman
Tel.: (00 96 26) 4 64 19 93, 4 64 92 70
Fax: (00 96 26) 4 61 23 83
Leitung/Director: Dr. Wolfgang Ule
E-Mail: giammvw@go.com.jo
http://www.goethe.de/na/amm/deindex.
htm

**Goethe-Institut Beirut**
11 Rue Bliss, Manara
Postanschrift/Postal address: P.O.B. 1

13-51 59, Beirut
Tel.: (00 96 11) 74 05 24, 74 50 58
Fax: (00 96 11) 60 35 48
Leitung/Director: Dr. Monika Krafft
von Dellmensingen
E-Mail: goethe_v@cyberia.net.lb
http://www.goethe.de/na/bei/deindex.
htm

**Goethe-Institut Damaskus**
Malki Street 8
Postanschrift/Postal address: P.O. Box
61 00, Damaskus
Tel.: (0 09 63 11) 3 33 66 73, 3 32 78 42
Fax: (0 09 63 11) 3 32 08 49
TA: Goethe-Institut
Leitung/Director: Björn Luley
E-Mail: goethesy@cyberia.net.lb

**Goethe-Institut Ramallah**
P.O.B. 23 32, Ramallah, via Israel
Postanschrift/Postal address: Auswär-
tiges Amt, Kurierdienst
Goethe-Institut Ramallah, Postfach 11
48, 53001 Bonn
Tel.: (00 97 22) 2 98 19 22
Fax: (00 97 22) 2 98 19 23
Leitung/Director: Dr. Manfried Wüst
E-Mail: giram@palnet.com
Die Ländervorwahl im internationalen
Telefonverkehr – bisher 00972 (=Israel)
– wird derzeit allmählich umgestellt auf
00970 (= Palästina).

# Adressen der Goethe-Institute in Nordeuropa

**Goethe-Institute**
**Goethe-Institutes**
**Goethe-Institut Göteborg**
Drottninggatan 63, 41107 Göteborg
Tel.: (00 46 31) 13 36 84
Fax: (00 46 31) 13 41 10
Leitung/Director: Bettina Senff
E-Mail: goethe.goeteborg@swipnet.se
http://www.goethe.de/ne/got/deindex.
htm

**Goethe-Institut Helsinki**
Mannerheimintie 20 A, 00100 Helsinki
Tel.: (00 35 89) 6 80 35 50
Fax: (00 35 89) 60 43 77
Fax: Spra.: (00 35 89) 63 30 81
Leitung/Director: Eike Fuhrmann
E-Mail: leiter@goethe.kaapeli.fi
http://www.goethe.de/ne/hel/deindex.
htm

**Goethe-Institut Kopenhagen**
Nørre Voldgade 106, 1358 København K
Tel.: (00 45 33) 36 64 64
Tel. Spra.: (00 45 33) 36 64 58
Tel. Bibl.: (00 45 33) 36 64 56
Fax: (00 45 33) 36 64 61
Leitung/Director: Dr. Christoph Bartmann
E-Mail: goethe@inet.uni2.dk
http://www.goethe.de/ne/kop/deindex.
htm

**Goethe-Institut Oslo**
Tysk Kultursenter
Grönland 16, 0188 Oslo 1
Tel.: (00 47) 22 17 37 30
Fax: (00 47) 22 17 20 04
Fax Spra.: (00 47) 22 17 60 23
Leitung/Director: Birgit Mühlhaus
E-Mail: kultur@goethe-institut.no
http://www.goethe.de/ne/osl/deindex.
htm

**Goethe-Institut Riga**
Tornu iela 1i, 1050 Riga

Tel.: (0 03 71) 7 50 81 94, 7 32 01 99
Tel. Prog.: (0 03 71) 7 50 81 87
Tel. Verw.: (0 03 71) 7 50 81 88
Tel. Bibl.: (0 03 71) 7 50 81 89
Tel. Spra.: (0 03 71) 7 50 81 92/3
Fax: (0 03 71) 7 32 39 99
Leitung/Director: Sabine Belz
E-Mail: rigainfo@goethe.lv
http://www.goethe.de/ne/rig/deindex.
htm

**Goethe-Institut Stockholm**
Linnégatan 76, SE-11523 Stockholm
Tel.: (00 46 8) 4 59 12 00
Fax: (00 46 8) 459 12 15
Fax: (00 46 8) 459 12 25
Leitung/Director: Marion Haase
E-Mail: goethe@swipnet.se
http://www.goethe.de/ne/sto/deindex.
htm

**Goethe-Institut Vilnius**
Tilto g. 3-6, 2001 Vilnius
Tel.: (00 37 02) 31 44 33-35
Fax: (00 37 02) 31 44 32
Leitung/Director: Dr. Martin Wälde
E-Mail: goethe.vilnius@taide.lt
http://www.goethe.de/ne/vil/deindex.
htm

**Deutsches Kulturinstitut/Goethe-Institut Tallinn**
Tolli 2, 10133 Tallinn, Estland
Tel.: (0 03 72) 6 41 14 39
Fax: (0 03 72) 6 41 21 91
Geschäftsführerin/Managing Director:
Anne Lind
E-Mail: dki.gi@online.ee
http://www.goethe.de/ne/tal/deindex.
htm

**Goethe-Zentrum Reykjavík**
Lindergata 46, Pósthólf 9 02, 121 Reykjavík, Island
Tel.: (0 03 54) 5 51 60 61

Fax: (0 03 54) 5 52 75 70
Vorsitzender/Chairman: Dr. Oddn_ G.
Sverrisdóttir

Leitung/Director: Frank Albers
E-Mail: goethe@simnet.is

## Adressen der Goethe-Institute in Osteuropa/Zentralasien

**Goethe-Institut Almaty**
Dschandosowa 2, 480070 Almaty
Tel.: (0 07 32 72) 47 63 07
Fax: (0 07 32 72) 47 29 72
Leitung/Director: Dr. Peter Schabert
E-Mail: prog@goethe.almaty.kz

**Goethe-Institut Kiew**
K.P.I. – Bibliothek
Prospekt Peremohy, 37, 252056 Kiew
Postanschrift/Postal address: Auswär-
tiges Amt, Kurierdienst
Goethe-Institut Kiew, Werderscher
Markt 1, D – 10117 Berlin
Tel.: (0 03 80 44) 2 16 41 47
Fax: (0 03 80 44) 2 74 69 79
Leitung/Director: Johannes Ebert
E-Mail: leitung@goethe.ntu-kpi.kiev.ua
http://www.goethe.de/oe/kie/deindex.
htm

**Goethe-Institut Minsk**
Uliza Frunse 5, 220034 Minsk
Postanschrift/Postal address: Auswär-
tiges Amt, Kurierdienst
Goethe-Institut Minsk, Werderscher
Markt 1, D – 10117 Berlin
Tel.: (00 37 51 72) 36 34 33
Fax: (00 37 51 72) 36 73 14
Leitung/Director: Heike Müller
E-Mail: goethe-l@infonet.by
http://www.goethe.de/oe/min/deindex.
htm

**Goethe-Institut Moskau**
Leninski Prospekt 95 a, 117313 Moskau
Postanschrift/Postal address: Auswär-
tiges Amt, Kurierdienst
Goethe-Institut Moskau, Werderscher
Markt 1, D – 10117 Berlin

Tel.: (00 70 95) 9 36 24 57/61
Fax: (00 70 95) 9 36 22 32
Telex: 41 44 36 Gl MOS SU
Leitung/Director: Michael Kahn-
Ackermann
E-Mail: gimos@online.ru
http://www.goethe.de/oe/mos/deindex.
htm

**Goethe-Institut St. Petersburg**
Majakowskij, Stadtbibliothek, Nab.
Reki Fontanki 46, 191025 St. Peters-
burg
Postanschrift/Postal address: Auswär-
tiges Amt, Kurierdienst
Deutsches Generalkonsulat St. Peters-
burg, Werderscher Markt 1, D – 10117
Berlin
Tel.: (00 78 12) 3 11 21 00, 2 19 49 75
Fax: (00 78 12) 2 19 49 76
Leitung/Director: Wilfried Eckstein
E-Mail: verw.goethe@pop3.rcom.ru
http://www.goethe.de/oe/pet/deindex.
htm

**Goethe-Institut Taschkent**
Olmoniya Madanijat Markazi, Kunajev
Ko'chasi 11, 700031 Taschkent
Postanschrift/Postal address: Auswär-
tiges Amt, Kurierdienst
Goethe-Institut Taschkent, Werder-
scher Markt 1, D – 10117 Berlin
Tel.: (0 09 98 71) 1 52 70 23
Fax: (0 09 98 71) 1 52 70 24
Leitung/Director: Dr. Elisabeth Lat-
taro
E-Mail: goetas@online.ru
http://www.goethe.de/oe/tas/deindex.
htm

**Goethe-Institut Tiflis**
Sandukeli Str. 16, Tbilissi 380008
Postanschrift/Postal address: Auswär-
tiges Amt, Kurierdienst
Goethe-Institut Tiflis, Werderscher

Markt 1, D – 10117 Berlin
Tel./Fax: (0 09 95 32) 93 89 45
Leitung/Director: Dr. Peter Höschele
E-Mail: goethe@iberiapac.ge
goethe@iberiapac.ge

## Adressen der Goethe-Institute in der Region „Östliches Mittelmeer"

**Goethe-Institut Ankara**
Alman Kültür Merkezi
Atatürk Bulvari 131, 06640 Bakan-
liklar, Ankara
Tel.: (0 09 03 12) 4 25 14 36, 4 18 31 24
Fax: (0 09 03 12) 4 18 08 47
Leitung/Director: Dr. Kristin Völker
E-Mail: il@goethe-ankara.org.tr
http://www.goethe.de/om/ank/deindex.
htm

**Goethe-Institut Athen**
Omirou St. 14-16
Postanschrift/Postal address: P.O.B. 3 03
83, 10033 Athen
Tel.: (0 03 01) 3 60 81 11/14
Fax: (0 03 01) 3 64 35 18
Leitung/Director: Horst Deinwallner
E-Mail: gi@athen.goethe.org
http://www.goethe.de/om/ath/deindex.
htm

**Goethe-Institut Istanbul**
Alman Kültür Merkezi
Yenicarsi CAD. 52
Postanschrift/Postal address: P.K. 2 06,
80050 Beyoglu-lstanbul
Tel.: (0 09 02 12) 2 49 20 09
Fax: (0 09 02 12) 2 52 52 14
Leitung/Director: Dr. Rüdiger Bolz
E-Mail: ileiter@superonline.com
http://www.goethe.de/om/ist/deindex.
htm

**Goethe-Institut Izmir**
Tel.: (0 09 02 32) 4 84 16 36
Fax: (0 09 02 32) 4 25 14 14
Leitung/Director: Alman Kültür Merkezi
Gazi Osman Pasa Bul. 13, Posta Kutusu
348, 35210 Izmir
Gundolf Schütze
E-Mail: goethe.il@ispro.net.tr
http://www.goethe.de/om/izm/deindex.
htm

**Goethe-Institut Jerusalem**
German Cultural Center
Sokolov St. 15, 92144 Jerusalem
Tel.: (00 97 22) 5 61 06 27, 5 63 26 54
Fax: (00 97 22) 5 61 84 31
Leitung/Director: Dr. Christiane
Günther
E-Mail: goetheje@actcom.co.il

**Goethe-Institut Tel Aviv**
German Cultural Center
Asia House, 4, Weizmann St.
Postanschrift/Postal address: P.O.B. 3 36
91, Tel Aviv-61336
Tel.: (00 97 23) 6 91 72 66
Tel. Bibl.: (00 97 23) 6 91 72 61
Fax: (00 97 23) 6 95 57 99
Leitung/Director: Hans-Jürgen Nagel
E-Mail: goethedi@actcom.co.il
http://www.goethe.de/om/tel/deindex.
htm

**Goethe-Institut Thessaloniki**
Leoforos Nikis 15
Postanschrift/Postal address: P.O.B. 1 02
68, 54110 Thessaloniki
Tel.: (00 30 31) 27 26 44, 23 04 02

Fax: (00 30 31) 23 91 69
Leitung/Director: Dagmar Junghänel
und Dr. Johannes Dahl

E-Mail: githesil@athena.compulink.gr
http://www.goethe.de/om/the/deindex.
htm

## Adressen der Goethe-Institute in Sub-Sahara Afrika

**Goethe-Institute**
**Goethe-Institutes**
**Goethe-Institut Abidjan**
Avenue C 16 Jean Mermoz/Rue C 27
Postanschrift/Postal address: 08 B.P.
982, Abidjan 08, Cote d'Ivoire
Tel.:++225 22 44 14 22 und ++225 22 48
65 54
Fax: ++225 22 44 96 89 und ++225 22 44
15 17
Leitung/Director: Ute Grauerholz
E-Mail: abidjan-il@aviso.ci

**Goethe-Institut Accra**
Ring Road Ext. South, off Danquah
Circle
Postanschrift/Postal address: P.O.Box
3196, Accra, Ghana
Tel.: ++23321 776764
Fax: ++23321 779770
Leitung/Director: Dr. Petra Raymond
E-Mail: goetheil@ncs.com.gh

**Goethe-Institut Addis Abeba**
Zone 5, Higher 13, Kebele 9, House
No. 1169 / 8-25
Postanschrift/Postal address: P.O.Box
1193, Addis Abeba, Ethiopia
Tel.: ++2511 55 28 88, 55 25 41
Fax: ++2511 55 12 99
Leitung/Director: n.n.
E-Mail: mailto:gci@telecom.net.et

**Goethe-Institut Dakar**
2, avenue Albert Sarraut
Postanschrift/Postal address: B.P. 3264,
Dakar, Senegal
Tel.: ++221 8230470
Fax: ++221 8223482
Leitung/Director: Hendrik Kloninger
E-Mail Leitung: dakaril@telecomplus.sn

E-Mail Programm: gidakar@telecom-
plus.sn

**Goethe-Institut Johannesburg**
119 Jan Smuts Ave, Parkwood
(Entrance Newport Road)
Postanschrift/Postal address: P.O. Box
2036, Saxonwold 2132
Tel.: ++2711 4 42 32 32
Fax: ++2711 4 42 37 38
Leitung/Director: Dr. Matthias Rick
E-Mail: il@joburg.goethe.org
http://www.goethe.de/af/joh/deindex.
htm

**Goethe-Institut Lagos**
Ozumba Mbadiwe Avenue, App. 1004
Flats, Victoria Island
Postanschrift/Postal address: P.O.B. 957,
Lagos, Nigeria
Tel.: ++2341 2610717, 2617916
Fax: ++2341 2617916
Leitung/Director: Renate Albertsen-
Marton
E-Mail: gilagsek@infoweb.abs.net

**Goethe-Institut Lomé**
25, Rue Kotéti, / Angle Rue de l'Eglise
Postanschrift/Postal address: B.P. 914,
Lomé, Togo
Tel.: ++228 210894
Fax: ++228 220777
Leitung/Director: Friedrich Wilhelm
Engelhardt
E-Mail: gilome@cafe.tg

**Goethe-Institut Nairobi**
Maendeleo House, Corner Loita /
Monrovia St.
Postanschrift/Postal address: P.O.Box
49468, Nairobi

Tel.: ++2542 22 46 40, 33 67 48, 21 13 81, 21 14 79
Fax: ++2542 34 07 70
Leitung/Director: Dr. Walter Schorlies
E-Mail: nbo-il@goethe.or.ke

**Goethe-Institut Yaoundé**
Les Galeries, Avenue Kennedy

Postanschrift/Postal address: B.P. 1067, Yaoundé, Camerun
Tel.: ++237 233877, 223577
Fax: ++237 233877
Leitung/Director: Andrea Jacob
E-Mail: goethe.il@camnet.cm
http://www.goethe.de/af/yao/deindex.htm

## Adressen der Goethe-Institute in Südasien

**Die Goethe-Institute in Indien heißen Max Mueller Bhavan**

**Max Mueller Bhavan Bangalore**
Indo-German Cultural Centre
3, Lavelle Road
Bangalore-560001
Tel.: (+91-80) 221 4964, 227 5435
Fax: (+91-80) 221 5255
Leitung/Director: Dr. Rudolf Bartsch
E-Mail: mmb@bangalore.goethe.org
http://www.goethe.de/su/bag/enindex.htm

**Max Mueller Bhavan Bombay**
Prince of Wales Museum Annexe,
Off Mahatma Gandhi Road
Bombay-400001
Tel.: (+91-22) 202 7710, 202 2085, 202 7542
Fax: (+91-22) 287 3826
Leitung/Director: Dr. Peter Schabert
E-Mail: mmb@bombay.goethe.org
http://www.goethe.de/su/bom/deindex.htm

**Max Mueller Bhavan Kalkutta**
8, Pramatesh Barua Sarani, Calcutta-700019
Tel.: (+91-33) 475 9398, 475 9424
Fax: (+91-33) 474 7188
Leitung/Director: Ingrid Maria Keimel-Metz
E-Mail: mmb@calcutta.goethe.org
http://www.goethe.de/su/kal/enindex.htm

**Max Mueller Bhavan Chennai (Madras)**
13 Khader Nawaz Khan Road
Off Nungambakkam High Road
Chennai (Madras) 600006
Tel.: (+91-44) 826 1314, 826 2343
Fax: (+91-44) 828 2565
Leitung/Director: Dr. Eleonore Rahimi-Laridjani
E-Mail: gimadras@vsnl.com
http://www.goethe.de/su/maa/enindex.htm

**Max Mueller Bhavan New Delhi**
3, Kasturba Gandhi Marg, New Delhi-110001
Tel.: (+91-11) 332 9506, 332 9604
Fax: (+91-11) 332 5534, 372 2573
Leitung/Director: Tilmann Waldraff
E-Mail: mmb@delhi.goethe.org
http://www.goethe.de/su/ned/enindex.htm

**Max Mueller Bhavan Poona**
14/3 Boat Club Road, Poona (Pune) 411001
Tel.: (+91-212) 62 4945, 62 1042
Fax: (+91-212) 62 0542
Leitung/Director: Sabine Erlenwein
E-Mail: puneverw@pn2.vsnl.net.in
http://www.goethe.de/su/poo/enindex.htm

**Goethe-Institut Colombo**
German Cultural Institute
39, Gregory's Road, Colombo 7

Tel.: (+94-1) 69 4562, 69 3351
Fax: (+94-1) 69 3351
Leitung/Director: Manfred Brönner
E-Mail: goethe@sri.lanka.net
http://www.goethe.de/su/col/deindex.
htm

**Goethe-Institut Dhaka**
German Cultural Centre
Road No. 9 (new)
House No. 10, Dhanmondi R/A
Postanschrift/Postal address: G.P.O.B. 9
03
Dhaka 1000
Tel.: (+88-2) 9126525/9126526

Fax: (+88-2) 810712
Leitung/Director: Dr. Markus Litz
E-Mail: gidhaka@bol-online.com

**Goethe-Institut Karachi**
Pakistan-German Cultural Center
256, Sarwar Shaheed Road, Karachi
74200
Tel.: (+92-21) 568 4811, 568 3124
Fax: (+92-21) 568 3413
Leitung/Director: Dr. Dirk Angelroth
E-Mail: gikdir@super.net.pk
http://www.goethe.de/su/kar/deindex.
htm

# Adressen der Goethe-Institute in Südostasien

**Goethe-Institute**
**Goethe-Institutes**
**Goethe-Institut Bandung**
Außenstelle des Goethe-Instituts Jakarta
Pusat Kebudayaan Jerman, Jalan Mar-
tadinata 48, Bandung 40115
Tel.: (00 62 22) 43 64 40, 4 20 40 41
Fax: (00 62 22) 4 20 40 41
Leitung/Director: Dr. Volker Wolf
E-Mail: goethebd@melsa.net.id
http://www.goethe.de/so/bad/deindex.
htm

**Goethe-Institut Bangkok**
German Cultural Institute
18/1 Soi Attakarnprasit, Sathorn Tai
Road, Bangkok 10120
Postanschrift/Postal address: G.P.O. Box
30 27-30 28, Bangkok 10501
Tel.: (0 06 62) 2 87 09 42/4
Fax: (0 06 62) 2 87 18 29
Leitung/Director: Siegfried Schmohl
E-Mail: goetheth@loxinfo.co.th
http://www.goethe.de/so/ban/deindex.
htm

**Goethe-Institut Jakarta**
Pusat Kebudayaan Jerman, Jalan

Matraman Raya 23, Jakarta 13140
Postanschrift/Postal address: P.O.B. 10
30/Jat., Jakarta 13010
Tel.: (00 62 21) 8 50 91 32
Fax: (00 62 21) 8 58 32 38, 8 51 10 34
Leitung/Director: Dr. Peter Bumke
E-Mail: goetheil@rad.net.id
http://www.goethe.de/so/jak/deindex.
htm

**Goethe-Institut Kuala Lumpur**
Pusat Kebudayaan Jerman, 1, Jalan
Langgak Golf off Jalan Tun Razak
Postanschrift/Postal address: P.O.B. 1 01
78, 55000 Kuala Lumpur
Tel.: (0 06 03) 2 42 20 11, 2 42 21 92
Fax: (0 06 03) 2 42 22 82
TA: Germancult
Leitung/Director: Gerhard Engelking
E-Mail: goethekl@tm.net.my

**Goethe-Institut Manila**
German Cultural Center
687, Aurora Boulevard, Quezon City,
Metro Manila
Postanschrift/Postal address: Goethe-
Institut, P.O.B. 28 83, Manila 1068
Tel.: (0 06 32) 7 22 46 71/73

Fax: (0 06 32) 7 22 46 73
Leitung/Director: Wilfried Scheffler
E-Mail: goethedi@pacific.net.ph
http://www.goethe.de/so/map/deindex.
htm

**Goethe-Institut Singapur**
163 Penang Road 05-01, Winsland
House II, Singapore 238463
Tel.: (00 65) 7 35 45 55

Fax: (00 65) 7 35 46 66
Leitung/Director: Dr. Heinrich
Blömeke
E-Mail: goethe@pacific.net.sg
http://www.goethe.de/so/sin/deindex.
htm

Deutsch-ausländische Kulturgesell-
schaften mit Kooperationsvertrag

# Adressen der Goethe-Institute in Großbritannien und Irland

**Goethe-Institut Dublin**
Leitung/Director: Dr. Anna Winterberg
37 Merrion Square, Dublin-2
Tel.: ++353-(0)1-661 1155
Fax: ++353-(0)1-661 1358
Sprachabteilung/Language Department
62 Fitzwilliam Square, Dublin-2
Tel.: ++353-(0)1-661 8506
Fax: ++353-(0)1-676 2213
E-Mail: admin@goethe.iol.ie
http://www.goethe.de/gr/dub/deindex.
htm

**Goethe-Institut Glasgow**
Stellv. Leitung/Acting Director: Dr
Ingrid Köster
3 Park Circus, Glasgow G3 6AX
Tel.: ++44-(0)141-332 2555
Fax: ++44-(0)141-333 1630
E-Mail: goetheglasgow@cqm.co.uk
http://www.gocthe.de/gr/gla/deindex.
htm

**Goethe-Institut London**
Leitung/Director: Dr. Ulrich Sacker
50 Princes Gate, Exhibition Road, London SW7 2PH
Tel.: ++44-(0)171-596 4000
Fax: ++44-(0)171-594 0240
E-Mail: mail@london.goethe.org
http://www.goethe.de/gr/lon/deindex.
htm

**Goethe-Institut Manchester**
Leitung/Director: Dr. Wolfgang Kort
Fourth Floor, Churchgate House, 56
Oxford Street, Manchester M 1 6EU
Tel.: ++44-(0)161-237 1077
Fax: ++44-(0)161-237 1079
E-Mail: goetheman-
prog@dial.pipex.com http://
www.goethe.de/gr/man/deindex.htm

# Adressen der Goethe-Institute in den USA und in Kanada

**USA**

**Goethe-Institut Atlanta**
**Colony Square, Plaza Level**
**1197 Peachtree Street, NE**
**Atlanta, GA 30361-2401**

Tel.:
(404) 892-2388 – Allgemeine Informationen
(404) 892-2316 – Deutsch lernen und lehren
(404) 892-2226 – Bibliothek
(404) 892-3832

**Goethe-Institut Boston**
170 Beacon Street
Boston, MA 02116
Tel.:
(617) 262-6050
(617) 262-2615

**Goethe-Institut Chicago**
150 North Michigan Avenue, Suite 200
Chicago, IL 60601
Tel.:
(312) 263-0472 – Allgemeine Informationen
(312) 263-0474 – Deutsch lernen und lehren
(312) 263-0475 – Bibliothek
(312) 263-0476

**Goethe-Institut Los Angeles**
5750 Wilshire Blvd. #100
Los Angeles, CA 90036
Tel.:
(323) 525-3388
(323) 934-3597

**Goethe-Institut New York**
1014 Fifth Avenue
New York, NY 10028
Tel.:
(212) 439-8700 – Allgemeine Informationen
(212) 439-8683 – Kulturprogramme
(212) 439-8684 – Deutsch lernen und lehren
(212) 439-8694 – Bibliothek
(212) 439-8712 – Verwaltung
(212) 439-8716 – GAPP – Schulpartnerschaften
(212) 439-8696 – Werbung Deutsch als Fremdsprache
(212) 439-8685 – Sprachkurse in Deutschland
(888) 446-3843 – Reservierung Sprachkurse in Deutschland
(212) 439-8705

**Goethe-Institut San Francisco**
530 Bush Street
San Francisco, CA 94108

Tel.:
(415) 263-8760 – Allgemeine Information
(415) 263-8761 – Deutsch lernen und lehren
(415) 263-8764 – Bibliothek
(415) 391-8715

**Goethe-Institut Washington**
814 Seventh Street, NW
Washington, DC 20001-3718
Tel.:
(202) 289-1200
(202) 289-3535


**Kanada**

**Goethe-Institut Montréal**
418, rue Sherbrooke Est
Montréal, Québec, H2L 1J6
Tel.:
(514) 499-0159
(514) 499-0905

**Goethe-Institut Ottawa**
Nebenstelle von Montréal
47 Clarence Street, Suite 480
Ottawa, Ontario, K1N 9K1
Tel.:
(613) 241-0273
(613) 241-9790

**Goethe-Institut Toronto**
163 King St. West
Toronto, Ontario M5H 4C6
Telefon:
(416) 593-5257
(416) 593-5145

# 5. Literaturhinweise

All about letters, produced by the United States Postal Service in cooperation with the National Council of Teachers of English, Washington D.C. 1982.

Amendt, Gerhard: Du oder Sie. 1945–1968–1995, o. O.[Bremen] 1995.

Andréani, Ghislaine: Encyclopédie pratique de la Correspondance, Paris 1995.

Augst, Gerhard: Zur Syntax der Höflichkeit (Du – Ihr – Sie), in: Ders.: Sprachnorm und Sprachwandel. Vier Projekte zu diachroner Sprachbetrachtung, Wiesbaden 1977 [=Studienbücher zur Linguistik und Literaturwissenschaft 7], 13-60.

Berner, Elisabeth: Zum Wesen und zum Begriff der Anrede, in: Wissenschaftliche Zeitschrift der Pädagogischen Hochschule Karl Liebknecht (Potsdam) 26, n° 5 (1982) 801-811.

Besch, Werner: Duzen, Siezen, Titulieren. Zur Anrede im Deutschen heute und gestern, 2. Aufl., Göttingen: Vandenhoeck und Ruprecht 1998.

Blaug, Mark (ed.): Who's who in Economics, Cheltenham u.a.: Elgar 1999.

Bowker-Saur: Who's Who in European Politics, 3. Aufl. London u.a.: Bowker-Saur, 1997.

Braun, Friederike / Armin Kohz / Klaus Schubert: Anredeforschung: kommentierte Bibliographie zur Soziolinguistik der Anrede, Tübingen 1986.

Braun, Friederike: Terms of Address. Problems of Patterns and Usage in Various Languages and Cultures, Berlin u. a. 1988.

Buchenau, Klaus: Die Distanzanrede im Russischen, Polnischen und Deutschen und ihre historischen Hintergründe, Frankfurt am Main/Berlin/Bern/New York/Paris/ Wien 1997 [=Berliner Slawistische Arbeiten 4].

Carricaburo, Norma: Las fórmulas de tratamiento en el español actual, Madrid 1997.

Dickey, Eleanor: Forms of Address and Terms of Reference, in: Journal of Linguistics (Cambridge) 33, n°2 (1997) 255-274.

Dictionary of International Biography, 28th Edition, Cambridge 2000.

Doelken, Theodor: Who's Who Edition European Business and Industry 2001, Frankfurt 2001.

Donald, Elsie Burch (ed.): *Debrett's Etiquette & Modern Manners*, rev. ed., London: Headline 1992.

Dunkling, Leslie: *A Dictionary of Epithets and Terms of Address*, London/New York 1990.

Ervin-Tripp, Susan: On Sociolinguistic Rules: Alternation and Co-occurence, in: John J. Gumperz/Dell Hymes (edd.): *Directions in Sociolinguistics. The Ethnography of Communication*, Oxford/New York 1972, 213-250.

*European Biographical Directory/Dictionnaire Biographique Européen/Europäisches Biographisches Verzeichnis*, 12. Ausgabe, Brugge 1998/99.

Finck von Finckenstein, Theodor Graf: *Protokollarischer Ratgeber. Hinweise für persönliche Anschriften und Anreden im öffentlichen Leben*, 2. Aufl. Köln 1992.

Finkenstaedt, Thomas: *You und Thou. Studien zur Anrede im Englischen. (Mit einem Exkurs über die Anrede im Deutschen)*, Berlin 1963 [=Quellen und Forschungen zur Sprach- und Kulturgeschichte der germanischen Völker, Neue Folge 10 (134)].

Fircks, Alexander von: *Anschriften und Anreden*, Sankt Augustin 1997.

Fritsch, Thomas von: *Die Gothaischen Taschenbücher, Hofkalender und Almanach*, Limburg/Lahn: Starke 1968.

Fritzsche, Yvonne: *Wie höflich sind Japaner wirklich? Höflichkeitserwartungen in der japanischen Alltagskommunikation*, München: iudicium verlag 1998.

*Genealogisches Handbuch des Adels. Hrsg. Vom Deutschen Adelsarchiv*, Limburg/Lahn: Starke 1951 ff.

Gesellschaft für deutsche Sprache (Zweig Darmstadt): „Briefe. Anschriften, Anreden und Schlußformeln", in: *Der Sprachdienst* (Wiesbaden) 20 (1976) 69-76.

Gol'din, V[alentin] E.: *Obraščenie: teoretičeskie problemy*, Saratov 1987.

Graves, Roger: ‚Dear Friend‘ (?): Culture and Genre in American and Canadian Direct Marketing Letters, in: *Journal of Business Communication* 34, n° 3 (1997), 235-252.

Hammermüller, Gunther: *Die Anrede im Portugiesischen: eine soziolinguistische Untersuchung zu Anredekonventionen des gegenwärtigen europäischen Portugiesisch*, Chemnitz 1993.

Harada, S. I.: Honorifics, in: Masayoshi Shibatani (ed.).: *Japanese Generative Grammar*, New York/San Francisco/London 1976 [= Syntax and Semantics vol. 5], 499-561.

Hellinger, Marlis / Christine Bierbach: *Eine Sprache für beide Geschlechter. Richtlinien für einen nicht-sexistischen Sprachgebrauch*, Bonn 1993.

Helms, Gerd: *„Knigge" für den Umgang mit Chinesen: Chinesen in Europa, Europäer in China; ein Ratgeber*, Berlin: Vistas-Verlag 1986 [=Reihe Südostasien aktuell 4].

Hilliam, David: *Kings, Queens, Bones and Bastards: Who's Who in the English Monarchy from Egbert to Elizabeth II*, Stroud: Sutton 2000.

*Hinweise für Anschriften und Anreden: Protokoll V17-135200/11-A/Bundesministerium des Innern*, Bonn 1975.

Hofer, Katrin: *Akademische Grade, Abschlüsse und Titel an künstlerischen Hochschulen*, Frankfurt/Main u.a.: Lang 1996.

Holberg, Andrea (ed.): *Forms of Address. A Guide for Business and Social Use*, Houston, Texas: Rice University Press 1994.

Hueck, Silve-Maria v.: *Genealogisches Handbuch des Adels, Gesamtverzeichnis der Bände 1 – 120*, Limburg/Lahn: Starke 2000.

Jenkins, Jon C. (ed.): *Who's Who in International Organizations: A Biographical Encyclopedia of More than 12000 Leading Personalities*, 2. Aufl. München u.a.: Saur 1992[2].

Kilbury Meißner, Ursula: *Die portugiesischen Anredeformen in soziolinguistischer Sicht*, Hamburg 1982.

Kielkiewicz-Janowiak, Agnieszka: *A Socio-Historical Study in Address: Polish and English*, Frankfurt am Main/Bern/New York/Paris 1992 [=Bamberger Beiträge zur Englischen Sprachwissenschaft 30].

Kohz, Armin: *Linguistische Aspekte des Anredeverhaltens. Untersuchungen am Deutschen und Schwedischen; mit einer selektiven Bibliographie zur Linguistik der Anrede und des Grusses*, Tübingen 1982 [=Kommunikation und Institution 5].

Kretzenbacher, Heinz Leonhard / Wulf Segebrecht: *Vom Sie zum Du – mehr als eine neue Konvention?* Hamburg: Luchterhand 1991.

*Kürschners Deutscher Gelehrten-Kalender 2000. Bio-Bibliographisches Verzeichnis deutschsprachiger Wissenschaftler der Gegenwart*, 18. Ausgabe, Berlin/New York 2000.

Lebsanft, Franz: *Die Anrede im Französischen. Ein Überblick über ältere und neuere Arbeiten*, in: *Romanistisches Jahrbuch* 38 (1987) 35-60.

Lee-Wong, Song Mei: *Politeness and Face in Chinese Culture*, Frankfurt am Main/ Berlin/Bern/Bruxelles/New York/Wien 1994.

Lennartz, Annemarie: *Titel, Anschriften, Anreden und Grußformen im Geschäftsleben und für offizielle Anlässe*, 2. Aufl. Landsberg/Lech 1990.

Listen, Paul: *The Emergence of German Polite Sie: Cognitive and Sociolinguistic Parameters*, New York/Washington, DC (Baltimore)/Bern u. a. 1999 [=Berkeley Insights in Linguistics and Semiotics 32].

Lubecka, Anna: *Forms of Address in English, French and Polish: A Sociolinguistic Approach*, Krakau 1993 [=Universitas Iagellonica, Acta Scientiarum Litterarumque MXC, Schedae Grammaticae, Fasciculus CXV].

*Marquis Who's Who in the World*, 18th Edition, New Providence, N.J. 2001.

Mehler, Claudia / Doris Stern: Anredeverhalten in der mündlichen Kommunikation, in: *Beiträge zur Fremdsprachenvermittlung. Gesprächsanalyse und Gesprächsschulung* 25 (1993) 44-53.

Ministerio para las Administraciones Públicas (ed.): *Manual de estilo del lenguaje administrativo*, Madrid 1990.

Mirbach, Johannes Baron v.: *Adelsnamen, Adelstitel. Wie man's richtig macht. Eine zeitgemäße Anleitung für Beruf und Gesellschaft*, 2. Aufl. Limburg 1999.

Morsbach, Helmut: *Kleiner Japan-Knigge,* Düsseldorf: Deutsch-Japanisches Wirtschaftsförderungsbüro 1987 [= Reihe Japanwirtschaft 20].

Nagamoto, Masami T.: *Die Leistung der Anrede- und Höflichkeitsformen in den sprachlichen zwischenmenschlichen Beziehungen: ein Vergleich der soziativen Systeme im Japanischen und Deutschen*, Münster 1986.

Naufal, Yusuf: Tagalliyat al-hitab al-adabi, al-Qahira 1997.

O'Criomhthain, Mairtin: Terms of Address in Translation, in: *Babel* (Budapest) 31, 3 (1985) 138-143.

Parkinson, Dilworth B.: *Constructing the Social Context of Communication: Terms of Address in Egyptian Arabic*, Berlin u. a.: Mouton de Gruyter 1985.

Pastor, Eckart: „SEIT WANN SIEZEN WIR UNS EIGENTLICH?" Zur Geschichte der pronominalen Anredeformen im Deutschen. Ein Streifzug durch Literatur- und Sprachgeschichte, in: *Germanistische Mitteilungen* 42 (1995) 3-17.

Pauli, Hans-J. (ed.): *Genealogen-Lexikon: genealogisches Quellenwerk. Handbuch für den Familienforscher,* Tamm, Varia-Verlag 2000.

Pfeil-Braun, Helga: *Das große Anredebuch. Mit über 1500 Amtsbezeichnungen und Titeln in einem ausführlichen Stichwortverzeichnis,* 7. Aufl. Landsberg/Lech 1993.

Philipsen, Gerry / Michael Huspek: A Bibliography of Sociolinguistic Studies of Personal Address, in: *Anthropological Linguistics* 27 (1985) 94-101.

Rasmussen, Gitte: The use of forms of address in intercultural business conversation, in: *Revue de Sémantique et Pragmatique* no. 3 (1998) 57-72.

Robine, Anna et Jean Claude: *Guide de la correspondance. Courrier privé et lettres d'affaires,* Paris 1994.

Rowland, Diana: *Japan-Knigge für Manager,* Frankfurt/Main u.a.: Campus-Verlag 1994.

Rowland, Diana: *Japanese Business Etiquette: A Practical Guide to Success with the Japanese,* updated and rev. 2. Ed., New York, NY: Warner Books 1993.

Schellmann, Brigitte: *Who's Who in German: biographisches Kompendium in deutscher Sprache,* Berlin 1999/2000.

Schulze, Rainer: *Höflichkeit im Englischen. Zur linguistischen Beschreibung und Analyse von Alltagsgesprächen,* Tübingen 1985.

Shanson, T. L.: *International Guide to Forms of Address,* London 1997.

*Titles and forms of address: a guide to correct use,* 19. Ed., London 1990.

Völpel, Susanne: *Die Entwicklung und Funktion pronominaler Anredeformen. Eine vergleichende Analyse exemplarischer Texte unterschiedlicher Epochen,* Berlin 1988.

Waize, Alfred: Andere Länder, andere Sitten. Das Schreiben von Empfängerbezeichnungen auf Briefblättern und Briefhüllen in andere Länder, in: *texten + schreiben. Sprachpraxis beruflich und privat* (Bad Wörishofen) 3 (1993) 34-35.

*Wer ist Wer? – Das Deutsche Who's Who,* 39. Ausgabe, Lübeck 2001.

*Who is Who in der Bundesrepublik Deutschland,* 8. Ausgabe, Zug 2001.

*Who's Who in International Organizations,* München, Saur 1996.

Winter, Werner (ed.): *Anredeverhalten,* Tübingen 1984.

Yamashita, Hitoshi: *Vom Sie zum Du? Eine empirische Erhebung zu Funktion und Gebrauch der deutschen Anredepronomina,* Duisburg 1990 [= L.A.U.D., Ser. B 218].